Programme **2010**

Juntos

Espagnol

2e

Direction pédagogique:
Edouard Clemente

Edouard Clemente
Inspecteur d'Académie,
Inspecteur Pédagogique Régional, Bordeaux

Jorge Barbosa
Professeur certifié
Collège Bertran de Born, Périgueux

Catherine Echezarreta
Professeur certifié
Lycée Nicolas Brémontier, Bordeaux

Valérie Lagrange
Professeur agrégé
Lycée Bertran de Born, Périgueux

Danièle Urbin-Landreau
Professeur agrégé
Lycée Camille Jullian, Bordeaux

Caroline Girot
Professeur certifié
Lycée le Mirail, Bordeaux

Viviane Roussillon
Professeur certifié
Lycée Sainte Marie Grand Lebrun, Bordeaux

En fin de classe de seconde générale et technologique, le niveau de compétence attendu pour la langue vivante 2 est A2.

	COMPRÉHENSION DE L'ORAL	COMPRÉHENSION DE L'ÉCRIT	EXPRESSION ORALE EN CONTINU	INTERACTION ORALE	EXPRESSION ÉCRITE
A2	**Comprendre une intervention brève si elle est claire et simple** ▸ comprendre assez pour pouvoir répondre à des besoins concrets ou réaliser une tâche : consignes, expressions familières de la vie quotidienne, présentations, indications chiffrées, récits, etc. ▸ identifier le sujet d'une conversation, le point essentiel d'une annonce ou d'un message ▸ comprendre et extraire l'information essentielle de courts passages enregistrés audio et audiovisuels ayant trait à un sujet courant	**Comprendre des textes courts et simples** ▸ comprendre une lettre personnelle simple et brève ▸ lire des écrits factuels simples et prélever une information dans des prospectus, menus, annonces, inventaires et horaires, signalétique urbaine, lettres, brochures, courts articles de journaux ▸ suivre la trame d'une histoire	**Produire en termes simples des énoncés sur les gens et sur les choses** ▸ mettre en voix un court texte mémorisé ▸ se présenter ou présenter simplement des personnes ▸ décrire sa vie quotidienne (son environnement, ses activités, etc.) ▸ raconter une histoire ou relater un événement ; décrire un objet, une expérience ▸ faire une brève annonce ou présenter un projet ▸ fournir une explication (comparaisons, raisons d'un choix)	**Interagir de façon simple avec un débit adapté et des reformulations** ▸ épeler des mots familiers ▸ établir un contact social : présentations, salutations et congé, remerciements, etc. ▸ se faire comprendre dans un entretien et communiquer des idées et de l'information ▸ demander et fournir des renseignements ▸ dialoguer sur des sujets connus, des situations courantes, des faits, des personnages légendaires ou contemporains ▸ réagir à des propositions : accepter, refuser, exprimer ses goûts, ses opinions, faire des suggestions	**Écrire des énoncés simples et brefs** ▸ copier des mots isolés ou des textes courts ▸ écrire un message simple (bref message électronique, lettre personnelle) ▸ rendre compte ou décrire de manière autonome en reliant les phrases entre elles ▸ relater des événements, des expériences en produisant de manière autonome des phrases reliées entre elles ▸ faire le récit d'un événement, d'une activité passée, une expérience personnelle ou imaginée ▸ écrire un court poème
B1	**Comprendre les points essentiels d'une intervention énoncée dans un langage clair et standard** ▸ comprendre ce qui est dit pour réaliser une tâche en situation réelle ou simulée ▸ comprendre une information factuelle sur des sujets de la vie quotidienne ou étudiés ▸ suivre une conversation en situation réelle ou simulée ▸ comprendre les points principaux d'une intervention sur des sujets familiers ou étudiés y compris des récits courts ▸ suivre le plan général d'un exposé court sur un sujet connu ▸ comprendre les points principaux de bulletins d'information et de documents enregistrés simples portant sur des sujets connus	**Comprendre des textes essentiellement rédigés dans une langue courante** ▸ comprendre des instructions et consignes détaillées ▸ comprendre suffisamment pour entretenir une correspondance suivie ▸ localiser des informations recherchées ou pertinentes pour s'informer et réaliser une tâche ▸ comprendre un enchaînement de faits ▸ reconnaître les grandes lignes d'un schéma argumentatif	**S'exprimer de manière simple sur des sujets variés** ▸ prendre la parole devant un auditoire, mettre en voix un texte ▸ restituer une information avec ses propres mots éventuellement à partir de notes ▸ relater des expériences vécues, en rendre compte (événements, dialogues, texte écrit ou oral) ▸ décrire ▸ expliquer ▸ exprimer des sentiments, une opinion personnelle ▸ argumenter pour convaincre	**Faire face à des situations variées avec une relative aisance à condition que la langue soit standard et clairement articulée** ▸ engager la conversation et maintenir le contact pour échanger des informations, réagir à des sentiments, exprimer clairement un point de vue ▸ prendre part à une discussion pour expliquer, commenter, comparer et opposer ▸ interviewer et être interviewé, conduire un entretien préparé et prendre quelques initiatives ▸ faire aboutir une requête	**Rédiger un texte articulé et cohérent, sur des sujets concrets ou abstraits, relatif aux domaines qui lui sont familiers** ▸ restituer une information avec ses propres mots, paraphraser simplement de courts passages écrits ▸ prendre des notes sous forme d'une liste de points ▸ rédiger un courrier personnel (incluant des avis sur des sujets abstraits ou culturels) ▸ rendre compte d'expériences, de faits et d'événements ▸ écrire un court récit, une description, un poème, de brefs essais simples ▸ rédiger des messages courts de type informatif ou injonctif

Conception de la couverture et de la maquette : Killiwatch
Cartographie : AFDEC
Schémas : Agence WAG
Mise en pages : Elodie Breda
Iconographie : Christine Morel

© Éditions Nathan 2010
ISBN 978-209-173991-5

DANGER LE PHOTOCOPILLAGE TUE LE LIVRE

Aux élèves de Seconde

Bienvenue dans votre nouveau manuel de seconde de la Collection Juntos!

Au sein de chaque unité vous trouverez un parcours d'apprentissage linguistique et culturel guidé autour des **cinq activités langagières** (écouter, lire, parler en continu, parler en interaction, écrire).

Les descripteurs annoncés en début d'unité renvoient au Cadre européen auquel s'adosse le nouveau programme de seconde 2010. Ils précisent le niveau d'appréhension et d'exploitation visé par les documents présentés dans le manuel tout en ciblant l'activité langagière majeure retenue afin de construire un itinéraire adapté. Vous pourrez ainsi consolider le niveau A2 validé en classe de 3e et atteindre clairement et sûrement le niveau supérieur B1.

Les activités proposées, qui constituent autant d'étapes dans votre apprentissage, sont facilement repérables. Elles vous permettront de réinvestir les acquis linguistiques, grammaticaux, méthodologiques et culturels dans la réalisation d'un projet final individuel ou collectif.

Guidé par votre professeur, vous pourrez travailler toutes les activités langagières au sein de la classe qui pourra être organisée en **groupes de compétences**. La richesse des documents de Juntos 2e nourrira votre intérêt et votre motivation pour la langue espagnole et les cultures hispaniques. Vous pourrez travailler « juntos » avec vos camarades et votre professeur en écoutant, en lisant, en parlant et en échangeant en espagnol sur une grande variété de documents : sonores, textuels, visuels et audiovisuels sans oublier l'ouverture sur les TICE offerte par les *Talleres de internet*.

L'approche résolument active et pragmatique de Juntos 2e a pour objectif de développer vos compétences linguistiques, sociolinguistiques, communicatives et culturelles et de vous ouvrir ainsi la voie à une expression autonome en espagnol.

Edouard Clemente

Présentation du manuel

Logos utilisés dans le manuel

- Compréhension de l'oral
- Compréhension de l'écrit
- Expression orale en continu
- Interaction orale
- Expression écrite

Document enregistré sur...

  DVD

Renvoi au Fichier de l'élève

→ *Fichier de l'élève p. X*

Les rubriques récurrentes

RECURSOS Aide à l'expression

Datos culturales Aspects de la culture hispanique

¡Y ahora tú! Micro-tâche

TICE Des activités pour encourager le travail des TICE

Ouverture

- Trois visuels et des pistes simples pour entrer dans la thématique
- Les objectifs d'apprentissage par activité langagière
- Les faits de langue
- La tâche finale

Comprensión oral

Deux documents audio authentiques

- Un visuel pour faciliter l'écoute
- Un entraînement guidé à la compréhension
- Un exercice de phonétique

Textes et documents

Une activité langagière dominante par double page

- Un document majeur et un document mineur
- Une série de tâches pour comprendre et s'exprimer
- *Gramática activa* : l'étude d'un fait de langue issu des documents avec un court exercice d'application
- Une micro-tâche pour faire la synthèse et reprendre le point de langue

Talleres de comunicación

- Des activités de groupe pour travailler les compétences de compréhension orale (chansons), de production ou d'interaction orales mais aussi d'expression écrite
- Un *Taller de Internet* pour travailler les TICE
- Un *Taller de vídeo* (extraits de fictions ou reportages authentiques)

Lengua activa

- Des exercices d'application variés sur les points de langue des textes de l'unité
- Des activités sur les champs lexicaux liés au thème de l'unité

Panorama

- Des documents pour découvrir les cultures du monde hispanique
- Des pistes de recherche sur Internet
- La tâche finale, *Proyecto final*

Evaluación

- Des activités pour s'évaluer et valoriser les compétences acquises dans chaque activité langagière

En fin de manuel

- Un large choix de lectures longues et autres références pour encourager le travail en autonomie (*Para ampliar*)
- Un lexique culturel illustré (*Datos culturales*)
- Un précis grammatical
- Un lexique espagnol-français et français-espagnol

SOMMAIRE

	Documentos y textos		Actividades de comunicación

SOMMAIRE

Documentos y textos

Actividades de comunicación

Notions culturelles : Mémoire   Sentiment d'appartenance   Visions d'avenir

UNIDAD 1

Mémoire
Sentiment d'appartenance
Visions d'avenir

Tiempo de vacaciones

1 **P**racticando senderismo en Ecuador

ACTIVITÉS DE COMMUNICATION A2/A2+

Écouter
Comprendre un reportage sur les activités en vacances.
Comprendre les particularités d'une expédition.

Lire
Comprendre une lettre racontant des vacances.
Comprendre un article sur le tourisme.
Extraire l'information essentielle d'une BD.

Parler en continu
Exprimer ses goûts en matière de vacances.
Raconter ce que l'on a fait dans un passé proche.
Raconter un trajet jusqu'à un lieu de vacances.

Parler en interaction
Défendre son point de vue sur les vacances.

Écrire
Écrire une lettre ou une carte postale sur ses vacances.
Répondre à un questionnaire sur les voyages.

OUTILS LINGUISTIQUES

- Le présent de l'indicatif des verbes réguliers (p. 15)
- *Ser* et *estar* (p. 17)
- Les verbes qui diphtonguent (p. 19)
- *Gustar* (p. 19)
- Le passé composé (p. 21)
- Les prépositions *a, por, en* (p. 23)

RECURSOS

Sustantivos
- la cascada
- el senderismo: *la randonnée*
- la tranquilidad
- el turismo cultural
- el turismo de sol y playa
- el turismo verde

Adjetivos
- concurrido(a): *frequenté(e)*
- sonriente: *souriant(e)*

Verbos y expresiones
- bañarse
- descubrir las obras de un(a) pintor(a)
- estar amontonado(a): *être entassé(e)*
- estar a orillas del mar: *être au bord de la mer*

Proyecto final

→ **Trabajas en una agencia de viajes.
Ayuda a dos clientes a encontrar su destino de vacaciones ideal.**

2

Visitando
el museo
de Málaga

3 **V**eraneantes en la playa
del Carmen, México

Y tú, ¿cómo lo ves?

1. Precisa a qué tipo de turismo se refieren las fotografías.
2. Di qué lugar te gusta más y justifica tu elección.
   → *Me gustan los grandes espacios...*
3. Cita la actividad que te gusta menos y explica por qué.
   → *No me gusta visitar...*
4. Compara tu punto de vista con el de tus compañeros.

 **U**n chiringuito en Ibiza, España

1 Observa la foto

a. Di dónde fue sacada la foto y lo que representa.

b. Explica lo que es un chiringuito.

2 Escucha e identifica

c. Escucha la música y define el ambiente.
Di quién habla y precisa el tema.

d. Cita las palabras que has comprendido e identifica
su campo léxico.

3 Profundiza

e. Describe el ambiente a mediodía. Precisa con qué
comparan un chiringuito.

f. Completa: Un chiringuito es un lugar para...

g. Di lo que le gusta comer y beber a la gente allí.

h. Por la tarde la gente... El chiringuito es muy importante
ya que...

4 Resume y exprésate

i. Explícale a un(a) amigo(a) lo que es un chiringuito y
lo que hace la gente allí.

j. Di si te gusta el ambiente de un chiringuito.
Explica por qué.

 → *Fichier de l'élève p. 4*

RECURSOS

Sustantivos
- un local
- un lugar: *un lieu*
- el pescado: *le poisson*
- un(a) veraneante: *un(e) vacancier(ière) (l'été)*

Adjetivos
- alegre: *joyeux(euse)*
- asado(a): *grillé(e)*
- festivo(a): *festif(ive)*

Verbos y expresiones
- estar de vacaciones: *être en vacances*
- oler (ue) a: *sentir (odorat)*
- pasarlo bien: *passer un bon moment*
- relajarse: *se détendre*
- veranear: *passer ses vacances d'été*

Fonética

→ Alphabet, Précis 1

Deletrea las palabras siguientes.

el chiringuito – la playa – el verano – gozar
– las vacaciones – la orilla – la gente –
se relaja – el paraíso – la paella

Rumbo a Chile

A2

Escuchar

Los expedicionarios
de la Ruta Quetzal

Datos culturales

Ruta Quetzal BBVA es un programa creado por sugerencia de Su Majestad el Rey de España para fomentar el conocimiento de la cultura española e iberoamericana. Cada año 300 jóvenes europeos e iberoamericanos entre 16 y 17 años viven una verdadera aventura cultural y humana en un país iberoamericano y en España.

1 Observa la foto

a. Observa la foto y di quiénes son los jóvenes y de dónde son.
b. Descríbelos y explica lo que van a hacer.

2 Escucha e identifica

c. El documento es... y trata de…
d. He oído las voces de…
e. Enumera los nombres de lugares que has oído.
f. Cita el vocabulario de las actividades y de los valores.

3 Profundiza

g. Di cuál es el título de esta Ruta Quetzal.
h. En España los expedicionarios van a recorrer...
i. En Chile van a visitar...
j. Por Nochebuena van a... y el 31 de diciembre...
k. Su programa es completo ya que... y porque...

4 Resume y exprésate

l. Mándale un correo electrónico a un(a) amigo(a) para presentarle la expedición, su recorrido y sus objetivos.
m. Di si esta expedición te interesa. Justifica tu respuesta.

 *Fichier de l'élève p. 5*

RECURSOS

Sustantivos
- una bandera: *un drapeau*
- la convivencia: *la vie en société*
- un impermeable
- el respeto
- un sombrero
- la tolerancia

Verbos y expresiones
- caminar: *marcher*
- fomentar: *encourager, favoriser*
- llevar: *porter*
- recorrer: *parcourir*
- rumbo a: *(ici) cap sur, en direction de*

Fonética → Accentuation, Précis 2

a. Con la ayuda de las reglas de acentuación, clasifica las palabras siguientes.

España – comunidad – Fernández – también – Iberoamérica – navegar – convivencia – aprender – Quetzal

Palabras acentuadas en la última sílaba	Palabras acentuadas en la penúltima sílaba	Palabras con acento escrito

b. Repite estas palabras en voz alta.

 Hablar

¡SONRÍE! ESTÁS EN ESPAÑA

ESPAÑA

Aprender español, una aventura inolvidable.

www.spain.info

Datos culturales

Cada verano miles de estudiantes extranjeros vienen a España para aprender español. También es una forma de descubrir una ciudad, una cultura y hacerse muchos amigos. **Salamanca** es una ciudad célebre en todo el mundo por su universidad que fue fundada en 1218 y por su riqueza artística: plaza Mayor, catedrales, palacios, iglesias.

RECURSOS

Sustantivos
- los cursos de verano
- el deporte: *le sport*
- la sonrisa: *le sourire*

Adjectivos
- extranjero(a): *étranger(ère)*
- feliz: *heureux(euse)*

Verbos y expresiones
- charlar: *discuter*
- compaginar estudios y vacaciones: *concilier études et vacances*
- cruzar por un puente colgante: *traverser un pont suspendu*
- elegir (i): *choisir*
- estar relajado(a): *être détendu(e)*
- pasárselo bien: *s'amuser*
- promover (ue): *promouvoir*

MIRA Y EXPRÉSATE

1. Precisa la composición del cartel: fotos, lemas, logotipo.

2. Describe las dos fotografías: lugares, gente, colores.

3. Di quiénes son las personas que ves e indica lo que hacen.

4. Explica lo que sugieren los dos lemas del cartel y precisa a qué invitan.

Las vacaciones son para descansar

Una vez recogidas las notas[1] […] empiezan las verdaderas vacaciones. Te levantas, te tomas la leche[2] y aguantas[3] durante cinco minutos el sermón materno antes de preguntarte qué diablos vas a hacer el resto del día. Medio segundo después haces un des-
5 cubrimiento asombroso: un día tiene muchas, muchas horas. […]

En algún momento de su intervención, mi madre suele sacar[4] de alguna parte uno de esos libros de ejercicios con que los padres acostumbran a amargar[5] las vacaciones de sus hijos, y lo deja sobre la mesa.
10 Yo, protesto claro:
–Pero las vacaciones son para descansar.
–En ningún trabajo se descansa tanto tiempo, –dice ella muy segura.
Y entonces ella da por finalizada[6] nuestra conversación.
15 –Hija, no voy a discutir. Tienes que hacer[7] los ejercicios y punto. […]
–Jo[8], no es justo.
Yo a esto lo llamo dictadura.

Care SANTOS (escritora española), *Prohibido enamorarse*, 2006

1. *Après réception des notes*
2. *tu prends du lait (au petit déjeuner)*
3. *tu supportes*
4. *a l'habitude de sortir*
5. *ont l'habitude de gâcher*
6. *elle met un point final à*
7. *tu dois faire*
8. *(fam.) Mince, zut !*

LEE Y EXPRÉSATE

1. Identifica a las protagonistas del texto y di cuándo pasa la escena.
2. Indica lo que hace la madre (l.6-9).
3. Precisa y explica la reacción de la chica frente a la actitud de su madre. (l. 10-11)
4. Di cómo termina la conversación.

RECURSOS

Sustantivos
● el aburrimiento: *l'ennui*
● el desayuno: *le petit déjeuner*

Adjetivos
● autoritario(a)
● furioso(a), enfadado(a)

Verbos y expresiones
● aburrirse: *s'ennuyer*
● convencer: *convaincre*
● de ninguna manera: *en aucun cas*
● no estar de acuerdo con... porque / ya que...
● no le da la gana... porque...: *elle n'a pas envie de... parce que...*
● obedecer: *obéir*
● oponerse
● rebelarse contra

Gramática activa

Le présent de l'indicatif des verbes réguliers
→ Conjugaisons p. 242, Précis 18.A

Observa

Formation des verbes réguliers
● Verbes en **-ar : radical + -o, -as, -a, -amos, -áis, -an.**
● Verbes en **-er : radical + -o, -es, -e, -emos, -éis, -en.**
● Verbes en **-ir : radical + -o, -es, -e, -imos, -ís, -en.**
  ▶ **Te levantas** (levantarte), **comes** (comer) y **recibes** (recibir) un sermón materno.

Practica

Conjugue au présent de l'indicatif.
a. Durante las vacaciones, nosotros (descansar).
b. (yo/descubrir) que (aburrirme) si no (trabajar).

→ Autres exercices p. 26

¡Y ahora tú!

Convenzo a mi madre/padre
¡Tu padre/madre te obliga a estudiar todas las mañanas durante las vacaciones! Intenta convencerlo(la) de dejarte tiempo libre. Con un(a) compañero(a), imagina el diálogo.
→ *Mamá, necesito descansar…*

→  *Fichier de l'élève, p. 6*

A2

San José, 5 de noviembre

Querida Nuria:

No puedes imaginar lo contenta que estoy y lo bien que lo estoy pasando[1], a pesar de estar recién llegada[2].
5 Estoy viviendo con un colega y su amigo, en un apartamento divino, con terraza que da a un jardín maravilloso. Bueno, aquí todos los jardines son maravillosos, todo el país es un jardín. Costa Rica, Nurita, es fan-tás-ti-ca, sobre todo "tica", que es como se llaman los costarricenses, ticos y
10 ticas. Sólo conozco un poco el valle Central, donde está San José[3] y el camino a las playas del Pacífico, sobre todo a una que es de-men-cial. Se llama Manuel Antonio y he ido dos veces con Jorge y otros amigos.[...]

Pues te cuento que las playas son absolutamente
15 increíbles, unas con gente, es decir con alguna persona cada dos kilómetros[4], y otras solitarias, es decir con alguna iguana cada seiscientos cocoteros. El mar, ese Pacífico, aquí es cálido y acogedor[5], con olas[6] limpias y poco traicioneras[7], así que estoy todo el día haciendo bodysurfing.
20 Un besote tierno y todo mi cariño.

Ariadna

P.D[8]: ¡ESCRIBE PRONTO!

José María MENDILUCE (escritor español), *Pura vida*, 1998

José María MENDILUCE (nacido en 1951) Trabajó con éxito para la ONU (Alto Comisionado de las Naciones Unidas para los Refugiados, ACNUR). Publicó *Pura vida* en 1998 y *La sonrisa de Ariadna* en 2005.

1. *Tu ne peux pas savoir comme je suis contente et comme je m'amuse*
2. haber llegado hace poco tiempo
3. capital de Costa Rica
4. *tous les deux kilomètres*
5. hospitalario
6. *des vagues*
7. *(ici) dangereuses*
8. Post Data: *Post Scriptum*

LEE Y EXPRÉSATE

1. Basándote en elementos del texto, di qué tipo de documento es, quién lo escribe y a quién se dirige. Precisa la fecha y el lugar de redacción.
2. Apunta los sustantivos y los adjetivos que describen los diferentes lugares.
3. A partir de los adjetivos que has apuntado, di qué visión del país nos ofrece Ariadna y explica por qué está contenta.
4. Cita e imagina qué actividades puede hacer Ariadna allí.

RECURSOS

Sustantivos
- la arena: *le sable*
- una carta: *une lettre*
- la costa

Adjetivo
- paradisíaco(a): *paradisiaque*

Verbos y expresiones
- broncear: *bronzer*
- despedirse (i) = decir adiós
- hacer submarinismo, snorquel: *faire de la plongée*
- le gusta mucho = le encanta
- lo bonito es...: *ce qui est beau, c'est...*

MIRA Y EXPRÉSATE

1. Di qué país promueve esta campaña publicitaria. Sitúalo en el mapa y precisa su clima.

2. Di quiénes son las personas del cartel y qué están haciendo.

3. Describe los diferentes paisajes y comenta el eslogan.

4. Fijándote en las fotografías, di qué tipos de turismo promueve este cartel .

RECURSOS

Sustantivos
- una canoa: *un canoë*
- una cascada: *une cascade*
- el ecoturismo = el turimo sostenible: *l'écotourisme, le tourisme durable*
- una hoja: *une feuille*
- un lago: *un lac*
- una palmera: *un palmier*
- turistas: *des touristes*
- la vegetación frondosa: *la végétation luxuriante*

Verbos y expresiones
- disfrutar de: *profiter de*
- esperar: *attendre*
- leer el periódico: *lire le journal*

Bahía Drake

Sí, este es nuestro país. ¡Redescúbralo!

COSTA RICA
Redescubra su país. Es Increíble
Instituto Costarricense de Turismo
www.visitecostarica.com

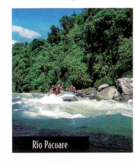
Río Pacuare

Volcán Irazú

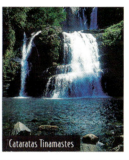
Cataratas Tinamastes

Gramática activa

Ser et estar → Précis 28

Observa

- Verbe **ser** (être) : caractérise, définit.
  Ser: soy, eres, es, somos, sois, son
  ▶ *Los jardines **son** maravillosos.*

- Verbe **estar** (être) : situe dans l'espace.
  Estar: estoy, estás, está, estamos, estáis, están
  ▶ *El valle Central, donde **está** San José.*

- **Estar** + adjectif : présente un état passager.
  ▶ ***Estoy** contenta.*

- **Estar** + gérondif : rend l'idée de durée d'une action.
  ▶ *Lo bien que lo **estoy** pas**ando**.*
  ▶ ***Estoy** hac**iendo** bodysurfing.*

Practica

Complète avec *ser* ou *estar.*
a. Los habitantes de Costa Rica… los costarricenses.
b. Manuel Antonio… el nombre de una playa que… en Costa Rica.

→ Autres exercices p. 26

¡Y ahora tú!

Escribo una carta
Has descubierto un lugar paradisíaco durante tus vacaciones. Escribe una carta a uno(a) de tus amigo(a)s. Describe lo que ves y di lo que estás haciendo.

→ *Estoy en… y estoy haciendo…*

→ 📖 *Fichier de l'élève, p. 7*

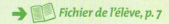

Benidorm, sol y playa

A2+

Uno de agosto, playa del Levante de Benidorm.

Creyéndome el más listo del zoo, llego a las 10, pero ya no hay primera fila en las hamacas de pago[1]. Para no ver mar prefiero la zona proleta[2]. Dos metros cuadrados en octava fila [...].

5 –Si quiere puede[3] darse baño, que le vigilamos sus cosas.

Bajo las sombrillas[4] hay mucha solidaridad [...]. Sobre las sombrillas gobierna Silvia, la socorrista[5]. Silvia trabaja cuatro meses en España y ocho en Argentina. "Me gusta la playa y además estoy cobrando por algo que esta multitud está pagando".

10 A las doce los padres con niños se van a comer y el sol ha girado bastante y con él todos los bañistas con sus toallas y sus sillas. [...]

–Faustino, vente p'aqui[6], que estos señores se van.

Y Faustino llega con dos sombrillas, cuatro sillas, mujer y par de cuñadas[7], y se aposenta[8] en segunda línea. [...]

15 Mediodía es la calma en el paseo. No hay ruidos, la playa está limpia, el agua también.

Con la fresca de la noche revive el paseo. Duchados y arreglados, es hora de otra vuelta antes de dormir. Las cafeterías atraen la atención con música en directo. [...]

20 Así llega la noche a este Gotham[9] de sol y playa, donde 24 horas, para el viajero errante, son suficientes.

Javier MARTÍN (escritor español), *El País*, 1 de agosto de 2007

1. *transats payants*
2. *(fam.)* zona gratuita
3. *si quiere usted, puede usted*
4. *les parasols*
5. *maître-nageur*
6. *(fam.) par ici*
7. *belles-sœurs*
8. *se instala*
9. *(ici) la grande ville*

Datos culturales

El turismo de sol y playa es el nombre que se da al turismo de masas en España, turismo que empezó a desarrollarse, en los años 60, a lo largo de la costa mediterránea por la abundancia de playas y el tiempo soleado. El auge de este turismo también responde a intereses económicos y políticos.

LEE Y EXPRÉSATE

1. Apunta cuándo y dónde transcurre la escena. (l. 1-4)

2. El narrador es… quiere instalarse cerca de… (No) está satisfecho porque…

3. Enumera y presenta a las personas con las que se encuentra el narrador. (l. 5-14)

4. Apunta el cambio que se produce a las doce. (l. 15-16)

5. Compara el ambiente que reina a mediodía con el de la noche. Precisa los elementos que le gustan al narrador.

6. Enumera los aspectos que permiten caracterizar la tonalidad del relato. ¿Te parece que el narrador quiere incitarnos a veranear allí?

RECURSOS

Substantifs
- un relato: *un récit*
- un veraneante: *un(e) vacancier(ière) (l'été)*

Adjetivos
- amable: *aimable, gentil(le)*
- decepcionado(a)
- humorístico(a): *humoristique*
- irónico(a): *ironique*
- ruidoso(a): *bruyant(e)*
- tranquilo(a), apacible: *tranquille, paisible*

Verbos y expresiones
- dar ganas de: *donner envie de*
- decidir + inf.: *décider de + inf.*
- mientras que: *alors que*

Veraneantes en una playa de Benidorm, España

MIRA Y EXPRÉSATE

1. Después de situar la escena, enumera lo que te llama la atención en la foto.

2. Di lo que está haciendo la gente según el lugar donde está.

3. Explica qué tipo de vacaciones ilustra la foto para ti.

RECURSOS

Sustantivos
- los edificios: *les immeubles*
- la falta de espacio
- la muchedumbre: *la foule*
- una tumbona: *un transat*

Adjetivos
- amontonado(a): *entassé(e)*
- atiborrado(a) = abarrotado(a): *bondé(e)*
- mucho(a): *beaucoup de*
- soleado(a): *ensoleillé(e)*

Verbos y expresiones
- broncear: *bronzer*
- estar tumbado(a) en la misma arena: *être couché(e) à même le sable*
- nadar: *nager*

Gramática activa

❶ Les verbes qui diphtonguent ➜ Précis 24.B

Observa

- Les verbes diphtonguent généralement aux **présents**, aux **3 personnes du singulier** et à la **3ᵉ personne du pluriel**.

- **e → ie**
gobernar → gob**ie**rno, gob**ie**rnas, gob**ie**rna, gobernamos, gobernáis, gob**ie**rnan.
  ▶ **Gobierna** Silvia, la socorrista.

- **o → ue**
poder → p**ue**do, p**ue**des, p**ue**de, podemos, podéis, p**ue**den.
  ▶ **Puede** darse baño.

Practica

Conjugue au présent.
a. El bañista no… (encontrar) su toalla.
b. En verano, yo… (preferir) la playa.

➜ Autre exercice p. 26

❷ Gustar ➜ Précis 35

Observa

A mí **me**
A ti **te…**
A él / ella / ud **le…**   ⎫
A nosotros(as) **nos…**   ⎬ …**gusta(n)**
A vosotros(as) **os…**   ⎭ la(s)playa(s).
A ellos/ellas/uds **les…**
   ▶ **Me gusta** la playa.

D'autres verbes comme *encantar* (adorer), *interesar* se construisent comme *gustar*.

Practica

Réponds selon le modèle.
¿A ti te gusta la playa?
→ *Sí, a mí me gusta la playa.*
a. A él le encantan los viajes; ¿y a ti?
b. A nosotras nos gusta el sol; ¿y a ti?

➜ Autres exercices p. 26

¡Y ahora tú!

Opino sobre mis vacaciones
Estás en la playa en Benidorm y llamas a un(a) amigo(a). Cuéntale lo que ves, lo que estás haciendo, lo que te gusta y lo que no.
   → *¡Hola! ¿Qué tal estás?… Me gusta mucho esta playa…*

 ➜ *Fichier de l'élève, p. 6*

Esperando en el aeropuerto

A2

Me he acercado[1] un par de veces a la ventana y, con disimulo, he escudriñado[2] en vano rostros[3] en busca del tío David. Aparecen las maletas. […] Una cantarina voz de mujer anuncia desde los altoparlantes demoras[4] en algunos vuelos, las escaleras metálicas trabajan
5 sin tregua, los sonidos rebotan[5] sin estridencia en las altas paredes pintadas de amarillo suave, donde se encuentran letreros luminosos de Coca Cola, McDonalds, Entelnet y varios hoteles. Bienvenido a Bolivia.

Apenas salgo de la terminal, escucho las voces de los taxistas ofreciéndome sus servicios. […]
10

Tío David no está por ningún lado, puede haberse demorado[6]. Me siento sobre la maleta. Me quito los lentes[7], me los vuelvo a poner. Saco mi Palm Pilot, lo enciendo, lo miro sin saber qué hacer con él y lo vuelvo a guardar. Transcurre media hora. Mi tío no aparece […]. Me
15 subo a un radiotaxi. Tío David me espera en la puerta de su casa como si no hubiera ocurrido nada[8].

–¿Qué tal el viaje? Pasa, pasa. Tantas horas encerrado allí. Ni muerto[9] me haces subir a un avión. […] Bien, bien. La casa es chica, pero el corazón… Éste es tu cuarto.

Edmundo PAZ SOLDÁN (escritor boliviano), *La materia del deseo*, 2001

Edmundo PAZ SOLDÁN (nacido en 1967) Ganó el Premio de Cuento Juan Rulfo 1997 con *Dochera*. Ha publicado las novelas *Río Fugitivo*, *Días de papel*, *Alrededor de la torre*. Sus obras han sido traducidas al inglés, al alemán, al finlandés y al danés.

1. *je me suis approché*
2. *j'ai examiné en détail*
3. *les visages*
4. *des retards*
5. *les bruits se répercutent*
6. *il a peut-être été retardé*
7. *j'enlève mes lunettes*
8. *comme si de rien n'était*
9. *(ici) Jamais de la vie*

LEE Y EXPRÉSATE

1. Precisa dónde está el protagonista y a quién espera. (título, l. 1-2)

2. Apunta todos los elementos relativos al lugar. (l. 1-8)

3. Completa la frase: Aunque el protagonista está en Bolivia… (l. 6-7)

4. Di cómo pasa el tiempo el protagonista en el aeropuerto. (l. 11-13)

5. Después de media hora, el protagonista decide… (l. 14-15)

6. ¿Al tío David le gusta el avión? Apunta la expresión que lo indica.

7. Comenta la actitud del tío.

RECURSOS

Sustantivo
- la acogida: *l'accueil*

Adjetivo
- raro(a): *bizarre, étrange*

Verbos y expresiones
- acoger: *accueillir*
- decidir coger un taxi: *décider de prendre un taxi*
- estar cansado(a) / preocupado(a): *être fatigué(e), inquiet(ète)*
- pasar(se) el tiempo + ger.: *passer son temps à + inf.*
- tener (ie) miedo a: *avoir peur de*

La terminal 4 del aeropuerto Madrid-Barajas

Mira y exprésate

1. Di lo que representan las fotos.
2. Precisa lo que los viajeros pueden hacer en esta terminal de Barajas.
3. Con un(a) compañero(a), intercambia tus impresiones sobre este aeropuerto.

Sustantivos
- la cafetería
- la librería
- un pasillo: *un couloir*
- el retraso: *le retard*
- las revistas: *les revues*

Adjetivos
- ancho(a): *large*
- alto(a): *haut(e)*

- futurista
- inmenso(a) = gigantesco(a)
- largo(a): *long(ue)*

Verbos y expresiones
- esperar: *attendre*
- tomar algo: *prendre quelque chose*
- pasearse : *se promener*

Gramática activa

Le passé composé ➡ Précis 18.C

Observa

● **Formation :** *haber* au présent (**he, has, ha, hemos, habéis, han**) + participe passé (verbes en *-ar : -ado* ; verbes en *-er* et *-ir : -ido*).
   ▶ *Me he acercado a la ventana.*

VIAJAR	APARECER	SENTIR
he viaj**ado**	**he** aparec**ido**	**he** sent**ido**
has viaj**ado**	**has** aparec**ido**	**has** sent**ido**
ha viaj**ado**	**ha** aparec**ido**	**ha** sent**ido**
hemos viaj**ado**	**hemos** aparec**ido**	**hemos** sent**ido**
habéis viaj**ado**	**habéis** aparec**ido**	**habéis** sent**ido**
han viaj**ado**	**han** aparec**ido**	**han** sent**ido**

● Attention aux participes passés irréguliers comme **hecho** *(hacer)*, **visto** *(ver)*, **vuelto** *(volver)*…

Practica

Conjugue au passé composé.
a. El joven (esperar) a su tío durante media hora.
b. Nosotros (salir) de la terminal con las maletas.

➡ Autres exercices p. 26

¡Y ahora tú!

Cuento lo que he hecho
Esta mañana tu avión ha tenido 45 minutos de retraso. Estas enfadado(a). Cuenta lo que has hecho en el aeropuerto para pasar el tiempo.
   → *He esperado en...*

➡ 📖 *Fichier de l'élève, p. 6*

A2+

Astérix en Hispania, Albert UDERZO y René GOSCINNY

- ¡A la cola!: *À la queue ! Derrière !*
- ¡Ni que acabarais de llegar...!: *Vous venez d'arriver, ou quoi ?*
- ¿A qué...?: *Pour quoi faire ?*
- El cambio resulta ventajoso.: *Le taux de change est avantageux.*
- encontraremos sol: *nous trouverons du soleil*
- han aumentado los precios : *les prix ont augmenté*
- se retrasa: *est retardé*

RECURSOS

Sustantivos
- un atasco: *un embouteillage*
- la carretera: *la route*
- el cómic: *la BD*
- el contraste entre...
- el globo: *la bulle*
- la Vía romana: *la voie romaine*
- los viajeros: *les voyageurs*

Adjetivo
- barato(a): *bon marché*

Verbos y expresiones
- burlarse de: *se moquer de*
- hace calor...: *il fait chaud...*

LEE Y EXPRÉSATE

1. Precisa quiénes son los héroes del cómic y dónde están.
2. Enumera los motivos que incitan a los viajeros a ir a España. (3ª viñeta)
3. Di cómo explican el atasco y el retraso. (última viñeta)
4. Di de dónde viene lo cómico de la escena. Argumenta.

1. Precisa lo que representa esta foto y dónde pasa la escena.

2. ¿Cuáles deben ser las cualidades de los automovilistas en un atasco?

3. Apunta las similitudes y diferencias entre el cómic y la foto.

RECURSOS

Sustantivos
- la cortesía: *la politesse*
- la paciencia
- el respeto

Adjetivos
- formal = bien educado(a): *sérieux(euse), poli(e)*
- igual = idéntico(a)
- paciente

Verbos y expresiones
- lo curioso es...
- mientras que: *tandis que*
- pararse: *s'arrêter*
- preferir (ie, i): *préférer*
- respetar a los demás: *respecter les autres*

Circulando por una autopista en España

Gramática activa

❶ Les prépositions
a, por, en ➡ Précis 38.A, D, G

Observa
- **a** = déplacement vers un lieu : **ir a, salir a**.
  - ▶ ¡Vamos **a** Hispania!
- **por** = mouvement et passage : **circular por, pasearse por**.
  - ▶ Circulando **por** una autopista.
- **en** = localisation.
  - ▶ Llegar **en** el último barco.

Practica
a. Durante las vacaciones, los veraneantes van… la costa o… la montaña.
b. Los soldados romanos están… la frontera.

➡ Autres exercices p. 26-27

❷ Les adverbes *aquí* et *allí*
➡ Précis 39.A

Observa
- **aquí** : pour ce qui est proche (= ici).
  - ▶ ¿Qué estáis esperando todos **aquí**?
- **allí** : pour ce qui est éloigné (= là-bas).
  - ▶ **Allí** encontraremos sol.

Practica
Emploie *aquí* ou *allí*.
a. Durante las vacaciones, iremos a Latinoamérica porque… viven mis abuelos.
b. Estoy leyendo en casa porque… estoy tranquila.

➡ Autre exercice p. 27

¡Y ahora tú!

Indico un trayecto
Cuéntale a un(a) amigo(a) adónde vas de vacaciones con tu familia, por dónde pasáis y en dónde os paráis en el trayecto.
→ *Cuando nos vamos a…*

➡  *Fichier de l'élève, p. 6*

Talleres de comunicación

Benidorm, mil vidas por vivir

Objectif **A2** : exprimer ses goûts, justifier son point de vue.

🔧 : le lexique des activités estivales, le présent de l'indicatif.

⏱ Temps de parole : 2 minutes.

Observa el cartel.

a. Da ejemplos de las cosas por hacer en Benidorm, precisando si estas actividades te gustan.

b. ¿Tienes ganas de ir a Benidorm? Justifica.

RECURSOS

Verbos y expresiones

- descansar
- estar tumbado(a) en la playa
- ir en barco
- recoger conchas: *ramasser des coquillages*
- tomar una copa: *prendre un verre*
- tomar el sol

Clara Gómez
Auditora de olas, arenas, puestas de sol y cócteles de frutas.

Bienvenido a un lugar en el q[u]
podrás dar rienda suelta a la versi[ón]
más divertida de ti mismo. Un espa[cio]
para planificar las mejores vacacion[es]
y escapadas para ti y para tu familia, y [en]
el que encontrar mil y una cosas por hac[er.]
Un lugar muy cercano, con toda la calida[d]
que te mereces y sin renunciar a na[da.]

Bienvenido a **milvidasbenidorm.co[m]**

Mil **BENIDORM** *vidas por vivir*

COMUNITAT VALENCIANA *Te doy todo*

Costa Blanca BENIDORM

HOSB[E]

Escribir una postal

Objectif **A2** : écrire une carte postale pour parler de ses vacances.

🔧 : le lexique des paysages et des activités estivales, le présent de l'indicatif, les verbes qui diphtonguent, *ser* et *estar*, le passé composé.

✏ Nombre de mots : 50.

Estás de vacaciones en la playa y escribes una postal a un(a) amigo(a).

a. Precisa dónde estás de vacaciones y da indicaciones sobre el lugar.

b. Cuenta un día de vacaciones.

c. Indica lo que más te ha gustado hacer durante tus vacaciones.

RECURSOS

Verbos y expresiones

- a eso de las 10 de la noche: *à 22h environ*
- estoy de vacaciones en...
- (me) paso el tiempo nadando, leyendo...
- por la mañana: *le matin*
- por la tarde: *l'après-midi, le soir*
- quedar con amigos : *donner rendez-vous à des amis*

Playas del Caribe

Organiza vacaciones en Costa Rica

→ Conéctate a: **www.visitcostarica.com**

1. Busca información

a. Coloca el ratón en la viñeta *¿Qué hacer?* Pincha el enlace *Ecoturismo* y luego *Parques Nacionales*. Elige un parque. Precisa su situación, sus principales atractivos, los servicios que ofrece.

b. Haz clic en *Aventura y deporte*. Cita las actividades que puedes practicar en Costa Rica. Di cuáles te gustan y dónde puedes practicarlas.

c. Coloca el ratón en *Alojamientos* y pincha *Buscar hotel por región*. Mira el mapa y puntea la región que has elegido. Di en qué hotel te vas a hospedar y por qué.

2. Redacta

d. Abre tu procesador de texto, redacta la presentación completa. Guarda tu documento y llámalo *Mis vacaciones en Costa Rica*.

RECURSOS

Sustantivos
- el enlace: *le lien*
- el procesador de texto: *le traitement de texte*
- el ratón: *la souris*

Verbos y expresiones
- buscar: *chercher*
- colocar: *placer, mettre*

- elegir (i): *choisir*
- guardar: *(ici) sauvegarder*
- hospedarse en un hotel: *descendre à l'hôtel*
- pinchar (en) = hacer clic en: *cliquer sur*
- puntear: *(ici) cocher*

Turismo sostenible en Colombia

1. Fíjate

a. Observa el fotograma y di dónde están y qué hacen los diferentes turistas.

2. Mira y escucha

b. Precisa de qué tipo de documento se trata y cuenta su contenido.

c. Localiza y sitúa en el mapa de América Latina el país del vídeo.

d. Di qué actividades turísticas se pueden practicar en este país durante las vacaciones.

3. Exprésate

e. Explica el título del vídeo y di en qué aspectos es un "turismo sostenible".

f. Personalmente ¿prefieres este tipo de turismo o un turismo de sol y playa?

En bici por tierras de Colombia

RECURSOS

Sustantivos
- un anuncio
- la bicicleta de montaña
- una canoa
- un reportaje
- el senderismo
- la selva virgen

Adjetivos
- pobre ≠ rico(a)

- salvaje
- sostenible = responsable

Verbos
- aportar
- ayudar: *aider*
- compensar
- practicar
- veranear
- viajar

Lengua activa

Le présent de l'indicatif

➡ *Gramática activa* p. 15, Conjugaisons 242

1 **Mets les verbes entre parenthèses au présent de l'indicatif.**

a. Durante las vacaciones, mis padres… (descansar) y… (broncear).

b. En el extranjero, … (yo/vivir) en un apartamento divino.

c. … (vosotros/escribir) y… (mandar) postales a vuestros amigos.

d. … (nosotros/comer) especialidades y… (sacar) fotos.

e. … (tú/esperar) las vacaciones y… (hablar) mucho de ellas.

f. Muchos jóvenes… (decidir) viajar en grupos.

2 **Conjugue *ser* et *estar* au présent de l'indicatif.**

a. Nosotros (ser) muy amigos y tu hermano (ser) uno de ellos.

b. Yo (estar) de vacaciones durante el mes de julio.

c. Vosotras (ser) estudiantes en España y nosotros (ser) alumnos en Francia.

d. Yo (ser) un turista como tú.

e. Tú (ser) un extranjero en España.

f. Muchos jóvenes (estar) dispuestos a viajar.

Ser et estar : emplois

➡ *Gramática activa* p. 17, Précis 28

3 **Complète les phrases avec *ser* et *estar*.**

a. Este chico… mi mejor amigo y… un chico muy amable.

b. Ahora todos los pasajeros… en el avión.

c. Yo… esperando a mi abuelo y… preocupado porque él no…

d. Muchos coches… en la autopista y los automovilistas… cansados.

e. La casa no… grande, pero… a proximidad de la playa.

f. Hoy día, yo… muy contento porque… con mis amigos.

Les verbes qui diphtonguent : e → ie ; o → ue

➡ *Gramática activa* p. 19, Précis 24.B

4 **Conjugue les verbes entre parenthèses.**

a. Durante las vacaciones, Pedro y Silvia… (poder) descansar.

b. Si tú… (querer) darte un baño, ahí está la playa.

c. En el aeropuerto, los jóvenes… (encontrar) la salida pero nosotros no la … (encontrar).

d. En la playa, yo me… (sentar) en una toalla y me… (dormir) de inmediato.

e. Vosotras … (soñar) con conocer a otros jóvenes.

f. Los abuelos… (acordarse) de los lugares visitados en su juventud.

Gustar

➡ *Gramática activa* p. 19, Précis 35

5 **Forme des phrases.**

a. la chica – gustar – bañarse

b. mi amiga – gustar – las playas del Pacífico

c. ellos – gustar – hacer submarinismo

d. mis padres – gustar – los paseos por la playa

e. vosotras – gustar – tomar el sol

f. (tú) – gustar – leer revistas

6 **Traduis en employant *gustar*, *encantar*, *interesar*.**

a. J'aime aller à la plage.

b. Nous adorons les vacances.

c. Les livres nous intéressent beaucoup.

d. Ton ami et toi, vous aimez être dans l'eau.

e. Ta mère adore voyager.

f. Les jeunes aiment voyager.

Le passé composé

➡ *Gramática activa* p. 21, Précis 18.C

7 **Conjugue les verbes au passé composé.**

a. Esta tarde, yo no… (trabajar) y… (descansar).

b. Nosotros… (conocer) a jóvenes de varios países.

c. Los viajes te… (permitir) conocer otras culturas.

d. Vosotros os… (adaptar) fácilmente.

e. El sol… (girar) bastante y hace menos calor.

f. En tu carta, tú… (describir) los paisajes que… (ver) y… (descubrir).

8 **Mets les phrases suivantes au passé composé.**

a. Llego a las 10 y me instalo bajo las sombrillas.

b. Con la noche revive el paseo.

c. Te levantas, te tomas la leche y aguantas el sermón materno.

d. Tienes que hacer los ejercicios.

e. La decisión de mis padres es justa.

f. Te cuento que estoy haciendo bodysurfing.

Les prépositions *a*, *por*, *en*

➡ *Gramática activa* p. 23, Précis 38.A, D, G

9 **Choisis entre les prépositions *a*, *por*, *en*, celle qui convient.**

a. Me gusta pasearme... la playa durante la mañana entera.

b. Estás muy contento porque te vas de vacaciones... España.

c. Es más agradable vivir... este pueblo que... Madrid.

d. Hay atascos... la autopista; por eso mi padre decide irse... Sevilla... esta carretera.

e. Con los amigos nos reunimos… la cafetería del barrio.

f. Este verano mis abuelos están veraneando… la montaña.

Les adverbes *aquí* et *allí*

➡ *Gramática activa* p. 23, Précis 39.A

10 **Choisis entre *aquí* et *allí*.**

a. Mi amiga que vive en Costa Rica me escribe que… el mar es estupendo.

b. Yo le contesto a mi amiga que…, en mi pueblo ya hace frío.

c. Los veranos vamos a España y nos divertimos mucho...

d. Estoy en el aeropuerto y mi abuelo no está...

e. Hoy vosotros quedáis... con nosotros.

f. Ya que no está conmigo mi abuelo estará..., en su casa.

La costa salvaje de Galicia

Léxico

➡  *Fichier de l'élève p. 7*

1 Con ayuda de las palabras de la columna I, di a qué corresponden las vacaciones.

2 Define y caracteriza los diferentes tipos de turismo. (columnas II, III, IV, V)

I - LAS VACACIONES
la estación de ferrocarril
la terminal del aeropuerto
el turista
el veraneante
el veraneo
el viajero
turístico(a)
dentro de ≠ fuera de
coger el avión, el tren
descansar
irse de vacaciones
pasarlo bien
relajarse
tener tiempo libre
veranear
viajar

II - EL TURISMO VERDE
el ecoturismo
los espacios protegidos
la montaña
la naturaleza
los paisajes
los Parques Nacionales
el turismo rural
el turismo sostenible
natural
sano(a)
caminar
hacer senderismo

III - EL TURISMO DE SOL Y PLAYA
la arena
los bañistas
las olas del mar
la playa
el turismo de masas
las zonas costeras
concurrido(a)
bañarse
hacer bodysurfing, submarinismo
nadar
tomar el sol

IV - EL TURISMO CULTURAL
los castillos
un guía turístico
los monumentos históricos
el museo
la Oficina de Turismo
una visita
atractivo(a)
enriquecedor(a)
descubrir
recorrer museos
visitar

V - EL TURISMO SOSTENIBLE
el apoyo
un proyecto
el respeto
sostenible = responsable
ayudar
fomentar
participar en

Panorama

Vacaciones: ¿la fórmula ideal?

En el parque Güell, Barcelona

Lo dice la prensa

A

Retrato del veraneante español de hoy

Me suelo tomar entre ocho y quince días de vacaciones en verano y practico el escapismo[1] de puente y fin de semana durante el resto del año. De fronteras para dentro prefiero Andalucía, Valencia y las islas, por ese orden, pero de vez en cuando, salgo al extranjero.

Viajo en familia o en pareja y soy amante de clavar[2] la sombrilla a la orilla del mar. También se me puede encontrar fotografiándome junto a un monumento y recorriendo museos. […] Para decidirme por un destino de vacaciones, valoro igual[3] el paisaje preferiblemente soleado y la oferta cultural. Las experiencias de familiares y amigos […] me orientan hacia un lugar u otro […]. Una vez decidido el viaje prefiero contratarlo por Internet, como buen turista del siglo XXI. Disfruto de la buena gastronomía y me alojo[4] en apartamentos u hoteles de tres estrellas para arriba.

Nerea PÉREZ, *El País*, 17/08/2008

1. (ici) hecho de escapar de la rutina, de evadirse unos días
2. *planter* **3.** *j'accorde la même valeur* **4.** *je me loge*

B

A muchos españoles les gusta veranear en su propio país

Un 70% de los veraneantes españoles va a quedarse en España. Un 35% de ellos se desplaza, como cada año, a aquellos destinos de donde proceden[1] sus familiares para visitar a parientes y amigos. Entre las comunidades que reciben un mayor número de turistas por este motivo se encuentran Castilla-León y Andalucía. Además, las familias eligen[2] para su mes de descanso las zonas costeras y, dentro de éstas, la Comunidad Valenciana, Cataluña y Canarias. Los destinos favoritos de los solteros[3] son Ibiza y Madrid (ésta última para escapadas "románticas y de fin de semana".)

www.20minutos.es, 2009

1. *sont originaires* **2.** *choisissent* **3.** *célibataire*

C

El turismo en la "España verde" crece en porcentaje el doble que en la costa andaluza

Galicia, Asturias, Cantabria y País Vasco prevén cerrar[1] el año con un 10% más de visitantes. En la denominada "España verde" hay 50.000 kilómetros cuadrados, con 2.000 kilómetros de costa, más de 1.000 playas y 37 espacios protegidos, además de una "cuidada" gastronomía y otros atractivos, lo que hacen de estas comunidades un destino turístico óptimo.

Pilar MARTÍNEZ, diariosur.es

Senderismo de altura en el País Vasco

1. (ici) terminer

Lo dicen ellos

Una trotamundos: Lucía Etxebarría

Cada año paso una o dos semanas de veraneo en un sitio distinto. Me he pateado[1] toda Europa, Suramérica, Senegal (esto cuando era más joven y capaz de cargar con una mochila de 10 kilos y dormir en el suelo sin problemas, ahora ni se me ocurre), México, y prácticamente toda la geografía española. [...] La verdad es que se disfrutan más los viajes con niños porque todo parece divertirles. Yo me he ido de castillo en castillo, de monumento en monumento, de risco en risco[2] y de playa en playa.

Lucía ETXEBARRÍA (escritora española),
El País, 2005

1. *J'ai parcouru (à pied)* **2.** *rocher*

Para Luis Sepúlveda, viajar es hacer encuentros

Viajar es siempre un encuentro con gente interesante. Eso es lo que justifica el viaje. Las ciudades, los paisajes, los caminos son accidentes. [...] Uno[1] camina pensando que éste o aquél son buenos lugares para compartir con alguna persona. Siempre uno sale de un lugar donde alguien le espera y llega a otro donde también aguardan su llegada. [...] Gijón es donde establecí mi cuartel general[2]. Ahora, cuando viajo, tengo algo que antes no tenía: un lugar al que volver.

Luis SEPÚLVEDA (escritor chileno),
Diario Siglo XXI, 2009

1. *on* **2.** *quartier général*

Un descanso merecido para Shakira

Tras el éxito de su último disco, Shakira ha decidido tomarse unos días para descansar y relajarse. La cantante ha viajado hasta la ciudad de Punta del Este, uno de los enclaves turísticos más importantes de Uruguay [...]. La colombiana se hospeda[1] en La Colorada, una finca de su propiedad. Shakira ha tenido la oportunidad de disfrutar de unos días de sol y playa y visitar la ciudad de Maldonado, que se encuentra a pocos kilómetros de Punta del Este.

Hola, diciembre de 2007

1. *(ici) vive*

¿A ver si lo sabes?

1. Enumera las características y las preferencias del "veraneante español de hoy". **(A)**

2. Busca todas las cifras y porcentajes e indica a qué corresponden. **(B** y **C)**

3. Apunta los puntos comunes y las diferencias que existen entre las vacaciones de Lucía Etxebarría, Luis Sepúlveda y Shakira. **(D, E, F)**

Páginas Web que puedes consultar

www.visitguatemala.com
www.spain.info
www.visitcostarica.com

Proyecto final

Atiendes *(Tu t'occupes de)* a los clientes en una agencia de viajes.

Te viene a ver una pareja *(un couple)* bastante indecisa en cuanto al destino que va a elegir.

→ Os saludáis y tú preguntas en qué les puedes atender.

→ Ellos te hacen preguntas para conocer los destinos propuestos, exponiendo sus gustos.

→ Tú enumeras las ofertas que corresponden a sus gustos.

→ Ellos eligen el destino que más les gusta, justificando su elección.

Evaluación

→  *Fichier de l'élève, p. 8*

COMPRENSIÓN ORAL

Expedición Tahina-Can Bancaja

→ **Objectif A2+** : comprendre les particularités et les objectifs d'une expédition.

Escucha la grabación y contesta.

Haciendo de periodistas

A2
- **a.** Indica el título de esta expedición Tahina-Can Bancaja.
- **b.** Completa: Este viaje combina... y...
- **c.** Di quién organiza este viaje.
- **d.** Precisa a quién se dirige este proyecto.

A2+
- **e.** Di qué organismo fomenta este viaje y cuáles son sus objetivos.
- **f.** Explica por qué este proyecto es único en el mundo.

RECURSOS

Sustantivo
- el periodismo: *le journalisme*

Verbo
- fomentar: *(ici) promouvoir*
- hacer de: *jouer le rôle de*

COMPRENSIÓN ESCRITA

Una entrevista

→ **Objectif A2** : comprendre une interview sur les destinations de vacances.

Entrevista a Araceli Segarra, joven alpinista española. Ha sido la primera mujer española en coronar el Everest; practica el montañismo, su gran pasión, casi a diario...

–¿Recuerdas tus vacaciones familiares?

–Íbamos en un Seat 124, detrás los cuatro hermanos, yo en medio.

–¿Cuál es para ti el destino más fascinante?

5 –Me pareció hermosa[1] Cartagena de Indias, la comida, el paisaje, la naturaleza.

–¿Tu ciudad favorita?

–Me encanta Barcelona, ofrece todas las posibilidades, aunque faltan parques.

10 –¿Un destino pendiente[2]?

–Muchos, pero espero hacer una larga escapada a escalar[3]. [...]

–Recomiéndame un lugar único en España.

–El valle de Arán, podéis encontrar lugares escondi-
15 dos[4]. También el parque de Aigüestortes.

–¿Y el más idílico?

–El refugio Ventosa en el valle de Boí, dos horas para llegar.

–Elige, ¿descanso o nuevas experiencias?

20 –Tres días de playa en el cabo San Lucas (México) y acabé haciendo[5] piragüismo "snorkel" y vóley. No lo puedo evitar.

1. *m'a semblé magnifique* **2.** *une destination en tête* **3.** *escalader*
4. *des lieux reculés* **5.** *j'ai fini par faire*

David RUIZ, *De Viajes*, agosto de 2009

Lee el texto y contesta.

A1
- **a.** Identifica a la protagonista de la entrevista y preséntala rápidamente.
- **b.** Precisa cuál es la pasión de la chica.
- **c.** Apunta los lugares que más le gustan. Justifica tu elección con una frase del texto.
- **d.** Di si las afirmaciones son verdaderas o falsas. Justifica con una frase del texto.

A1
- Araceli Segarra recomienda el refugio Ventosa como un lugar único.
- Para ella, el Valle de Arán es idílico.

A2
- **e.** Completa la frase.
- Araceli Segarra ha ido a México; durante tres días... Pero rápidamente...

¡Vaya vacaciones!

→ **Objectif** A2 **:** exprimer sa satisfaction, dire pourquoi on aime un endroit.

⏱ Temps de parole : 1 minute.

A2 **Eres uno(a) de los turistas del hotel "On the beach". Di si estás contento(a) del destino turístico que has elegido y explica por qué.**

RECURSOS

Sustantivos
- una discoteca
- el helicóptero
- un patín: *un pédalo*

Expresión
- practicar paracaidismo: *faire du parachute*

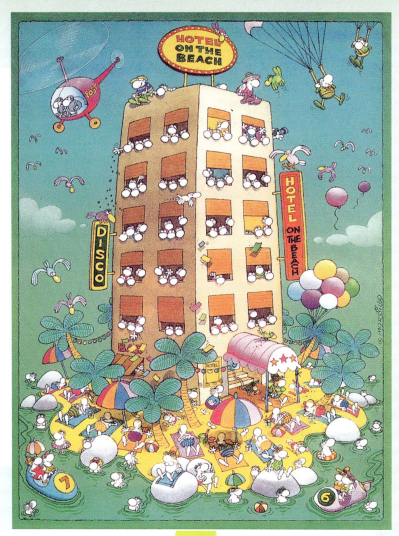

MORDILLO
(dibujante argentino)

Opiniones contrarias

→ **Objectif** A2 **:** échanger des impressions sur un lieu de vacances.
⏱ Temps de conversation : 3 minutes.
👫 : en binôme.

A2 **Acabas de pasar un día en el hotel "On the beach" con un(a) compañero(a). A ti te ha gustado mucho pero él/ella no opina como tú. Os contáis vuestro día e intercambiáis vuestras impresiones.**

¿Te encanta viajar?

→ **Objectif** A2+ **:** répondre à un questionnaire sur les voyages.

✎ Nombre de mots : 50.

La oficina de turismo de tu ciudad organiza una encuesta sobre los viajes. Contesta las preguntas por escrito.

A2+
a. ¿Cuál es para ti el destino más fascinante?
b. ¿Cuál es tu ciudad favorita?
c. ¿Qué tipo de vacaciones prefieres?
d. Justifica tus respuestas.

UNIDAD **2**

Mémoire
Sentiment d'appartenance
Visions d'avenir

Tiempo de trabajo

1 Tejiendo mantas y huipiles en México

ACTIVITÉS DE COMMUNICATION A2+/B1

Écouter
Comprendre des projets personnels et professionnels.
Comprendre un parcours professionnel.

Lire
Comprendre la présentation d'un métier.
Comprendre des choix de politique éducative.

Parler en continu
Raconter un parcours professionnel.

Parler en interaction
Interroger quelqu'un sur sa formation, ses choix.
Faire passer un entretien d'embauche.

Écrire
Préparer un entretien d'embauche.
Proposer des mesures pour développer
le numérique pour tous.
Rédiger un CV.

OUTILS LINGUISTIQUES

- L'imparfait de l'indicatif (p. 37)
- Le présent du subjonctif (p. 39)
- Le vouvoiement avec *usted* (1) (p. 39)
- Le passé simple (p. 41)
- Les verbes à affaiblissement : $e \rightarrow i$ (p. 43)
- Le futur (p. 45)

Proyecto final

→ Entrevistas a un(a) futuro(a) famoso(a).
Prepara la entrevista.

RECURSOS

Sustantivos
- el (la) cocinero(a):
  le(la) cuisinier(ère)
- un huipil = una túnica
- una manta: *une couverture*
- un ordenador
  = una computadora
- el periodista: *le journaliste*
- el plato: *l'assiette*
- la vocación

Adjetivos
- relajado(a): *détendu(e)*
- serio(a)
- sonriente

Verbos y expresiones
- concentrarse
- de mayor: *quand tu seras
  grand(e) / adulte*
- escuchar
- esforzarse (ue) en / por:
  faire des efforts pour
- tejer: *tisser*

2

Alumnos
de una escuela
hotelera,
Andalucía

3 **P**eriodistas valencianos
preparando un artículo

Y tú, ¿cómo lo ves?

1. Cita cinco palabras que expresan lo que significa para ti el trabajo.
2. Di lo que están haciendo las personas de las tres fotos.
3. Describe el ambiente de cada fotografía.
4. Di lo que quieres ser de mayor y por qué.

B1

Quiero ser bombera

Escuchar

Bombera apagando
un incendio en Argentina

RECURSOS

Sustantivos
- una bombera: *une femme pompier*
- un prejuicio: *un préjugé*

Adjetivos
- cansado(a): *fatigué(e)*
- peligroso(a): *dangereux(euse)*
- valiente: *courageux(euse)*

Verbos y expresiones
- acabar la carrera: *terminer ses études*
- afectar: *(ici) toucher, concerner*
- desanimar: *décourager*
- ejercer una profesión: *exercer un métier*
- enfrentarse al peligro: *affronter le danger*
- escoger: *choisir*
- es necesario + inf.: *il faut + inf.*
- estar determinado(a)
- soñar (ue) con: *rêver de*
- tener (ie) miedo: *avoir peur*
- tener (ie) valor = tener ánimo: *avoir du courage*

1 Observa la foto

a. Identifica la profesión de la mujer.
b. Fijándote en su expresión, di cómo parece la chica.
c. Para ejercer esta profesión es necesario...

2 Escucha e identifica

d. El documento es... y trata de...
e. He oído las voces de...
f. Di qué profesiones o estudios has reconocido.

3 Profundiza

g. Primero la escena transcurre en... y las chicas sueñan con...
h. Di qué profesión quiere ejercer Silvia y cita los inconvenientes que enumera su madre para desanimarla.
i. Cita tres prejuicios evocados por los locutores y las profesiones afectadas.
j. Según la madre, Silvia podría ser... porque...
k. Al final deducimos que Silvia...

4 Resume y exprésate

l. Para concluir comprendo que las mujeres...
m. ¿Hay una profesión para la que tus padres te animan o desaniman?

→  *Fichier de l'élève p. 9*

Fonética

a. Vas a escuchar palabras.
Apúntalas y clasifícalas según lleven el sonido [χ] (→ g, j) o el sonido [r] (→ r) o los dos.

Palabras con el sonido [χ]	Palabras con el sonido [r]	Palabras con el sonido [χ] y [r]

b. Repite estas palabras en voz alta.

Una deportista muy trabajadora

A2+

1 Observa la foto

a. Identifica a la mujer de la foto y di cuál es su profesión justificando tu respuesta.

b. Describe su aspecto y su actitud.

2 Escucha e identifica

c. El documento es... y trata de...

d. He oído las voces de...

e. Di qué profesiones has identificado.

3 Profundiza

f. Presenta a María Jesús Rosa precisando su edad, de dónde es, su personalidad y los trabajos que ejerció en su vida.

g. Primero empezó... porque...

h. Luego trabajó de... en... y vendía...

i. Después fue... pero ese trabajo era...

j. Por fin trabajó en... y esa profesión...

4 Resume y exprésate

k. Escribe un artículo sobre María Jesús Rosa y muestra que es una mujer muy trabajadora.

→ *Fichier de l'élève p. 10*

María Jesús Rosa, campeona de Europa de boxeo

RECURSOS

Sustantivos
- un(a) boxeador(a): *un(e) boxeur(euse)*
- una camiseta: *un t-shirt*
- un(a) campeón(ona): *un(e) champion(ne)*
- un cinturón: *une ceinture*
- un(a) dependiente(a): *un(e) vendeur(euse)*
- un esparadrapo: *un sparadrap*
- una falda: *une jupe*

Adjetivo
- musculoso(a): *musclé(e)*

Verbos y expresiones
- alzar los brazos: *lever les bras en l'air*
- compaginar: *concilier*
- echar un cable (fam) = echar una mano: *donner un coup de main*
- ganar un combate
- trabajar de... = ejercer la profesión de...

Fonética

a. Escucha las preguntas y fíjate en la entonación. Di qué palabras se pronuncian más fuerte.

¿Dónde fue?
¿Qué vendías?
Y ahí ¿qué tal?
¿Es más duro eso?
¿Eso sería bastante más complicado?

b. Entrénate para repetir las preguntas.

A2

La narradora está recordando su infancia con su hermana Ana.

En el colegio yo era la última de la clase. Claro que mi hermana Ana era la primera, así que hacíamos perfecta simetría. A Ana le encantaba estudiar, no le costaba trabajo; a mí me gustaba inventarme historias, imitar a la gente que me rodeaba[1] o a los protagonistas de
5 las películas que veía y disfrazarme[2]. Cualquier cosa menos clavar los codos[3] y aprenderme los elementos químicos. Lo único que me gustaba era la Historia, pero me cateaban[4] porque siempre me ponía del lado de los malos[5]: defendía a los moros[6] contra los cristianos en la Reconquista[7]; a los bárbaros contra los romanos del Imperio; a los
10 alemanes contra los franceses en la Primera Guerra Mundial y a los indios contra los españoles en América. Y así.

Carmen RICO GODOY (escritora española), *Fin de fiesta*, 2001

1. *entouraient*
2. *me déguiser*
3. *(fam.) tout sauf bosser*
4. *(fam.) on me recalait à l'examen*
5. *des méchants*
6. *los árabes*
7. → *Datos culturales p. 212*

Carmen RICO GODOY (1939-2001)
Periodista y escritora española. Su primer libro *Cómo ser mujer y no morir en el intento* (1990) fue un gran éxito de ventas. Destacó por su lúcida e irónica mirada.

LEE Y EXPRÉSATE

1. Identifica a los protagonistas y di lo que evoca la narradora.

2. La narradora dice "las dos hacíamos perfecta simetría." Explícalo. (l. 2-6)

3. Indica la asignatura que menos le gustaba a la narradora y la que más.

4. Explica por qué siempre suspendían a la narradora. (l. 8-11)

5. A partir de su interpretación de la Historia, caracteriza su personalidad.

RECURSOS

Sustantivos
- una asignatura: *une matière*
- un(a) holgazán(ana) = un(a) vago(a): *un(e) paresseux(euse)*
- la niñez = la infancia
- los recuerdos: *les souvenirs*

Adjetivos
- idealista
- opuesto(a): *opposé(e)*
- rebelde

- serio(a) = formal
- soñador(a): *rêveur(euse)*

Verbos y expresiones
- mientras que: *tandis que, alors que*
- odiar: *détester*
- oponerse
- recordar (ue) algo: *se souvenir de quelque chose*
- suspender a alguien: *recaler quelqu'un*
- suspender un examen: *rater un examen*

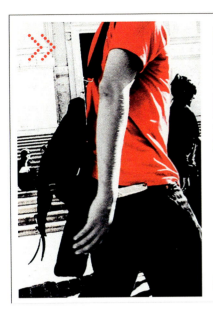

II CONGRESO INTERNACIONAL DE **FORMACIÓN PROFESIONAL**

29-30 de novembro. Santiago de Compostela

XUNTA DE GALICIA
CONSELLERÍA DE EDUCACIÓN E ORDENACIÓN UNIVERSITARIA

XUNTA DE GALICIA
CONSELLERÍA DE TRABALLO

FONDO SOCIAL EUROPEO

MIRA Y EXPRÉSATE

1. Fíjate en lo que anuncia este cartel y a quién/quienes se dirige.
2. Di qué profesiones o qué sector de actividad evocan para ti los pictogramas.
3. Relaciona cada profesión con el pictograma correspondiente: animador, electricista, ganadero, dependiente, auxiliar de enfermería.

RECURSOS

Sustantivos
- la agricultura
- electricidad y electrónica
- los servicios (socioculturales)
- la tecnología
- la venta

Verbos y expresiones
- llegar a ser: *devenir*
- permitir(i) hacer algo: *permettre de faire quelque chose*
- titularse: *obtener un diplôme*

Gramática activa

L'imparfait de l'indicatif
→ Précis 18.D

Observa
- ▶ Le encant**aba** estudiar.
- ▶ Hac**íamos** perfecta simetría.
- ▶ Ana **era** la primera.

- **Emploi**
  On emploie l'imparfait pour une action ou un état dans le passé qui s'inscrit dans la continuité ou qui évoque l'habitude.

- **Formation des verbes réguliers**
  Verbes en **-ar** : radical + **-aba, -abas, -aba, -ábamos, -abais, -aban**

  Verbes en **-er** et **-ir** : radical + **-ía, -ías, -ía, -íamos, -íais, -ían**

- **Imparfaits irréguliers**
  ir : iba, ibas, iba, íbamos, ibais, iban
  ser : era, eras, era, éramos, erais, eran
  ver : veía, veías, veía, veíamos, veíais, veían

Practica

Conjugue les verbes à l'imparfait.
a. Yo (imitar) a la gente mientras que mi hermana (estudiar).
b. Mis amigos (ser) chicos que (ir) al colegio.

→ Autres exercices p. 48

¡Y ahora tú!

Conozco a mi compañero(a)
Quieres saber qué tipo de alumno(a) era tu compañero(a) en el colegio y qué asignaturas le gustaban. Pregúntale. Él/ella te contesta.
→ *Yo en el colegio era… A mí me gustaba(n)…*

→ 📖 *Fichier de l'élève, p. 11*

Una entrevista de trabajo especial

Leer y escribir

B1

–Señor Aguirre, está aquí el señor Alcántara.

–Hágale pasar[1] –ordena una voz descolorida. Y después tráigame[2] un café, de esos que usted sabe hacer, si no le importa.

–Se lo traeré enseguida –dice Rosa. [...]

5 Se aparta[3] y me invita a pasar. Después, una vez dentro, cierra la puerta detrás de mí.

–¿Alejandro Alcántara? –pregunta el hombre que está sentado tras la mesa del despacho[4] y al que apenas puedo ver la cara, ya que, a su espalda[5], entra una cascada de luz blanca. [...]

10 –Alex. Me llamo Alex –digo alargando la mano. [...]

–Soy Fernando Aguirre, director ejecutivo de *Hill Communication* –explica mientras aparta un papel que tiene encima de la mesa. Puedes sentarte. Normalmente reservamos las prácticas[6] para gente más preparada, casi profesionales –prosigue, poniendo énfasis en sus palabras,

15 para que no parezca que recita un texto aprendido de memoria. En esta ocasión vamos a hacer una excepción contigo. ¿Qué sabes hacer? ¿Quieres que te pongamos en el departamento de administración?

–La informática se me da bien[7]. Manejo[8] algunos programas de diseño gráfico.

20 –Ah, muy bien. Estarás estos tres meses en el departamento creativo y te pondremos un ordenador para que diseñes anuncios. Formarás parte del equipo de Edie Ferrer, nuestro director creativo. [...] Cumple las normas[9], llévate bien con tus compañeros, sigue mis instrucciones y no tendrás problemas.

Santiago GARCÍA-CLAIRAC (escritor español), *Primeras prácticas*, 2004

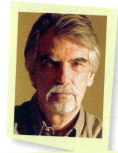

Santiago GARCÍA-CLAIRAC (nacido en 1944)
Es escritor de literatura juvenil desde 1994. Escribió libros como *El niño que quería ser Tintín* (1995) o *En un lugar de Atocha* (2005).

1. *Faites-le entrer*
2. *apportez-moi*
3. *Elle s'écarte*
4. *son bureau*
5. *dans son dos*
6. *les stages*
7. *Je suis bon en informatique*
8. *Je maîtrise*
9. *Respecte les règles*

LEE Y EXPRÉSATE

1. El documento trata de... y los protagonistas son...
2. Busca tres elementos en el texto que muestran que no se trata de una entrevista de trabajo normal. (l. 10, 13-17)
3. El narrador quiere trabajar de... porque... (l. 18-19)
4. Van a darle un ordenador para que... (l. 21)
5. El director le aconseja que... (l. 22-24)

RECURSOS

Sustantivos
- un curriculum vitae = un historial
- un diminutivo
- un(a) enchufado(a) (fam.): *un(e) pistonné(e)*
- una entrevista de trabajo: *un entretien d'embauche*

Verbos y expresiones
- contratar: *embaucher*
- gozar de un trato de favor: *bénéficier d'un traitement de faveur*
- llegar puntual: *arriver à l'heure*
- ser bien educado(a) = ser formal
- tutear: *tutoyer*
- vestirse (i) bien: *bien s'habiller*

Barcelona,
Kenny RUIZ
y Anna VILLALBA,
2004

- una modelo: *un mannequin*
- alguien: *quelqu'un*
- agotador(a): *épuisant(e)*

LEE Y EXPRÉSATE

1. Sitúa la escena y precisa qué tipo de entrevista es.
2. Apunta la forma que indica que la chica trata de usted al director.
3. Muestra que el trabajo es difícil y di qué tipo de empleada necesita el patrón.
4. Fíjate en lo que dice la joven en la última viñeta y define su personalidad.

RECURSOS

Sustantivos
- un despacho: *un bureau*
- un(a) empleado(a)
- los horarios
- el sueldo: *le salaire*

Adjetivos
- experimentado(a)
- tenaz

Verbos y expresiones
- darse prisa: *se dépêcher*
- estar decidido(a) = estar motivado(a)
- ser convincente: *être convaincant(e)*
- tratar de usted: *vouvoyer*

Gramática activa

❶ Le présent du subjonctif
➡ Précis 20.A, B

Observa
> ▸ ¿Quieres que te **pongamos** en...? ...para que **diseñes** anuncios.

- **Formation des présents réguliers**
  - Verbes en **-ar** : radical + **-e, -es, -e, -emos, -éis, -en**.
  - Verbes en **-er** et **-ir** : radical + **-a, -as, -a, -amos, -áis, -an**.

- Certains verbes ont un **présent du subjonctif irrégulier** :
  decir: *diga, digas, diga, digamos, digáis, digan*
  hacer: *haga,...*; **poner**: *ponga, ...*,
  tener: *tenga...*; **venir**: *venga...*

Practica

Conjugue au présent du subjonctif.
a. El chico habla con el director para que le (integrar) en su equipo.

b. Queremos que nos (recibir) el empresario y nos (invitar) a pasar.

➡ Autres exercices p. 48

❷ Le vouvoiement avec usted (1) ➡ Précis 17

Observa
> ▸ *Un café, de esos que usted sabe hacer.*

- **Usted** et **ustedes** = « vous » de politesse (3e personnes du singulier et du pluriel).

- **Vosotros,as** = tutoiement collectif (2e personne du pluriel).

Practica

Donne un équivalent de « vous » et conjugue.
a. Señor director, ¿(aceptar) mi candidatura ?
b. Chicos, ¿(querer) acompañarme?

➡ Autre exercice p. 48

¡Y ahora tú!

Preparo una entrevista de trabajo

Eres el/la director(a) de una empresa y quieres contratar a una persona. Redacta cinco preguntas que le vas a hacer. Trátala de usted.

➡ 📖 *Fichier de l'élève, p. 12*

Un Mozart de la programación

A2+

A sus veintinueve años, Max era un gran programador web. Podía asimilar con facilidad complejos códigos informáticos y desarrollar[1] soluciones innovadoras de forma intuitiva, tal y como se dice que Mozart componía su música. A pesar de su carácter reservado, no había pasado desapercibido[2] en la universidad y obtuvo una beca[3] para completar su formación en Berkeley, a dos pasos del mítico Silicon Valley. [...] Recordaba aquellas fantásticas semanas en Google, donde llegó a superar hasta seis cribas[4] selectivas para caer[5] miserablemente en la ronda final [...] tras lo cual volvió resentido[6] a Barcelona.

Colgó su currículo[7] en una web dedicada a la búsqueda de empleo, y al instante le llovieron las ofertas. Había de todo: desde pomposas multinacionales hasta tenebrosas cuevas[8] de hackers. Entre aquella fauna le llamó especialmente la atención Infoco, una pequeña empresa que contaba con una cartera de clientes[9] importantes provenientes de diversos sectores. Parecía que hacían cosas interesantes: «Automatizamos Internet para que sus clientes y empleados accedan a la información que necesitan y efectúen todo tipo de transacciones sin asistencia humana», era lo primero que uno se encontraba al visitar su web.

« El sueño siempre es el mismo –pensó Max–: que las máquinas hagan el trabajo. »

Gaspar LÓPEZ TORRES (escritor español), *Dominio*, 2009

1. *développer*
2. *inaperçu*
3. *il obtint une bourse*
4. *passer jusqu'à six épreuves*
5. *chuter*
6. *vexé*
7. *il affiche son CV*
8. *(ici) antres*
9. *portefeuille de clients*

LEE Y EXPRÉSATE

1. Apunta todas las palabras que evocan el mundo del trabajo y de las nuevas tecnologías.
2. Haz una ficha del protagonista principal: nombre, edad, profesión, personalidad, localidad.
3. Describe su carrera : Primero... Luego... Después... Por fin.... (l. 4-8)
4. Muestra que su currículum tuvo mucho éxito. (l. 9-11)
5. Di qué empresa le llamó la atención. ¿Por qué? (l. 11-18)
6. Explica el título.

RECURSOS

Sustantivos
- el éxito: *le succès*
- una oferta de trabajo: *une offre d'emploi*

Adjetivos
- fulgurante
- genial
- inteligente
- intuitivo(a): *intuitif(ive)*
- talentoso(a): *talentueux(euse)*

Verbos y expresiones
- el<u>e</u>gir(i): *choisir*
- interesarse por: *s'intéresser à*
- sobresalir = destacar: *se distinguer*
- t<u>e</u>ner (ie) de sobra donde escoger: *avoir l'embarras du choix*
- primero... luego... después... por fin...: *tout d'abord... ensuite... après... enfin...*

Clase de informática, www.piuley.es

RECURSOS

Sustantivos
- un código: *un code*
- los lenguajes informáticos
- un programa

Adjetivos
- animado(a): *motivé(e), enthousiaste*
- complejo(a) = complicado(a)
- decepcionado(a) = desilusionado(a): *déçu(e)*
- motivado(a)

Verbos y expresiones
- aprender: *apprendre*
- crear: *créer*
- enseñar: *enseigner, apprendre*
- entender (ie) = comprender

MIRA Y EXPRÉSATE

1. Describe la expresión del profesor al principio y di qué les va a enseñar a sus alumnos.

2. Di todo lo que van a aprender los alumnos.

3. Fíjate en la expresión del profesor al final. ¿Cómo se explica?

Gramática activa

Le passé simple

→ Précis 18.E

Observa

▶ **Llegó** a superar seis cribas selectivas.
▶ **Volvió** resentido a Barcelona.
▶ **Obtuvo** una beca.

- **Emploi**
  Passé simple : pour une action terminée inscrite dans un passé lointain ou proche mais sans rapport avec le présent.

- **Formation des verbes réguliers**
  Verbes en **-ar** : radical + **-é, -aste, -ó, -amos, -asteis, -aron**.
  Verbes en **-er** et **-ir** : radical + **-í, -iste, -ió, -imos, -isteis, -ieron**.

- **Les passés simples irréguliers**
  Certains verbes ont un passé simple irrégulier avec une 1e personne et une 3e personne du singulier dont l'accent tonique tombe sur le radical.

  - **hacer**: hice, hiciste, hizo, hicimos, hicisteis, hicieron [**querer**: quise…, **venir**: vine…]

  - **saber**: supe, supiste, supo, supimos, supisteis, supieron [**estar**: estuve, - **poder**: pude - **poner**: puse - **tener**: tuve…]

  - **traer**: traje, trajiste, trajo, trajimos, trajisteis, trajeron [**decir**: dije…]

  - **ser/ir**: fui, fuiste, fue, fuimos, fuisteis, fueron

Practica

Conjugue au passé simple.
a. Cuando Max (necesitar) trabajo (descubrir) que existían muchas oportunidades.
b. Los clientes (efectuar) transacciones y (obtener) buenos resultados.

→ Autres exercices p. 48

¡Y ahora tú!

Cuento una carrera
Cuenta en pretérito la carrera de un(a) famoso(a) o de una persona que conoces. Di qué estudió y precisa las etapas de su carrera.

→ *Primero... Luego... Después... Por fin...*

→ *Fichier de l'élève, p. 11*

Ser futbolista

Ariel se había sentido el mismo niño del primer día de escuela al aterrizar en el verano caluroso del mes de julio en Barajas y verse acorralado[1] por una tropa de fotógrafos y cámaras de televisión que le disparaban preguntas sobre sus expectativas[2], su demarcación favorita,
5 su conocimiento de la afición española. A su lado, Charlie[3] le guiaba hacia la salida y se encontraba con el enviado del club […].

Charlie repasó[4] para Ariel todo lo que quedaba en orden, organizado. La casa alquilada por el club, una residencia en las afueras, en una urbanización exclusiva, donde había empresarios de éxito, alguna
10 estrella de la televisión, un lugar donde a nadie le llamara la atención[5] la presencia de un futbolista. […]

El problema del coche lo tenían resuelto doce horas después de llegar a Madrid. En el club tenían ofertas de todas las marcas y Charlie eligió un Porsche Carrera color platino metalizado.
15 En la presentación de Ariel, el presidente habló a los periodistas, "yo sigo con mi empeño de fichar[6] defensas y me han dicho que los argentinos pegan buenas patadas y se dejan la piel[7] en el campo". Ariel se vio obligado a reír y bromear[8] con los periodistas.

David TRUEBA (escritor español), *Saber perder*, 2008

David TRUEBA (nacido en 1969)
Es escritor, periodista, director de cine y guionista español. Dirigió películas como *Soldados de Salamina* (2002) o *Bienvenido a casa* (2006) con la que obtuvo el premio al mejor realizador en el Festival de cine de Málaga. Recibió el Premio Nacional de la Crítica por su novela *Saber perder* (2008).

1. *traqué*
2. *le bombardaient de questions sur ses espoirs*
3. *le frère et l'imprésario d'Ariel*
4. *passa en revue*
5. *un lieu où passerait inaperçue*
6. *je suis déterminé à recruter*
7. *(ici) mouillent le maillot*
8. *plaisanter*

LEE Y EXPRÉSATE

1. Sitúa la escena y presenta a los protagonistas.
2. Describe el ambiente general y el comportamiento de Charlie y Ariel. (l. 1-6)
3. Apunta todo lo que le ofreció el club a Ariel. (l. 7-14)
4. Di qué tipo de coche eligió Charlie. Imagina por qué. (l. 13-14)
5. Explica por qué el club contrató a Ariel. (l. 15-17)

RECURSOS

Sustantivos
- un buen fichaje: *un bon recrutement*
- el lujo: *le luxe*
- el nivel de vida

Adjetivos
- estresado(a)
- impresionado(a)

Verbos y expresiones
- sentirse (ie, i) molesto(a): *se sentir gêné(e)*
- ser famoso(a): *être célèbre*
- ser mandón(ona) (fam.): *être directif(ive)*
- ser rico(a)
- tener (ie) éxito: *avoir du succès*

Messi llegando al estadio

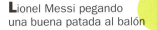
Lionel Messi pegando
una buena patada al balón

MIRA Y EXPRÉSATE

1. Di a quién representan las fotos. Precisa dónde y cuándo fueron sacadas.

2. Describe lo que pasa en la primera foto. ¿Cómo lo explicas?

3. Describe la segunda foto y di por qué en tu opinión Messi es un gran jugador.

RECURSOS

Sustantivos
- los aficionados = los hinchas: *les supporters*
- un campo: *un terrain*
- un defensa: *un défenseur*
- un delantero: *un attaquant*
- un partido: *un match*

Verbos y expresiones
- admirar
- amontonarse: *s'entasser*
- chutar: *shooter, tirer*
- marcar un gol: *marquer un but*
- pegar una patada: *donner un coup de pied*
- sacar fotos: *prendre des photos*

Gramática activa

Les verbes à affaiblissement : e → i　　→ Précis 24.C

Observa
▶ Yo **sigo** con mi empeño.　　Charlie **eligió** un Porsche.

- Certains verbes comme **pedir, seguir, elegir, servir, repetir, gemir, vestir** ont un **e** au radical qui se change en **i** à certaines personnes et à certains temps :
  - présent de l'indicatif : s**i**rvo, s**i**rves, s**i**rve, servimos, servís, s**i**rven.
  - passé simple : serví, serviste, s**i**rvió, servimos, servisteis, s**i**rvieron.
  - participe présent gérondif : s**i**rviendo.

Practica
Conjugue les verbes au présent de l'indicatif, au présent du subjonctif, ou passé simple, selon les cas.
a. Ayer el periodista (seguir) con su empeño de fichar defensas.
b. Yo le (pedir) al futbolista que (repetir) lo que tiene que decir.

→ Autres exercices p. 49

¡Y ahora tú!

Entrevisto a un futbolista
Eres un(a) periodista. Entrevistas a tu compañero(a) que es un gran futbolista para saber por qué eligió esta carrera, qué cambió en su vida, qué le permitió hacer. Él/Ella te contesta.
→ –Hola, ¿Puedes decirnos por qué....?

→  *Fichier de l'élève, p. 11*

La brecha educativa

A2+

La inversión[1] en educación en América Latina es limitada. [...] Se necesitan más recursos[2] y garantizarlos como política de Estado, como hizo Costa Rica, que modificó su Constitución para determinar que la inversión en educación no será nunca menor del 6% del producto bruto (PIB).

5 Se necesitan políticas públicas agresivas, y la asunción[3] de activas responsabilidades por parte de las empresas[4] y de la sociedad. Es central en todo ello fortalecer[5] la escuela pública. [...]

Es factible[6]. Lo muestran el exitoso Plan público Ceibal en Uruguay (apoyado en "un niño, una computadora" del MIT), y programas ejemplares como, entre 10 ellos, ProNiño de la Fundación Telefónica, que ayudó a sacar del trabajo infantil a más de 200.000 niños de 13 países, o Fe y Alegría, gran programa educativo de la sociedad civil para humildes[7].

El Gobierno uruguayo entregó[8] en los últimos tres años una computadora a cada uno de los 362.00 niños y 18.000 maestros de las escuelas públicas e instaló 15 conectividad en ellas. El 70% de las computadoras llegó a niños que no tenían ninguna en casa, el 50% formaba parte del 20% más pobre de la sociedad. Los niños están enseñando a usar la computadora a sus padres, hermanos, y otros niños. Toda la sociedad apoyó el plan que el nuevo Gobierno anuncia que llevará a la enseñanza secundaria y al preescolar. Esta estimulante experiencia 20 de un gobierno latinoamericano de un país modesto, enfrentando[9] una nueva desigualdad, *la brecha digital*, mostró que las desigualdades no son invencibles.

Bernardo KLIKSBERG (economista argentino), *El País*, 03/01/10

1. *L'investissement*
2. *de moyens*
3. *la prise*
4. *des entreprises*
5. *renforcer*
6. *es posible*
7. *pobres*
8. *a remis, confié*
9. *faisant face à*

LEE Y EXPRÉSATE

1. Identifica el documento, di de qué trata y qué parte del mundo evoca.

2. Según el periodista, para mejorar la educación se necesitará... ¿Qué país sirve de ejemplo? ¿Por qué? (l. 1-4)

3. Cita el nombre de tres programas educativos ejemplares y di en qué consisten (l. 8-12)

4. ¿Cuáles fueron los resultados en Uruguay y qué hará su gobierno en el futuro? (l. 13-19)

5. Explica lo que es la brecha digital.

RECURSOS

Sustantivos
- un artículo: *un article*
- una brecha = una fractura
- el dinero: *l'argent*
- los medios económicos = los recursos
- las nuevas tecnologías
- un(a) periodista: *un journaliste*

Adjetivos
- ambicioso(a)
- digital: *numérique*

Verbos y expresiones
- desarrollar(se): *(se) développer*
- distribuir
- favorecer: *favoriser*
- formar
- invertir (ie, i) en: *investir dans*
- reducir: *réduire*

Fotomontaje: no todos tienen acceso a la tecnología

MIRA Y EXPRÉSATE

1. Identifica el documento precisando en qué consiste y describe los diferentes elementos que lo componen.

2. Cita los elementos que evocan la precariedad y las nuevas tecnologías. ¿Qué efecto producen?

3. Lee lo que dice el cartel de la izquierda. ¿Cuál es la realidad de estos niños?

4. Di cuál es la intención del fotógrafo.

5. Imagina qué podrán hacer estos niños cuando tengan nuevas tecnologías. *Cuando tengan un ordenador*....

RECURSOS

Sustantivos
- los auriculares: *les écouteurs*
- un contraste
- la irrealidad
- una mochila: *un sac à dos*
- un ordenador = una computadora
- una pantalla/pizarra interactiva: *un écran/tableau interactif*
- una pared: *un mur*

Verbos y expresiones
- aplaudir
- denunciar
- progresar
- reducir las desigualdades: *réduire les inégalités*

Gramática activa

Le futur → Précis 18.B

Observa
▶ *la inversión no **será** nunca menor del 6% del PIB…*
▶ *el plan que el Gobierno anuncia que **llevará** a la enseñanza…*

● **Formation des verbes réguliers**
La terminaison est la même pour tous les verbes :
infinitif + **-é, -ás, -á, -emos, -éis, -án**.

● **Futurs irréguliers**
Le **radical** de certains verbes peut subir une modification orthographique au futur :

- **decir**: diré, dirás…   - **poner**: pondré, pondrás…
- **hacer**: haré, harás…   - **tener**: tendré, tendrás…
- **poder**: podré, podrás… - **venir**: vendré, vendrás…

Practica

Conjugue au futur.
a. El Gobierno (entregarles) computadoras a los alumnos y (favorecer) el acceso a las nuevas tecnologías.
b. Los nuevos programas (tener) un fuerte impacto y (poder) reducir las desigualdades.

→ Autres exercices p. 49

¡Y ahora tú!

Redacto una ley para luchar contra la brecha educativa
Artículo1: El gobierno ayudará a las escuelas más pobres
Artículo 2: …
Artículo3: …

→ 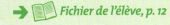 *Fichier de l'élève, p. 12*

Talleres de comunicación

Redactar un currículum

Objectif B1 : rédiger un CV.

🔧 : le lexique des études, du travail, de la personnalité, le passé simple, le futur.

✏️ Nombre de mots : 100 maximum.

Quieres ganarte un poco de dinero y decides trabajar en una pizzería o una hamburguesería. Redacta tu currículum para presentarte a ese puesto de trabajo.

Escribe:

- tus <u>datos personales</u> (nombre, apellido, fecha de nacimiento, teléfonos, correo electrónico).
- tu <u>formación</u> (estudios, diplomas, los idiomas que hablas y el nivel adquirido en el marco europeo).
- tu <u>perfil</u> (sociable, atrevido(a), activo(a), serio(a), dinámico(a)…)
- el <u>puesto</u> que deseas: camarero(a), cajero(a), repartidor(a) de pizzas…
    - la zona de trabajo (centro ciudad, pueblo, indiferente).
    - el turno de trabajo (mañana, tarde, indiferente).
    - tu disponibilidad (tiempo completo, tiempo parcial).
- <u>otros datos</u> (lo que te gusta hacer durante tu tiempo libre).

DATOS PERSONALES

MARTÍN MORALES, SONIA
Monasterio de Cabañas, 130 - 3º C (15.010-A Coruña)
Teléfono: 683.99.00.99
Fecha de nacimiento: 28-09-1991

FORMACIÓN

ESTUDIOS
Graduado Escolar
Colegio Nuestra Señora de Loreto (A Coruña)
IDIOMAS
Gallego nivel C2
Inglés nivel B1
Francés nivel A2

EXPERIENCIA

AYUDANTE DE MONITORA. Colonia de vacaciones (Santiago de Compostela) 01/07/2004 – 31/07/2004
Funciones realizadas: Preparación y organización de excursiones y juegos.
CAMARERA. Mc Donald's (Pontevedra) 01/08/2005 – 31/08/2005
Funciones realizadas: Atención al cliente. Limpieza y mantenimiento de cocina.

PERFIL
- Sociable
- Emprendedora
- Dinámica

PUESTO DESEADO
- **Puesto:** Cajera
- **Zona:** Centro ciudad
- **Turno de trabajo:** indiferente
- **Disponibilidad:** a tiempo parcial

OTROS DATOS
VIAJES
- Estancia de un mes en Londres (Inglaterra)
- Intercambio con un colegio de Burdeos (Francia)
OCIOS Y AFICIONES
- Gimnasia rítmica
- Música

Entrevista de trabajo

Objectif B1 : passer un entretien d'embauche.

🔧 : le lexique des études et du travail, de la personnalité, le vouvoiement, le passé simple, le futur.

⏱️ Temps de parole : 3 minutes.

👥 : en binôme.

Tu currículum ha sido seleccionado. Te ofrecen un trabajo de repartidor(a) de pizzas. Vas a entrevistarte con el director/la directora de la pizzería. Imaginad el diálogo por parejas.

Alumno A: Eres el/la director(a) y haces las preguntas basándote en el currículum del *Taller de expresión escrita*. Tratas de usted a tu interlocutor(a).

Alumno B: Eres el/la candidato(a) y contestas las preguntas. Tratas de usted al/a la director(a) para preguntarle cuál será tu sueldo o para pedirle aclaraciones sobre tus condiciones de trabajo.

RECURSOS

Verbos y expresiones
- at<u>e</u>nder (ie) a los clientes: *servir les clients*
- conocer la ciudad: *connaître la ville*
- estar libre
- ir en moto: *se déplacer en moto*
- quisiera: *je voudrais*
- relacionarse con la gente: *avoir de bons rapports avec les gens*
- t<u>e</u>ner (ie) experiencia

Pasa una entrevista de trabajo virtual

Conéctate a: http://www.educastur.princast.es/ fp/hola/simulador/simulador.html

1. Prepara tu entrevista

a. Lee el currículum de las cinco personas y elige un perfil.
b. Explora los diferentes medios de acceder a ofertas de trabajo y selecciona la oferta más adecuada.
c. Haz clic en *Preparación de la entrevista* y apunta algunos consejos.

2. Pasa la entrevista

d. Contesta las preguntas del/de la entrevistador(a). Apunta las preguntas y las mejores respuestas. Escucha los consejos de tu guía personal: *Me aconseja(n) que...*
e. Con un(a) compañero(a) interpreta la entrevista de trabajo.

RECURSOS

Sustantivos
- licenciado(a): *titulaire d'un bac +5*
- el mercado laboral: *le marché du travail*
- un perfil: *un profil*
- Posgrado: *diplôme de troisième cycle*
- Programa de Garantía Social: *Programme de réinsertion de jeunes en échec scolaire*
- PYMES: *PME*
- una rama = un sector

Verbos y expresiones
- afianzar: *consolider*
- ascender (ie): *(ici) monter en grade*
- insertarse en: *s'insérer dans*

TALLER DE VÍDEO  DVD *Documentario*

La escuela es como una vacación

1. Fíjate

a. Describe la expresión del niño y cómo está vestido.

2. Mira y escucha

b. Presenta a Basilio y a los miembros de su familia.
c. Enumera las actividades del protagonista en función del lugar donde está y precisa los ruidos que se oyen.
d. Di qué palabras utiliza el niño para calificar el trabajo en la mina y el estudio en la escuela.
e. Di cómo ve Basilio su futuro. ¿De qué manera piensa alcanzar sus objetivos?

3. Exprésate

f. ¿Tú también ves la escuela "como una vacación"? Justifica tu respuesta.

En el patio…

RECURSOS

Sustantivos
- un martillo: *un marteau*
- el patio: *la cour*
- la plata: *l'argent (ici, métal)*
- el polvo: *la poussière*
- el recreo: *la récréation*

Verbos y expresiones
- aguantar: *supporter*
- alcanzar: *atteindre*
- le cuesta + inf.: *Il lui est difficile de...*
- recorrer: *parcourir*
- seguir(i) + ger.: *continuer à + inf.*

L'imparfait de l'indicatif
➡️ *Gramática activa* p. 37, Précis 18.D

1 **Conjugue les verbes à l'imparfait.**

a. En la escuela tú (aprender) mucho y en casa (leer) mucho también.

b. El hombre (estar) sentado y (escribir).

c. Nosotros (querer) ir al cine y (saber) qué película nos (interesar).

d. Cuando los futbolistas (estar) delante de los periodistas, (contar) sus proezas.

e. Vosotros (hablar) y (poner) énfasis en vuestras palabras.

f. Yo (preguntar) y ella (contestar).

2 **Conjugue les verbes à l'imparfait. Attention aux verbes irréguliers.**

a. Nosotros (ver) fotos y (recordar) cuando (ser) jóvenes.

b. Tú (ser) mi mejor amigo y (poder) convencerme.

c. Mi padre (ir) a la oficina a las 8 de la mañana y sólo (ver) a sus hijos los fines de semana.

d. Usted (ser) un gran empresario cuando yo no (ser) más que un empleado.

e. ¿Qué (ver) vosotras en las carreras de aquellas chicas?

f. Nosotros (pensar) en la entrevista cuando (ir) rumbo a la empresa.

Le présent du subjonctif
➡️ *Gramática activa* p. 39, Précis 20.A, B

3 **Conjugue les verbes au présent du subjonctif.**

a. Nos interesa que los programas (corresponder) a nuestros estudios.

b. Mi hermana quiere que yo (estudiar) bien para que nuestra madre (estar) contenta.

c. No me gusta que este joven no (estar) de acuerdo conmigo.

d. Es importante que vosotros (comprender) la importancia de las prácticas.

e. Me parece normal que los padres (dar) consejos a sus hijos.

f. Los empleados quieren un ordenador que les (permitir) crear nuevos programas.

4 **Conjugue les verbes au présent du subjonctif. Attention aux verbes irréguliers.**

a. Es importante que tú (ser) amable.

b. Quiero que nosotros le (decir) lo que sabemos hacer.

c. Para que el empresario te (hacer) caso, tienes que trabajar bien.

d. Los chicos hacen muchos esfuerzos para que sus

trabajos (obtener) un premio.

e. Es necesario que todos (venir) a la reunión para informarse.

f. El futbolista quiere que los periodistas (tener) respeto por su vida privada.

Le vouvoiement avec *usted*
➡️ *Gramática activa* p. 39, Précis 17

5 **Donne un équivalent du « vous » en conjuguant le verbe à la personne qui convient.** *(ex. : Señor(es), usted(se) trabaja(n) mucho. Niños(as), vosotros(as) soñáis.*

a. Señor profesor, ¿(poder) decirnos lo que significa esta palabra?

b. Tú y tu hermano (ser) buenos alumnos y (tener) excelentes resultados.

c. Señor director, ¿(estar) de acuerdo para contratar a este joven?

d. Niños, es necesario que (escuchar) en clase y (estudiar) vuestras lecciones.

e. Señores, es normal que (recibir) a estos jóvenes y (ver) su historial.

f. Señores, ¿(conocer) la empresa?, ¿(ir) a trabajar aquí?

Le passé simple
➡️ *Gramática activa* p. 41, Précis 18.E

6 **Conjugue les verbes au passé simple.**

a. Durante la fiesta, a Ana le (encantar) cantar; también (inventar) historias.

b. En la escuela nosotros (aprender) la historia de España.

c. El empresario le (preguntar) quién era y él (contestar).

d. Vosotros (parecer) interesados y (escribir) a la empresa.

e. El avión (aterrizar) en el aeropuerto de Madrid-Barajas y el futbolista (aparecer).

f. El gran cocinero (utilizar) nuevas técnicas para seducir a la gente.

7 **Conjugue les verbes au passé simple. Attention aux verbes irréguliers.**

a. El año pasado, mi hermano y yo (poder) viajar y (disfrutar) mucho.

b. Yo (hacer) lo que (poder) para ingresar en la universidad.

c. El empresario (venir) y nos (decir) que era una oferta de trabajo interesante.

d. Este director de orquesta (ser) el primer joven que (obtener) este premio.

e. A la chica le (proponer) sus jefes un salario mejor.

f. Yo (ir) a Barcelona a descubrir nuevas oportunidades.

Les verbes à affaiblissement *e>i*

➡ *Gramática activa* p. 43, Précis 24.C

8 **Conjugue les verbes entre parenthèses au présent de l'indicatif.**

a. El presidente (seguir) con su empeño de fichar defensas.

b. Tú le (pedir) mucho a este joven.

c. Nosotros (elegir) el mismo camino.

d. Vosotras (seguir) esperando a los famosos.

e. Cuando hay las elecciones en el club, ustedes (elegir) al mejor deportista.

9 **Conjugue les verbes entre parenthèses au présent du subjonctif.**

a. Es normal que las esposas (vestir) ropa de lujo.

b. Yo le digo al futbolista que (repetir) lo que tiene que decir.

c. El chico se va porque no quiere que se le (pedir) eso.

d. Mi padre nos pide a nosotras que (servir) el café.

e. Puede que ustedes (seguir) los consejos del ejecutivo.

10 **Conjugue les verbes entre parenthèses au passé simple.**

a. En el colegio mi hermana (repetir) el curso.

b. Los estudios te (servir) para hacer lo que querías hacer.

c. Antes de hablar el señor (pedir) silencio.

d. Los periodistas (elegir) el mejor futbolista del año.

e. Esta diseñadora (seguir) trabajando mucho para llegar a ser famosa.

f. En el restaurante los cocineros (servir) una comida estupenda.

Le futur

➡ *Gramática activa* p. 45, Précis 18.B

11 **Conjugue les verbes au futur.**

a. En la universidad, te (gustar) estudiar.

b. Mis profesores (leer) nuestras tareas y las (corregir).

c. Después del partido de fútbol, yo (volver) a casa y (ver) la televisión.

d. Si sacáis buenas notas, vosotros (estar) satisfechos.

e. Si aprenden los niños (ser) capaces de usar las nuevas tecnologías.

f. Nosotras (ir) a comer en este restaurante y (visitar) el lugar.

12 **Conjugue les verbes au futur. Attention à la modification du radical de certains verbes.**

a. Mañana, el director (venir) y (poder) llamarme.

b. Yo (hacer) lo posible para ingresar en esta escuela.

c. Tú me (decir) lo que prefieres hacer.

d. Nosotros (tener) una entrevista de trabajo.

e. Señor, usted (imponer) las reglas necesarias.

f. Vosotros (intervenir) para tener más informaciones.

En el colegio Fernando Carvajal Seguro de Lima (Perú)

➡ 📖 *Fichier de l'élève p. 12*

1 **Fijate en las palabras de las columnas I y II y relaciona tipos de estudios y de oficios.**

2 **Con las palabras de la columna III enumera las diferentes etapas para obtener un trabajo y di lo que es necesario para obtenerlo.**

I - ESTUDIOS
una asignatura
la formación profesional
el instituto
un ordenador
las prácticas
la universidad
esforzarse (ue) en estudiar
matricularse
obtener una beca
titularse

II - OFICIOS
un(a) cocinero(a)
un(a) empresario(a)
un(a) informático(a)
un(a) periodista
un(a) profesor(a)
un(a) programador(a)
el sueldo
atender (ie) a los clientes
dirigir una empresa
enseñar a los alumnos
escribir artículos
innovar
tener (ie) experiencia

III - EL TRABAJO
el ánimo
una carrera
un currículum
una entrevista
una oferta de empleo
el talento
ejercer la profesión de
escoger
estar determinado(a)
estar motivado(a)
sobresalir = destacar
trabajar

Panorama
El trabajo los llevó al éxito

La diseñadora presentando su colección

Entre los artistas españoles y latinoamericanos de moda y que tienen éxito en este momento, unos han sabido apoyarse en su cultura y sus tradiciones para modernizarlas, otros han conseguido destacar[1] gracias a su talento y originalidad. Los cuatro artistas siguientes han triunfado con el trabajo y la perseverancia.

1. *se faire remarquer*

A

Alta moda española

Juana Martín Manzano
De la tradición a la innovación

Esta gitana diseñadora[1] de moda ha sabido innovar para crear ropa de vanguardia[2] sin rechazar sus raíces[3]. Se especializó en trajes de flamenca y de novia y ha triunfado en las pasarelas[4] de París y Madrid. Dice que la moda andaluza "atrae por el color y la vida que transmite". Tras abandonar la escuela a los 14 años, consiguió matricularse en la academia Idina, donde fue seleccionada para representar a Córdoba en el concurso de Jóvenes Diseñadores de España. Ahora, su empresa emplea a unas 20 personas y posee tiendas en Sevilla y Córdoba.

1. *styliste* **2.** *des vêtements d'avant-garde* **3.** *sans renier ses racines* **4.** *les défilés*

 **Para saber más:**
http://www.andalucia.cc/viva/mujer/gitanas/Juana-Martin-Manzano.pdf

B

Gustavo Dudamel
"La música debe crear buenos ciudadanos[1]"

La carrera de Gustavo Dudamel es impresionante. Se educó en el Sistema de Orquestas Juveniles e Infantiles de Venezuela. A los catorce años estudió dirección de orquesta. Después fue nombrado director de música de la Orquesta Nacional de la Juventud de Venezuela y viajó a muchos países. Hoy, a pesar de ser muy joven (nació en 1981), ya es jefe de la Orquesta Filarmónica de Los Ángeles, un puesto prestigioso. También colabora con "el Sistema", un proyecto que, gracias a la práctica de la música, salva a miles de niños de la pobreza y la delincuencia. Para él "la música debe crear buenos ciudadanos".

1. *citoyens*

Dirigiendo la Orquesta Nacional de la Juventud (Venezuela)

C

Gael García Bernal
De las telenovelas a las películas internacionales

Hijo de actores, Gael García Bernal nació en México en 1978 y empezó su carrera actuando[1] en el teatro y en telenovelas[2]. Luego se fue a vivir a Londres para estudiar en la *Central School of Speech and Drama*. Pero su carrera internacional empezó realmente en 2000 con su primera gran película, *Amores perros,* que consiguió el premio[3] de la crítica en el Festival de Cannes. Desde entonces se le ha visto actuar en numerosas películas de éxito como *Diarios de motocicleta* (2004), *La mala educación* (2004), de Pedro Almodóvar, y *Babel* (2006).

1. *en jouant* **2.** *des feuilletons* **3.** *qui a obtenu le prix*

El joven actor mexicano en la película *La mala educación*

Manos a la obra

D

Dani García

Dani García fue el aprendiz del gran cocinero español Martín Berasategui. Recibió el premio de mejor cocinero de España (en 2006 y 2008) y de Europa (2006). Utiliza técnicas innovadoras pero respetando siempre el sabor tradicional de la cocina andaluza. Así creó nuevos platos como su gazpacho[1] de cerezas[2] con nieve o una tapa de helado[3] de aceite de oliva virgen con unas palomitas[4] de tomate preparadas con líquido de nitrógeno. Ha conseguido dos estrellas en la Guía Michelín.

1. *soupe froide d'Andalousie* **2.** *cerises* **3.** *de glace* **4.** *maïs soufflé*

 **Para saber más:**
http://www.restaurantecalima.es

¿A ver si lo sabes?

1. Di quién es Gustavo Dudamel y en qué proyecto colabora. **(B)**
2. Describe la carrera de Gael García Bernal. **(C)**
3. Presenta a Juana Martín Manzano y a Dani García. Di cuál es su punto común. **(A** y **D)**

Proyecto final

Entrevistas a un(a) futuro(a) famoso(a). Prepara la entrevista.

→ Salúdalo(la).
→ Hazle preguntas sobre:
- sus gustos y sus recuerdos en la escuela.
- la carrera que le aconsejaban sus padres y lo que hace ahora.
- sus sueños de futuro.
→ Despídete de él/ella.

Evaluación

→ 📖 *Fichier de l'élève, p. 13*

COMPRENSIÓN ORAL

Mi profesión

Aliñando un plato

→ **Objectif** **A2+** : comprendre la présentation et la description d'un métier.

a. Di cuál es la profesión de esta mujer.

A2 **b.** Lista las etapas que le permitieron tener esta profesión.

c. Lista las etapas de su jornada habitual.

d. Di lo que más le gusta de su profesión.

e. ¿Verdadero o falso? Justifica tu respuesta.

A2+ - Las nuevas tecnologías han cambiado su vida.

- Las nuevas tecnologías no han cambiado la vida de los más viejos en esta profesión.

RECURSOS

Sustantivo
- la limpieza: *le ménage*

Verbo
- cambiar: *changer*

COMPRENSIÓN ESCRITA

No quería ir más a la escuela

→ **Objectif** **A2+** : comprendre un texte sur les études et le travail.

Pedrito acababa de cumplir trece años cuando se arrodilló[1] un día delante de su padre y con voz muy sincera, muy convincente, confesó que no quería ir más a la escuela. Te pido, por favor, que no me obligues a ir a la escuela. Si quieres, me matas, mátame[2], pero
5 no me mandes a la escuela. […] Pedro González Cano (el padre) no se asustó[3] con la demanda de su hijo, mantuvo la calma. […]
–Si no estudias, Pedro, tienes que trabajar. En esta casa, todos trabajamos. Tu madre se ocupa de las tareas de la casa, yo doy mis clases. […]
10 Dejó que su hijo meditara[4] unos días la decisión, y cuándo reafirmó su voluntad de abandonar la escuela, fue en busca de un amigo que regentaba cerca de casa un taller de automóviles[5]. Explicó el problema que había surgido con Pedrito y le pidió trabajo para él. […]
–No quiero que le pagues nada. Mándale los trabajos más sucios,
15 más duros. Sólo me interesa que aprenda lo que significa trabajar, que valore bien lo que supone dejar la escuela.

Luis GARCÍA MONTERO (escritor español),
Mañana no será lo que Dios quiera, 2009

1. *il s'agenouilla* 2. *tue-moi* 3. *ne fut pas effrayé* 4. *Il laissa son fils réfléchir* 5. *un garage*

Lee el texto y contesta.

a. Cita a las personas que evoca este texto e indica (cuando es posible) su edad y su profesión.

A2

b. Di qué decisión tomó Pedrito.

c. Verdadero o falso. Justifica tu respuesta citando el texto.
- A Pedrito le gustaba la escuela.
- Pedro González Cano se puso furioso con su hijo.

A2+

- Pedrito buscó un trabajo solo.

d. Apunta lo que Pedro González Cano le pide a su amigo. No quiere que… Quiere que…

Me enamoré de la fotografía

Barcelona, Kenny RUIZ
y Anna VILLALBA, 2004

→ **Objectif A2+** : raconter un parcours professionnel.

⏱ Temps de parole : 2 minutes.

Cuenta la carrera de la chica con la ayuda de estas preguntas:

A2 **a.** Di lo que les gustaba hacer a la madre y a la hija en su tiempo libre.

A2+ **b.** Cuenta lo que estudió la chica y cuenta su experiencia profesional.

c. Completa: sus amigas le aconsejan que…

• yo pasé de ella (fam.): *je ne l'ai pas écoutée*

Entrevista a una joven fotógrafa

→ **Objectif A2+** : interviewer quelqu'un sur son parcours professionnel et sur ses projets.

⏱ Temps de parole : 3 minutes.

👥 : en binôme.

Por parejas, imaginad una entrevista a la joven fotógrafa del cómic.

A2+ **Alumno A:** Eres el/la periodista y le haces preguntas a la joven fotógrafa sobre su identidad, sus estudios, su experiencia profesional y sus proyectos para el futuro. Trátala de usted.

Alumno B: Eres la joven del cómic. Contesta las preguntas del/de la periodista.

Mi carrera y mis proyectos de futuro

→ **Objectif A2+** : décrire sa formation, ce que l'on étudie à l'école et exprimer ses projets d'avenir.

✏ Nombre de mots : 50.

**Mándale un correo electrónico a tu compañero(a) español(a) para hablar de tu carrera y de tus proyectos de futuro.
Para ayudarte, formula por escrito los puntos siguientes:**

A2 **a.** Saluda a tu correspondiente y dile en qué curso estás.

b. Cuenta lo que te gustaba de pequeño y qué estudios realizaste.

A2+ **c.** Di lo que te aconsejan tus amigos y tus padres para tu futuro.

d. Explica lo que quieres hacer y por qué.

e. Pregúntale lo que te aconseja y despídete de él/ella.

Relaciones

Mémoire
Sentiment d'appartenance
Visions d'avenir

1 **P**asarlo bien entre amigas

ACTIVITÉS DE COMMUNICATION A2+/B1

 Écouter

Comprendre un avis sur de nouveaux modes de rencontre.
Comprendre un point de vue sur l'amour et l'amitié.

 Lire

Comprendre le récit d'une rencontre.
Comprendre l'essentiel d'une conversation.

 Parler en continu

Faire le portrait de quelqu'un.
Décrire son attitude dans les transports.

 Parler en interaction

Engager une conversation avec un(e) inconnu(e).
Débattre de l'impact des nouvelles technologies
sur les relations.

 Écrire

Faire son portrait.
Rédiger des règles de bon voisinage.

OUTILS LINGUISTIQUES

- Les pronoms personnels compléments (p. 59)
- L'emploi de l'imparfait et du passé simple (p. 61)
- Les indéfinis (p. 63)
- L'impératif affirmatif (p. 65)
- L'expression de l'hypothèse (p. 67)

Proyecto final

→ Elabora un guión de cortometraje
sobre el tema del flechazo.

RECURSOS

Sustantivos
- la amistad: *l'amitié*
- el cariño: *la tendresse*
- la complicidad
- el juego en línea
- el videojuego

Verbos y expresiones
- acercarse a los demás: *aller vers les autres*
- amar, querer (ie) a alguien: *aimer quelqu'un*
- compartir ideas: *partager des idées*
- convivir: *vivre ensemble*
- disfrutar: *profiter de*
- interactuar
- pasarlo bien: *passer un bon moment*
- relacionarse con: *se lier d'amitié avec*
- sonreír (i): *sourire*

2

Juegos en línea,
Madrid

3 **U**na pareja de jóvenes
enamorados

¿ tú, ¿cómo lo ves?

1. Explica lo que significa para ti la expresión "relaciones humanas".
2. Di a qué tipo de relación corresponde cada fotografía.
3. Describe lo que sienten las personas en cada foto.
4. Di qué fotografía representa tu manera favorita de relacionarte con los demás.

A2+ Una nueva forma de conocer gente

Una sesión de "citas rápidas" (fotógrama de la película *Siete minutos*, Daniela Féjerman)

1 Observa la foto

a. Di qué están haciendo las personas y qué tipo de encuentro es.

b. Fíjate en su expresión. Unos parecen… porque… y otros…

2 Escucha e identifica

c. He oído las voces de… El documento es… y trata de…

d. Identifica palabras que evocan la informática y las relaciones.

3 Profundiza

e. El miniencuentro se dirige a… y las personas pueden participar en…

f. ¿Qué palabras se asocian al número 7? Explica cómo se organiza el encuentro y cuál es su objetivo.

g. Apunta el nombre de la página web y del organizador.

h. Explica cómo funciona el portal y completa: "No es necesario ni que… ni que… porque…''.

4 Resume y exprésate

i. Explícale a un(a) amigo(a) este método y dile cuál es el objetivo.

j. ¿Te parece una buena manera de relacionarse con la gente? Justifica tu respuesta.

→ 📖 *Fichier de l'élève p. 14*

RECURSOS

Sustantivos
- una chapa: *un badge*
- una cita rápida: *un "speed dating"*
- un encuentro: *une rencontre*
- un(a) novio(a): *un(e) petit(e) ami(e)*
- una pareja: *un couple*
- un portal: *un portail*

Adjetivos
- soltero(a) ≠ casado(a): *célibataire ≠ marié(e)*

Verbos y expresiones
- charlar: *bavarder*
- hacerse amigos
- ligar: *draguer*
- tener (ie) afinidades
- tomar algo: *prendre un verre*

Fonética

a. Escucha las palabras siguientes, escríbelas y di si la ''g'' se pronuncia [g] o [χ].

b. Deduce cuál es la regla para pronunciar la ''g'' y entrénate para pronunciar estas palabras.

Amor de arena

Escuchar

1 Observa el cuadro

a. Describe el cuadro de Sorolla: colores, luz, ropa y actitud de las mujeres.
Di qué ambiente se desprende.

b. En mi opinión estas dos mujeres pueden ser...

2 Escucha e identifica

c. Fíjate en los ruidos y las voces. Identifica a las personas y sitúa la escena.

d. La grabación trata de... Lo digo porque he comprendido (que)...

e. Identifica palabras que evocan lo que siente la chica.

3 Profundiza

f. Di qué le anuncia la hija a su madre.

g. La hija tiene miedo de que... y le pregunta a su madre...

h. Cita las órdenes que oyes y completa:
la madre le pide a su hija que... y que... pero...

i. Por último la madre le dice que... y que... Así...

4 Resume y exprésate

j. Según la madre, para mantener un amor hay que...

k. Di sobre qué temas les pides consejos a tus padres.

→  *Fichier de l'élève p. 15*

Joaquín SOROLLA (pintor español),
Paseo a orillas del mar, 1909

Sustantivos
- la complicidad
- una metáfora
- la palma de la mano
- un sombrero: *un chapeau*
- una sombrilla: *une ombrelle*

Adjetivo
- cerrado(a) ≠ abierto(a)
- posesivo(a)

Verbos y expresiones
- apr**e**tar (ie): *serrer*
- escurrirse: *glisser*
- estar enamorado(a): *être amoureux(euse)*
- hay que + inf.: *il faut + inf.*
- pasearse: *se promener*
- p**e**dir (i) que + subj.: *demander de + inf.*
- ser celoso(a): *être jaloux(se)*

Fonética 🔊 17-18-19

a. Escucha las palabras y di si llevan el sonido [χ], [g], [r] o [rr].

b. Completa las palabras con "j", "g", "r" o "rr".

muje_es – a_ena – ba_o – hi_a – enamo_ada – se escu_ía – pre_unta – prote_ida – cie_a – _oven – ce_ada – conse_uí

c. Repite las palabras en voz alta.

A2

Echamos a andar hacia la estación de autobuses. Alain llevaba bajo el brazo un libro de bolsillo en cuyo forro[1] de plástico temblaban unas cuantas gotas de lluvia. Me interesó al instante: chico solitario con libro en mano...

5 –¿Qué libro es, si se[2] puede saber?

–Una selección de poemas.

–¿Os han mandado leerlo?

–No, éste no. Me gusta mucho leer. No entiendo todos los conceptos, pero me atraen las ideas del autor sobre el amor y el mundo. A ratos

10 encuentro en este libro mi propia filosofía: filosofía con minúscula, claro... ¿A ti te gusta la poesía?

–Me encanta. Mis amigas dicen que soy una cursi[3]... y resulta que ellas también tienen las carpetas llenas de rimas.

No hablamos mucho más. Caminábamos deprisa. Alain, en una

15 mano, el libro, y la otra metida en el bolsillo del pantalón; yo, con el paraguas en un brazo, y la carpeta bajo el otro. Si se producía un silencio, me sentía violenta[4]. Pero cuando llegamos al autobús, Alain me despidió con un sonriente "hasta pronto", y en ese momento, una esperanza insulsa caldeó mi corazón[5]: la esperanza de intimar[6] con aquel chico.

Miren AGUR MEABE (escritora española), *La casa del acantilado*, 2005

1. *couverture*
2. *si on*
3. *prétentieuse*
4. *gênée*
5. *un vague espoir réchauffa mon cœur*
6. *me lier d'amitié*

Miren AGUR MEABE (1962)
Es una escritora y poetisa española. Fue maestra y actualmente es directora editorial. Recibió el premio de la Crítica en 2001 por su libro de poesías *El código de la piel* y se dedica también a la literatura juvenil.

BONUS
Hable con ella

LEE Y EXPRÉSATE

1. Identifica a los protagonistas y sitúa la escena.

2. Explica por qué a la narradora le interesó el chico. (l. 1-4)

3. Indica qué tipo de libro leía el chico y por qué le gustaba. (l. 5-11)

4. Di qué afición compartían. (l. 11-13)

5. "Mis amigas dicen que soy una cursi".(l. 12)
¿Estás de acuerdo con las amigas de la narradora?

6. Describe el ambiente final. ¿Cómo se explica? (l. 17-19)

RECURSOS

Sustantivo
- una afición: *un goût, une passion*

Adjetivo
- incómodo(a): *gêné(e)*

Verbos y expresiones
- atreverse a: *oser*
- dudar en + inf.: *hésiter à*
- enamorarse: *tomber amoureux(euse)*
- entablar una conversación, una amistad: *engager une conversation, nouer une amitié*
- ser tímido(a)

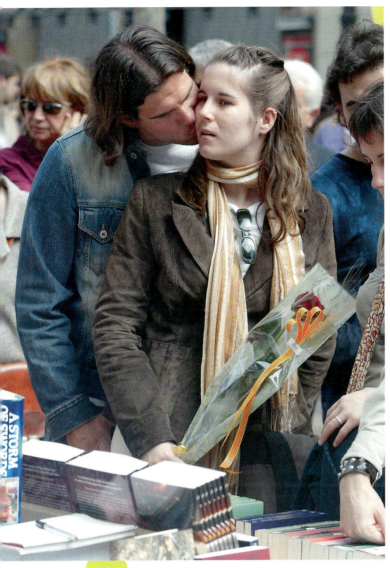

Dos enamorados el día de San Jordi

MIRA Y EXPRÉSATE

1. Di lo que representa la foto precisando lo que se regalan las personas.

2. Precisa cuándo fue sacada la foto y di lo que evoca la flor.

3. Imagina qué pueden decirse estos jóvenes y qué sentimientos experimentan.

RECURSOS

Verbos y expresiones
- darse un beso: *s'embrasser*
- estar enamorado(a): *être amoureux(se)*
- quererse (ie): *s'aimer*
- recordar (ue): *rappeler*
- regalar: *offrir*

Datos culturales

El 23 de abril, **Día del Libro**, coincide en Cataluña con la fiesta de Sant Jordi. Los catalanes suelen regalarse libros y rosas rojas que recuerdan que Sant Jordi mató al dragón para liberar a una princesa. De la sangre del dragón nació una rosa.

Gramática activa

Les pronoms personnels compléments → Précis 16.B

Observa
▶ **Me** interesó al instante.
▶ ¿**Te** gusta la poesía?
▶ ¿**Os** han mandado leer**lo**?

COD	COI	REFLECHI
me	me	
te	te	
lo	le	se
la	le	se
nos	nos	
os	os	
los	les	se
las	les	se

- Les pronoms compléments directs et indirects peuvent avoir une forme commune ou une forme différente suivant les personnes verbales.

- L'enclise est obligatoire pour les pronoms compléments à l'infinitif, au gérondif et à l'impératif affirmatif.

Practica

Complète avec le pronom complément qui convient.
a. A mí… gustan los libros. ¿Y a ti, … gustan?
b. Nosotras… interesamos por la poesía.

→ Autres exercices p. 70

¡Y ahora tú!

Describo a mi mejor amigo(a)

Haz el retrato de tu mejor amigo(a) y di qué aficiones os gusta compartir.

→ 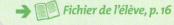 *Fichier de l'élève, p. 16*

Cuando mi hermana la invitó

Cuando mi hermana la invitó
y yo salí a abrirle la puerta,
entró el sol, entraron estrellas,
entraron dos trenzas de trigo[1]
5   y dos ojos interminables.

Yo tenía catorce años
y era orgullosamente oscuro,
delgado, ceñido[2] y fruncido[3],
funeral[4] y ceremonioso: [...]

10   yo vivía con las arañas,
humedecido por el bosque,
me conocían los coleópteros
y las abejas tricolores,
yo dormía con las perdices[5]
15   sumergido bajo la menta.

Entonces entró la Guillermina
con dos relámpagos[6] azules
que me atravesaron el pelo
y me clavaron[7] como espadas[8]
20   contra los muros del invierno.

Pablo NERUDA (poeta chileno),
Estravagario, 1958

Pablo NERUDA (1904-1973)
Llamado Neftalí Ricardo Reyes Basoalto, era poeta, escritor y político chileno. Obtuvo el premio Nobel de literatura en 1971. De su obra poética destacan *Canto General* (1950), un himno a la "América insurrecta", y *Odas elementales* (1954-1957). Su última obra es su autobiografía *Confieso que he vivido* publicada en 1974.

1. *tresses de blé*
2. *coincé*
3. *(ici) renfrogné*
4. *(ici) l'air sinistre*
5. *les perdrix*
6. *éclairs*
7. *transpercèrent*
8. *épées*

LEE Y EXPRÉSATE

1. Di quiénes son los protagonistas del poema.
2. Lee la primera estrofa. Apunta las imágenes que aluden a la Guillermina y describe su aspecto físico.
3. Fijándote en la segunda estrofa di quién habla. Haz su retrato físico y moral.
4. Apunta los elementos relativos a la naturaleza.
5. Lee la tercera estrofa. Di cómo se pasaba el tiempo el chico y describe su personalidad.
6. Fíjate en la última estrofa y apunta las imágenes que evocan el encuentro entre el chico y la Guillermina. Explica lo que sintió cuando la vio.

RECURSOS

Sustantivos
- un flechazo: *un coup de foudre*
- la hermosura = la belleza

Adjetivos
- boquiabierto(a): *bouche bée*
- ensimismado(a): *songeur(se)*
- extraño(a): *étrange*
- guapo(a) = bello(a)
- huraño(a): *renfrogné(e), bourru(e)*
- rubio(a): *blond(e)*

Verbos y expresiones
- comparar con: *comparer à*
- deslumbrar: *éblouir*
- parecerse a: *ressembler à*
- pasarse el tiempo + gér.: *passer son temps à + inf.*
- turbarse: *être troublé(e)*

HADERER, *La "generación SMS" también tiene sentimientos*, 2003

MIRA Y EXPRÉSATE

1. Describe la escena fijándote en todos los detalles.

2. Deduce quiénes son estos jóvenes e imagina lo que están escribiendo.

3. Lee el título del dibujo y di cuál es la intención del dibujante.

4. Imagina que los jóvenes comunican cara a cara. Inventa e interpreta el diálogo con un(a) compañero(a).

RECURSOS

Sustantivos
- un banco
- el césped: *la pelouse*
- las mariposas: *les papillons*
- las mariquitas: *les coccinelles*
- las moscas: *les mouches*
- un móvil: *un téléphone portable*
- la naturaleza
- los pájaros: *les oiseaux*
- una pareja: *un couple*
- el pudor: *la pudeur*

Verbos y expresiones
- darse la espalda: *se tourner le dos*
- en vez de: *au lieu de*
- enviar mensajes: *envoyer des messages*
- estar sentado(a): *être assis(e)*
- hacer caso a: *prêter attention à*
- quedar: *se donner rendez-vous*

Gramática activa

Imparfait et passé simple → Précis 18.D, E

Observa
- ▶ **Entraron** dos trenzas de trigo / Yo **tenía** catorce años
- ▶ Yo **vivía** con las arañas / Entonces **entró** la Guillermina

- Imparfait : pour une action ou un état qui s'inscrit dans la durée, la continuité ou l'habitude.
- Passé simple : pour une action ponctuelle et terminée qui n'a pas d'incidence dans le présent. Ce temps s'emploie beaucoup plus fréquemment qu'en français.

Practica

Conjugue à l'imparfait ou au passé simple.
a. El chico... (estar) en casa cuando... (llegar) la chica.
b. ... (ser) difícil imaginar lo que... (estar) pasando.

→ Autres exercices p. 70

 ¡Y ahora tú!

Hago mi retrato
Imitando la segunda estrofa del poema, haz tu retrato físico y moral.
→ *Cuando era más joven,...*

 → *Fichier de l'élève, p. 17*

Conversación en el autobús

–Qué calor insoportable –observó el pasajero que viajaba a mi lado. […]

–Pues sí. Hace calor –concedí yo.

–Aquí dentro falta el aire, ¿verdad?[1]

–Puede ser, sí.

5 –¿Pero usted no se ahoga[2]? –insistió él […].

–Yo voy bastante bien –dije.

–Mucho calor. Demasiado –siguió él. […]

Después, por suerte, nos quedamos callados[3]. Me sentí más tranquilo e incluso más fresco. Entorné los ojos[4]. Traté de disfrutar del viaje. Oía 10 el esforzado crujir[5] del motor del autobús […]. Oía el veloz frotar del viento en las ventanillas. Oí:

–Perdone que le moleste[6], caballero, pero ¿adónde va usted? Sé que no debería preguntárselo. Que no es asunto mío[7]. Entonces, ¿adónde va?

–A la estación de autobuses –contesté con cinismo.

15 –Perfecto –aprobó el pasajero, aparentemente sin percibir mi hostilidad–. Y luego, ¿adónde va?

–A mi casa.

–Perfecto, perfecto. Y ahora dígame una cosa más, si no es molestia y tiene la bondad: ¿y dónde vive usted?

20 –Cerca de la estación de autobuses –mentí por precaución. […]

–¿Y de dónde era usted? […]

–De Sevilla. […]

–¿De qué parte de Sevilla? –regresó él[8].

–Cerca de… Triana.

25 –Yo conozco muy bien Sevilla. ¿Me comprende ? La conozco muy bien.

Andrés NEUMAN (escritor argentino), *Alumbramiento*, 2006

Andrés NEUMAN (1977)
Nacido en 1977 en Buenos Aires, es uno de los mejores escritores latinoamericanos de su generación. Con su primera novela, *Bariloche* (1999), se dio a conocer en el mundo literario. Ganó el Premio Alfaguara en 2009 con su cuarta novela: *El viajero del siglo*.

1. *n'est-ce pas ?*
2. *vous n'étouffez pas ?*
3. *nous nous sommes tus*
4. *je plissai les yeux*
5. *le vrombissement*
6. *Excusez-moi de vous déranger*
7. *Ce ne sont pas mes affaires*
8. *recommença-t-il*

LEE Y EXPRÉSATE

1. Presenta a los protagonistas y di dónde estaban.

2. Di qué motivó el principio de la conversación. (l. 1-7)

3. ¿Piensas que el narrador tenía muchas ganas de hablar? Justifica citando varias expresiones del texto.

4. Cita las preguntas del pasajero que viajaba al lado del narrador. Por un lado podemos decir que era una persona… pero por otro lado…

5. Muestra que la conversación iba a durar mucho tiempo. Justifica citando el texto. (l. 25)

6. Di si se parecen o no estas dos personas.

RECURSOS

Adjetivos
- curioso(a)
- educado(a): *poli(e)*
- hablador(a): *bavard(e)*
- reservado(a)

Verbos y expresiones
- estar harto(a) de: *en avoir assez de*
- más/menos + adj.... que: *plus/moins... que*
- molestar = irritar
- no fiarse de: *se méfier de*
- ser un(a) pesado(a): *être pénible*
- tener (ie) ganas de: *avoir envie de*
- tener (ie) pinta de (fam.): *avoir l'air de*

 Charlando en el autobús

Mira y exprésate

1. Di dónde fue sacada la foto y qué están haciendo las personas del primer plano.

2. Observa a la mujer del fondo y comenta su actitud.

3. Explica en qué medida esta foto es un buen reflejo de la vida cotidiana: En los medios de transporte podemos ver personas… y personas…

RECURSOS

Adjetivos
- abierto(a) ≠ cerrado(a)
- agradable ≠ desagradable
- relajado(a): *détendu(e)*
- risueño(a): *souriant(e)*
- serio(a)

Verbos y expresiones
- bromear: *plaisanter*
- charlar: *bavarder*
- estar de pie ≠ sentado(a): *debout ≠ assis(e)*
- ser desconfiado(a): *être méfiant(e)*
- sonreír (i): *sourire*
- uno(a)s… otro(a)s…: *certain(e)s… d'autres…*

Gramática activa

Les indéfinis ➜ Précis 6.B

Observa

▶ **Mucho** calor. **Demasiado.**   ▶ *Yo voy* **bastante** *bien.*

● Les adjectifs *poco, mucho, bastante, demasiado* s'accordent en genre et en nombre avec le substantif qu'ils déterminent.
- peu de : *poco, a, os, as*
- assez de : *bastante(s)*
- beaucoup de : *mucho, a, os, as*
- trop de : *demasiado, a, os, as*

● *Poco, mucho, bastante, demasiado* peuvent aussi être des adverbes. Ils sont alors invariables.

▶ *La señora habla* **demasiado**.

Practica

Fais l'accord si nécessaire.
a. En este autobús, hay… (mucho) pasajeros.
b. Se ven… (poco) cosas por la ventana.

➜ Autres exercices p. 70

¡Y ahora tú!

 Entablo una conversación
Estás en un autobús y hablas con un(a) pasajero(a). Primero te disculpas y le preguntas si conoce bien el barrio. Luego le preguntas de dónde es y habláis de otras cosas.

Mi actitud en los transportes
Describe tu actitud en los transportes urbanos cuando hay mucha gente.

→ *Cuando hay mucha gente me siento…*

➜ 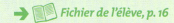 *Fichier de l'élève, p. 16*

En la escalera

Lorenzo llega al portal de su casa[1] y llama al ascensor, hasta que repara en el cartelito adherido que anuncia otra avería[2]. […] Cuando comienza a subir las escaleras escucha abrirse el portal. Entra la chica ecuatoriana que trabaja para la joven pareja del quinto[3]. Empuja el carrito del niño.
5 La ve detenerse ante el ascensor y luego enfilar hacia la escalera. Está a punto de ignorarla, pero lo piensa mejor. "Deja que te ayude". Ella le da las gracias. […]

Lorenzo posa su bolsita blanca en el regazo[4] del niño dormido y agarra el cochecito[5] por las ruedas delanteras. Ella hace lo mismo desde el otro
10 extremo y suben. […] "¿Pensabas subir sola los cinco pisos?", le "pregunta Lorenzo. Ella se encoge de hombros[6]. "¿Cómo te llamas? "Daniela, ¿y usted?" "Lorenzo, pero por favor, tutéame." […]

Ella posa el carrito en el suelo. Han llegado al cuarto. "Es tu piso, ¿no?" Lorenzo se opone. "No, no, te acompaño al tuyo, por favor." Daniela se
15 resiste, pero suben el último piso a buen ritmo, casi sin hablar. […] Se despiden después de que Daniela abra la puerta. "Queda dicho, el día que quieras te acompaño a El Escorial. Me hace ilusión, de verdad." Daniela ríe y le da las gracias dos veces más.

Lorenzo tira la cazadora[7] sobre el sofá. Entra en la cocina y bebe direc-
20 tamente del grifo[8]. […]

Suena el timbre de la puerta. Lorenzo se da la vuelta. Deja que suene otra vez. Cuando abre se sorprende al ver a Daniela en el umbral. Ella levanta la bolsita de Lorenzo con la compra del mercado, sonríe. "Es tuyo, ¿no?" Lorenzo atrapa la bolsita. "Gracias, es mi comida de hoy." "¿Sólo
25 comes eso?" Lorenzo se encoge de hombros. "Hoy estoy solo."

David TRUEBA (escritor español), *Saber perder*, 2008

David TRUEBA (nacido en 1969)
Es escritor, periodista, director de cine, guionista y actor español. Escribió el guión de *Los peores años de nuestra vida* (1994) y dirigió películas como *Soldados de Salamina* (2002) o *Bienvenido a casa* (2006) con la que obtuvo el premio al mejor realizador en el Festival de cine de Málaga. Recibió el Premio Nacional de la Crítica por su novela *Saber perder* (2008).

1. *devant la porte de son immeuble*
2. *une autre panne*
3. *du cinquième étage*
4. *sur le giron*
5. *il saisit la poussette*
6. *elle hausse les épaules*
7. *le blouson*
8. *l'eau du robinet*

LEE Y EXPRÉSATE

1. Sitúa la escena presentando a los protagonistas.

2. Localiza un imperativo y muestra que el hombre se porta bien con su vecina explicando cómo la ayuda. (l. 6-9)

3. Di dónde vive cada vecino. Busca otro imperativo y demuestra que el hombre es amable con la mujer. (l. 13-15)

4. Muestra que los dos vecinos no se conocían antes y que a partir de ahora van a tener buenas relaciones. (l. 16-18)

5. Al final, explica por qué la mujer llama a la puerta de su vecino. (l. 21-25)

RECURSOS

Sustantivo
- un(a) vecino(a): *un(e) voisin(e)*

Verbos y expresiones
- ayudar: *aider*
- llevarse bien = tener(ie) buenas relaciones
- portarse bien: *bien se conduire*
- proponer que + subj.: *proposer de + inf.*
- ser amable

www.european-neighbours-day.eu

1. Precisa qué anuncia este cartel y cuándo tiene lugar este acontecimiento.

2. Para cada viñeta, sitúa la escena, describe a los personajes, lo que están haciendo y el ambiente.

3. Explica cómo se relacionan todas las viñetas y la forma del conjunto. ¿Qué notas?

RECURSOS

Sustantivos
- un acontecimiento: *un événement*
- una cesta: *un panier*
- un círculo: *un cercle*
- el conjunto: *l'ensemble*
- la convivencia: *la vie en commun, la cohabitation*
- una ensaladera: *un saladier*
- la vecindad: *le voisinage*

Adjetivos
- alegre
- festivo(a)
- risueño = sonriente

Verbos y expresiones
- compartir: *partager*
- convivir: *vivre ensemble, cohabiter*
- pasarlo bien: *passer un bon moment, s'amuser*
- probar (ue): *goûter*
- relacionarse: *se lier d'amitié avec*

Gramática activa

L'impératif affirmatif → Précis 21.A

Observa

▶ **Deja** *que te ayude.*

- Pour exprimer l'ordre, on utilise l'impératif affirmatif qui se forme à partir du subjonctif sauf pour les 2e pers. du singulier et du pluriel : *deja / come / sube (tú) / dejad / comed / subid (vosotros, as).*

- Ce temps compte cinq personnes à cause des trois formes de « vous » : *usted, vosotro(a)s, ustedes.*

	VERBES EN -AR	VERBES EN -ER	VERBES EN -IR
tú	dej**a**	com**e**	sub**e**
usted	dej**e**	com**a**	sub**a**
nosotros, as	dej**emos**	com**amos**	sub**amos**
vosotros, as	dej**ad**	com**ed**	sub**id**
ustedes	dej**en**	com**an**	sub**an**

- L'enclise est obligatoire pour l'impératif affirmatif.

▶ *Por favor,* **tutéame***.*

Practica

Conjugue à l'impératif.
a. (Escuchar/tú) lo que digo.
b. (Acompañar/vosotros) al señor.

→ Autres exercices p. 71

¡Y ahora tú!

Redacto normas de convivencia
Es el día de los vecinos. Redacta tres normas para mejorar la convivencia en tu edificio o en tu barrio.

→ *Niños ayudad a… Señoras y señores, hablen bajito…*

 *Fichier de l'élève, p. 17*

¿Quieres conocer a mi avatar?

Leer y conversar

A2+

Max es un programador que vive en Barcelona y trabaja en una empresa de informática llamada Infoco.

Max llegó antes de media mañana al trabajo. [...] Como suponía, nada más arrancar[1] su ordenador se encontró con las siglas « F1 » en un PopUp[2], lo que significaba que Carlos quería verle urgentemente. [...] Entró en el despacho de su jefe sin llamar.

5 –Cierra la puerta –le ordenó éste–. ¿Quieres conocer a mi VP? No parece muy listo[3] pero es trabajador.

Max sonrió ante la perspectiva de ver la réplica virtual de su jefe. […]

–No está mal –comentó Max al repasar[4] los diversos indicadores del perfil[5]. […]

10 –Funciona mejor de lo que había previsto –aseguró Carlos tras el silencioso análisis.

En aquel momento, Carlos.vp estaba proponiendo a su homónimo en la vida real que se tomase[6] unas vacaciones en el desierto, mostrándole los mejores tours que había encontrado en Internet.

15 –¿Por qué querrá que te vayas al desierto?

–Quizá porque puse que me gusta la filosofía y odio el golf. ¿No te parece que eso de alguna manera te acaba llevando al desierto? –conjeturó Carlos.

–Puede ser. Aunque VP tiene cargados sólo[7] unos doscientos conceptos base. [...] En cuanto vaya relacionando[8] conceptos y obtenga sus propias

20 conclusiones dejará de[9] ser primario.

–¿Y eso cuándo sucederá?

–No lo sé. Supongo que varía en cada caso. Necesita interaccionar[10] con su RP para...

–¿RP? –interrumpió Carlos.

25 –Sí, Real Personality. ¡Nosotros!

Gaspar LÓPEZ TORRES (escritor español), *Dominio*, 2009

1. *allumer*
2. *fenêtre qui s'affiche automatiquement*
3. *intelligente*
4. *en analysant*
5. *du profil*
6. *de prendre*
7. *bien que VP n'ait enregistré que*
8. *dès qu'il reliera*
9. *il cessera de*
10. *interagir*

LEE Y EXPRÉSATE

1. Sitúa la escena e identifica a los protagonistas. (l. 1-4)

2. Cita el motivo del encuentro.

3. Di quién es Carlos.vp y qué está haciendo. (l. 5-14)

4. ¿Cómo explican los protagonistas la propuesta de Carlos.vp? (l. 15-18)

5. Di qué significan las siglas VP y RP. Da un sinónimo de VP. (l. 25)

6. Imagina lo que podrán hacer nuestras réplicas virtuales en el futuro.

RECURSOS

Sustantivos
- un avatar
- la personalidad
- una tarea: *une tâche*

Adjetivos
- fastidioso(a): *fastidieux(se)*
- interactivo(a)

Verbos y expresiones
- aconsejar que + subj: *conseiller de*
- en lugar de: *à la place de*
- ganar tiempo: *gagner du temps*
- sustituir: *remplacer*

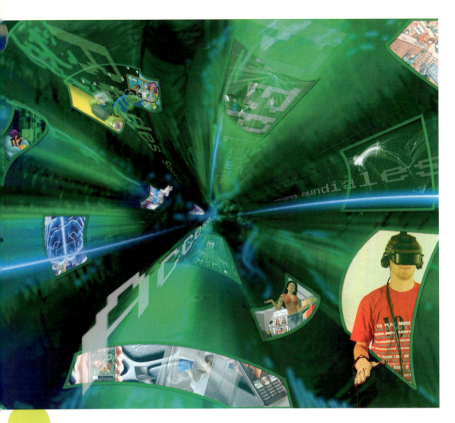

"**H**oy viaja por la red infinidad de información y en el futuro esta cantidad va a aumentar. ¿Qué pasará con las personas y el Internet en el futuro?"
Camila GARRO

MIRA Y EXPRÉSATE

1. Identifica el documento y di qué representan las viñetas.
2. Di qué colores dominan y precisa hacia dónde convergen las líneas. ¿Qué sensación provoca? ¿Qué simbolizará?
3. Cita las palabras que aparecen y lee el pie del documento. ¿Cuál será la intención de la autora?
4. ¿Cuál será el futuro de nuestras tecnologías?

RECURSOS

Sustantivos
- un aparato electrónico
- un globo terráqueo: *un globe terrestre*
- una imagen de síntesis
- el infinito
- el pie (de la foto): *la légende*
- la realidad
- la velocidad: *la vitesse*
- un viaje: *un voyage*

Adjetivos
- espacio temporal
- virtual

Verbos y expresiones
- abolir
- alejar ≠ acercar: *éloigner ≠ rapprocher*
- descargar: *télécharger*
- en un santiamén: *en un clin d'œil*
- permitir + inf: *permettre de + inf*
- teleportar

Gramática activa

L'expression de l'hypothèse → Précis 40

Observa

▶ *¿Por qué **querrá** que te vayas al desierto?*

- Le futur peut exprimer le doute, l'incertitude.

   ▶ ***Quizá** porque puse que me gusta la filosofía.*
   ▶ ***Puede ser…***

- L'espagnol a également le choix entre plusieurs adverbes comme **quizá**, **quizás**, **tal vez**, **acaso**, **a lo mejor** et des expressions impersonnelles comme **puede ser** suivant le degré envisagé d'hypothèse.

- Lorsqu'ils sont suivis d'un verbe, l'usage fait que l'espagnol utilise généralement soit le subjonctif (après *quizás, tal vez, acaso, quizá*) soit l'indicatif (après *a lo mejor, quizá*). Dans ce cas, les adverbes se placent toujours devant le verbe.

Practica

Imite l'exemple.
Quizás no esté mal. > No estará mal.
a. Quizás quede sorprendido el joven.
b. Quizás al jefe le guste divertirse.

→ Autres exercices p. 71

¡Y ahora tú!

Debato sobre la convivencia y las nuevas tecnologías
Crees que en el futuro las nuevas tecnologías favorecerán la convivencia. Tu amigo(a) cree lo contrario. Explicad vuestras opiniones y expresad hipótesis.
   → *En el futuro será posible…*

→ 📖 *Fichier de l'élève, p. 17*

Talleres de comunicación

Canción de Mago de Oz: *Dime con quién andas*

Objectif **A2+** : comprendre une chanson sur l'amitié.

🔧 : le lexique des sentiments, l'impératif, le passé simple, le futur.

1. Primera escucha completa
a. Di qué tipo de canción es. Define el tema y apunta las palabras que has comprendido.

2. Primera y segunda estrofa
b. En la primera estrofa, el cantante evoca el sentimiento de… para mostrar que un verdadero amigo…
c. Cita las órdenes que oyes. ¿Qué puede hacer un amigo durante un largo viaje?

3. Estribillo
d. Completa: ''Y en tu descanso… Y en tu camino… Y al sol… Que haga…"

4. Tercera y cuarta estrofa
e. ¿Qué es la verdadera riqueza para el cantante?
f. Para ayudar a un amigo muchas veces sólo hay que…

Don Quijote apoyándose en Sancho Panza.

RECURSOS

Sustantivos
- un(a) cantante: *un(e) chanteur(euse)*
- la riqueza: *la richesse*

Adjetivos
- verdadero(a): *véritable*
- sencillo(a): *simple*

Verbo
- animar: *encourager*

TALLER DE INTERACCIÓN ORAL

Test: ¿Qué tipo de personalidad tienes?

Objectif **B1** : exprimer son point de vue sur ses traits de caractère.

🔧 : le lexique des sentiments, de la personnalité, les indéfinis.

⏱ Temps de parole : 3 minutes.

👥 : en binôme.

1. **Por parejas haced el test. Luego, contabilizad vuestros puntos a partir de la ficha que os dará el profesor/ la profesora.**

2. **¿Estáis de acuerdo con el resultado? Decid por qué.**

RECURSOS

Verbos y expresiones
- aparentar = parecer
- aunque + ind.: *bien que + subj.*
- está claro que…
- (no) estar de acuerdo con = (no) coincidir con
- para mí = en mi opinión

1 Muchas veces me siento inferior a otros.
sí ☐ no ☐ a veces ☐

2 No puedo evitar compararme con otros constantemente.
sí ☐ no ☐ a veces ☐

3 Nunca tomo una decisión importante sin consultarla antes con gente en la que confío.
sí ☐ no ☐ a veces ☐

4 Soy tímido(a), aunque me esfuerzo por no aparentarlo.
sí ☐ no ☐ a veces ☐

5 Siento que nadie me quiere.
sí ☐ no ☐ a veces ☐

6 Cuando subo al ascensor evito mirarme en el espejo, pues sé que no me gustará mi propio reflejo.
sí ☐ no ☐ a veces ☐

7 Me siento solo(a) a menudo, incluso cuando estoy rodeado(a) de gente.
sí ☐ no ☐ a veces ☐

8 Me siento incómodo(a) cuando alguien me elogia.
sí ☐ no ☐ a veces ☐

9 Si me encuentro por la calle a un ex que me abandonó, me deprimo profundamente.
sí ☐ no ☐ a veces ☐

10 Muchas veces pienso que mi trabajo no tiene valor alguno.
sí ☐ no ☐ a veces ☐

TALLER DE INTERNET

Elegir amigos en las redes sociales

Crea un cartel para utilizar con seguridad los programas de redes sociales.

Conéctate a: http://www.alertaenlinea.gov/games/friend-finder.aspx

1. Participa en el juego

a. Haz clic en el enlace *Haga clic para comenzar*. Abre tu procesador de textos, titula tu trabajo *Buscador de amigos* y completa: La presentación explica que... El objetivo del juego es...

b. Pincha *¡Presentemos a nuestros participantes!* Di en qué consiste la primera ronda y empieza el juego.

c. Si te has clasificado, explica en qué consiste la segunda ronda y sigue con el juego.

d. ¿Cuál ha sido tu resultado final?

e. Pincha *AlertaenLínea.gov*. Lee la página y apunta cinco consejos para tu seguridad en las redes sociales.

2. Crea un cartel

f. Crea un cartel que establezca cinco reglas para utilizar con seguridad los programas de redes sociales.

RECURSOS

Sustantivos
- un buscador: *un chercheur; un moteur de recherche*
- una red: *un réseau*
- un riesgo: *un risque*
- una ronda = *(ici)* una etapa

Adjetivos
- incómodo(a) = molesto(a): *gêné(e)*
- seguro(a): *sûr(e)*

Verbos y expresiones
- arrepentirse (ie, i): *regretter*
- avergonzarse (ue): *avoir honte*
- confiar en: *faire confiance à*
- fastidiar: *embêter*
- rechazar: *rejeter*
- ser prudente: *être prudent(e)*
- subir: *(ici) mettre une page en ligne*
- tener (ie) cuidado con: *faire attention à*

TALLER DE VÍDEO   **DVD** *Seguridad en las redes sociales*

¿Controlar las redes sociales?

1. Fíjate

a. Sitúa la escena, describe la expresión de la chica e imagina lo que está haciendo.

2. Mira y escucha

b. Presenta a las personas filmadas en el reportaje. ¿Qué temas abordan?

c. ¿Qué lugares implican más riesgos para nuestra privacidad? ¿Por qué?

d. Di lo que saben y lo que no conocen todavía los jóvenes de las nuevas tecnologías.

e. ¿Qué red social nos presentan? Explica su funcionamiento.

f. Cita los principales problemas de las redes sociales y di qué consejos le da la madre a su hija.

3. Exprésate

g. Imagina qué problemas podrán tener en el futuro los jóvenes que utilizan las redes sociales.

Pasarlo bien en las redes sociales

RECURSOS

Sustantivos
- la privacidad: *la vie privée*
- una red social: *un réseau social*
- un(a) usuario(a): *un(e) utilisateur(trice)*

Adjetivo
- peligroso(a): *dangereux(euse)*

Verbos y expresiones
- acosar: *harceler*
- chatear: *chatter*
- compartir: *partager*
- comprometer: *compromettre*
- intercambiar: *échanger*
- manejar: *manier*
- registrarse: *s'inscrire*
- vigilar: *surveiller*

Lengua activa

Les pronoms personnels compléments
→ *Gramática activa* p. 59, Précis 16.B

1 **Choisis entre *lo*, *la*, *le* en t'aidant des exemples :**
Este libro, te lo ofrezco. A María, mi hermana la invitó.
Le dice: "Buenos días".

a. La chica está andando. El chico… ve desde lejos.

b. ¿Dónde está el libro? No… veo.

c. Debe de ser ella. Yo… abro la puerta.

d. ¿Quieres que te ayude? … pregunta la chica.

e. Es la bolsita de la compra. Nosotros… dejamos en el umbral.

f. La chica se detiene ante el ascensor. El chico está a punto de ignorar…

2 **Complète avec le pronom complément qui convient.**

a. A nosotros… gustaba ir al cine y a vosotros… gustaba leer.

b. A ti… interesan los libros y más precisamente la poesía.

c. Me gusta mucho esta poesía:… sé de memoria.

d. Mis hermanas trabajan en la capital: no… veo mucho y… hablamos poco.

e. Pasan muchos autobuses: los alumnos… cogen cuando salen del colegio.

f. El día que quieras… acompaño al museo.

3 **Choisis entre *os*, *le(s)* en t'aidant des exemples :**
A vosotros os gusta leer. A usted(es) le(s) gusta el deporte.

a. Vosotros… vais y tenemos mucha pena.

b. A tu hermana y a ti,… interesa la música latina.

c. Yo… doy a usted este libro.

d. Señores,… gusta bailar en salones de baile.

e. Señora, su esposo quiere ofrecer… flores.

f. Niñas,… divertís mucho con las videoconsolas.

Imparfait et passé simple
→ *Gramática activa* p. 61, Précis 18.D, E

4 **Conjugue les verbes à l'imparfait.**

a. La joven (mirar) al chico cuando (hablar).

b. A ti te (gustar) la poesía cuando (ser) joven.

c. Vosotros (estar) hablando de lo que (tener) que hacer.

d. Si (producirse) un silencio, (sentirse) violenta.

e. Nosotros (caminar) de prisa porque los amigos (esperarnos).

f. El señor (leer) un libro que (hablar) del barrio.

5 **Conjugue les verbes au passé simple.**

a. Mi hermana (llamarme) por teléfono para avisarme de su retraso.

b. Delante del portal de su casa, Lorenzo (ver) a la chica.

c. Esta tarde, (aprender/vosotros) una mala noticia.

d. El joven (abrir) la puerta y (saludar) a su vecina.

e. Cuando (irse) mi mejor amiga, (sentirme) muy triste.

f. El año pasado, nosotras (hablar) con aquel escritor y (aprender) mucho.

6 **Conjugue les verbes à l'imparfait ou au passé simple, selon les cas.**

a. Cuando yo (jugar), no (hablar) con nadie.

b. Mi hermana (invitarla) porque (saber) que yo (estar) enamorado de ella.

c. Cada año, los vecinos (reunirse); por eso cuando (saber) que ya no (ser) posible, (reaccionar) de inmediato.

d. Cuando el joven (entrar) en el despacho, el jefe (estar) delante del ordenador.

e. Yo (dejar) de hablar porque (irritarte) cuando (hablar).

f. Esta chica (pensar) que nadie (quererla) y (irse).

Les indéfinis → *Gramática activa* p. 63, Précis 6.B

7 **Fais l'accord si nécessaire.**

a. A la chica le interesaba (mucho) el chico.

b. El chico le contestó con (poco) amabilidad y (bastante) agresividad.

c. En definitiva, el joven hizo (poco) compras.

d. Había (mucho) esperanza en su mirada.

e. Tenemos (bastante) amigos y los queremos (mucho).

f. Hay (demasiado) ruido y (demasiado) personas.

8 **Traduis.**

a. Beaucoup de personnes mangent avec nous le jour des voisins.

b. Peu de gens savent que tu participes à cet événement.

c. Dans les autobus, nous ne respectons pas assez la tranquilité des gens.

d. Je passe un bon moment quand je discute avec beaucoup d'amis.

e. Les idées de ce garçon sont peu intéressantes.

f. Nous avons assez de volonté et assez de jours pour realiser ce projet.

Les impératifs

➡ *Gramática activa* p. 65, Précis 21.A

9 Conjugue les verbes à l'impératif affirmatif.

a. ¡(Llamar/tú) a tu hermano y (contar) tu aventura!

b. ¡(Pensar/usted) en lo que hizo su amigo!

c. ¡(Disfrutar/vosotros) del viaje y (mandar) una carta!

d. ¡(Perdonar) la molestia, Señor, y (recibir) este regalo!

e. ¡(Abrir/ustedes) la puerta y (hablar) con ella!

f. ¡(Leer/tú) la carta y (contestar)!

10 Conjugue les verbes à l'impératif affirmatif. Attention à l'enclise !

a. Pedro, ¡(darle) las gracias a tu amiga por su regalo!

b. ¡ (Pasarlo/usted) bien con sus amigos!

c. ¡(Llevarme/tú) este libro!

d. ¡(Decirnos/vosotros) en qué consiste este juego!

e. ¡(Preguntarle/ustedes) a qué hora quedan!

f. ¡(Relacionarte/tú) con tus vecinos!

L'expression de l'hypothèse

➡ *Gramática activa* p.67, Précis 40

11 Imite l'exemple.

Quizás haya mucha gente. > Habrá mucha gente.

a. Quizás intime yo con aquel chico.

b. Quizás le guste también la poesía a mi amiga.

c. Quizás recordéis aquel encuentro.

d. Quizás quiera a esta chica y esté triste.

e. Quizás pienses en tu futuro.

f. Quizás le haga ilusión lo que le dice la chica.

Una pareja de enamorados en la Plaza de España, Sevilla

Léxico

➡  *Fichier de l'élève p. 17*

1 Con las palabras de las columnas I y II caracteriza la amistad y el amor.

2 Con las palabras de la columna III, define lo que son unas buenas relaciones.

3 Con las palabras de la columna IV, define el tipo de relaciones que se pueden tener a través de Internet.

I - LA AMISTAD
el(la) amigo(a)
la ayuda mutua
el compañerismo
la complicidad
una pandilla de amigos
apoyar, ayudar
charlar
compartir alegría, pena, tristeza
entablar una amistad
estar juntos(as)
tener afinidades

II - EL AMOR
el cariño
una cita
una declaración de amor
un flechazo
el(la) novio(a)
una pareja
el primer amor
amar = querer (ie) a alguien
enamorarse
estar enamorado(a)
ligar
ser celoso(a)
turbarse

III - RELACIONES
la amabilidad
la convivencia
la cortesía
un encuentro
amable
cortés
darse cita
intimar
llevarse bien
quedar
relacionarse con

IV - INTERNET
un avatar
un buscador
un portal
la web
digital
virtual
chatear
conectarse
descargar
intercambiar
registrarse

V - LUGARES DE CONVIVENCIA
el bar de tapas
los juegos de karaoke
la red social
el salón de baile
los salones recreativos
compartir actividades
encontrarse (ue)
intercambiar
interactuar
quedar con amigos

VI – DIVERTIRSE (ie,i)
una afición
festivo(a)
el juego en línea
las videoconsolas
el videojuego
bromear
compartir una afición
pasarlo bien
relajarse

Panorama

¿Dónde quedamos?

Quién va a España siempre está sorprendido por su vida nocturna y el bullicio[1] en la calle. En España y Latinoamérica, convivir es todo un arte. Paséate y ve lo que más te apetece hacer.

1. l'animation

A

¿Ir a tapear[1]?

Los españoles, cuando salen del trabajo, no suelen volver directamente a casa. Prefieren quedar[2] con sus amigos en un bar de tapas, el lugar de convivencia más importante en España. Para los jóvenes también es un punto de encuentro importante para estar con sus amigos o con su familia. Allí, se puede tomar algo, charlar[3] y pasarlo bien.
Las tapas son pequeñas raciones de comida que se sirven con una bebida. Las más conocidas son la tortilla de patatas, las gambas al ajillo, los calamares, las aceitunas, el chorizo, el jamón o el queso.

1. salir a comer tapas 2. *se donner rendez-vous* 3. *bavarder*

 Para saber más:
http://www.arrakis.es/~jols/tapas/index1.html

En un bar de tapas español

B

¿Bailar?

Ya sea en Cuba, México, Colombia u otros países hispanoamericanos, la música y el baile forman parte del arte de vivir. El salón de baile[1] atrae a los jóvenes y a los mayores[2] para perpetuar el placer de bailar. Es una manera de relacionarse con los demás[3].
En Cuba ir a clases de salsa es toda una tradición. No hay que olvidar que muchos bailes como la salsa, la rumba o el chachachá nacieron en este país y luego tuvieron un éxito mundial. Desde niños los cubanos aprenden a bailar y existen numerosos concursos de salsa a través de todo el país.

1. *le salon de danse* 2. *les adultes* 3. *rencontrer des gens*

 Para saber más:
http://www.salsa-in-cuba.com

Bailando salsa en Cuba

C

¿Conectarse a Tuenti?

El nombre de Tuenti es el fruto de la unión de las palabras "tú" y "ti" y se parece a "tu entidad" o tu "identidad". Es una red social virtual muy popular entre los jóvenes españoles. Permite crear su propio perfil, subir[1] fotos y vídeos, intercambiar opiniones a través de un blog, relacionarse a través de un chat y contactar con amigos.

Al contrario de Facebook, que también tiene éxito en España, Tuenti es una red de acceso restringido[2], a la que sólo se entra si se ha sido invitado por un miembro ya registrado[3].

1. mettre en ligne **2.** à l'accès limité **3.** déja inscrit

Para saber más: http://blog.tuenti.com/

Portal del blog de Tuenti

Jugando en un salón recreativo

D

¿Divertirse con videojuegos?

En los salones recreativos los jóvenes pueden divertirse jugando a videojuegos y charlando entre amigos. Los juegos favoritos son los de karaoke, de fútbol y de guerra. Pero los que tienen más éxito son las carreras de motos: los jóvenes pueden subirse a una pequeña moto y tener la impresión de conducirla.

Con la aparición de las videoconsolas los salones recreativos han perdido poco a poco su poder de atracción. Ahora cada vez más[1] jóvenes prefieren jugar en sus casas con sus amigos.

1. de plus en plus de

Proyecto final

Tu clase participa en un concurso para realizar un cortometraje. La temática es el flechazo (coup de foudre). Por grupos vais a elaborar el guión.

→ Describid el lugar de encuentro.

→ Caracterizad la personalidad de los enamorados y lo que sienten en voz off.

→ Contad el encuentro y luego las aficiones que comparten.

→ Redactad el diálogo.

→ Representad la escena y filmadla si es posible.

¿A ver si lo sabes?

1. Di lo que son las tapas y cita algunos ejemplos. **(A)**

2. Cita tres bailes típicos de Cuba. **(B)**

3. Explica qué es Tuenti y di lo que permite hacer. **(C)**

4. Di por qué los salones recreativos tienen éxito y por qué empiezan a tener menos importancia. **(D)**

Evaluación

→ 📖 *Fichier de l'élève, p. 18*

COMPRENSIÓN ORAL

Tener amigos en Internet

→ **Objectif** **A2+** : comprendre des informations personnelles sur quelqu'un et son opinion sur un réseau social.

Escucha la grabación, contesta las preguntas y completa la frase.

A2
a. Presenta a la mujer entrevistada: nombre, edad, dirección de su página personal. ¿Desde cuánto tiempo usa una red social? ¿Cuántos amigos tiene?
b. ¿Qué duda hay sobre su número de amigos?
Cita un inconveniente de tener amigos en una red social.

A2+
c. Esta persona tiene más amigos ¿en su red social o en la vida real? Explica por qué.
d. Según esta persona la diferencia entre Facebook y MySpace es…

RECURSOS

Verbos y expresiones
- darse de baja: *(ici) se désinscrire*
- desp<u>e</u>dirse (i) a la francesa: *filer à l'anglaise*

COMPRENSIÓN ESCRITA

¿Cómo conquistar a una chica?

→ **Objectif** **A2+** : comprendre un texte sur les sentiments et la rencontre amoureuse.

Fran es un chico que está enamorado de una chica llamada Pilar, pero no sabe cómo decírselo. Sus amigos intentan ayudarle.

Anímate[1], Fran… Vamos a ayudarte a conquistar a Pilar –me soltaron (creo que hablaron los tres a la vez). […]
   –Claro, ¡para eso somos amigos!… –prosiguió Luis.
La verdad es que estaba emocionado. Somos amigos desde niños, pero
5 nunca nos decimos estas cosas del compañerismo[2] y la amistad y los sentimientos entre nosotros.
   –¿Y qué podemos hacer? –interrogué–. Porque no es tan sencillo[3]. […]
   –Muy sencillo. En vez de andar con ideas extrañas[4], que pueden salir bien, pero muy de vez en cuando, lo mejor es que vayamos a lo clá-
10 sico: flores y bombones. Eso es lo infalible […]. El amor es tan antiguo como el mundo y siempre ha funcionado así: flores y bombones. […]
   –¿Flores o bombones? ¿Qué elijo?– interrumpí las risas.
Mis amigos me habían convencido y estaba dispuesto a seguir sus consejos.
   –Puedes empezar por las flores…, es más romántico y a ellas les gustan,
15 les hacen soñar y eso…

José María PLAZA, (escritor español), *No es un crimen enamorarse*, 1995

1. *Courage!* **2.** *la camaradería* **3.** *simple* **4.** *bizarres*

Lee el texto y contesta.

A2
a. Indica el nombre del narrador y precisa de quién está enamorado.
b. Cita la frase que muestra que estos chicos nunca hablaban de sentimientos.
c. Cita las opciones que le proponen sus amigos para seducir a la chica.
d. Busca en el texto sinónimos de: seducir, simple y persuadido.

A2+
e. Cita el consejo que le dan sus amigos al final. ¿Cómo lo justifican?

Cómo prefiero declararme

Objectif **A2+** : décrire l'évolution du langage amoureux.

⏱ Temps de parole : 2 minutes.

Lee el cómic y exprésate.

A2
a. Di qué medios de comunicación se utilizaban en 1917, 1967 y 2007 para hacer una declaración de amor.
b. Observa el tamaño del texto en las tres fechas. ¿Qué notas? ¿Cuál es la intención del dibujante?

A2+
c. Observa la ortografía del texto en las tres fechas. ¿Qué notas? ¿Cuál es la intención del dibujante?
d. Y tú, ¿qué medio de comunicación prefieres para declarar tu amor? Justifica tu respuesta.

ERLICH (dibujante argentino), *El lenguaje del amor*, 2007

RECURSOS

Sustantivo
• un ramo de flores

Expresiones
• cada vez menos: *de moins en moins*
• según: *selon, d'après*

Lo mejor para una declaración de amor

Objectif **A2+** : défendre son point de vue sur la meilleure façon de montrer que l'on apprécie quelqu'un.

⏱ Temps de parole : 3 minutes par binôme.

👥 : en binôme.

A2+
Alumno A: Estás enamorado(a) de un(a) chico(a) y quieres hacerle una declaración de amor mandándole un mensaje.
Alumno B: Eres el/la mejor amigo(a) del alumno A y le aconsejas que escriba una carta de amor.

Cada alumno intenta convencer al otro de la mejor manera de declararse justificando su opinión o criticando la opinión contraria.

RECURSOS

Verbos y expresiones
• Prefiero...
• Me gusta más / menos...
• Lo que me parece bien / mal...

Escribo lo que siento

Objectif **A2+** : rédiger des messages pour décrire ses sentiments.

✎ Nombre de mots : 50.

Escribe una carta o un mensaje de amor a la persona que amas diciéndole cuánto la quieres, cómo te sientes a su lado y por qué la quieres.

A2+
a. Escribe la carta de amor como si estuvieras *(comme si tu étais)* en 1917.
b. Escribe el mensaje de amor como si estuvieras en 1967.
c. Escribe el mensaje de amor en la época actual.

UNIDAD **4**

Mémoire
Sentiment d'appartenance
Visions d'avenir

Tierras y gentes

ACTIVITÉS DE COMMUNICATION | A2+/B1

Écouter
Comprendre l'importance d'une langue.
Comprendre des informations sur un lieu.

Lire
Comprendre des émotions ou des sentiments.
Comprendre un point de vue sur une ville.

Parler en continu
Lister les avantages d'une ville.

Parler en interaction
Échanger des opinions sur un lieu.
Faire une enquête d'opinion sur la pollution.

Écrire
Donner ses impressions sur un lieu.
Imaginer une strophe poétique sur une région.

OUTILS LINGUISTIQUES

- Les négations (p. 81)
- Les relatifs *que*, *quien*, *cuyo*... (p. 83)
- Les équivalents de « on » (p. 85)
- *Estar / seguir* + gérondif (p. 87)
- Les démonstratifs (p. 89)

1 **C**oncierto callejero en La Habana (Cuba)

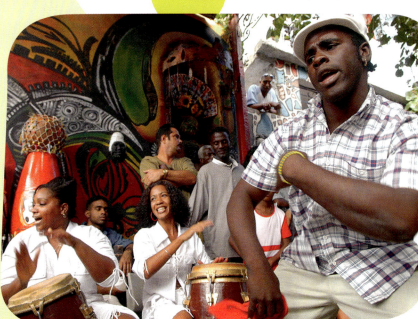

RECURSOS

Sustantivos
- un barrio: *un quartier*
- la contaminación: *la pollution*
- los músicos: *les musiciens*
- el origen
- los rascacielos: *les gratte-ciel*

Adjetivos
- agradable
- mestizo(a): *métis(isse)*
- moderno(a) ≠ antiguo(a)
- multirracial
- tranquilo(a) ≠ ajetreado(a)

Verbos y expresiones
- convivir: *cohabiter*
- tocar el tambor: *jouer du tambour*

Proyecto final

→ Por grupos, preparad, para una guía turística, una ficha de información sobre un país latinoamericano o una Comunidad Autónoma de España.

2

A orillas del río
Duero, en Zamora
(Castilla y León)

3 **V**ista general de México D.F.

Y tú, ¿cómo lo ves?

1. Determina qué imagen da la foto 1 de la sociedad cubana y explica
si corresponde con la visión que tienes de un país latinoamericano.

2. Comparando la arquitectura de los edificios y la actividad de la gente
en las fotos 2 y 3, di qué tipo de ciudad representan.

3. Explica en cuál de las dos ciudades es más agradable vivir para ti. (2 y 3)

 A2+

Celebración del Día del Español delante del Instituto Cervantes de Madrid

1 Observa la foto

a. Describe lo que ves y di qué es el Instituto Cervantes.

2 Escucha e identifica

b. El documento es... Trata de... Lo digo porque he comprendido las palabras...

3 Profundiza

c. Precisa cuántas personas hablan español en el mundo y di qué porcentaje vive en España.

d. La gente celebra el Día del Español con...

e. El español es una lengua en expansión porque...

f. Di qué palabras han elegido los internautas para el Día del Español.

g. Apunta todos los números y di a qué corresponden.

h. Indica el lugar donde se puede celebrar esta fiesta.

4 Resume y exprésate

h. Muestra que el español es una lengua muy importante en el mundo.

i. Cita tus palabras favoritas en español.

➡  *Fichier de l'élève p. 19*

Datos culturales

El español es un idioma hablado por unos 450 millones de personas en España y América. Su promoción y enseñanza las lleva a cabo el **Instituto Cervantes**, organismo cultural público español.

RECURSOS

Sustantivos
- un bocadillo = un globo: *une bulle de BD*
- un edificio: *un bâtiment*
- una lengua = un idioma
- papelitos: *des petits papiers*

Verbo
- tirar: *jeter*

Fonética

➡ Alphabet, Précis 1

a. Escucha las palabras siguientes, escríbelas y di si la "c" se pronuncia como la "q" o como la "z".

b. Deduce cuál es la regla para pronunciar la "c" y repite estas palabras en voz alta.

Un viaje por La Habana

A2+

Escuchar

Por las calles de La Habana Vieja

1 Observa la foto

a. Sitúa la escena y describe la fotografía insistiendo en su aspecto arquitectural.

2 Escucha e identifica

b. Di quién habla, cita las palabras que has comprendido y precisa el tema de la conversación.

3 Profundiza

c. Precisa qué aspecto de la ciudad cautiva a los viajeros.
d. Explica por qué La Habana es una ciudad única en el mundo.
e. Di lo que puedes ver en La Habana Vieja y qué tipo de barrio es. Justifica tu respuesta.
f. Indica en qué parte de La Habana viven los habaneros.

4 Resume y exprésate

g. Haz una presentación de La Habana Vieja.
h. Presenta una ciudad que te gusta y di cuáles son sus características.

 → *Fichier de l'élève p. 20*

RECURSOS

Sustantivos
- el barrio: *le quartier*
- las chabolas: *le bidonville*
- los edificios: *les bâtiments*
- la fachada: *la façade*
- los soportales: *les arcades*
- la ventana: *la fenêtre*

Adjetivos
- histórico(a)
- industrial
- moderno(a)

Verbos
- cautivar = seducir
- restaurar

Fonética
→ Alphabet, Précis 1

a. Escucha las palabras siguientes y di si llevan el sonido [θ] ("c" y "z") o [s] ("s").

b. Completa las palabras con la "c", la "z" o la "s" y repítelas.

decaden…ia – el …índrome – una …iudad – la mi…eria – la dure…a – re…ide – empe…ar – una pla…a – una deli…ia – ha…ia – un pi…o – …igue – …iendo

¿Cómo es su país?

A2+

– **N**unca salí de aquí y apenas tampoco del Petén[1]. Una vez viajé a la ciudad, a Guate[2], y también visité el lago de Atitlán. Dicen que es el lago más bonito del mundo. No sé. Creo que mi país debe ser de los más lindos[3] de la tierra.

5 – Yo también lo creo. Me quedaría siempre aquí si fuera posible.

– ¿Y cómo es el suyo, Manuel? Siempre pensé que España debe de ser muy linda.

– Es muy distinta. Sí, hay ciudades, monumentos, muchas cosas modernas. No sé, Celeste. A mí me parece aburrido, cansado, 10 bello y tal vez valioso[4], pero inútil.

– ¿No ama usted su patria?

– No me he planteado eso nunca[5].

– Yo sí amo Guatemala.

– Eso de la patria es un concepto que no alcanzo a[6] sentir.

15 – Yo sí siento el amor por mi tierra. No podría nunca amar otro sitio como amo el Petén.

– Eso sí lo comprendo, Celeste.

– Y cuénteme un poco: ¿cómo es aquello, dónde nació usted?

– Soy de Madrid, la capital. Un lugar donde uno[7] no mira el 20 cielo más que de cuando en cuando, donde corre de un lado a otro entre millares[8] de personas y huele a humo por todas partes. Algo inhumano. […]

– No me ha dicho cómo es su ciudad.

– Supongo que es un lugar muy agitado, en donde todo trans-25 curre con urgencia, sin tiempo para sentir o para pensar. […]

– Tan distinto de aquí, ¿verdad? No me lo ha pintado bello, Manuel, pero a mí me gustaría ir a verlo.

Javier REVERTE (escritor español), *El Aroma del copal*, 2008

El lago de Atitlán (Guatemala)

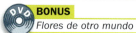

BONUS
Flores de otro mundo

1. departamento de Guatemala
2. Guatemala, capital
3. (amer.) bonitos
4. que tiene valor
5. nunca me lo pregunté
6. no llego a
7. *où l'on*
8. *des milliers*

LEE Y EXPRÉSATE

1. Presenta a los personajes que están charlando (nombre, origen) y define la forma del texto.

2. Precisa y justifica lo que siente Celeste por su país. (l.1-16)

3. Apunta las frases que muestran que Manuel comparte el punto de vista de la chica.

4. Enumera los inconvenientes que tiene, según Manuel, su ciudad de origen. (l.19-22)

5. Di si, al final, Celeste sigue interesada o no por Madrid.

RECURSOS

Sustantivos
- el campo ≠ la ciudad
- la contaminación
- el entorno: *l'environnement*
- las fábricas
- los inconvenientes ≠ las ventajas
- el paisaje

Adjetivos
- contaminado(a): *pollué(e)*
- guatemalteco(a)
- ruidoso(a): *bruyant(e)*

Verbos y expresiones
- a pesar de: *malgré*
- apuntar: *relever*
- darse prisa: *se dépêcher*

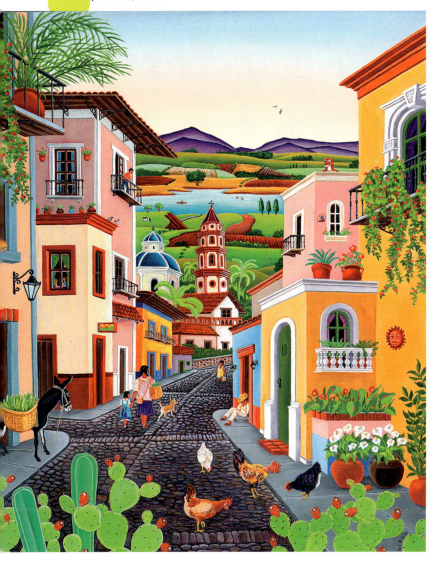

Raúl DEL RÍO (artista mexicano),
Mi pueblito, 2002

MIRA Y EXPRÉSATE

1. Precisa lo que representa el cuadro, y di si la escena pasa en España o en Latinoamérica. Justifica tu respuesta.

2. ¿Qué ambiente crea el pintor con los colores utilizados?

3. Caracteriza la vida que lleva la gente que vive en este pueblo. Justifica tu respuesta.

RECURSOS

Sustantivos
- la acera: *le trottoir*
- un burro: *un âne*
- un cactus
- una calle adoquinada: *une rue pavée*
- el color azul/naranja/rosa
- el estilo colonial
- una gallina
- las macetas: *les pots de fleurs*

Adjetivos
- agradable
- apacible = tranquilo(a)
- exótico(a)
- feliz

Verbos y expresiones
- al fondo
- andar por: *marcher dans*
- dar la impresión de que...
- llevar de la mano: *tenir par la main*
- llevar la contraria: *dire le contraire, s'opposer*

Gramática activa

Les négations → Précis 33

Observa
▶ **No** sé.
- **No** (ne... pas) se place toujours avant le verbe.

▶ **No** podría **nunca** amar otro sitio.
- **No** peut être aussi employé avec **nunca** (jamais), **nada** (rien), **nadie** (personne), **tampoco** (non plus) placés après le verbe.

▶ **Nunca** salí de aquí y apenas **tampoco** del Petén.
- Si **nunca**, **nada**, **nadie**, **tampoco** sont placés avant le verbe, **no** disparaît.

Practica
Transforme en phrases négatives.
a. Hay ciudades modernas en este país.
b. Me gusta también este pueblito.

→ Autres exercices p. 92

¡Y ahora tú!

Describo mi lugar favorito
Presenta a un(a) amigo(a) el lugar más bonito del mundo para ti. Él/ella te lleva la contraria con otro lugar que prefiere.
→ *El lugar más bonito del mundo es...*
–No, para mí...

→ *Fichier de l'élève, p. 21*

B1

Recuerdo [...] la primera vez que la vi. [...] Me detuve[1] en una de las puertas, como quien se detiene a descubrir un mundo que reconoce. Había llegado a España por primera vez, pero al pisar[2] la Plaza sentí como si estuviera de vuelta[3]. [...]

5 Para mí: una mexicana que habla español, que ha crecido entre iglesias del barroco, pirámides altivas y plazas con cuatro lados, descendiente segura de quienes fundaron ciudades con el deseo[4] de refundar el mundo, hija a medias de españoles cuya patria[5] era un sueño[6] con dos patrias [...], llegar a España, por primera vez, fue

10 como recuperar un mundo que ya me pertenecía. [...]

Volví al día siguiente. Volví todos los días de esa semana, a mirarla y mirarla sólo para mirarla. ¿Quién cruzó[7] por aquí antes de resolver[8] que su vida continuara a la sombra de dos volcanes remotos[9]? [...] ¿Quién de todos aquellos que duermen en mi sangre soñó

15 bajo esos muros hace ya cuántos años? No lo sabré nunca. [...] Por eso, cada vez que estoy en Madrid, vuelvo a la Plaza como a una parte de mí misma.

Ángeles MASTRETTA (escritora mexicana), *El cielo de los leones*, 2004

Ángeles MASTRETTA (nacida en 1949)
Escritora mexicana, licenciada en periodismo. Publicó su primera novela, *Arráncame la vida*, en 1985. Es una de las figuras centrales de la literatura latinoamericana contemporánea.

1. *je m'arrêtai*
2. andar por
3. *comme si j'étais de retour*
4. la voluntad
5. *dont la patrie*
6. *un rêve*
7. pasó
8. decidir
9. *deux volcans lointains (le Popocatépetl et l'Iztaccíhuatl)*

LEE Y EXPRÉSATE

1. Después de leer el título y el primer párrafo, di lo que evoca la narradora. ¿Qué impresión paradójica tiene?

2. Presenta a la narradora y describe su entorno habitual, utilizando el segundo párrafo.

3. Para la narradora, llegar a España fue como… ¿Qué significa la comparación que hace?

4. Apunta en el tercer párrafo los elementos que revelan los lazos que unen a la protagonista con la Plaza.

5. Cita el pronombre interrogativo que se repite en el tercer párrafo. La narradora quiere conocer mejor a…

RECURSOS

Sustantivos
- los antepasados: *les ancêtres*
- los conquistadores
- un(a) dueño(a) = un(a) propietario(a)
- una experiencia
- los lazos: *les liens*
- el origen
- las raíces: *les racines*

Adjetivos
- emocionado(a)
- impactante = impresionante

Verbos y expresiones
- como si estuviera ella: *comme si elle était*
- conquistar

MIRA Y EXPRÉSATE

1. Precisa dónde y en qué momento fue sacada la foto.

2. Di qué están haciendo los jóvenes.

3. Enumera los elementos característicos de esta plaza.

4. Al ver esta escena, ¿te apetece descubrir la Plaza Mayor?

RECURSOS

Sustantivos
- los adoquines: *les pavés*
- un bocadillo: *un sandwich*
- una estatua ecuestre
- la pizarra: *l'ardoise*
- los soportales: *les arcades*
- el tejado: *le toit*
- los transeúntes: *les passants*

Adjetivo
- sentado(a): *assis(e)*

Verbos y expresiones
- acabar de: *venir de faire qqch*
- formando un círculo: *en rond*
- pasear(se) por: *se promener*

Gramática activa

Les relatifs *que, quien, cuyo...* → Précis 16.C

Observa

▶ *Una mexicana **que** habla español.*
- ***Que*** peut être employé seul ou précédé de *el/los, la/las, lo* : ***el/los que,
la/las que, lo que*** → celui/ceux qui, celle/celles qui, ce que/ce qui.

▶ *Me detuve como **quien** se detiene a descubrir un mundo.*
- ***Quien, quienes*** ne peuvent être appliqués qu'aux personnes.
Attention à ne pas confondre le pronom relatif *quien* – sans accent –
avec le mot interrogatif *¿quién...?* – avec accent –.

▶ *...españoles **cuya** patria era un sueño...*
- ***Cuyo(a, os, as)*** est un équivalent de « dont ». Il s'accorde en genre
et en nombre avec le nom qui le suit et exclut l'article défini devant ce nom.

Practica

Choisis le pronom relatif qui convient.
a. Conocemos esta ciudad... plaza es famosa.
b. En la plaza vemos a... nos acompañan.

→ Autres exercices p. 92

¡Y ahora tú!

Cuento mis impresiones
**Has visitado la Plaza Mayor de
Madrid y les escribes una postal
a tus padres para contarles tus
impresiones.**

→ *La plaza que acabo
de visitar se llama...*

→ 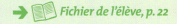 *Fichier de l'élève, p. 22*

A2

Laura es americana. Su encuentro con Carlos ocurre en Estados Unidos.

Mi nombre es Laura. ¿Y el tuyo?

–Carlos.

–Encantada. ¿De dónde eres? Tu acento me resulta extraño. Carlos, ¿me escuchas?

5 –Sí, claro, perdona. Es que he dormido poco […].

–Te preguntaba de dónde eres. ¿Europa?

–Ah, soy de Barcelona, en España. ¿Te suena?[1]– preguntó dubitativo.

–¡Y tanto! –aseguró emocionada– ¡Me encanta Barcelona!

–¿Has estado?

10 –Hará[2] unos seis años, creo. Fui por un congreso y hasta tuve tiempo de salir. ¡Desde luego allí se duerme muy poco! […]

–¿Y te gustó?

–¡Pues sí! Me sorprendió mucho. No me imaginaba que fuera tan moderna. ¿A ver si adivinas[3] qué fue lo que me volvió loca[4]?

15 –¿Gaudí ? –aventuró Carlos.

–No –contestó ella sin saber realmente a qué se refería.

–El Barça, ¿quizá?

–No, eso tampoco –contestó ella sonriendo, con la misma ignorancia. Es algo menos misterioso, pero mucho más sabroso. ¿Te rindes?

20 –¡No, espera! ¿Sabroso? Hummmm. ¿El pan con tomate? ¡Eso no falla nunca[5]!

–¿El pan con tomate? –exclamó con perplejidad–. No, hombre[6], lo que más me impresionó fueron las patatas fritas […]

–Las patatas bravas, querrás decir[7] –reaccionó él.

25 –¿Bravas?

–Supongo que debes de referirte a unas patatas con salsa picante que ponen en los bares de tapas de Barcelona.

–¡No, no, qué va![8] Me refiero a las "chips" de bolsa que se venden en los "supermarkets" de allí. […]

30 –Nadie me lo había comentado. Quizás es porque se fríen con aceite de oliva…

Gaspar LÓPEZ TORRES (escritor español), *Dominio*, 2009

Las Ramblas de Barcelona

Datos culturales

Las Ramblas, eje central de Barcelona, es un paseo que se extiende por más de un kilómetro desde la Plaza de Cataluña hasta el puerto antiguo donde se ve la estatua de Cristóbal Colón. Lo recorren miles de peatones diariamente.

1. ¿Conoces?
2. Cela doit faire
3. tu ne devineras jamais
4. ce que j'ai adoré
5. Ça ne rate jamais !
6. (interj.) Mais non
7. tu veux sans doute dire
8. Pas du tout !

LEE Y EXPRÉSATE

1. Presenta a los protagonistas.
2. Apunta la pregunta que la chica repite al principio y explica por qué debe hacerlo. (l. 1-7)
3. Caracteriza su reacción al descubrir de dónde es el chico. (l. 8-13)
4. Di lo que tiene que adivinar Carlos y explica si lo consigue. (l. 14-30)
5. Precisa qué tipo de patatas le encantaron a Laura. ¿Cómo se puede justificar según Carlos? (l. 22-30)
6. Al fin y al cabo, ¿te parece que la chica conoce bien Barcelona?

RECURSOS

Sustantivos
- un(a) europeo(a)
- un(a) extranjero(a)
- un intento: *une tentative, un essai*

Adjetivos
- atento(a): *attentif(ive)*
- entusiasta

Verbo
- intentar: *essayer de*

MIRA Y EXPRÉSATE

1. Identifica el documento y di lo que representa.

2. Enumera los colores más utilizados. ¿A qué corresponden? ¿Qué ambiente crean?

3. ¿Qué visión de las Ramblas nos da el dibujante?

RECURSOS

Sustantivos
- los árboles
- la columna
- el paseo
- la playa
- el puerto
- una rotonda: *un rond-point*

Adjetivos
- animado(a)
- concurrido(a): *fréquenté(e)*
- peatonal: *piéton(ne)*

Verbos y expresiones
- a orillas de: *au bord de*
- bordear
- desembocar en: *déboucher sur*
- mucha gente: *beaucoup de gens*

John LODI, *Las Ramblas - Barcelona*

Gramática activa

Les équivalents de « on » → Précis 41

Observa

▶ *Allí **se** duerme muy poco.*
- « On » peut être rendu par **se + verbe**.

▶ *las "chips" que **se** venden en los "supermarkets"*
- Attention : si « on » + verbe + complément est traduit par *se* + verbe, le complément français devient le sujet en espagnol et le verbe s'accorde.

▶ *Patatas que pon**en** en los bares de tapas.*
- « On » peut aussi être rendu par la **3ᵉ personne du pluriel**.

- « On » peut également être rendu par la **1ᵉ personne du pluriel**.
▶ *Com**emos** pan con tomate.*

Practica

Traduis avec l'équivalent de « on » qui convient le mieux.
a. On voit beaucoup de bars à *tapas*.
b. On dit que Barcelone est une ville animée.

→ Autres exercices p. 92

¡Y ahora tú!

Enumero las ventajas de Barcelona
Explícale a un(a) amigo(a) los atractivos que hacen de Barcelona un destino ideal para las próximas vacaciones.

→ *En Barcelona se puede visitar…*

→ *Fichier de l'élève, p. 21*

B1

Arbolé arbolé
Seco y verdé[1]

La niña de bello rostro[2]
está cogiendo aceituna[3].
5 El viento, galán[4] de torres,
La prende por la cintura.

Pasaron cuatro jinetes[5],
sobre jacas[6] andaluzas,
con trajes de azul y verde,
10 con largas capas oscuras.
"Vente a Córdoba, muchacha".
La niña no los escucha.

Pasaron tres torerillos
delgaditos de cintura[7],
15 con trajes de color naranja
y espadas de plata antigua.
"Vente a Sevilla, muchacha".
La niña no los escucha.

Cuando la tarde se puso
20 morada[8], con luz difusa,
pasó un joven que llevaba
rosas y mirtos[9] de luna.
"Vente a Granada, muchacha".
Y la niña no lo escucha.

25 La niña de bello rostro
sigue cogiendo aceituna,
con el brazo gris del viento
ceñido por la cintura[10].

Arbolé arbolé
30 Seco y verdé.

Federico GARCÍA LORCA
(poeta español),
Canciones, 1921-1925

Federico GARCÍA LORCA (1898-1936)
Es uno de los poetas españoles más importantes de su siglo. (*Poema del cante jondo*, 1921, *El romancero gitano*, 1928). También fue un hombre de teatro y sus obras dramáticas (*La zapatera prodigiosa*, 1930, *Bodas de sangre*, 1933, *La casa de Bernarda Alba*, 1936) constituyeron lo más importante del teatro poético del siglo XX.

1. árbol, verde *(création lexicale poétique et populaire)*
2. *visage*
3. *des olives*
4. *seductor*
5. *cavaliers*
6. *caballos*
7. *à la taille fine*
8. *de color violeta*
9. *des myrtes (arbuste)*
10. *la tenant par la taille*

LEE Y EXPRÉSATE

1. Identifica a los diferentes personajes y di lo que están haciendo.

2. Precisa en qué región pasa la escena apuntando los elementos geográficos del poema.

3. Apunta el verso que indica que la niña rechaza las propuestas de los jóvenes que pasan y caracteriza su comportamiento.

4. Después de leer los versos 5-6 y 27-28, define la relación que existe entre la niña y el viento. ¿Cómo se comporta el viento?

5. ¿Cómo nos da Lorca una visión poética de Andalucía (colores, ritmo, metáforas…)?

RECURSOS

Sustantivos
● la intimidad
● el olivo: *l'olivier*
● la sensualidad
● la ternura: *la tendresse*

Adjetivos
● desdeñoso(a): *méprisant(e)*
● indiferente

Verbos
● ignorar
● llevar: *porter*
● personificar
● rechazar: *rejeter*

Etiqueta de una marca famosa de aceite de oliva

MIRA Y EXPRÉSATE

1. Describe el paisaje y cómo va vestida y peinada la chica. ¿Qué región evoca la escena?

2. Caracteriza el ambiente que se desprende de la imagen y la actitud de la chica, justificando tus impresiones.

3. Precisa para qué se utiliza esta imagen y explica si te parece una buena idea.

RECURSOS

Sustantivos
- el aceite: *l'huile*
- un clavel: *un œillet*
- una falda: *une jupe*
- un mantón: *un châle*
- un moño: *un chignon*
- un olivar: *un champ d'oliviers*
- la peineta: *le peigne*
- una rama: *une branche*

Adjetivos
- armonioso(a)
- idealizado(a)
- seductor(a)

Verbos y expresiones
- coger: *attraper*
- desprenderse de: *se dégager de*

Gramática activa

Estar / seguir + gérondif → Précis 28.A

Observa
- ▸ **Está cogiendo** aceituna.
- ▸ **Sigue cogiendo** aceituna.

- La forme progressive peut être rendue par :
  - **estar** + gérondif → aspect de durée.
  - **seguir** + gérondif → aspect de continuité.
- Il existe aussi la forme **ir** + gérondif → aspect dynamique.

Practica

Choisis entre *estar* ou *seguir*.
a. La niña está cansada pero… trabajando en el olivar.
b. No puede contestarte,… hablando con su novio.

→ Autres exercices p. 92-93

¡Y ahora tú!

Imagino una estrofa

Imagina la respuesta que la "niña de bello rostro" puede darle a uno de sus pretendientes andaluces.

→ *Sigo cogiendo aceituna porque (tú)…*

→  *Fichier de l'élève, p. 22*

¡Cómo se está poniendo esta ciudad!

Leer
y conversar

La narradora es uruguaya pero vive en México D.F. (Distrito Federal).

Dijo el tío Rolando que esta ciudad se está poniendo imbancable de tanta polución que tiene. Yo no dije nada para no quedar como burra[1] pero de toda la frase sólo entendí la palabra ciudad. Después fui al diccionario y busqué la palabra IMBAN-CABLE y no está. El
5 domingo, cuando fui a visitar al abuelo le pregunté qué quería decir imbancable y él se rió y me explicó con muy buenos modos que quería decir insoportable. Ahí sí comprendí el significado porque Graciela, o sea mi mami[2], me dice algunas veces, o más bien[3] casi todos los días, por favor Beatriz por favor a veces te ponés[4] verdade-
10 ramente insoportable. Precisamente ese mismo domingo a la tarde me lo dijo, aunque[5] esta vez repitió tres veces por favor por favor por favor Beatriz a veces te ponés verdaderamente insoportable, y yo muy serena, habrás querido decir que estoy imbancable, y a ella le hizo gracia. […]

15   La otra palabra, polución, ésa sí está en el diccionario. Tampoco entendí. Así que fui otra vez a lo del abuelo[6], porque él siempre me entiende y me ayuda aunque no exageradamente, y cuando le conté lo que había dicho el tío Rolando dijo, entre tos y tos, que lo que tío Rolando había dicho se refería a la contaminación *almoférica*.

20   Yo me sentí más bruta todavía, pero enseguida él me explicó que la *almófera* era el aire, y como en esta ciudad hay muchas fábricas y automóviles todo ese humo ensucia el aire o sea la *almófera* y eso es la maldita polución, y no tendríamos que respirarla pero como si no respiramos igualito nos morimos[7], no tenemos más remedio
25 que respirar toda esa porquería[8].

Mario BENEDETTI (escritor uruguayo), *Primavera con una esquina rota*, 1982

Mario BENEDETTI (1920-2009)
Escritor y ensayista, es la figura más relevante de la literatura uruguaya contemporánea.

1. imbécil, idiota
2. (fam.) mi mamá
3. *plutôt*
4. (amer.) te pones
5. *bien que*
6. a casa del abuelo
7. *nous mourons de toute façon*
8. (fam.) *cette cochonnerie*

LEE Y EXPRÉSATE

1. Busca en el texto la definición del adjetivo "imbancable". ¿En qué circunstancias descubrió la narradora esta palabra?

2. Entresaca, a lo largo del texto, las palabras y frases que permiten conocer a la narradora. ¿Qué deduces acerca de su edad y de su carácter?

3. Describe las relaciones que tiene con su tío, su abuelo y su madre.

4. Explica, fijándote en el final del texto, el aspecto paradójico de la situación de los habitantes de México D.F.

RECURSOS

Sustantivos
- la confianza
- las enfermedades respiratorias
- la ingenuidad

Adjetivos
- curioso(a)
- divertido(a): *amusant(e)*
- travieso(a): *espiègle, coquin(e)*

Verbos y expresiones
- a la gente le cuesta...: *les gens ont du mal à...*
- conmover (ue): *émouvoir*
- el hecho de que + subj.: *le fait que + subj.*
- enterarse de = tomar conciencia de
- llevarse bien con alguien: *bien s'entendre avec quelqu'un*

Óscar GUILLO (dibujante chileno),
Las causas del smog, 2000

• la micro = *(ici) le minibus*

MIRA Y EXPRÉSATE

1. Di quién puede ser el señor de la chaqueta azul, lo que está haciendo y lo que quiere saber.

2. ¿Qué elemento se repite en los dibujos y quién lo provoca?

3. Lee los globos y di quién puede tener razón.

4. Aclara la intención del dibujante.

RECURSOS

Sustantivos
- un conductor = un chófer
- la contaminación: *la pollution*
- una encuesta: *une enquête d'opinion*
- el humo: *la fumée*
- la mala fe: *la mauvaise foi*
- las nubes: *les nuages*
- un(a) periodista: *un(e) journaliste*
- el tráfico: *la circulation*
- un tubo de escape: *un pot d'échappement*

Verbos y expresiones
- aclarar = explicar
- echar la culpa a alguien = acusar a alguien
- (no) ser consciente de
- quemar: *brûler*
- tener (ie) la culpa de = ser responsable de

Gramática activa

Les démonstratifs (1)   ➡ Précis 10

Observa

▶ En **esta ciudad** hay muchas fábricas.
- **Este(os), esta(s)** sont généralement employés par le sujet qui s'exprime, au présent, pour désigner un élément proche.

▶ Todo **ese humo** ensucia el aire.   ▶respirar toda **esa porquería**
- **Ese(os), esa(s)** désignent généralement un élément relativement éloigné dans l'espace et dans le temps, par rapport à la personne qui s'exprime. Ils peuvent avoir une valeur péjorative.

▶ **Ésa** sí está en el diccionario.
- Les pronoms démonstratifs ont la même forme que les adjectifs ; seul l'accent écrit portant sur la syllabe déjà tonique les différencie.

▶ **Eso** es la maldita polución.
- Il existe une forme neutre obéissant aux mêmes valeurs : **esto, eso**.

Practica

Choisis le démonstratif qui convient.
a. No me gusta vivir en… ciudad porque está contaminada.
b. Critican… fábricas que ensucian el aire.

➡ Autres exercices p. 93

¡Y ahora tú!

Entrevisto a mis compañeros

Eres periodista y entrevistas a dos compañeros sobre las causas de la contaminación en las grandes ciudades.

→ *– Para ti, ¿a qué se debe este problema de la contaminación?*
→ *Bueno, yo creo que este problema…*

➡ 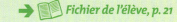 *Fichier de l'élève, p. 21*

El pueblo de Vélez Blanco (Andalucía)

TALLER DE COMPRENSIÓN ORAL

Canción de María del Monte: *Yo soy del sur*

Objectif A2+ : comprendre les caractéristiques d'une région.

🔧 : le lexique des traditions, du paysage, les démonstratifs, les temps du passé.

1. Primera escucha global
Di qué tipo de canción es y de qué Comunidad Autónoma es la cantante.

2. Primera estrofa y estribillo
¿Qué palabras evocan las raíces de la cantante?

3. Segunda y tercera estrofa
Cita las actividades y los productos típicos de su región. ¿Qué espectáculo le gusta ver?

4. Última estrofa
Identifica el vocabulario de la religión y del paisaje. Di qué fiestas evoca y caracteriza el paisaje de esa región.

RECURSOS

Sustantivos
- los caballos: *les chevaux*
- los olivares: *les champs d'oliviers*
- las raíces: *les racines*
- una romería: *une fête populaire, un pèlerinage*
- los toros: *les taureaux, la corrida*
- el vino: *le vin*

TALLER DE INTERACCIÓN ORAL

Debate: ¿Mejor vivir en una ciudad pequeña o grande ?

Objectif A2+ : participer à un débat télévisé.

🔧 : le lexique de la ville, les équivalents de « on », les négations, les démonstratifs, les relatifs.

⏱ Temps de parole : 3 minutes.

👥 : en binôme.

Con un(a) compañero(a), sois los invitados de un debate televisivo sobre las ventajas y los inconvenientes de vivir en ciudades pequeñas.

1. Preparación: cada uno elabora una lista de argumentos y los ilustra con ejemplos de ciudades.

2. Debate: cada uno intenta convencer al otro.

Alumno A: piensas que vivir en una ciudad pequeña sólo tiene ventajas. No te gustan las grandes ciudades.
Alumno B: piensas que vivir en una ciudad pequeña sólo tiene inconvenientes. Te encantan las grandes ciudades.

RECURSOS

Sustantivos
- las distancias
- una metrópoli: *une métropole*
- la oferta cultural

Adjetivo
- aburrido(a): *ennuyeux(euse)*

Verbos y expresiones
- estar a gusto: *être bien*
- ir andando ≠ ir en coche, en transportes
- lo importante/bueno/malo es...
- se tarda mucho/poco tiempo en...: *on met beaucoup/ peu de temps à...*

TALLER DE INTERNET   TICE

Presentar la Plaza Mayor de Salamanca

Crea un folleto turístico para presentar la Plaza Mayor de Salamanca.

Conéctate a: www.salamancaturistica.com/salamanca/monumentos_plazamayor.php

y a: www.gulliveria.com/especiales/595.htm

1. Busca información

Lee las páginas web, observa las fotos y contesta:

a. Precisa las circunstancias de la construcción de la Plaza Mayor (fecha, arquitectos, etc.).

b. En el primer sitio, haz clic en *Visitar Galería de la Plaza Mayor*. Describe la plaza (forma, color y origen de la piedra, arquitectura y estilo) y di qué edificio alberga.

c. Recuerda qué acontecimientos se celebraban en la plaza y qué actividades se pueden realizar actualmente.

2. Realiza el folleto

d. Abre tu procesador de texto y titula el documento «*Presentación de la Plaza Mayor de Salamanca*». Añade fotos para ilustrar tus comentarios.

RECURSOS

Sustantivos
- los adornos: *les décorations*
- el ayuntamiento: *la mairie*
- un folleto: *une brochure*
- un piso: *un étage*
- un sitio: *un endroit, un site*
- los soportales: *les arcades*

Verbo
- albergar: *(ici) comprendre, inclure*
- añadir: *ajouter*

TALLER DE VÍDEO   🎬 **DVD** *Amarte duele,* Fernando Sariñana, 2002

¡**Q**ué bien se está en casa!

Dos pandillas mexicanas

1. Fíjate

a. Observa el fotograma y di dónde pasa la escena.

2. Mira y escucha

b. Presenta a los protagonistas de la película (edad, condición social) precisando las similitudes y diferencias.

c. Indica dónde y cómo se encuentran. Aclara sus relaciones.

3. Exprésate

d. Di en qué medida la actitud de estos jóvenes representa a la sociedad mexicana.

e. ¿Cómo puedes calificar la tonalidad de estas secuencias fílmicas (dramática, realista…)?

RECURSOS

Sustantivos
- una bronca = una pelea: *une dispute*
- un "mall" (amer.) = un centro comercial
- un naco (amer., peyorativo) = un indio, un mestizo
- una pandilla (fam.) = un grupo de jóvenes

Adjetivos
- despreocupado(a): *insouciant(e)*
- informal: *décontracté(e)*
- pendejo(a) (amer., fam.) = imbécil
- pinche (amer., fam.): *espèce de...*

Verbos y expresiones
- defender (ie) a alguien
- madrearse con alguien (amer., fam.) = pelearse con: *se battre avec*

Lengua activa

Les négations → *Gramática activa* p. 81, Précis 33

1 **Transforme les phrases affirmatives en phrases négatives.**

a. Hay ciudades modernas en este país.

b. Me gusta mucho este sitio.

c. Tenemos que ir a visitar al abuelo.

d. Es posible que sea una ciudad linda.

e. Esta ciudad me parece una ciudad importante.

f. La niña está en el olivar y sigue cogiendo aceitunas.

2 **Donne une autre forme négative comme dans l'exemple.**

No salí nunca de aquí. → *Nunca salí de aquí.*

a. No viajé nunca a la ciudad.

b. No alcanzo a sentir nunca el concepto de la patria.

c. No conoce nadie la plaza de este pueblo.

d. La niña no lo escucha tampoco.

e. No aceptamos nada de estos chicos.

f. Los extranjeros no saben nada de sus costumbres.

Les relatifs *que, quien, cuyo…*
→ *Gramática activa* p. 83, Précis 16.C

3 **Complète avec *que, el(los) que, la(las) que, lo que, quien(es)*.**

a. La chica… está sentada allí está escribiendo una postal.

b. El chico de… te hablaba se fue a España.

c. La ciudad… visitamos ayer era une ciudad maravillosa.

d. Estos transportes son… más permiten ver el paisaje.

e. Mi abuelo habla mucho: me gusta… cuenta porque es un hombre… sabe muchas historias.

f. Los jóvenes… hablan español con la chica son… hablaban antes en francés con nosotros.

4 **Complète avec *cuyo(s), cuya(s)*.**

a. La escritora escribió una novela… héroe era un conquistador.

b. España… capital es Madrid acoge a muchos turistas.

c. Visitó una ciudad… monumentos eran maravillosos.

d. Conocemos esta ciudad… fábricas ensucian la atmósfera.

e. Los jóvenes… capas son oscuras hablan con la chica.

f. Hablábamos del edificio… ventana estaba cerrada.

Les équivalents de « on »
→ *Gramática activa* p. 85, Précis 41

5 **Remplace la 3e personne du pluriel des verbes par *se*. Attention à faire l'accord si nécessaire.**

a. Dicen que España es linda.

b. Cuentan que es una tradición muy particular.

c. Respiran el aire de las fábricas.

d. En esta ciudad protegen el patrimonio.

e. Cogen aceitunas en Andalucía.

f. Explican cómo contaminan las fábricas.

6 **Remplace *se* + verbe par la 1e personne du pluriel. Quelle valeur supplémentaire apportes-tu ainsi ?**

a. En los colegios se aprende el español.

b. Con los libros se descubren otras costumbres.

c. Existen lugares donde se puede apreciar la naturaleza.

d. En la foto de la página 83 se ve la Plaza Mayor de Madrid.

e. Es importante que se conozcan las tradiciones de otros pueblos.

f. Hablando con la gente se llega a ser tolerante.

7 **Traduis ces phrases et choisis l'équivalent de "on" qui correspond le mieux.**

a. Ce matin, on visite les deux monuments.

b. En Amérique Latine, on sait que l'Espagne est un pays accueillant (acogedor).

c. On voit les deux volcans depuis la ville.

d. On m'appelle pour que je vienne.

e. On ne doit pas polluer avec nos voitures.

f. Quand on nous parlait de la ville de Barcelone, on ne savait pas la situer.

La forme progressive
→ *Gramática activa* p. 87, Précis 28.A

8 **Mets les verbes à la forme progressive avec *estar* + gérondif.**

a. El abuelo explica el concepto de patria.

b. El chico come pan con tomate.

c. Todo ese humo ensucia el aire.

d. La niña se ponía insoportable.

e. Actualmente se cogen aceitunas en Andalucía.

f. El año pasado asistimos a un partido de fútbol.

9 **Mets les verbes à la forme progressive avec *ir* + gérondif.**

a. Después de dos jóvenes, aparece otro.

b. En el olivar, los campesinos recogen aceitunas.

c. El viento sopla por el olivar.

d. Los turistas descubrían la Plaza Mayor.

e. El tráfico se hace denso.

f. Los jóvenes defienden las grandes causas como la protección de la naturaleza.

10 **Mets les verbes à la forme progressive avec** *seguir* **+ gérondif.**

a. El barrio de La Habana Vieja es una zona muy turística.

b. Los automovilistas utilizan su coche aunque contaminan.

c. Aunque ya no vive en su país, el chico lo recuerda con emoción.

d. Nosotras soñábamos con hacer este viaje.

e. Eran extranjeros a pesar de haber vivido muchos años aquí.

f. El viento sopló durante dos días.

11 **Choisis entre** *estar*, *ir* **ou** *seguir* **+ gérondif.**

a. En su carta mi amigo describe la ciudad.

b. Comemos bocadillos en la Plaza Mayor.

c. En la ciudad, admiré los monumentos.

d. Se paseaban por las Ramblas.

e. Los taxis circulan a pesar de ser las 12 de la noche.

f. Saco fotos para enviarlas a mis amigos.

Les démonstratifs

→ *Gramática activa* p. 89, Précis 10

12 **Complète avec le démonstratif qui convient le mieux.**

a. Me gusta mucho vivir en… ciudad porque la conozco muy bien.

b. Critican… fábricas que contaminan.

c. …volcanes que están lejos de la ciudad no dan miedo.

d. En Madrid, … plaza es la más conocida.

e. La joven no quiere hablar con... chicos del otro barrio.

f. … decisión es mía y… opinión es tuya.

13 **Complète avec le démonstratif masculin singulier** *este* **ou le neutre** *esto*.

a. Me gusta mucho vivir en... barrio porque es el mío.

b. ... pueblo queda muy lejos de la capital.

c. Hay mucha contaminación: ... es insoportable.

d. .... coche contamina mucho.

e. En clase aprendemos mucho sobre... continente.

f. Lo que se dice es...: es el lago más bonito del país.

Un olivar, Andalucía

Léxico

→ 📖 *Fichier de l'élève p. 22*

1 **Con las palabras de las columnas I y II, describe:**
a. una gran ciudad española o latinoamericana.
b. la vida en el campo.

2 **Caracteriza el cultivo típico de Andalucía haciendo una frase con las palabras de la columna III.**

3 **Con las palabras de la columna IV, describe una Plaza Mayor.**

4 **Enumera qué puedes hacer cuando te paseas, por ejemplo por las Ramblas de Barcelona. Ayúdate de las palabras de la columna V.**

5 **Explica cómo se reconoce una ciudad multicultural ayudándote de las palabras de la columna VI.**

I - LA CIUDAD
las avenidas
un barrio
las calles
la contaminación
los edificios
las plazas
los rascacielos
el tráfico
mucha gente

IV - LA PLAZA MAYOR
el centro
los edificios
una estatua
una fuente
los soportales
un lugar concurrido
de cuatro lados
mucha gente
reunirse, quedar
pasearse por

II - EL CAMPO
los árboles
los cultivos
la naturaleza
un pueblo
la tranquilidad
la vegetación
un aire sano
poco ruido

V - UN PASEO
los bares de tapas
las cafeterías
los espectáculos callejeros
los músicos
los quioscos de prensa
los restaurantes
los teatros
animado(a)
peatonal
recorrer

III - ANDALUCÍA
el aceite de oliva
las aceitunas
el clavel
el olivar
los olivos
la recolección
recoger

VI – MULTICULTURALISMO
los mestizos
el origen
las raíces
un acento extraño
la riqueza cultural
multicultural
multirracial
armonioso(a)
proceder de
vivir en armonía

Panorama

Tan lejos, tan parecidos

A

Tierras con una lengua común... y lenguas cooficiales

Plurilingüismo en España...

El español (o castellano) es lengua oficial de España, como de muchos países de América Latina. Pero también existen otras lenguas reconocidas oficialmente por la Constitución de 1978: el catalán (Cataluña y las Islas Baleares), el valenciano (Valencia), el gallego (Galicia) y el euskera (el País Vasco). En los colegios e institutos de estas Comunidades Autónomas, las clases se imparten[1] en español y en sus respectivas lenguas cooficiales (→ *Datos culturales* p. 214).

La bandera española

1. *les cours se font*

Para saber más: http://narros.congreso.es/constitucion/

Un letrero bilingüe español/vasco

...y en Latinoamérica

En América Latina, junto con el español, algunas lenguas indígenas son oficiales: el quechua y el aymará (Perú, Bolivia, Colombia, Ecuador), el guaraní (Paraguay). Forman parte de las lenguas reconocidas por las Constituciones, pero no oficiales, el náhuatl o azteca (México, Guatemala), el quiché (México, Guatemala, Honduras) y el mapuche (Chile).

B

Tierras con poblaciones multirraciales

España, un país donde crece la inmigración

Actualmente el 12% de la población española es de nacionalidad extranjera. Desde el año 2000, el país ha tenido una de las mayores tasas[1] de inmigración del mundo (ocho veces más que la de Francia). Alicante es la provincia con mayor tasa de extranjeros por habitante (20%); seguida de Almería, Girona, Baleares, Murcia, Málaga, Tarragona y Madrid. En cualquier caso, uno de cada cinco extranjeros está empadronado[2] en Cataluña.

La diversidad étnica de Latinoamérica

Antes, el latinoamericano estereotípico se representaba por el indígena de origen azteca, maya, inca o quechua. Sin embargo, como lo dice Carlos Fuentes, escritor mexicano, "somos un continente multirracial y policultural". Por ejemplo en Colombia, tercer país más poblado en América Latina, la mezcla[3] de amerindios, españoles y esclavos africanos ha dado lugar a una población de mayoría mestiza (58%), con minorías importantes de blancos (20%), afrocolombianos (10,6%) e indígenas (3,4%).

En bici por las calles de México

1. *taux* **2.** *recensé* **3.** *le mélange*

 Para saber más: http://geografia.laguia2000.com

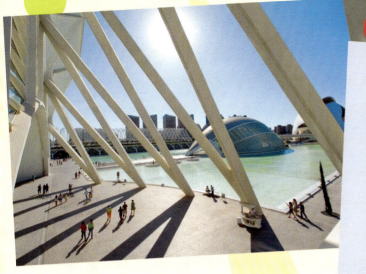

La Ciudad de las Artes y las Ciencias de Valencia (obra de S. Calatrava y F. Candela)

C

Tierras en que la modernidad se abre paso

Valencia, ciudad futurista

Valencia está situada a orillas del mar Mediterráneo. Tiene cerca de un millón de habitantes lo que la convierte en la tercera ciudad de España, tras Madrid y Barcelona. Valencia está muy bien conectada con el resto del país y con Europa, tanto por tren, autobús como por avión. Diferentes intervenciones urbanísticas y arquitectónicas, han cambiado la fisionomía de la ciudad en bastantes de sus distritos como lo ilustra la construcción de la Ciudad de las Artes y las Ciencias.

 **Para saber más:** http://comunitatvalenciana.com

Buenos Aires, ciudad del diseño[1]

Buenos Aires es una ciudad moderna y elegante que evoca las grandes capitales europeas. Es una de las veinte más grandes metrópolis del mundo. Está situada a orillas del Río de la Plata. Su población aproxima los 3 millones y su importancia cultural se manifiesta a través de la presencia de museos, teatros, bibliotecas y galerías de arte. Fue elegida por la Unesco como *Ciudad del Diseño*, en 2005, una muestra de su importante actividad artística y creadora.

1. *design*

 Para saber más: http://www.turismo.gov.ar

El monumento Floralis Generica en la Plaza de las Naciones Unidas de Buenos Aires

¿A ver si lo sabes?

1. Di en qué se parecen y en qué se diferencian España y los países latinoamericanos. **(A** y **B)**

2. Sitúa en el mapa p. III las zonas de España con lengua propia y las que tienen mayor población multirracial. **(A)**

3. Sitúa en el mapa p. IV los países latinoamericanos de habla hispana y precisa en qué países se hablan otras lenguas. Cítalas. **(A)**

4. Indica qué elementos permiten comprender por qué Carlos Fuentes habla de un continente "multirracial y policultural". **(B)**

5. Describe y sitúa las ciudades de Valencia y de Buenos Aires, destacando sus puntos comunes. **(C)**

Proyecto final

Trabajáis para una guía turística. Por grupos, preparad la ficha de información de un país de América Latina o de una Comunidad Autónoma de España indicando:

→ la ubicación geográfica, el número de habitantes y la(s) lengua(s) hablada(s).

→ los dos lugares más representativos del país o de la región (podéis añadir fotos).

→ las especialidades o los productos típicos.

→ por qué vale la pena visitar este lugar.

Evaluación

→ 📖 *Fichier de l'élève, p. 23*

COMPRENSIÓN ORAL

Las nuevas maravillas

→ **Objectif** A2 **:** comprendre un dialogue portant sur un vote.

A2

a. Sitúa la escena, identifica a las personas y el tema de la conversación.
b. ¿Cuántas obras han seleccionado y cuántas hay que elegir?
c. Cita el nombre de las tres maravillas de América Latina. ¿A qué país y a qué cultura pertenecen?
d. Di dónde y cómo se puede votar.

Vista de Machu Picchu (Perú)

COMPRENSIÓN ESCRITA

Un paseo por MetroCable

→ **Objectif** A2+ **:**
Comprendre un texte sur les transports.

Lee el texto y contesta.

A2

a. Da el nombre de la ciudad en que transcurre la escena y precisa en qué país está.
b. Apunta el nombre del medio de transporte evocado y enumera sus ventajas.
c. Describe la parte de la ciudad a la que se accede ahora con MetroCable.

A2+
d. Precisa lo que simboliza MetroCable y lo que ha permitido.

Desde que llego a Medellín, todo el mundo me recomienda dar un paseo por MetroCable, el último grito de la tecnología en transportes. En vez de subterráneo, el sistema es aéreo, y desde sus ventanas se aprecian las estatuas de Botero, la confusión del centro, las iglesias antiguas y los verdes cerros[1] que rodean[2] la ciudad. Pienso que incluso en ciudades asoladas[3] por la violencia y la pobreza, la modernidad se abre paso. [...] Sin embargo, en un momento dado, el vagón empieza a avanzar paralelo al río Medellín, y el espectáculo se transforma. Los edificios dejan su lugar a las casas de ladrillo[4] que pueblan las laderas. Estamos viendo la Comuna Nororiental de Medellín, una de las zonas más pobres de la ciudad.

Santiago RONCAGLIOLO (escritor peruano), *Jet Lag*, 2007

1. colinas **2.** *entourent* **3.** *dévastées* **4.** *en briques*

EXPRESIÓN ORAL

El mercado

➤ **Objectif** **A2+** : décrire un lieu, des activités et des gens en termes simples, décrire une atmosphère.

🕐 Temps de parole : 2 minutes.

Tienes que seleccionar un cuadro para alguien. Se lo describes por teléfono.

A2
a. Di lo que representa el cuadro.
b. Describe las actividades de la gente y los elementos que componen el cuadro. ¿Dónde puede pasar la escena?

A2+
c. Fíjate en los colores y di qué ambiente se desprende.

RECURSOS

Sustantivos
- una caja: *une caisse, un cageot*
- un cubo: *un seau*
- una fuente: *une fontaine*
- una gallina: *une poule*
- una naranja: *une orange*
- un toldo: *une bâche*
- un tomate: *une tomate*

INTERACCIÓN ORAL

¿A favor o en contra de un viaje a México?

Objectif **A2+** : discuter des avantages et des inconvénients d'une ville.

🕐 Temps de parole : 3 minutes.

Indica las ventajas y los inconvenientes de viajar a la ciudad de México.

A2+
Alumno A: Te encanta México. Quieres que tu amigo(a) elija este destino para irse de viaje.
Alumno B: Sólo ves los aspectos negativos de la ciudad de México. Le convences de que no vaya.

EXPRESIÓN ESCRITA

Cuento mi viaje

➤ **Objectif** **A2+** : raconter une journée d'excursion.

✏️ Nombre de mots : 50.

Hoy has visitado una ciudad de España o de América Latina. Cuenta lo que has visto. Lo puedes hacer en tu blog.

A2
a. Di dónde estás y lo que has visitado.
b. Describe el lugar que más te ha impactado.

A2+ **c.** Da tus impresiones.

UNIDAD **5**

Mémoire
Sentiment d'appartenance
Visions d'avenir

La España multicultural: de ayer a hoy

ACTIVITÉS DE COMMUNICATION `B1`

El palacio musulmán
de la Aljafería, Zaragoza

 Écouter

Comprendre les apports de la civilisation d'al-Ándalus.
Comprendre comment cohabitent plusieurs cultures.

 Lire

Comprendre un fait historique romancé.
Comprendre des façons de vivre différentes.

 Parler en continu

Conseiller des sites historiques.
Donner des consignes de comportement.

 Parler en interaction

Interpréter une scène de retrouvailles.

 Écrire

Écrire un bref récit historique.
Raconter une expérience de vie à l'étranger.

OUTILS LINGUISTIQUES

- L'obligation personnelle (p. 103)
- L'emploi du subjonctif (p. 105)
- Les mots interrogatifs (p. 107)
- Le verbe *ser* dans la voix passive (p. 109)
- Le gérondif (p. 111)

Proyecto final

→ Para el periódico del instituto, redacta e ilustra un artículo sobre la convivencia en al-Ándalus.

RECURSOS

Sustantivos
- la arquitectura
- la continuidad
- las huellas del pasado: *les traces du passé*
- la mezcla de culturas: *le mélange des cultures*
- el pasado ≠ el presente
- el patrimonio

Adjetivos
- cristiano(a)
- espectacular
- hermoso(a)
- judío(a)
- musulmán(ana)
- religioso(a)

Verbos y expresiones
- remitir: *renvoyer à, évoquer*
- seguir (i) + ger.: *continuer à*

2

La Alhambra
con el palacio
de Carlos V,
Granada

3 Sinagoga de Santa María
la Blanca, Toledo

Y tú, ¿cómo lo ves?

1. Di lo que representan las tres fotografías. ¿Qué impresión te producen?
2. Cita las regiones españolas donde fueron sacadas y localízalas en el mapa p. III.
3. Pon en relación el título de la unidad con estas tres fotografías y di lo que evoca para ti.

A2+ # Convivencia en al-Ándalus

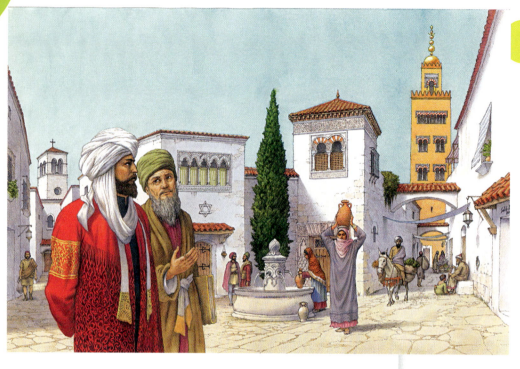

Convivencia de las tres culturas en Córdoba, *Muy Historia*, 26/11/2009

Datos culturales

Al-Ándalus es el nombre del estado musulmán que se implantó en España tras la invasión de la Península por los árabes en el año 711 y que terminó en 1492. Durante esa época convivieron en España mozárabes (cristianos), judíos y musulmanes que después fueron llamados mudéjares.

1 Observa el dibujo

a. Di qué fue al-Ándalus y quiénes eran los mozárabes y los mudéjares.

b. Sitúa la ciudad y cita los elementos que pertenecen a las tres culturas.

2 Escucha e identifica

c. Identifica la música, las voces que oyes y el tema.

d. ¿Qué palabras reconoces? Clasifícalas por campos léxicos.

3 Profundiza

e. Di que comunidades vivieron en al-Ándalus.

f. ¿Qué relaciones tuvieron esas culturas? Justifica.

g. Di qué artes, ciencias y actividades se evocan y por qué.

h. Según la entrevistada, lo extraordinario fue... porque...

4 Resume y exprésate

i. Explica por qué al-Ándalus fue un período de convivencia y de esplendor cultural.

➜ 📖 *Fichier de l'élève p. 24*

RECURSOS

Sustantivos
- un albañil: *un maçon*
- la convivencia = la coexistencia
- la cruz: *la croix*
- una estrella: *une étoile*
- una iglesia
- un(a) judío(a): *un(e) Juif(ve)*
- una mezquita: *une mosquée*
- el minarete = el alminar
- una sinagoga

Adjetivos
- fructífero(a): *fructueux(euse)*

Verbos y expresiones
- desarrollarse: *se développe*
- intercambiar: *échanger*
- mezclarse: *se mélanger*

Fonética

➜ Accentuation, Précis 2

a. Escucha las palabras y di si la ''d'' se pronuncia de manera fuerte como en ''<u>d</u>uro'' o de manera suave como en ''reserva<u>d</u>o''.

b. Entrénate para repetir estas palabras.

Convivencia  en la España actual

Musulmana española celebrando la visita de los Reyes de España a Ceuta

1 Observa la foto

a. Di dónde y en qué ocasión fue sacada la fotografía.

b. Precisa quiénes son estas personas, qué sienten y por qué.

2 Escucha e identifica

c. Identifica la música que oyes, di quiénes hablan y de qué.

d. ¿Qué palabras reconoces? Relaciónalas con su campo léxico.

3 Profundiza

e. Presenta al joven y a su familia, di lo que afirma y por qué.

f. La locutora le pregunta...

g. Primero el joven dice que...

h. Luego piensa que también depende... porque...

i. Por último cree que la gente... porque...

4 Resume y escribe

j. La periodista redacta un artículo sobre el joven y lo que piensa. Imagina lo que escribe.

→  *Fichier de l'élève p. 25*

RECURSOS

Sustantivos
- la bandera: *le drapeau*
- la democracia
- los derechos: *les droits*
- los valores: *les valeurs*

Adjetivos
- integrado(a) ≠ rechazado(a)
- orgulloso(a): *fier, fière*

Verbos y expresiones
- formar parte de: *faire partie de*
- relacionar con: *mettre en relation avec*
- tener (ie) prejuicios: *avoir des préjugés*

Fonética

a. Escucha la grabación y completa las palabras siguientes con "an", "en", "in" o "un".

Jov.. – la conviv..cia – s..tirse – n..g.. – habit..tes – g..te – dist..ta – dep..de – refer..cia – alg.. - ..tegrado – b..dera

b. Entrénate para pronunciar correctamente estas palabras.

La Córdoba de hoy y de ayer

Leer y hablar

Estaba en Córdoba. Apenas conocía la ciudad, y no tenía ningún vínculo previo[1] con ella. Recordaba con vaguedad un par de viajes[2] lejanos, la penumbra de la mezquita, el resplandor de oro de los mosaicos, el recorrido por la Judería[3], haciendo hora para[4] volver al autocar. [...]

5 Yo había ido a Córdoba porque tenía que escribir un libro sobre ella. Temprano, hacia las ocho, me despertaba el escándalo[5] de las campanas que llamaban a los primeros oficios en la catedral. Por la ventana veía el campanario que alguna vez fue un alminar[6], las crestas color ladrillo del muro de la mezquita y las copas de las palmeras, muy altas contra el azul 10 pálido del cielo.

Tenía que escribir un libro sobre la Córdoba de los omeyas, que había sido la capital de Occidente, pero me daba cuenta de que no era hora todavía de encerrarse en una habitación rodeado de volúmenes de Historia. [...]

Córdoba es una ciudad tan llana que sólo se la puede dominar entera 15 desde la altura de sus torres, desde la cima barroca del campanario de la catedral. Sólo desde allí se descubren sus jardines escondidos, la monotonía ocre de los tejados[7] entre los que se abre un rectángulo de un patio, la extensión blanca del caserío[8] que se prolonga hasta la orilla del Guadalquivir y hacia la sierra, donde también ahora, como en el tiempo de 20 los omeyas, se multiplican las quintas de los poderosos[9], breves oasis para defenderse del calor y del estrépito[10] de la ciudad.

Antonio MUÑOZ MOLINA (escritor español), *Córdoba de los Omeyas*, 1998

Antonio MUÑOZ MOLINA (Úbeda, 1956) Escritor y académico de la Real Academia Española (1996). Actualmente reside entre Madrid y Nueva York, donde dirigió el Instituto Cervantes hasta mediados del 2006. Su última novela es *La noche de los tiempos* (2009).

---

1. *je n'avais, a priori, aucun lien*
2. dos viajes
3. *le quartier juif*
4. *en attendant le moment de*
5. *(ici) le vacarme*

6. *le clocher qui, un jour, avait été un minaret*
7. *toits*
8. *(ici)* la ciudad
9. *les propriétés des puissants*
10. el ruido

LEE Y EXPRÉSATE

1. Precisa quién es el protagonista, dónde está y por qué.

2. Cita los tres monumentos o lugares que corresponden a las tres culturas que convivieron en Córdoba. (l. 3,4,7)

3. Para conocer Córdoba, el narrador ¿prefiere pasearse por la ciudad o leer libros de Historia? Justifica con la expresión que usa. (l. 12-13)

4. Identifica lo que no ha cambiado en Córdoba. (l. 19-20) ¿Qué quiere darnos a entender el narrador?

RECURSOS

Sustantivos
- las ventajas ≠ los inconvenientes, las desventajas
- las investigaciones: *les recherches*
- la riqueza ≠ la pobreza

Adjetivos
- cristiano(a)
- judío(a): *juif, juive*
- musulmán(ana)

Verbos y expresiones
- dar a entender: *faire comprendre*
- pasearse por: *se promener dans*
- seguir (i) + ger.: *continuer à*

Calle típica de Córdoba

MIRA Y EXPRÉSATE

1. Di lo que representa esta foto y enumera los principales elementos que ves.

2. Precisa lo que te sugiere esta foto. ¿En qué es típica esta calle de los pueblos del sur de España?

3. Completa la frase: Para protegerse del sol, los habitantes de este pueblo tienen que...

RECURSOS

Sustantivos
- el campanario de la iglesia
- el farol: *la lanterne*
- las macetas de flores: *les pots de fleurs*
- las rejas: *les grilles*
- la sombra: *l'ombre*

Adjetivos
- estrecho(a): *étroit(e)*
- soleado(a): *ensoleillé(e)*

Verbos
- alzarse : *se dresser*
- colgar (ue) : *accrocher*
- contrastar
- encalar: *blanchir à la chaux*

Gramática activa

L'obligation personnelle avec *tener que* + infinitif
→ Précis 32

Observa
▶ *Tenía que escribir* un libro.
- L'obligation peut s'exprimer de façon personnelle par ***tener que*** + **infinitif** ou ***deber*** + **infinitif**.
▶ *Debía escribir* un libro.

Practica
Imite l'exemple. *Trabajaba.* → *Tenía que trabajar.*
a. Me levantaba a las ocho de la mañana.
b. En Córdoba escribía un libro.

→ Autres exercices p. 114

¡Y ahora tú!

Doy consejos para visitar Andalucía

Uno(a) de tus amigo(a)s pasa el fin de semana en Andalucía. Le explicas lo que tiene que visitar sin falta y por qué.

→ *Mira, si te vas a Andalucía, tienes que...*

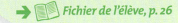 *Fichier de l'élève, p. 26*

Leer y hablar

B1

Año 355 de la Hégira[1] (primavera del 966 para los cristianos).

La habitación destinada a la clase era cuadrada, grande y estaba encalada[2]. Un par de ventanas estrechas y veladas con celosías[3] comunicaban con la calle. [...] Por un lateral[4], se abría sin puertas a un patio grande, bañado por el sol con dos naranjos[5] y dos limoneros[6] y una fuente que brotaba en
5 el centro. [...]

–Tomad notas si lo necesitáis. En cuanto alguno tenga una solución, que levante una mano. Tendrá un punto extra para la nota final. Sólo cuentan las soluciones exactas.

Empezó a recitar:

Un collar se rompió mientras jugaban
Dos enamorados,
Y una hilera de perlas se escapó.
La sexta parte al suelo cayó,
La quinta parte en la cama quedó,
Y un tercio la joven recogió.

La décima parte el enamorado
Encontró
Y con seis perlas el cordón se quedó.
Vosotros, los que buscáis la sabiduría[7],
Decidme cuántas perlas tenía
El collar de los enamorados. [...]

10 La mano de José ya se alzaba en el aire.

–Treinta perlas, señor.

–Exacto. Los que no lo hayan resuelto, que lo terminen en casa.

La voz del muecín que llamaba a la oración[8] desde la mezquita[9] se coló por todas las ventanas de la sala. El maestro dio una palmada y los mucha-
15 chos se levantaron y del arcón que había en el fondo de la sala sacaron sus pequeñas alfombras de plegaria[10]. [...] José y otros cinco muchachos se dirigieron a un rincón y se quedaron de pie. No todos ellos eran cristianos; dos eran judíos[11] pero todos estaban dispensados de la oración.

María Isabel MOLINA (escritora española), *El Señor del Cero*, 1996

1. era de los musulmanes (de la religión del Islam)	**3.** *(ici) aux volets entrebâillés*	**6.** *citronniers*	**9.** *la mosquée*
2. *blanchie à la chaux*	**4.** *d'un côté*	**7.** *la connaissance*	**10.** *tapis de prière*
	5. *orangers*	**8.** *prière*	**11.** *Juifs*

LEE Y EXPRÉSATE

1. Precisa cuándo y dónde tiene lugar la escena.

2. Identifica a los personajes y di lo que están haciendo. (l. 6-14)

3. Indica lo que diferenciaba a los alumnos. Justifica con el texto. (l. 14-18) ¿Qué puedes deducir de la escuela del Califa?

4. Fijándote en los comportamientos de maestro y alumnos, califica las relaciones entre las diferentes comunidades en aquella época.

RECURSOS

Sustantivos
- una adivinanza: *une devinette*
- el califato: *le califat (royaume du calife)*
- un musulmán, unos musulmanes
- el respeto: *le respect*
- la tolerancia

Adjetivos
- autoritario(a)
- respetuoso(a)
- tolerante
- obediente: *obéissant(e)*

Verbos y expresiones
- (des)obedecer: *(dés)obéir*
- portarse bien/mal: *bien/mal se tenir*

Pilarín BAYÉS DE LUNA (dibujante española)

MIRA Y EXPRÉSATE

1. Describe simplemente la escena (lugar, personajes).

2. Fijándote en los alumnos, el maestro y en los estantes de libros, di en qué medida este dibujo es representativo de un ambiente de respeto y tolerancia.

3. Enumera los elementos comunes al dibujo y al texto.

RECURSOS

Sustantivos
- la chilaba: *la djellaba*
- una clase de matemáticas
- los números: *les nombres*
- los estantes: *les étagères*
- el turbante

Adjetivos
- atento(a): *attentif(ive)*
- estudioso(a): *studieux(euse), travailleur(euse)*
- serio(a): *sérieux(euse)*

Verbos y expresiones
- apuntar: *prendre des notes*
- estar sentado(a)
- ingresar = entrar
- reflexionar: *réfléchir*

Gramática activa

L'emploi du subjonctif → Précis 20

Observa

▶ *En cuanto alguno **tenga** una solución... (Dès qu'un élève aura la solution…) …que **levante** una mano. (…qu'il lève la main.)*

- Le subjonctif est employé dans les subordonnées dont l'action ou le fait énoncés ne sont pas réalisés (futur, éventualité, souhait, ordre).

Practica

Mets les verbes au subjonctif et traduis.

a. El profesor quiere que los alumnos (recitar) la lección.
b. En cuanto tú (recitar), te escucharán tus compañeros.

→ Autres exercices p. 114

¡Y ahora tú!

Yo te digo que…

Tu hermano ingresa en el instituto. Le das consignas (cómo debe preparar el ingreso, la motivación con la que debe acudir a clase, cómo portarse en clase…)

→ *Yo te digo que prepares el ingreso, que…*

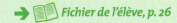 *Fichier de l'élève, p. 26*

Romance de la mora y el caballero

B1

El día de los torneos[1],
pasé por la morería[2]
y ví una mora lavando
al pie de una fuente fría.
5 –Apártate[3], mora bella,
apártate mora linda,
que va a beber mi caballo
de esa agua cristalina.
–No soy mora, caballero[4],
10 que soy cristiana cautiva[5];
me cautivaron los moros
siendo chiquitita y niña.
–¿Te quieres venir conmigo?
–De buena gana me iría[6] […]
15 Al pasar por la frontera[7]
la mora se reía
y el caballero le dice:
–¿De qué te ríes, morita?
–No me río del caballo,
20 ni tampoco del que guía[8].
Me río al ver estos campos
que son de la patria mía.
Al llegar a aquellos montes,
ella a llorar se ponía.
25 –¿Por qué lloras, mora bella;
por qué lloras mora linda?
–Lloro porque en estos montes
mi padre cazar solía[9].
–¿Cómo se llama tu padre?
30 –Mi padre Juan de la Oliva.
–Dios mío, ¿qué es lo que oigo?
Virgen Sagrada María,
pensaba que era una mora
y llevo una hermana mía.
35 Abra usted, madre, las puertas,
ventanas y celosías
que aquí le traigo[10] la hija
que lloraba noche y día.

Romance anónimo del siglo XVI

Datos culturales

Los romances son poemas que derivan de los cantares de gesta *(chansons de geste)*, de carácter épico-lírico: son narrativos pero presentan ciertos aspectos que los aproximan a la poesía lírica, como la frecuente aparición de la subjetividad emocional.

LEE Y EXPRÉSATE

1. Di quiénes son los dos protagonistas del romance, dónde estaban cuando se encontraron y lo que estaban haciendo. (v. 1-4)

2. Explica su presencia en la morería y lo que indica.

3. Precisa lo que los oponía. (v. 9-10)

4. El caballero le preguntó a la mora… (v. 13-14) Explica por qué la mora aceptó esta propuesta.

5. Al pasar por la frontera, primero la mora… Después… Di lo que revelan estas reacciones.

6. ¿Qué descubrió el caballero? (v. 33-34) Cuenta el final de la historia.

RECURSOS

Sustantivos
- el encuentro: *la rencontre, (ici) les retrouvailles*
- mucha emoción
- la turbación: *le trouble*

Adjetivos
- nervioso(a)
- orgulloso(a) ≠ humilde: *orgueilleux(euse) ≠ humble*

Verbos y expresiones
- celebrar: *fêter*
- huir de: *fuir*
- mientras que: *tandis que*
- participar en: *participer à*
- reunirse: *se retrouver*

1. *des tournois*
2. *donde viven los moros*
3. *Écarte-toi*
4. *noble cristiano*
5. *captive, prisonnière*
6. *Je m'en irais bien volontiers*
7. *la frontière*
8. *celui qui guide*
9. *avait l'habitude de chasser*
10. *je vous ramène*

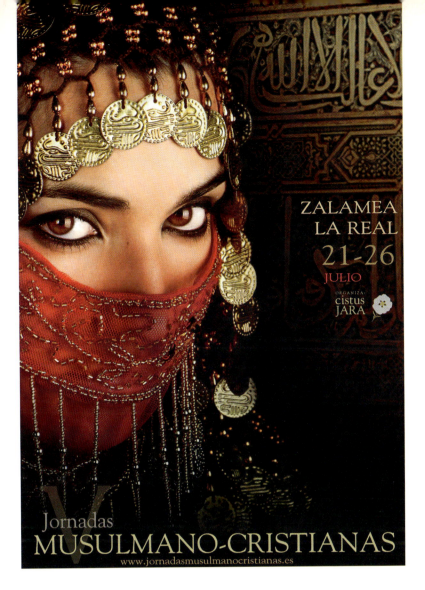

ZALAMEA
LA REAL
21-26
JULIO

ORGANIZA:
cistus
JARA

V Jornadas
MUSULMANO-CRISTIANAS

www.jornadasmusulmanocristianas.es

MIRA Y EXPRÉSATE

1. Precisa la composición del cartel.

2. Describe a la mujer. ¿Qué te parece lo más impactante? Justifica.

3. Para ti, ¿qué quiere recordar el cartel? Justifica tu respuesta.

RECURSOS

Sustantivos

- la belleza: *la beauté*
- la herencia del pasado: *l'héritage du passé*
- la mirada intensa: *le regard intense*
- el orgullo: *l'orgueil*
- las perlas
- las raíces = los orígenes
- el velo: *le voile*

Verbos y expresiones

- como si nos mirara: *comme si elle nous regardait*
- estar muy maquillada: *être très maquillée*
- lo más impactante = lo que más llama la atención
- recordar (ue): *rappeler*

Gramática activa

Les mots interrogatifs → Précis 4

Observa

▶ *¿Te quieres venir conmigo?* **¿Qué** es lo que oigo?
▶ *¿Por qué* lloras? **¿Cómo** se llama tu padre?

- Les mots interrogatifs portent un accent écrit.
  Certains s'accordent en nombre ou en genre et en nombre :
  - *qué, por qué, para qué, a qué*
  - *dónde, adónde*
  - *cuándo*
  - *cómo*
  - *quién, quiénes*
  - *cuál, cuáles*
  - *cuánto, cuánta, cuántos, cuántas*

Practica

Imite l'exemple. *Llora de alegría.* → *¿De qué llora?*
a. Su padre se llama Juan de la Oliva.
b. Los moros la cautivaron.

→ Autres exercices p. 114

¡Y ahora tú!

Imagino un encuentro después de mucho tiempo sin verse

Imagina el encuentro entre una madre y su hija que no se han visto desde hace años. ¿Qué preguntas se hacen?

→ *–¿Dónde vivías, hija mía?*
–Madre, …

→  *Fichier de l'élève, p. 26*

B1

Francisco PRADILLA ORTIZ (pintor español), *La rendición de Granada*, 1882

MIRA Y EXPRÉSATE

1. Sitúa la escena (lugar, época) e identifica a los personajes principales.

2. Observando los colores y tamaños, relaciona la actitud y la ropa de los vencedores con las de los vencidos.

3. Determina el ambiente de la escena y explícalo.

Datos culturales

La rendición de Granada. En 1492, el último rey musulmán, Boabdil, entregó las llaves de la Alhambra de Granada a los Reyes Católicos. Así terminaba la Reconquista de la Península por los cristianos.

RECURSOS

Sustantivos
- el cetro: *le sceptre*
- la corona: *la couronne*
- el jinete: *le cavalier*
- la nobleza
- la pérdida: *la perte*
- el vencido ≠ el vencedor: *le vaincu ≠ le vainqueur*

Adjetivos
- majestuoso(a): *majestueux(euse)*
- oscuro(a): *sombre*
- solemne
- triunfante

Verbos y expresiones
- al fondo
- cara a cara: *face à face*
- divisar: *distinguer*
- en el primer/segundo término/plano
- entregar las llaves: *remettre les clés*
- rendirse (i): *se rendre*
- someterse: *se soumettre*

El suspiro del moro

"Llora, llora como mujer lo que no has sabido defender como hombre" fueron las míticas palabras que le dijo su madre al último rey nazarí de Granada, Boabdil "El Chico", cuando éste, más dado a las fiestas y al ocio[1] que al gobierno de su pueblo, se despreocupó de la defensa de la ciudad,
5 que le fue arrebatada[2] por los Reyes Católicos. Finalizó así un esplendoroso gobierno musulmán en una parte de España que duró alrededor de 800 años. Camino a su destierro[3], Boabdil se detuvo[4] sobre una colina y echó la vista atrás[5]. Al observar por última vez su palacio… suspiró y se echó a llorar[6]. La colina es hoy conocida como El Suspiro del Moro, y ésta
10 es sólo una de las muchas leyendas que hacen de la Alhambra un lugar mágico cuya grandeza siente entre los huesos[7] cualquiera que haya tenido la suerte[8] de visitarla.

Alicia LÓPEZ (periodista española), *Puntoycoma*, 2009

1. *loisirs*
2. *reprise, arrachée*
3. *Sur le chemin de l'exil*
4. *s'arrête*
5. *regarda derrière lui*
6. *se mit à pleurer*
7. *(ici) au plus profond de son être*
8. *quiconque a eu la chance*

LEE Y EXPRÉSATE

1. Precisa quiénes son los dos personajes del texto. (l. 1-3)

2. Lee las palabras que le dijo la madre a Boabdil y di qué sentimientos expresan.

3. Explica el nombre dado a la colina.

4. Considerando el apodo de Boabdil y sus reacciones, ¿cómo puedes calificar al rey?

5. Relaciona la leyenda con el cuadro *La rendición de Granada* (lugar, actitudes…).

RECURSOS

Sustantivos
- el apodo: *le surnom*
- la desesperación
- el desprecio: *le mépris*
- la tristeza

Adjetivos
- débil: *faible*

Verbos y expresiones
- despreciar: *mépriser*
- le reprocha que + subj.
- rechazar: *rejeter, expulser*

Gramática activa

Le verbe *ser* dans la voix passive → Précis 28.A

Observa
▶ Le **fue arrebatada** por los Reyes Católicos.
▶ La colina **es** hoy **conocida** como El Suspiro del Moro.

- La voix passive est formée avec le verbe **ser** suivi du participe passé qui s'accorde en genre et en nombre avec le sujet du verbe.
- Le complément d'agent introduit par **por** peut être explicite ou non.

Practica

Transforme selon l'exemple. *Los Reyes le arrebataron la ciudad.*
→ *La ciudad le fue arrebatada por los Reyes.*
a. Boabdil no defendió la ciudad.
b. La madre de Boabdil le dijo aquellas palabras míticas.

→ Autres exercices p. 115

¡Y ahora tú!

Relato la Reconquista

Trabajas para el museo donde está *La rendición de Granada*. Tienes que escribir un folleto explicativo del acontecimiento.

→ *Granada fue reconquistada por…*

→ *Fichier de l'élève, p. 27*

Leer y escribir

B1

Hace cincuenta años el barrio madrileño de Lavapiés, antaño enclave de judíos y moriscos[1], era considerado todavía uno de los barrios más castizos[2] de Madrid.

Cuando vine a vivir en Lavapiés, el barrio había cambiado de tal
5 manera que a ratos me preguntaba si en esa Babel[3] quedaba todavía algún madrileño de cepa[4] o todos los vecinos éramos, como Marcella y yo, madrileños importados. Los españoles del barrio procedían de todos los rincones de España y con sus acentos y su variedad de tipos físicos contribuían a dar a esa mazamorra[5] de razas, lenguas,
10 costumbres, atuendos[6] y nostalgias de Lavapiés el semblante de un microcosmos. La geografía humana del planeta parecía representada en un puñado de manzanas[7].

Al salir a la calle Ave María, donde vivíamos, se hallaba uno en una Babilonia en la que convivían mercaderes chinos y paquistaníes,
15 lavanderías y tiendas hindúes, saloncitos de té marroquíes, bares repletos[8] de sudamericanos, colombianos y africanos. Las familias españolas del barrio oponían a las transformaciones los viejos usos haciendo tertulias[9] de balcón a balcón, poniendo a secar la ropa en cordeles tendidos en ventanas, y, los domingos, yendo en parejas,
20 ellos con corbatas y ellas de negro, a oír misa a la iglesia de San Lorenzo.

Mario VARGAS LLOSA (escritor peruano), *Travesuras de la niña mala*, 2006

Mario VARGAS LLOSA (nacido en 1936) Peruano naturalizado español en 1993. Es escritor de novelas y artículos que publica en *El País* y autor teatral. Fue candidato a la presidencia de Perú en 1990.

1. *jadis quartier de Juifs et de morisques*
2. *(ici) authentiques*
3. ciudad que evoca la mezcla de razas y lenguas en la antigua Mesopotamia
4. *de souche*
5. (amer.) = mezcla
6. ropa
7. *quelques pâtés de maisons*
8. *remplis*
9. reuniéndose para charlar

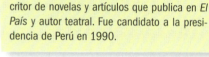

LEE Y EXPRÉSATE

1. Da el nombre y sitúa el barrio del que habla el narrador.

2. Di cómo era el barrio hace cincuenta años. (l. 1-3)

3. El narrador explica que los españoles de Lavapiés procedían de…

4. Enumera las nacionalidades que vivían en Lavapiés. Comenta el verbo "convivir" y el nombre de Babilonia dado al barrio. (l. 13-16)

5. Describe los comportamientos de las familias españolas y justifícalos.

RECURSOS

Sustantivos
- la diversidad: *la diversité*
- un(a) extranjero(a): *un(e) étranger(ère)*
- la mezcla: *le mélange*

Adjetivos
- cosmopolita
- junto(a)s
- original

Verbos y expresiones
- charlar: *discuter*
- compartir: *partager*
- los unos con los otros
- proceder de: *venir de*

PUERTO LAVAPIÉS
El Madrid castizo y global

En el centro histórico de Madrid se encuentra uno de los barrios más multiculturales de Europa. Aquí conviven personas de más de cien nacionalidades. Sus vecinos han hurgado en sus álbumes y han donado sus fotos familiares para formar este tapiz de lugares, tiempos, colores y tradiciones, recopilado en un proyecto gráfico titulado 'Nosotros'.
Por LOLA HUETE MACHADO

MIRA Y EXPRÉSATE

1. Describe el documento y di lo que representa.

2. Explica en qué consiste un barrio multicultural.

3. Da ejemplos de convivencia en un barrio multicultural que conoces.

RECURSOS

Sustantivos
- el inmigrante
- el origen
- los vecinos de un barrio: *les habitants d'un quartier*

Adjetivos
- extraño(a): *étrange*
- solidario(a)
- tolerante

Verbos y expresiones
- aceptarse
- acoger: *accueillir*
- conservar las tradiciones
- integrarse
- trabar relaciones con: *se lier avec*

Gramática activa

Le gérondif → Précis p. 23

Observa
▶ *Oponían a las transformaciones los viejos usos **haciendo** tertulias, **poniendo** a secar la ropa y **yendo** en parejas a oír misa.*

● **Formation**

- Verbes en **-ar** → **radical + -ando**.
- Verbes en **-er / -ir** → **radical + -iendo**.

Le **i** de **-iendo** se change en **-y** lorsqu'il se trouve entre deux voyelles, c'est-à-dire lorsque le radical du verbe se termine par une voyelle : *leer* → *ley**endo***. Le verbe ***ir*** a également un gérondif en **yendo**.

● **Emplois**

- l'action dans son développement.
- l'action avec une valeur de manière : pour expliquer et préciser l'action énoncée par le verbe conjugué.

Practica

Mets les verbes au gérondif.
a. Los vecinos vivían (compartir) emociones.
b. (Ir) a Lavapiés sabíamos lo que íbamos a encontrar.

→ Autres exercices p. 115

¡Y ahora tú!

Cuento una experiencia en el extranjero

Vives en un país extranjero. Le explicas a un(a) amigo(a) en un mensaje lo que haces para convivir con la gente.

→ *Convivo con la gente aprendiendo su idioma…*

→  *Fichier de l'élève, p. 27*

Talleres de comunicación

TALLER DE COMPRENSIÓN ORAL

Granada, canción de La Caja de Pandora

Objectif B1 : comprendre l'évocation d'une ville.

🔧 : le lexique du paysage et des sentiments, le gérondif.

1. Primera escucha completa

a. Di qué tipo de música te recuerdan el ritmo y la melodía.

b. Clasifica las palabras que comprendes por campo léxico.

2. Primera y segunda estrofas y estribillos

c. Cita características de Granada.

d. ¿Cómo personifica a Granada el cantante? ¿Qué siente por ella?

e. Identifica un barrio de Granada y di qué le gusta hacer allí.

3. Tercera estrofa y estribillo

f. ¿Qué elementos evocan la geografía de la provincia?

g. El cantante tiene un recuerdo positivo de Granada ya que...

El barrio del Albaicín

RECURSOS

Sustantivos
- el encanto: *le charme*
- la naturaleza
- los perfumes
- la vegetación mediterránea

Verbos y expresiones
- a orillas del mar: *près de la mer*
- echar de menos, añorar: *regretter, manquer*

TALLER DE INTERACCIÓN ORAL

Granada en tiempos de al-Ándalus

Objectif B1 : conseiller un parcours pour visiter des monuments historiques.

🔧 : les mots interrogatifs, le gérondif.

⏱ Temps de parole : 3/4 minutes.

👥 : en binôme.

Alumno A: estás en Granada y quieres saber qué visitar para descubrir cómo vivía la gente en al-Ándalus. Le haces preguntas a un(a) habitante.

Alumno B: eres un(a) habitante de Granada y le explicas al turista lo que puede ver y para qué servían los monumentos y lugares ayudándote con el mapa y el *Panorama* (p. 116-117).

RECURSOS

Verbos y expresiones
- encontrar (ue): *trouver*
- fuera de ≠ dentro de: *à l'extérieur de ≠ à l'intérieur de*
- servir (i) para: *servir à*

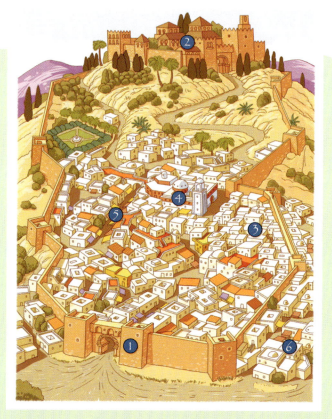

❶ muralla ❷ alcázar ❸ medina
❹ mezquita ❺ zoco ❻ arrabal

Visita virtual de la Alhambra

Crea un *power point* para presentar la Alhambra

Conéctate a: http://turgranada.es/visita-virtual/vvirtual-directorio.php

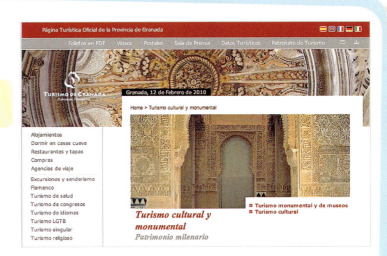

1. Busca información y fotografías

Busca una foto de los lugares siguientes y explica lo que eran:

a. la Alhambra.

b. la Alcazaba, la Medina y el Generalife.

c. el Partal.

d. los Palacios Nazaríes (presenta las tres partes que abarcan).

e. el Palacio de Carlos V (di dónde y por qué fue construido).

2. Realiza el *power point*

f. Inserta las fotos en un *power point* y añade leyendas.

g. Proyecta el *power point* y guía a tus compañeros: Aquí tenéis…, aquí está… Contesta sus preguntas.

RECURSOS

Sustantivos
- los estanques
- las fuentes
- los jardines
- un palacio
- la vista

Verbo
- abarcar: *englober*

Granada: una ciudad multicultural

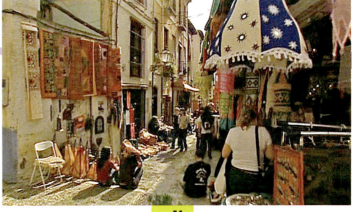

Un paisaje urbano de Europa

1. Fíjate

a. Observa el fotograma y precisa dónde transcurre la escena.

2. Mira y escucha

b. Con el primer visionado di de qué tipo de documento audiovisual se trata y explica globalmente su contenido.

c. Apunta los diferentes elementos o aspectos relativos a las diferentes culturas evocadas.

d. ¿Cómo se explicará esta mezcla de culturas y religiones distintas?

3. Exprésate

e. ¿Qué reflexiones te inspira le existencia de estas huellas en la España actual? Di si te parece posible esta convivencia en el presente y en el futuro.

RECURSOS

Sustantivos
- los adornos
- la cruz
- los estanques
- la fortaleza = el castillo
- las huellas: *les traces, les vestiges*
- la mezcla
- un reportaje
- las suratas = capítulos del Corán

Adjetivos
- árabe
- cristiano(a)
- musulmán(ana)

Verbos y expresiones
- convivir
- demostrar (ue)
- lo atractivo es…
- lo sorprendente es…
- probar (ue)
- tolerar

Lengua activa

L'obligation personnelle
→ *Gramática activa* p. 103, Précis 32

1 En respectant les temps des verbes proposés, introduis l'obligation personnelle avec *tener que* comme dans l'exemple.

Trabajaba. → Tenía que trabajar.

a. Termináis el problema y proponéis una solución.

b. Voy a Córdoba y veo la mezquita.

c. Oigo los lamentos de la cautiva.

d. El caballo bebía y la mora lavaba.

e. Para irse de la morería, el caballero pasó por la frontera.

f. Convivían mercaderes chinos y paquistaníes.

2 En respectant les temps des verbes proposés, introduis l'obligation personnelle avec *deber* comme dans l'exemple.

Trabajaba. → Debía trabajar.

a. El barrio cambiaba rápidamente.

b. Los omeyas se defendieron del calor y construyeron casas.

c. Eres tolerante y estás de buen humor.

d. El profesor le explica el problema.

e. Los palacios son visitados por muchos turistas.

f. Hablamos del pasado y aprendimos mucho.

3 Transforme les phrases selon le modèle. Attention aux temps des verbes.

Debía trabajar. → Tenía que trabajar.

a. El escritor debía escribir un libro.

b. Los vecinos del barrio debían compartir aficiones.

c. En las ciudades la gente debe convivir.

d. Los moros debieron aceptar la pérdida de Granada.

e. Vosotros debéis aprender la historia del país.

f. Usted debió pasearse por este lugar.

L'emploi du subjonctif
→ *Gramática activa* p. 105, Précis 20

4 Complète les subordonnées temporelles en mettant le verbe au subjonctif.

a. En cuanto (tú/terminar) el trabajo, levantarás la mano.

b. En cuanto (nosotros/estar) en Granada, mandaremos cartas.

c. En cuanto (vosotras/quererlo), nos veremos.

d. En cuanto (yo/saber) la lección, te llamaré.

e. En cuanto (ustedes/decirlo), vendremos.

f. En cuanto (ser) las dos, visitaremos el monumento.

5 Mets les verbes entre parenthèses au subjonctif.

a. Es difícil que la gente (descubrir) estos secretos.

b. El caballero quiere que la mora (apartarse).

c. El escritor quiere que su amiga (venir).

d. El chico no cree que la joven (ser) una mora cautiva.

e. Es interesante que este autor (escribir) sobre este tema.

f. Es indispensable que (haber) convivencia entre la gente.

6 Complète les subordonnées de but en mettant le verbe au subjonctif.

a. Para que nosotros (hablar) de este barrio, tenemos que conocerlo.

b. El profesor le da un libro para que (leerlo).

c. Para que (saberlo) tienes que aprenderlo.

d. Se necesitan muchos esfuerzos para que los ciudadanos (sentirse) bien.

e. Para que nuestro barrio (evolucionar), hablamos con todos los vecinos.

f. Se escriben libros para que la gente (conocer) las costumbres de un país.

Les mots interrogatifs
→ *Gramática activa* p. 107, Précis 4

7 Formule les questions qui correspondent aux réponses suivantes comme dans l'exemple.

El caballero participaba en torneos. → ¿En qué participaba el caballero?

a. El caballero estaba en la morería.

b. El caballo va a beber agua.

c. La cautivaron los moros.

d. La mora lloraba porque pensaba en sus padres.

e. Vino a vivir a Lavapiés.

f. Las mujeres ponían a secar la ropa.

8 À partir de chacune des phrases, formule trois questions.

a. Yo había ido a Córdoba porque tenía que escribir un libro sobre la ciudad.

b. Córdoba es una ciudad llana, con un campanario que fue un alminar.

c. Hace 50 años el barrio de Lavapiés era considerado como uno de los barrios más castizos de Madrid.

d. Se hallaba el escritor en una Babilonia en la que convivían mercaderes chinos y paquistaníes.

e. Los domingos, los hombres iban a misa con corbatas y las mujeres iban de negro.

f. En tiempos de al-Ándalus convivían musulmanes, judíos y cristianos en las ciudades árabes.

Le verbe *ser* dans la voix passive

➡️ *Gramática activa p. 109*, Précis 28.A

9 **Donne aux phrases suivantes la forme passive. Attention aux temps des verbes.**

Los Reyes le arrebataron la ciudad. → *La ciudad le fue arrebatada por los Reyes.*

a. El escritor escribe esta leyenda.

b. Los nuevos habitantes transforman las costumbres de la ciudad.

c. Antes, judíos y moriscos poblaban el barrio.

d. Los califas crearon escuelas.

e. El caballero acompañó a la mora hasta el palacio.

f. El maestro dirigía la clase.

Le gérondif ➡️ *Gramática activa* p. 111, Précis 23

10 **Mets les verbes au gérondif.**

a. El maestro explicaba (dar) ejemplos.

b. Los alumnos salieron de clase (hablar).

c. El chico conoció la ciudad (leer) este libro.

d. (Ir) a Córdoba descubrió la región.

e. Se pasa el tiempo (leer) y (ver) películas.

f. Lo dices (gritar).

11 **Transforme les phrases selon le modèle.**

Contestas y das la solución. → *Contestas dando la solución.*

a. La periodista escribe un artículo y precisa quién la informó.

b. Las manifestantes muestran el retrato de los Reyes y gritan sus nombres.

c. El joven viajaba y pensaba en las lecturas de su juventud.

d. Los alumnos escuchan al maestro y apuntan la lección.

e. La mora lavaba y cantaba.

f. El rey entregó las llaves de la ciudad y se inclinó.

El Patio de los Leones en la Alhambra, Granada

➡️  *Fichier de l'élève p. 27*

1 **Con las palabras de las columnas I, II y III, di cuáles son los diferentes ritos que componían la España de las tres culturas y asocia los lugares con las personas y los ritos.**

2 **Con el vocabulario de la columna IV, explica en qué consiste el multiculturalismo.**

LOS LUGARES DE CULTO

I - LA IGLESIA
la catedral
el cristianismo
el cristiano
la cruz
el cura
ir a misa

II - LA MEZQUITA
el alminar = el minarete
el imán
el islam
el muecín
el musulmán
llamar a la oración

III - LA SINAGOGA
la estrella
el judaísmo
el judío
el rabino
ir al templo
orar

IV - EL MULTICULTURALISMO
la convivencia
el respeto
la tolerancia
trabar relaciones con
respetar a los otros

Panorama

Convivencia en la España de las tres culturas

Cuando se habla de al-Ándalus, se evoca una tierra de convivencia. En este estado musulmán implantado por los árabes tras su invasión de la Península en 711 y que perduró hasta 1492, convivían musulmanes, judíos y cristianos. Descubre cómo vivían y lo que heredamos de este período de efervescencia cultural y científica.

La vida cotidiana en al-Ándalus

La antigua medina de Córdoba

A De paseo por las ciudades-medinas

Los invasores árabes se asentaron en las ciudades-medinas. La medina era la parte más importante de la ciudad. Al pasearse por sus calles intrincadas[1] y sus plazas estrechas, se podía admirar la mezquita, el alcázar militar e incluso ir al zoco o mercado. Fuera de este centro amurallado, la ciudad se extendía en arrabales, barrios aislados unos de otros donde vivían artesanos y grupos étnicos distintos (beréberes, judíos, mozárabes[2]).

1. *enchevêtrées* 2. cristianos que vivían en tierras árabes

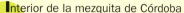
Interior de la mezquita de Córdoba

B Mezquitas, sinagogas e iglesias

En la medina coexistían los lugares de culto de las diferentes comunidades: las mezquitas como la de Córdoba, las sinagogas como la famosa Sinagoga del Tránsito, en Toledo, y las iglesias. La mezquita de Córdoba constituye el monumento más importante de Córdoba, y también de toda la arquitectura andalusí, junto con la Alhambra. Construida a partir del año 780 por Abderramán I y convertida en el siglo XIII en la actual Catedral de Santa María de Córdoba, es un edificio sorprendente: ocupa 23.400 m², posee cerca de quinientas columnas y arcos superpuestos. Las mezquitas eran también lugares de enseñanza donde los jóvenes iniciaban sus estudios superiores.

Las mezquitas, sinagogas e iglesias de al-Ándalus recuerdan la tolerancia de lo que se llama *La España de las tres culturas*.

Maimónides, gran médico y filósofo judío

Averroes, jurista, filósofo y médico musulmán. Escribió el primer tratado medieval de medicina

C

El resplandor científico

La compleja actividad y mezcla de razas y culturas en al-Ándalus están al origen de grandes avances culturales y científicos que se expandieron[1] por toda Europa. Grandes pensadores musulmanes y judíos como Averroes o Maimónides influyeron mucho en los filósofos europeos de la Edad Media y del Renacimiento gracias a sus obras traducidas al latín en la Escuela de Traductores de Toledo. Esta ciudad actuó así durante los siglos XII y XIII como auténtico puente cultural entre Oriente y Occidente. También la medicina de al-Ándalus fue la base de la medicina europea y contribuyó al desarrollo de la medicina como ciencia.

1. *se sont répandus*

El palmeral de Elche

D

La innovación agrícola, legado de al-Ándalus

La España de hoy sigue conservando en sus cultivos huellas de aquella civilización hispanomusulmana. Los árabes y beréberes introdujeron nuevos cultivos como el arroz, la caña de azúcar y la palmera datilera. En torno a Granada se cultivaban plantas aromáticas y medicinales. Otras zonas se dedicaban a las plantas textiles, como el algodón[1], cultivo también nuevo en la Península, y el lino. Muy extendidos estaban el cultivo del olivo, para elaborar aceite, y el de la viña.

1. *le coton*

¿A ver si lo sabes?

1. Define lo que era una ciudad-medina. **(A)**
2. Enumera tres edificios religiosos y di lo que simbolizan. **(B)**
3. Enumera los aportes culturales de al-Ándalus a Europa. **(C y D)**

Para saber más:

www.legadoandalusi.es
www.ayuncordoba.es

Proyecto final

El periódico del instituto prepara una edición especial sobre la convivencia y te pide que redactes dos páginas en Word sobre este tema en España.

→ En la introducción, define la palabra "convivencia".

→ Explica cómo se convivía en tiempos de al-Ándalus.

→ Presenta tres monumentos representativos de las tres culturas de al-Ándalus (fotos y textos).

→ Di por qué Madrid es una ciudad cosmopolita hoy.

→ Puedes concluir diciendo en qué el multiculturalismo es una riqueza para un país y sus habitantes.

Evaluación

→ 📖 *Fichier de l'élève, p. 28*

En una escuela de traductores

COMPRENSIÓN ORAL

Toledo: ejemplo de convivencia

→ **Objectif** **A2+** : comprendre les échanges culturels de al-Ándalus.

Escucha la grabación, contesta las preguntas y completa.

a. Da dos informaciones sobre Toledo. ¿Qué culturas convivieron allí?

b. ¿Verdadero o falso? Justifica citando la grabación.
- La Escuela de Traductores fue creada entre los siglos II y III.
- Era un centro educativo con profesores y alumnos.

A2+ - Sirvió para trasladar los conocimientos de Europa a los árabes.
- Las universidades europeas tradujeron a los filósofos griegos.

c. Con la presencia en Toledo de una importante comunidad de… y la llegada de… se genera la atmósfera propicia para que Toledo se convierta en…

RECURSOS

Sustantivo
- un crisol = un lugar donde se mezclan diferentes culturas: *un creuset*

Verbo
- trasladar = pasar de un lado a otro

COMPRENSIÓN ESCRITA

En la escuela de al-Ándalus

→ **Objectif** **A2+** : comprendre un texte sur un aspect culturel de al-Ándalus.

Lee el texto y contesta.

a. Identifica a los protagonistas y precisa el lugar y la época de la escena.

b. Enumera las diferentes asignaturas que le fueron enseñadas al alumno.

A2 **c.** Cita la frase que indica los proyectos que tiene el maestro para el alumno.

d. Si el joven quiere proseguir los estudios, tendrá que…

A2+ **e.** El joven está muy contento porque…

Nuestro profesor era un hombre de aspecto normal, pero muy sabio, que entendía de todas las ramas del saber y de cualquier cosa que se le preguntara[1]. En los casi cuatro años que estuve bajo su férula aprendí a leer y escribir en árabe y romance
5 castellano, gramática en ambas lenguas, rudimentos en latín y griego, las cuatro reglas, nociones de física y aritmética, esbozos de historia y geografía y atisbos[2] de botánica. Declaró sin empacho[3] que fui el más sobresaliente entre los cuarenta alumnos que componían la clase.
10 —Eres bueno, Abul Qasim —dijo. Nunca he tenido un alumno como tú de dócil y brillante —añadió.
—Gracias, maestro —respondí emocionado.
—¿Te gusta estudiar?
—Es lo que más me agrada —respondí. Pero quisiera hacerlo di-
15 rigido por un hombre tan sabio como tú.
—En atención a tus dotes y capacitación[4] hablaré con el visir para que te permitan proseguir tus estudios en la medersa principal[5] de Córdoba, dentro de las murallas, un lugar destinado a los que sobresalen.
20 —Gracias de nuevo.

Antonio CANILLAS DE BLAS, *El cirujano de al-Ándalus*, 2009

1. *tout ce qu'on pouvait lui demander* **2.** rudimentos **3.** simplemente
4. *tes capacités* **5.** colegio universitario

La diversidad, nuestra mejor opción

Objectif **B1** **:** parler de la diversité culturelle en termes simples.

🕐 Temps de parole : 1 minute.

Observa el cartel y exprésate.

B1 Eres un(a) ciudadano(a) responsable: le explicas a la clase la riqueza de la diversidad cultural, lo que aporta la convivencia y lo que tenemos que hacer para que todos formemos parte de una misma sociedad.

Conversación con un(a) vecino(a)

Objectif **B1** **:** demander à quelqu'un ce qu'il pense d'un lieu de vie.

🕐 Temps de parole : 3/4 minutes par binôme.

👫 : en binôme.

Con un(a) compañero(a), imaginad la conversación.

B1 Hace poco tiempo que vives en Granada y tienes la oportunidad de hablar con tu vecino(a) que vive en esta ciudad desde hace 50 años. Le haces preguntas y te contesta. Podéis intercambiar opiniones sobre una ciudad "ideal".

RECURSOS

Verbos y expresiones
- Prefiero...
- Me gusta más/menos...
- Lo que me parece bien/mal...

La mejor manera de descubrir una ciudad

Objectif **B1** **:** décrire les centres d'intérêt d'une ville historique.

✏️ Nombre de mots : 50.

Trata de convencer a un(a) amigo(a) para que te acompañe a visitar una ciudad.

A2 **a.** Elige una ciudad española con patrimonio cultural y enumera sus centros de interés.

B1 **b.** Explícale a tu amigo(a) por qué vale la pena visitar esta ciudad.

UNIDAD **6**

Mémoire
Sentiment d'appartenance
Visions d'avenir

Ocios y aficiones

 Visitando el Museo del Prado (Madrid)

 Écouter
Comprendre les résultats d'un sondage sur les loisirs.
Comprendre un point de vue sur la lecture.

 Lire
Comprendre l'expression d'une passion.
Comprendre un dialogue entre amis.
Comprendre un récit de visite au musée du Prado.

 Parler en continu
Commenter les moments forts d'un match.
Convaincre quelqu'un de venir à une fête.

 Parler en interaction
Exprimer son désaccord sur un choix de film.
Échanger ses impressions sur la corrida.

 Écrire
Échanger des propositions d'activités pour le week-end.

OUTILS LINGUISTIQUES

- L'enclise (p. 125)
- La phrase exclamative (p. 127)
- Le conditionnel (p. 129)
- L'imparfait du subjonctif (p. 131)
- *Si* + subjonctif imparfait ou plus-que-parfait (p. 131)
- *Lo* + adjectif (p. 133)
- Les pronoms possessifs *mío, tuyo, suyo* (p. 133)

RECURSOS

Sustantivos
- un actor, una actriz
- un(a) aficionado(a) a: *un amateur de*
- la alegría
- un(a) hincha: *un supporter*
- la pasión
- ropa de (la) época del Siglo de Oro

Adjetivos
- admirativo(a)
- inolvidable: *inoubliable*
- festivo(a)

Verbos y expresiones
- asistir a una representación teatral
- compartir: *partager*
- divertirse (ie, i) = pasarlo bi◀
- gritar: *crier*
- representar un papel: *jouer un rôle*
- sorprenderse
- tener (ie) afición a = interesarse por
- tocar la guitarra

Proyecto final

→ Cuenta en un "blog" la organización de un viaje de fin de curso a España.

2

Chico leyendo
su revista
preferida

3

Hinchas argentinos
celebrando la actuación
del equipo nacional

Y tú, ¿cómo lo ves?

1. Identifica las situaciones representadas. ¿Qué están haciendo los que salen en las fotos?
2. Describe el ambiente que se desprende de cada foto y caracteriza los sentimientos expresados.
3. Di en qué foto podrías salir, enumerando lo que te gusta hacer en tus momentos de ocio.

B1 El tiempo libre de los españoles

NIK (dibujante argentino), *Modernidad*, 2001

1 Observa el dibujo

a. Cita los medios de comunicación evocados y di quién los acapara.

b. Describe y compara la actitud del hombre con la de la mujer.

2 Escucha e identifica

c. El documento es... y trata de... He oído las voces de...

d. Di qué palabras reconoces y determina su campo léxico.

3 Profundiza

e. Di cuánto tiempo dedican los españoles al ocio dentro de casa.

f. Los catalanes son... y los gallegos son...

g. Por orden de importancia, los españoles dedican su tiempo libre a...

h. Los hombres prefieren... mientras que las mujeres...

i. En el futuro piensan que... En efecto...

4 Resume y exprésate

j. Presenta los resultados de la encuesta a tus compañeros.

k. Di a qué dedicas tu tiempo libre.

→ 📖 *Fichier de l'élève p. 29*

RECURSOS

Sustantivos
- una encuesta = un sondeo: *un sondage*
- una escoba: *un balai*
- las tareas domésticas: *les tâches ménagères*

Adjetivos
- inservible = inútil
- relajado(a): *decontracté(e)*
- vago(a) = holgazán(ana): *paresseux(euse), fainéant(e)*

Verbos y expresiones
- dedicarse a: *se consacrer à, passer son temps à*
- estar de morros (fam.): *faire la tête, bouder*
- estar pegado(a) a: *être collé(e) à*
- igualar: *égaler*
- no dar/pegar golpe (fam.): *ne pas faire grand-chose*
- pasarse el tiempo + ger.: *passer son temps à + inf.*

Fonética

a. Escucha las palabras y di si llevan un diptongo o no.

b. Entrénate para pronunciar estas palabras.

Un ocio enriquecedor

A2+

Max HIERRO (dibujante español),
Quixote-Libros de caballerías, 2004

1 Observa el dibujo

a. Lee los *Datos Culturales* e identifica a los personajes.
b. Sitúalos y describe su actitud.
¿Qué podemos deducir?

2 Escucha e identifica

c. Identifica las voces y el tema de la grabación.
d. Di qué palabras reconoces y clasifícalas por campos léxicos.

3 Profundiza

e. La primera frase proviene de...
f. Cita a los tres protagonistas de este libro y di qué evocan sus nombres.
g. Di cuál fue el mayor de los inventos humanos y explica por qué.
h. Al final comparan los libros con...
Se justifica porque...

4 Resume y exprésate

i. Explica por qué leer libros es un ocio enriquecedor.

→ *Fichier de l'élève p. 30*

RECURSOS

Sustantivos
- un caballero andante: *un chevalier errant*
- un escudero: *un écuyer*
- un(a) hidalgo(a): *un(e) noble*
- una semilla: *une graine*

Adjetivo
- enriquecedor(a): *enrichissant(e)*

Verbos y expresiones
- conm**o**ver (ue): *émouvoir, toucher*
- reflejar: *refléter*
- ser fruto de: *être le fruit de*
- v**o**lverse (ue) loco(a): *devenir fou (folle)*

Datos culturales

Don Quijote es un personaje literario creado por el escritor español Miguel de Cervantes en su novela *El ingenioso hidalgo don Quijote de la Mancha*, publicada en 1605. De tanto leer libros de caballerías, don Quijote confunde sueños y realidad, se vuelve loco y decide ser un caballero andante.

Fonética

→ Alphabet, Précis 1

a. Escucha las palabras y di si llevan el sonido [l] de ''león'' o [λ] de ''llama''.

b. Entrénate para pronunciar estas palabras.

La película ya ha empezado

B1

–¡**A**lex! ¡Ya estoy aquí! ¡Estoy aparcando[1]!

Efectivamente, veo como está encadenando[2] su moto a una farola. Viene, como siempre, en el último momento, sudando y descontrolado.

–¿Qué te ha pasado? La película está a punto de empezar... No sabía qué hacer.

5 –Venga, déjate de historias y entremos, que encima vamos a llegar tarde.

Me arranca[3] literalmente las entradas de la mano y me empuja[4] hacia el interior del local. El portero corta los billetes y nos indica la escalera:

–La sala tres, en el piso superior.

–Venga, Alex, vamos a comprar unas palomitas y algo para beber, que no he 10 tomado nada en toda la tarde. Si quieres, yo voy cogiendo sitio, y tú vas al bar. […]

Corriendo como un misil, se va escaleras arriba, dejándome con el encargo[5] y la boca abierta. Con Chefo, siempre es igual. Y siempre tengo que pagar yo.

Me aprovisiono adecuadamente y subo las escaleras hasta la puerta de la sala tres, que, lógicamente está a oscuras ya que la película ha empezado.

15 –¡Alex, aquí arriba!

Vislumbro[6] su silueta y me dirijo hacia nuestros asientos, tropezando a cada escalón[7]. Voy cargado hasta los topes[8], y me cuesta ver por donde piso[9].

–¿Qué has comprado?

–Palomitas y Coca Cola.

20 –¿No había chocolatinas? […]

–Chefo, si sigues por ese camino, cojo todo y me voy a la última fila yo solo. ¿Vale?

–Hay que ver cómo te pones […]

Alguien desde atrás pide silencio y Chefo decide callarse ya que en este cine si te pillan molestando[10], te echan a la calle.

Santiago GARCÍA CLAIRAC (escritor español), *Primeras prácticas*, 2004

1. *en train de me garer*
2. *il attache avec une chaîne*
3. *Il m'arrache*
4. *il me pousse*
5. *la commande*
6. *J'aperçois*
7. *en trébuchant sur chaque marche*
8. *(fam.) muy cargado*
9. *por donde ando*
10. *(fam.) si tu déranges et que tu te fais prendre*

LEE Y EXPRÉSATE

1. Identifica a los protagonistas y apunta dónde se encuentran. Justifica tu respuesta. (l. 1-4)

2. Indica lo que proyectan y precisa por qué Chefo lo complica todo. (l. 1-12)

3. Enumera lo que exaspera luego a Alex en el comportamiento de su amigo. Alex termina amenazándole con…

4. Determina por qué, al final, Chefo decide callarse.

RECURSOS

Sustantivos
- el colmo: *le comble*
- la taquilla: *le guichet*

Adjetivos
- descarado(a): *sans-gêne*
- egoísta
- irrespetuoso(a)
- mandón(ona) (fam.): *directif (ive)*

Verbos y expresiones
- darse prisa: *se dépêcher*
- decir (i) que + subj.: *dire de + inf.*
- dejar: *laisser*
- dentro de ≠ fuera de
- enfadarse = ponerse furioso(a)
- tener (ie) mucho morro (fam.): *avoir du culot*

Datos culturales

El **Festival de San Sebastián** es un certamen cinematográfico de primera importancia. Tiene lugar cada año (desde 1953) a finales del mes de septiembre, en la ciudad vasca de San Sebastián (España). Fue el escenario del estreno europeo de la saga de *Star Wars*, del primer *Batman* de Tim Burton, de *La Leyenda del Zorro* con Antonio Banderas. Además impulsó la carrera de directores como Francis Ford Coppola o Pedro Almodóvar.

En el Festival de cine de San Sebastián

MIRA Y EXPRÉSATE

1. Di dónde y en qué momento del año fue sacada la foto. Justifica tu respuesta fijándote en lo que lleva la gente.

2. Describe la actividad de la gente según el lugar donde está.

3. Trata de determinar cuáles son las ventajas y los inconvenientes de ir al cine durante un festival.

RECURSOS

Sustantivos
- una camiseta: *un T-shirt*
- la cartelera: *les affiches de film*
- una conferencia
- un debate
- un director de cine
- el estreno: *la première, la sortie en salle*
- la indumentaria: *les vêtements*
- los pantalones cortos: *le short*
- el precio

Verbos y expresiones
- aprovechar la ocasión para: *profiter de l'occasion pour*
- charlar: *discuter*
- de éxito: *ayant du succès*
- elegir (i), optar por: *choisir*
- encontrarse (ue) con: *rencontrer*
- hacer cola = esperar
- poner una película: *projeter un film*

Gramática activa

L'enclise → Précis 30

Observa

▸ *Decide* **callarse**.

● L'enclise consiste à placer le pronom personnel après le verbe et à le souder à celui-ci à l'**infinitif**, au **gérondif** et à l'**impératif affirmatif**.

▸ ...***dejándome*** con el encargo.
▸ ***Déjate*** de historias.

● Le verbe devant conserver son accentuation initiale, l'ajout d'une ou deux syllabes peut provoquer l'apparition d'un accent écrit.

Practica

Fais l'enclise. Attention aux accents !
a. ¡(Me/comprar) tú palomitas, no quiero (me/perder) la película!
b. Intercambiamos opiniones (nos/paseando).

→ Autre exercice p. 136

¡Y ahora tú!

Elegimos una película

Has quedado delante del cine con un(a) amigo(a) que llega tarde y no quiere ver la misma película que tú. Imagina el diálogo.

→ –Pero ¿sabes qué hora es? La película... empieza a...
→ –Déjame ver lo que ponen...

→ 📖 *Fichier de l'élève, p. 31*

Bailando salsa

B1

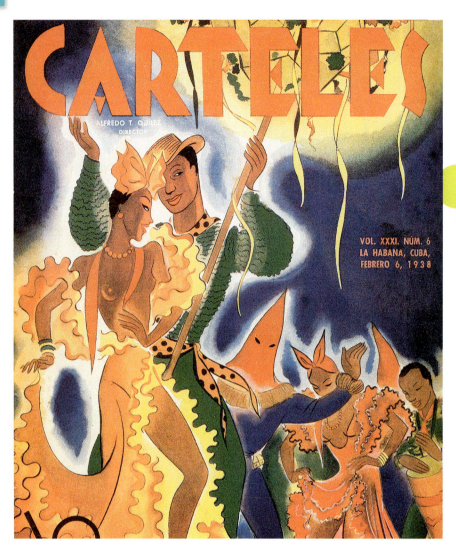

Andrés GARCÍA BENÍTEZ (dibujante cubano), portada de la revista cubana *Carteles*, 6/02/1938

MIRA Y EXPRÉSATE

1. Identifica el documento y descríbelo.
2. Di si la acción transcurre de día o de noche. Justifica tu respuesta.
3. Fíjate en los colores y en las líneas dominantes y di qué ambiente crean.

RECURSOS

Sustantivos
- un(a) bailarín(ina): *un(e) danseur(euse)*
- el baile: *la danse*
- el capirote: *la cagoule*
- las curvas: *les courbes*
- un disfraz: *un déguisement*
- el escote: *le décolleté*
- un pañuelo: *un foulard*
- la portada: *la couverture (d'un livre)*
- la sensualidad
- un vestido de volantes: *une robe à volants*

Adjetivos
- animado(a): *entraînant(e)*
- cálido(a): *chaud(e)*
- festivo(a)

Expresiones
- al compás de = al ritmo de
- medio desnudo(a): *à moitié nu(e)*

Salsamanía

Todos los domingos enchufo la radio,
a las cinco de la tarde,
que es la hora más chévere[1],
pase lo que pase[2] no me lo pierdo nunca,
5 ese programa se llama "salsamanía".
Música latina durante tres horas,
empuja[3] los muebles y prepárate a bailar.
Llámales a tu papá y a tu mamá y a tu tía,
Que ya estamos todos listos[4], es hora de gozar[5],
10 Porque son las cinco de la tarde,
Y estamos todos impacientes de que el programa empiece,
Y aquí estamos todos atentos con los amigos,
Súbele el volumen que ya empieza la fiesta.

Así se baila en las tardes domingueras,
15 Todos a la escucha de "salsamanía",
Bailando como locos, todos los domingos.
Yo me lo paso bien el domingo a la tarde. […]
Música del Caribe, de Colombia, Venezuela,
Sin olvidar las sonoras cubanas
Pachanga, merenguito, son, mambo y guaguancó[6].
20 ¡Ay! ¡Qué locura! ¡Qué música más buena!

Sargento GARCÍA (artista cubano-francés), *Viva el Sargento*, 1997

1. (amer.) la mejor hora **4.** *prêts*
2. *quoi qu'il arrive* **5.** pasarlo bien
3. *pousse* **6.** músicas y bailes del Caribe

LEE Y EXPRÉSATE

1. Di lo que es "Salsamanía" y a qué se dedica el cantante el domingo por la tarde.

2. Determina si le gusta estar solo cuando escucha su programa favorito. Justifícalo. (primera estrofa)

3. Enumera los consejos que le da a la gente. (primera estrofa)

4. Apunta las frases que evidencian que es un aficionado a "Salsamanía".

RECURSOS

Sustantivo
- los radioyentes: *les auditeurs*

Adjetivo
- favorito(a) = preferido(a)

Verbos y expresiones
- compartir: *partager*
- dedicarse a + inf.
- disfrutar = pasarlo bien
- reunirse con alguien: *rejoindre quelqu'un*
- soler (ue) = estar acostumbrado(a) a

Gramática activa

La phrase exclamative
→ Précis 5

Observa

▶ ¡Ay!
- L'exclamation est précédée d'un point d'exclamation à l'envers.

▶ **¡Qué** locura!
- Le mot exclamatif **qué** introduit généralement l'exclamation lorsque celle-ci porte sur un nom, un adjectif, un participe ou un adverbe.

▶ **¡Qué** música **más** buena!

- Lorsque la phrase exclamative n'a pas de verbe et ne comporte qu'un substantif et un adjectif, l'adjectif est précédé de **más** ou de **tan**.

- Lorsque la phrase exclamative comporte un verbe, l'ordre des mots est **¡qué** + **adj.** + **verbe** + **nom***!*

▶ **¡Qué buena es esta música!**

Practica

Traduis.
a. Quel programme intéressant !
b. Que cette fête est joyeuse !

→ Autre exercice p. 136

¡Y ahora tú!

Invito a un(a) amigo(a)
Acabas de llegar a una fiesta y te lo pasas muy bien. Le dejas un mensaje a tu mejor amigo(a) para convencerle de que venga.

→ *¡Tienes que venir a esta fiesta! ¡Qué música más buena hay aquí!*

→ 📖 *Fichier de l'élève, p. 31*

Ariel es una de las estrellas de un famoso club de fútbol español.

Esa noche, solo en casa, entre músicas y películas que no terminaba de ver porque no lograba concentrarse, Ariel supo que llamaría a Silvia. Lo hizo aunque[1] era tarde y ella contestó con voz soñolienta[2]. "Mañana voy a ir al Prado". "Tengo clase", le dijo ella. "Vaya". "Qué pasa, ¿te has vuelto
5 un intelectual en estos días?" "No, llevo mucho sin verte[3] y necesito mirar alguna obra de arte". "Siempre te salen frases muy bonitas", dijo ella sin sonreír al otro lado del teléfono. […]

Ariel paseó sin orientarse por las salas del museo. Luego acercó el oído a un hombre que guiaba[4] a un grupo de escolares. "La mayoría de los
10 grandes pintores trabajaban a sueldo de sus señores y tenían la obligación de retratar a la nobleza, a las damas de la corte[5] con su mejor técnica. Pero Velázquez[6] salió de allí para dar suelta[7] a su talento desbordado. Mirad por ejemplo este retrato de *Pedro de Valladolid*". Guió a los muchachos hasta la pintura cercana, Ariel los acompañó unos pasos por detrás. "El arte
15 español, en todas sus facetas", escuchó Ariel, "ha destacado[8] por ser capaz de contar al tarado[9], al loco, al excéntrico. La representación del país a partir de su cara más negra y tarada es un hallazgo[10] profundamente español".

En la sala de Goya, Ariel ve por fin las pinturas originales que tantas veces ha visto en reproducciones. *Saturno devorando a sus hijos* o *El perro en-*
20 *terrado en la arena*. El grupo de estudiantes le atrapa de nuevo, acompañado por la explicación del profesor. […]
Los alumnos comenzaron a perder interés por la explicación. Un grupo de ellos reparó en[11] Ariel y lo rodearon con los cuadernos abiertos. "¿Y qué haces aquí? ¿Hoy no entrenáis?"

David TRUEBA, (escritor español), *Saber perder*, 2008

David TRUEBA (nacido en 1969)
Es un escritor, periodista, director de cine, y guionista español. Dirigió películas como *Soldados de Salamina* (2002) o *Bienvenido a casa* (2006) con la que obtuvo el premio al mejor realizador en el Festival de cine de Málaga. Recibió el Premio Nacional de la Crítica por su novela *Saber perder* (2008).

1. *bien que*
2. *endormie*
3. *cela fait longtemps que je ne t'ai pas vue*
4. *faisait une visite guidée*
5. *la cour*
6. Datos culturales p. XXX
7. dar suelta = dar rienda suelta: *donner libre cours à...*
8. *se ha hecho famoso*
9. *capable de représenter la tare humaine*
10. *une trouvaille*
11. vio a

LEE Y EXPRÉSATE

1. ¿Quién es Ariel? Enumera los lugares donde estuvo.

2. Precisa todo lo que hizo en casa y por qué. (l. 1-4)

3. Apunta la frase que muestra que Silvia se burla de Ariel y la frase que muestra que lo admira. Explica su actitud. (l. 4-7)

4. Di a quién se acercó Ariel durante su visita al museo. ¿De qué se enteró al escuchar las explicaciones de esta persona? (l. 8-18)

5. Cita los cuadros que interesan a Ariel. ¿Qué puntos comunes tienen? (l. 19-22)

6. Describe la reacción de los alumnos cuando vieron a Ariel. No habrían pensado que un futbolista… (l. 22-24)

RECURSOS

Sustantivos
- el cariño: *la tendresse*
- la complicidad
- el horror
- una obra: *une œuvre*
- una obra maestra: *un chef d'œuvre*
- la violencia

Adjetivos
- nervioso(a)
- sorprendido(a)

Verbos y expresiones
- acercarse a: *se rapprocher de quelqu'un*
- burlarse de: *se moquer de*
- echar de menos: *regretter*
- interesarse por

Datos culturales

El Museo del Prado (Madrid) posee magníficas colecciones de pintura española (Velázquez, El Greco, Goya, Zurbarán...), italiana, flamenca, holandesa, francesa y alemana. Es una de las mayores pinacotecas del mundo, con millones de visitantes al año. Su reciente ampliación ha permitido exponer otras muchas obras maestras que se encontraban almacenadas por falta de espacio.

MIRA Y EXPRÉSATE

1. Di dónde y cuándo fue sacada la foto.

2. Describe lo que está haciendo la gente y para qué.

3. ¿Serías capaz de hacer cola durante horas para visitar un museo?

RECURSOS

Sustantivos
- la entrada
- una exposición
- la fachada: *la façade*

Adjetivos
- aburrido(a) ≠ interesante
- concurrido(a): *fréquenté(e)*
- enriquecedor(a): *enrichissant(e)*
- imponente: *imposant(e)*

Verbos y expresiones
- esperar: *attendre*
- hacer cola: *faire la queue*
- los/las hay que... + 3ª pers. del plural: *il y en a qui...*
- sacar una foto
- valer la pena + inf.

Gramática activa

Le conditionnel → Précis 19

Observa

▶ *Supo que llamaría a Silvia.*

- **Formation des verbes réguliers**
- Verbes en *-ar, -er, -ir* : infinitif + *ía, ías, ía, íamos, íais, ían*.

- **Conditionnels irréguliers**
Comme pour le futur, le radical de certains verbes est modifié :
decir → **diría**
haber → **habría**
hacer → **haría**
poder → **podría**
poner → **pondría**
tener → **tendría**
venir → **vendría**

- Attention : le conditionnel du verbe *querer* (*querría*) est très peu usité.

Il est généralement remplacé par l'imparfait du subjonctif (***quisiera***).

Emploi

- Le conditionnel exprime une action en devenir, une éventualité ou une supposition.

- Il existe également un conditionnel passé à valeur d'antériorité et de virtualité formé avec l'auxiliaire *haber* au conditionnel et le participe passé : ***habría llamado***.

Practica

Conjugue au conditionnel.
a. El chico sabía que su amiga (contestar) y (venir) con él.
b. Según el profesor, este retrato (haber sido) el más famoso del pintor.

→ Autres exercices p. 136

¡Y ahora tú!

Planeamos una actividad de ocio

Le mandas un mensaje a un(a) amigo(a) y le propones visitar un museo el próximo fin de semana. A él/ella no le hace mucha ilusión y te propone otra actividad.

→ –*Mañana, a mí me gustaría... Podríamos...*
–*Pues, yo preferiría...*

→ 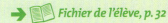 *Fichier de l'élève, p. 32*

La primera corrida

Leer y conversar

B1

Por primera vez Paloma va con su abuelo a ver una corrida.

–Tú calladita, ¿eh? –me dijo el primer día, al salir del metro–. Sobre todo eso. En los toros no se habla. Se mira, se escucha, se aprende, y se está uno callado[1].

5 Yo afirmé con la cabeza varias veces y ni siquiera me atreví[2] a decir que sí. Tenía trece años, una extraña sospecha de la emoción. Le había pedido varias veces que me llevara a los toros y se había echado a reír. Nunca lo habría conseguido si no hubiera aparecido por mi casa el día anterior y me hubiera encontrado sola delante del televisor, viendo el resumen de la primera corrida de la feria mientras mi madre preparaba

10 en la cocina los bocadillos que mi padre y mis hermanos se llevarían al Bernarbeu[3].

–No lo veas ahí –dijo, mientras apagaba la televisión sin consultarme–. En la televisión es feo[4], y es triste, y es sangriento… Espera a verlo en la plaza.

15 Y en la plaza vi la tercera[5] de feria. Pero aunque los toros no hubieran ido solos al caballo[6], aunque el tercero[7] no hubiera sido un regalo para el matador que le cortó una oreja, estoy segura de que yo habría encontrado mi sitio. Miraba el ruedo[8] con los ojos muy abiertos.

–Has tenido suerte, Paloma –me dijo el abuelo al salir–. ¿Te ha gustado?

20 –Mucho.

–¿Quieres venir mañana?

–Sí.

Y fui al día siguiente, y al otro, y al otro, durante más de veinte, casi veinticinco días, y a su lado vi todas las corridas de feria.

Almudena GRANDES (escritora española), *Estaciones de paso*, 2005

Almudena GRANDES (nacida en 1962)
Se la considera una de las mejores novelistas actuales por su capacidad creativa. Entre sus mayores éxitos de edición se cuentan: *Malena es un nombre de tango* (1994), *Atlas de geografía humana* (1998) y *El corazón helado* (2006).

1. *on ne dit rien, on ne parle pas*
2. *je n'ai même pas osé*
3. estadio del Real Madrid
4. *(ici) affreux*
5. la tercera corrida
6. el caballo del picador
7. el tercer toro (en una corrida suelen torearse seis toros)
8. el centro de la plaza

LEE Y EXPRÉSATE

1. Enumera las reglas de comportamiento que hay que seguir en una plaza de toros según el abuelo. ¿Qué indican estas reglas? (l. 1-6)

2. Determina lo que incitó al abuelo a aceptar que Paloma fuera con él a la plaza. (l. 6-14)

3. Explica en qué se diferenciaba la chica de su padre y de sus hermanos. (l. 6-11)

4. De todas maneras, a Paloma le hubiera gustado la corrida aunque…

5. Caracteriza lo que sentía Paloma durante la corrida. ¿Que terminó descubriendo? (l.18-final)

RECURSOS

Sustantivos
- un(a) aficionado(a) a: *un amateur de*
- la complicidad
- el entusiasmo
- el miedo
- la pasión
- un ritual

Adjetivos
- hipnotizado(a)
- respetuoso(a)

Verbos y expresiones
- apetecer = gustar
- en cambio: *en revanche*
- compartir una pasión
- terminar + ger.: *finir par + inf.*

El torero Julio Aparicio en la Plaza Monumental de Barcelona

MIRA Y EXPRÉSATE

1. Identifica el documento y di lo que representa.
2. Describe el traje y la actitud del torero. ¿Qué colores te llaman la atención?
3. Aquí, el que corre peligro es… Justifica tu respuesta.

RECURSOS

Sustantivos
- las banderillas: *les banderilles*
- las calzas: *les chaussettes (les bas)*
- el lomo: *le dos (de l'animal)*
- un pase (de pecho): *une passe*
- un pitonazo = una cornada
- el traje de luces

Adjetivos
- altivo(a) = orgulloso(a)
- determinado(a)
- valiente: *courageux(euse)*

Verbos y expresiones
- correr un peligro: *courir un danger*
- estar condenado(a)
- rozar: *frôler*
- saltar: *sauter*

Gramática activa

❶ L'imparfait du subjonctif
➜ Précis 20.C, 26.B et 27

Observa
▶ *Le había pedido que me llevara a los toros.*

- **Formation :**
  - Verbes en **-ar** : radical + **-ara, -aras, -ara, -áramos, -arais, -aran**.
  - Verbes en **-er** et **-ir** : radical + **-iera, -ieras, -iera, -iéramos, -ierais, -ieran**.

- **Emploi :**
  Dans les complétives, le subjonctif passé est employé systématiquement pour respecter la concordance des temps.

Practica

Conjugue le verbe à l'imparfait du subjonctif.
a. El abuelo estaría contento de que la niña (aceptar).
b. Le pedía que (aprender) ella.

➜ Autres exercices p. 136

❷ *Si* + subjonctif imparfait ou plus-que-parfait
➜ Précis 25.C

Observa
▶ *Nunca lo habría conseguido si no hubiera aparecido.*

- Avec une proposition principale au conditionnel présent ou passé, le verbe de la subordonnée de condition se met au subjonctif imparfait ou plus-que-parfait.

Practica

Conjugue les verbes comme il se doit.
a. Me quedaría sola si mi abuelo no (aceptar) llevarme con él.
b. Si mi abuelo no las (conocer) yo no habría descubierto las corridas.

➜ Autres exercices p. 136

¡Y ahora tú!

Intercambio impresiones sobre la corrida

Un(a) amigo(a) te ha invitado a asistir con él/ella a una corrida de toros. Al salir de la plaza, intercambiáis vuestras impresiones.

→ *–¿Qué te ha parecido? ¿Te ha gustado?*
–Nunca habría venido si no hubieras insistido…

➜ 📖 *Fichier de l'élève, p. 32*

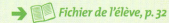

Pasión por el fútbol

Desde su asiento en el sillón, Antonio miraba a su hija despedir a los últimos de sus amigos. Era lo malo de las fiestas infantiles. […] Rosario se acercó.

–¿Te gustó el rompecabezas[1]?

5 –¿La verdad?

–Sí, la verdad.

–No, no me gustó. Yo quería un póster del Cruz Azul[2].

–¿En serio? Están jugando de la chingada[3] –dijo Antonio divertido.

–Pero es EL equipo –respondió Rosario… y Antonio la miró sacar

10 una libreta[4].

–¿La recuerdas?

–¿Dónde diablos la hallaste?

–Si te digo, no me crees.

–¿Me la vas a dar?

15 –No.

–Pero si es mía.

–Me vale, pero yo la encontré.

De pronto, la voz de Amintia llegó desde la cocina.

–¿De qué tanto hablan?

20 –¡Del rompecabezas que me regaló papá! –respondió Rosario, para luego bajar la voz al tiempo que mostraba con su índice la tapa de la libreta donde aparecía el Cruz Azul. […]

–Así que preferías un póster del Cruz Azul –dijo Antonio.

–Sí. ¿Me lo consigues?

25 –¿Aunque estén jugando pésimo[5]?

–No importa. Soy cementera[6], pierdan o ganen.

–Debo irme. El sábado, ¿te parece? Traeré boletos[7] para ir a ver a la Máquina contra los Tecos[8].

–¡Órale[9]!

30 –No, lo siento –intervino Amintia. Me obsequiaron boletos para un concierto… No creerás que voy a desperdiciarlos por un partido de fútbol. ¿Verdad?

Antonio estaba de pie poniéndose la chamarra[10]. "El equipo era el equipo".

35 Antes de salir, su hija le sonrió mandándole un beso.

Juan HERNÁNDEZ LUNA (escritor mexicano), *Tijuana dream*, 2008

---

1. puzzle
2. club de fútbol profesional mexicano
3. (amer., fam.) Ils jouent comme des pieds
4. un petit cahier
5. affreusement mal
6. soy una aficionada del Cruz Azul
7. (amer.) entradas
8. equipos de fútbol mexicanos
9. (amer.) Vale, de acuerdo
10. (amer.) la chaqueta, el abrigo

LEE Y EXPRÉSATE

1. Después de leer el texto, presenta a los tres protagonistas.

2. Di qué regalo le hizo Antonio a Rosario. ¿Acertó? (l. 1-9)

3. Apunta los planes que tienen respectivamente el padre y la madre para el sábado. (l. 30-34) ¿Se completan o se oponen?

4. Lo bueno de la relación que existe entre padre e hija es que…

RECURSOS

Sustantivos
- el estadio
- los planes = los proyectos
- la sinceridad

Adjetivos
- cómplice
- mutuo(a)
- sincero(a)

Verbos y expresiones
- acertar (ie): *tomber juste*
- llevar a alguien a…: *emmener quelqu'un à / au.*
- tratarse con confianza: *se faire confiance*

QUINO (dibujante argentino), in *¡A mí no me grite!*, 2007

MIRA Y EXPRÉSATE

1. Describe la situación inicial.

2. Detalla lo que está haciendo cada uno de los jugadores. (2ª escena)

3. Después de observar las últimas dos escenas, explica lo que pasó. Lo malo del gol es que…

RECURSOS

Sustantivos
- los auriculares: *les écouteurs*
- la boina: *le béret*
- el defensa
- el delantero: *l'avant (au football)*
- las gafas: *les lunettes*
- los jugadores: *les joueurs*
- el locutor: *le commentateur, le journaliste (sportif ici)*
- los pedazos: *les morceaux*
- el portero: *le gardien*

Verbos y expresiones
- destrozar: *détruire*
- gritar: *crier*
- meter un gol: *marquer un but*
- por todas partes: *partout*
- tan(to)... que: *si, tellement... que*

Gramática activa

❶ *Lo* + adjectif → Précis 6.D

Observa
▶ **Lo malo** *de las fiestas infantiles.*

- Pour donner une valeur de substantif à un adjectif ou éviter de rendre "ce qui est" par *lo que es*, l'espagnol peut employer simplement *lo* + **adjectif**.

Practica
Traduis.
a. Ce qui est amusant, c'est ce poster.
b. Ce qui est intéressant, c'est le choix d'une passion.

→ Autre exercice p. 137

❷ Les pronoms possessifs
mío, tuyo, suyo → Précis 9.B

Observa
▶ *Es **mía** (la libreta).*

- Les pronoms possessifs permettent d'établir une relation de possession (« à moi », « à toi », …). Ils s'accordent en genre et en nombre avec le nom auquel ils se rapportent.

	Singulier	
1ʳᵉ pers.	mío, mía/nuestro, nuestra	
2ᵉ pers.	tuyo, tuya/vuestro, vuestra	
3ᵉ pers.	suyo, suya	

	Pluriel	
1ʳᵉ pers.	míos, mías/nuestros, nuestras	
2ᵉ pers.	tuyos, tuyas/vuestros, vuestras	
3ᵉ pers.	suyos, suyas	

- Ces possessifs peuvent être précédés d'un article défini.
  ▶ *Es **la mía**.*

Practica
Imite l'exemple.
Es mi libreta. → Es mía.
a. Es su asiento.
b. Son tus gafas.
c. Es mi rompecabezas.

→ Autre exercice p. 139

¡Y ahora tú!

Comento un partido de fútbol

Trabajas de locutor(a) en una radio y has asistido a un partido de fútbol increíble. Comentas con emoción sus diferentes etapas.

→ *Lo más espectacular de la primera parte ha sido… Lo increíble…*

→ 📖 *Fichier de l'élève, p.31*

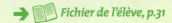

Talleres de comunicación

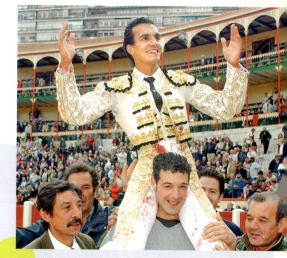

Una tarde de triunfo para el torero César Jiménez en la Feria de Julio de Valencia

TALLER DE COMPRENSIÓN ORAL

Tarde de fiesta

Objectif **B1** : comprendre la description d'une corrida.

🔧 : le lexique de la corrida, de la fête, de la cruauté.

1. Primera escucha completa

a. Apunta las palabras que se repiten a lo largo de la canción. ¿Qué acontecimiento se evoca?

2. Primera y segunda estrofas

b. ¿Qué palabras comprendes? ¿Qué ambiente crean?

3. Tercera, cuarta y quinta estrofas

c. Explica todo lo que le pasa al toro citando la letra.

d. Apunta las palabras que se refieren a las reacciones del público.

4. Cuarta y quinta estrofas

e. Cita el verso que se repite dos veces. ¿Qué revela sobre los sentimientos del torero?

RECURSOS

Sustantivos
- la crueldad
- la letra: *les paroles (ici)*
- el enfrentamiento: *l'affrontement*

Adjetivos
- culpable
- festivo(a)

- herido(a): *blessé(e)*
- sangriento(a)

Verbos y expresiones
- celebrar: *fêter*
- ensañarse con: *s'acharner sur*
- morir (ue, u)
- sangrar: *saigner*

TALLER DE EXPRESIÓN ORAL

¿Te emociona?

Objectif **A2/A2+** : exprimer un point de vue sur un loisir.

🔧 : le lexique des loisirs et de l'émotion, *lo* + adj., le conditionnel.

⏱ Temps de parole : 3 minutes.

Observa la publicidad y exprésate.

a. Di lo que representa la foto y explica el mensaje de la publicidad.

b. Explica si podrías emocionarte al escuchar la radio como el chico de la foto.

c. Cuenta a tus compañeros si sueles escuchar mucho la radio o si prefieres, por ejemplo, la tele o Internet. Precisa por qué.

RECURSOS

Sustantivos
- un acontecimiento: *un événement*
- una lágrima: *une larme*
- una noticia: *une nouvelle*
- un testimonio: *un témoignage*

Adjetivos
- emocionante: *émouvant(e)*
- hermoso(a) = bello(a)

Verbos
- impactar: *toucher, impressionner*
- llorar: *pleurer*

Escucha Real Madrid Radio en el 94.2 de tu FM en Madrid y en www.realmadrid.com para el resto del mundo.

¿Con qué frecuencia te emocionas?

TALLER DE INTERNET TICE

Organiza una visita del Prado para la clase

Conéctate a: http://www.museodelprado.es/

1. Busca información

a. Haz clic en *Tu visita* y en *Grupos*. Infórmate sobre las visitas: días, horarios, precio, duración, composición del grupo, acceso.

b. En el portal, haz clic en *Colección* y *Qué ver*. Pincha en *3 horas* y selecciona las obras de tres pintores españoles.

c. Para cada obra, apunta los datos, el número de la sala y lee o escucha los comentarios.

2. Organiza la visita

d. Vuelve a *Colección*, haz clic en *Plan de colecciones* y en *Infografía* y prepara tu recorrido: *Primero entraremos por... Luego iremos a...*

e. Presenta a tus compañeros vuestra futura visita del museo.

RECURSOS

Sustantivos
- la planta: *l'étage*
- el recorrido = el trayecto

Verbos
- bajar: *descendre*
- subir: *monter*

TALLER DE VÍDEO  **DVD** *Ocio joven*

Ocio joven nocturno en Leganés (Madrid)

1. Fíjate

a. Observa el fotograma. ¿De qué se trata? ¿Es algo que se puede hacer?

2. Mira y escucha

b. Identifica a los que se expresan a lo largo del reportaje. ¿Dónde fueron filmados? ¿Qué tienen en común?

c. Enumera las actividades que propone el programa. ¿Cuáles son los objetivos?

d. Da dos características del ayuntamiento de Leganés.

3. Exprésate

e. Di si te parece útil esta iniciativa.

f. Explica de qué manera podrías participar en este programa de ocios.

Una pintada que no molesta a nadie

RECURSOS

Sustantivos
- el ayuntamiento: *la mairie*
- el grafitero = el que hace pintadas *(graffiti)*
- un pinchadiscos: *un DJ*

Adjetivo
- prohibido(a): *interdit(e)*

Verbos y expresiones
- aburrirse: *s'ennuyer*
- evitar hacer algo: *éviter de faire quelque chose*
- molestar: *déranger, gêner*
- participar en: *participer à*

Lengua activa

L'enclise → *Gramática activa* p. 125, Précis 30

1 **Fais l'enclise si nécessaire.**

a. Cuando el joven estaba en el cine, tenía que (se/callar).

b. Bailando yo solía (me/lo/pasar) bien.

c. Te lo digo: ¡(le/llama) a tu padre y (le/di) dónde estás!

d. Con las explicaciones del guía, podemos (lo/comprender) todo.

e. Lleva mucho tiempo sin (te/ver).

f. ¡No (lo/digas) así y (me/explica) lo que quieres decir.

La phrase exclamative → *Gramática activa* p. 127, Précis 5

2 **Traduis.**

a. Quel beau musée !

b. Quelles peintures originales !

c. Quels étudiants sérieux !

d. Quel film intéressant !

e. Que cette musique est belle !

f. Que ce tableau est étonnant !

Le conditionnel → *Gramática activa* p. 129, Précis 19

3 **Conjugue les verbes au conditionnel présent.**

> *te llamaría*

a. En el cine, … (haber) mucha gente.

b. Me… (gustar) mucho saber bailar la salsa.

c. Los museos… (deber) ofrecer entradas gratis a los jóvenes.

d. Sin las explicaciones del profesor, los alumnos… (perder) interés por estas pinturas.

e. … (ser) normal acudir a las fiestas del pueblo.

f. Yo lo… (hacer) todo para asistir a una corrida.

4 **Conjugue les verbes au conditionnel passé.**

> *te habría llamado*

a. Antes de decirlo, (nosotros/deber) pensarlo.

b. (Ser) interesante visitar el museo y ver la exposición.

c. Para ver esta película (vosotros/ser) capaces de esperar varias horas.

d. Con este guía (tú/ver) las obras más relevantes.

e. Al chico (gustarle) que la chica lo acompañara.

f. De saberlo, ellos (decírtelo).

L'imparfait du subjonctif → *Gramática activa* p. 131, Précis 20.C, 26.B et 27

5 **Conjugue ces verbes réguliers à l'imparfait du subjonctif.**

a. Los bailadores querían que el programa de música… (empezar).

b. El chico quería que su amigo… (acompañarlo) al museo.

c. Era indispensable que el profesor… (explicar) el cuadro.

d. El abuelo no creía que el niño… (comprender) lo que leía.

e. No queríamos que el equipo… (salir).

f. No era posible que el padre… (permitirle) irse de viaje.

6 **Conjugue ces verbes irréguliers à l'imparfait du subjonctif.**

a. Era normal que los estudiantes… (poder) acceder a esta sala.

b. El profesor estaba contento de que los alumnos… (tener) interés en la lección.

c. Sabíais que no era posible que… (iros) al Prado.

d. No te gustaba que tu hermano… (venir) con este chico.

e. El padre trabajaba mucho para que sus hijos… (estar) en esta academia.

f. Sería mejor que tú… (saber) si te gusta bailar la salsa.

Si + subjonctif imparfait ou plus-que-parfait → *Gramática activa* p. 131, Précis 25.C

7 **Mets les verbes entre parenthèses à l'imparfait du subjonctif.**

a. Si los ordenadores no (existir) no podríamos mandar correos electrónicos.

b. No podríais ver la película si no (comprar) entradas.

c. Resultaría ridícula si (ponerme) a bailar.

d. Si el chico (llevar) mucho tiempo sin acudir al museo lo pasaría fatal.

e. Usted se quedaría delante de los cuadros si (tener) más tiempo.

f. Si tú (estar) en casa yo vendría a verte.

8 **Mets les verbes entre parenthèses au plus-que-parfait du subjonctif.**

a. No te habrías caído si no (subir) estas escaleras.

b. Los alumnos habrían perdido interés por las pinturas si el profesor no (dar) explicaciones.

c. Si el museo (abrir) sus puertas temprano, habría habido más visitantes.

d. Si la niña (llorar), el abuelo no la habría llevado más.

e. No habríamos visto la película si no (haber) un retraso.

f. Si el joven (seguir) hablando, nos habrían echado a la calle.

9 Complète les phrases en utilisant soit le conditionnel soit l'imparfait du subjonctif.

a. Si tú (querer) acompañarme, yo (estar) muy contenta.

b. Los chicos (quedarse) delante del ordenador si los padres (aceptarlo).

c. Nosotros no (esperar) a Alex si no (ser) nuestro amigo.

d. Todos (estar) bailando si (haber) música.

e. Si mi padre no (ir) a ver este partido de fúbol, ¡qué desilusión (ser) para él!

f. Si (haber) un cine en el barrio, yo (ir) los domingos.

Lo + adjectif
➡ *Gramática activa* p. 133, Précis 6.D

10 Transforme les phrases selon le modèle.

Lo que es malo es comer mucho. → Lo malo es comer mucho.

a. Lo que es interesante en este texto es la actitud del personaje.

b. Lo que es extraño es la ausencia de acción.

c. Lo que era lógico era que la chica acompañara a su abuelo.

d. Lo que es difícil es comprender lo que pretende el poeta.

e. Lo que era bonito eran las frases que decía el chico.

f. Para mí lo que es atractivo es la pintura moderna.

Les pronoms possessifs *mío, tuyo, suyo*
➡ *Gramática activa* p. 133, Précis 9.B

11 Utilise les pronoms possessifs comme dans l'exemple.

Es mi libreta. → Es mía.

a. Es mi retrato.

b. Son mis billetes.

c. Es música de tu país.

d. Es la pintura de tu abuelo.

e. Son sus libros.

f. Son vuestras opiniones.

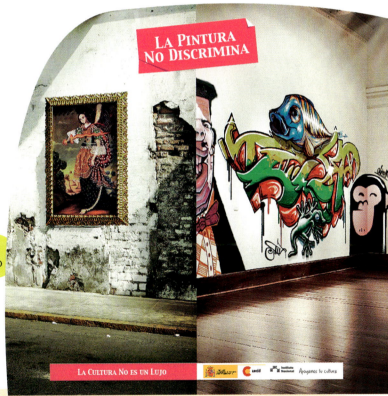

Lo clásico y lo moderno

➡ 📖 *Fichier de l'élève p. 32*

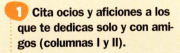

1 Cita ocios y aficiones a los que te dedicas solo y con amigos (columnas I y II).

2 Di lo que representan estos ocios y aficiones para ti.

3 Di adónde preferirías ir para ocupar tu tiempo libre (columna III).

I - OCIOS
las actividades culturales
los deportes
los proyectos, los planes
enriquecedor(a)
festivo(a)
divertirse (ie,i), entretenerse (ie)
ir al museo, al teatro, al estadio
leer libros
oír música
pasarlo bien
practicar un deporte
tocar el piano
ver películas

II - AFICIONES
la afición a
un aficionado
las emociones
el entusiasmo
la pasión
un ritual
apasionado(a)
entusiasta
popular
dedicar el tiempo libre
hacerlo todo para
lo que más me gusta
preferir (ie,i)

III - LUGARES PARA ENTRETENERSE
el cine
la discoteca
el museo
el parque de atracciones
la plaza de toros
la sala de concierto
el salón recreativo
el teatro
el zoológico

Panorama

¡Pasárselo en grande!

En España...

A ...los parques temáticos son históricos

Seguro que ya has visitado parques temáticos, estos lugares de ocio y diversión familiar que te aíslan[1] del entorno cotidiano para hacerte vivir durante unas horas en un mundo mágico. En España, estos parques ¡no sólo te permiten divertirte sino que también te hacen descubrir, de manera viva y realista, particularidades históricas de una región o un país!

¿Quieres vivir la aventura de las civilizaciones mediterráneas? En Terra Mítica (Benidorm) disfrutarás de ambientes muy diversos dedicados a Egipto, Roma y la antigua Grecia.

¿Deseas ver de cerca el mundo maya? Puedes darte una vuelta[2] por el parque Isla Mágica (Sevilla). Allí descubrirás atracciones como la Fuente de la Juventud, Quetzal o El Dorado.

¿Quieres asaltar[3] las torres de un castillo mudéjar? Puedes hacerlo en el Parque Temático del Mudéjar (Olmedo) que propone reproducciones miniaturas de monumentos de la Castilla y León del siglo XIII al XVI.

¡Qué manera más original y divertida de aprender la historia!

1. aislar: *isoler* 2. *faire un tour* 3. asaltar: *prendre d'assaut*

Para saber más:
http://www.terramiticapark.com/es
http://www.islamagica.es/home.html
http://www.pasionmudejar.com

Terra Mítica:
la aventura al alcance
de la mano...

B ...el deporte invade las ciudades

Si quieres hacer deporte, ¡España es el lugar ideal! Desde hace poco, algunos ayuntamientos convierten por un día su ciudad en un gigantesco centro de ocio. Así, cada 14 de junio, Madrid se transforma en una gran pista deportiva. Da igual la edad que tengas[1], en ese día tienes la oportunidad de utilizar de manera gratuita todos los centros deportivos municipales para probar las actividades con las que siempre has soñado. Voley, fútbol, tiro con arco, mini motos, gimnasia artística, actividades subacuáticas... Éstas son algunas de las disciplinas que también podrás descubrir en Palma de Mallorca en el mes de mayo durante la muy exitosa jornada lúdico-deportiva.

Con iniciativas de este tipo, los ayuntamientos desean incitar a la gente a practicar deporte. Y tú, ¿a qué esperas para ponerte las zapatillas[2]?

1. *Peu importe ton âge* 2. *chaussures de sport, tennis*

Practicando judo en plena ciudad

En Latinoamérica...

Listos para el combate

C

... ¡la lucha libre es todo un espectáculo!

Si vas a México, ¡no te pierdas la oportunidad[1] de asistir a un espectáculo de lucha libre! Lo más impresionante en el ring son, sin duda alguna, las acrobacias, los saltos y las llaves[2], como en un combate de catch. La gran diferencia es que los luchadores llevan una máscara para representar personajes específicos, lo que aporta un aspecto teatral. Esta mezcla de deporte y secuencias teatrales hace de la lucha libre una de las aficiones más populares en México. Así lo explica Skándalo, luchador profesional de 26 años: "La lucha es parte de nuestra cultura y folclore, en ningún lado provoca tantas emociones". Los aficionados a este deporte proceden de todas las clases sociales: "Todos vienen a desestresarse, a gritar lo que no pudieron gritar en el trabajo, en el tráfico, aquí tienen la libertad de hacerlo."

1. *ne rate pas l'occasion de...* 2. *prises*

 **Para saber más:**
http://www.elportaldemexico.com/otros/costumbres/luchalibre.htm

D

...no se le resiste a la telenovela

Si te gusta soñar despierto, ¡las telenovelas son para ti! Conocido como "culebrón" en Venezuela, "teleserie" en Chile, "teleteatro" o "tira" en Argentina y "seriado" en Colombia, este género televisivo ritma el día a día de toda Latinoamérica.
La receta de estas historias de amor es muy simple: siempre se trata de una protagonista pobre que se enamora de un hombre guapo y rico. Tendrá que luchar contra personas malintencionadas y superar innumerables obstáculos para casarse con él y vivir feliz. Pero la sociedad evoluciona, y los guiones[1] van cambiando, por eso ahora triunfan más aquellos, por ejemplo, en los que el protagonista es un narcotraficante capaz de acabar sucumbiendo al amor.
Para Alberto Barrera Tyszka, escritor y guionista de telenovelas, el éxito del género es debido a que "todos llevamos dentro un ser muy cursi[2]. Por eso se establece una conexión inmediata entre los protagonistas y los espectadores. Incluso aquellos a los que les da vergüenza[3] reconocerlo terminan viéndolas".

Los actores principales de la telenovela argentina *Amor infiel*

1. *les scénarios,* guionista: *scénariste* 2. *mijaurée* 3. *Même ceux qui ont honte de*

¿A ver si lo sabes?

1. Di dónde y cómo le gusta divertirse a la gente en España, precisando el papel que desempeñan muchos ayuntamientos. **(A y B)**

2. Describe la afición que reúne a todos los mexicanos. **(C)**

3. Define lo que son las telenovelas y apunta los diferentes nombres que llevan en América Latina. **(D)**

4. Haz el retrato del espectador típico y di por qué tienen éxito las telenovelas. **(D)**

Proyecto final

Os gustaría planear un viaje de fin de curso a España. En grupos, decidís preparar vuestro viaje en un "blog". Tenéis que:

→ encontrar un título impactante para el blog.

→ proponer actividades culturales y festivas para un día entero de ocio.

→ animar un foro de discusión para seleccionar dos actividades culturales y dos actividades festivas.

→ ilustrar el blog con fotos sacadas de Internet de los sitios a los que queréis ir.

Evaluación

→ 📖 Fichier de l'élève, p. 33

COMPRENSIÓN ORAL

El Parque de las Ciencias

Descubriendo la energía solar
en el Parque de las Ciencias de Granada

→ **Objectif A2+** : comprendre les atouts et l'offre d'activités d'un parc thématique.

Escucha la grabación, contesta las preguntas y completa.

A2
a. Di en qué ciudad se encuentra el Parque de las Ciencias.
b. El Parque de las Ciencias es... Sus salas permiten..., de manera...
c. Todas las actividades son... de forma que el visitante...
d. Di dónde y cómo pueden jugar los niños.

A2+
e. Cita dos nuevas atracciones del parque y di para qué sirven.

Sustantivos
- una exhibición = una exposición
- un legado cultural: *un héritage culturel*

Verbo
- experimentar: *tester*

COMPRENSIÓN ESCRITA

No me gusta el arte contemporáneo

→ **Objectif A2+** : comprendre une opinion sur l'art.

Hace ya mucho que, cuando visito un museo, mi paso se acelera al llegar a las salas de lo que se suele llamar "arte contemporáneo", es decir, a grandes rasgos[1], el producido entre 1965 y la actualidad. Rara es la obra que me invita a detenerme ante ella más de un
5 minuto. Me aburro mirándolas, porque apenas hay nada que desentrañar[2]. A lo sumo[3] son "bonitas", pero de la misma manera en que resulta bonito un mueble. Por supuesto, no me molesta la exhibición de "arte contemporáneo" en dichas salas: nadie me obliga a entrar. Sí me molestan, en cambio, y mucho, las supuestas obras
10 artísticas que instalan las autoridades en las calles y las que pintan los grafiteros en un muro, una fachada, un vagón de metro...

Javier Marías (escritor español), *La idiotez del no saber por qué*, 2009

1. en gros **2.** il n'y a aucun sens profond **3.** Tout au plus

Lee el texto y contesta.

A2
a. Enumera las reacciones que tiene el narrador frente a las obras de arte contemporáneo de los museos.
b. Apunta con qué compara estas obras.

A2+
c. Determina lo que no le molesta al narrador y lo que sí le molesta. Justifica su opinión.

¿Nos acompañas?

El Liceu o Liceo, el mayor teatro de Barcelona

→ **Objectif** **B1** **:** exprimer ses préférences en matière de loisirs.

⏱ Temps de parole : 4 minutes.

a. Aclara lo que te propone esta publicidad e identifica quién es el patrocinador del programa.

b. Describe a los artistas y al público y di lo que están haciendo. ¿Qué es lo sorprendente?

B1 **c.** Si tuvieras la oportunidad, di si preferirías asistir a una ópera, a un concierto de música clásica o a un ballet. Justifica tu elección.

RECURSOS

Sustantivos
- la edad: *l'âge*
- un(a) cantante
- un contraste
- el patrocinador: *le sponsor*
- un(a) pianista

- vestidos de gala: *des habits de soirée*
- un violinista

Adjetivos
- cautivado(a): *captivé(e)*
- informal: *décontracté(e)*

Expresión
- proponer + inf.: *proposer de + inf.*

¿A favor o en contra del arte?

→ **Objectif** **B1** **:** faire part d'un goût personnel.

⏱ Temps de parole : 4 minutes.

Por grupos de 4, organizad un debate:

Previamente, tenéis que encontrar en Internet o en vuestro libro una obra de arte contemporáneo, un cuadro de Velázquez y una pintada *(un graffiti)*.

B1 **Alumnos A, B, C:** cada uno va a defender la forma artística que más le gusta y criticar las otras obras justificando su punto de vista.

Alumno D: aunque no te interesas mucho por el tema del arte, debes darles razón a los tres resumiendo sus puntos de vista.

El placer de leer

→ **Objectif** **B1** **:** rédiger un bref article pour défendre la lecture.

✏ Nombre de mots : 45-50.

Con motivo del Día del libro, redacta una crónica que salga en defensa de la lectura.

B1 Con ayuda de la publicidad, indica argumentos personales. Empieza con una breve frase introductiva y termina con otra de conclusión.

Nuevo Mundo

Mémoire
Sentiment d'appartenance
Visions d'avenir

ACTIVITÉS DE COMMUNICATION B1

Écouter

Comprendre un document radio sur la conquête de l'Amérique.
Comprendre la conquête de l'empire inca et ses conséquences.

Lire

Aborder des réalités historiques à travers la littérature.

Parler en continu

Exprimer de l'admiration pour les monuments d'une grande civilisation.
Convaincre de faire un voyage dans une région pleine de richesses culturelles.
Décrire un costume traditionnel.

Parler en interaction

Exprimer l'interdiction dans un jeu de rôle mettant en scène indigènes et conquistadors.

Écrire

Imaginer la suite d'une légende.
Indiquer ses motivations pour gagner un voyage.

OUTILS LINGUISTIQUES

- *Al* + infinitif (p.147)
- Les équivalents de « devenir » (p.149)
- Les numéraux (p.151)
- Les verbes comme *decidir* (p.153)
- L'impératif négatif et la défense (p.155)
- Les adjectifs possessifs (p.157)

Proyecto final

→ Por parejas, formad en clase un Tribunal de la Historia. Unos hacen de defensores de los indios, otros de defensores de los españoles.

1 **P**irámides mayas, Palenque, México

RECURSOS

Sustantivos
- las civilizaciones precolombinas
- la colonización
- el descubrimiento: *la découverte*
- la evangelización
- un(a) indio(a)
- la mezcla: *le mélange*
- la religión
- los vestigios

Adjetivo
- mestizo(a): *métis(se)*

Verbos
- colonizar
- descubrir
- hacer de: *jouer le rôle de...*

2

Estatua de Cristóbal Colón, Guanajuato, México

3

Danza indígena en el Zócalo de México

Y tú, ¿cómo lo ves?

1. Describe las tres fotografías. ¿Qué períodos históricos evocan?

2. ¿Qué simbolizará la estatua de Colón?

3. Explica lo que simbolizan las pirámides y la iglesia para ti.

El descubrimiento de América

B1 El descubrimiento de América

Escuchar

Dióscoro TEÓFILO PUEBLA TOLÍN (pintor español)
*Primer desembarco de Cristóbal Colón
en América*, 1862

Datos culturales

A finales de la Edad Media se realizó una de las empresas más grandes en la historia de la humanidad: **el descubrimiento de América**, el encuentro de dos mundos, de dos culturas. El 12 de octubre de **1492** la expedición dirigida por **Cristóbal Colón** llegó a una de las islas de las Antillas. Colón pensaba haber encontrado una nueva ruta hacia las Indias, pero en realidad llegó a un nuevo continente: América.

1 Observa el cuadro

a. Di qué acontecimiento histórico representa el cuadro.
b. Precisa quiénes son los dos grupos de personas. Describe su actitud.

2 Escucha e identifica

c. He oído las voces de... El documento es... Trata de...
d. Los ruidos indican que la escena tiene lugar... El tono de las voces y la música muestran que...
e. Cita el nombre y las profesiones de los miembros de la expedición.

3 Profundiza

f. Precisa exactamente dónde transcurre la escena.
g. Anota los verbos que describen la llegada del almirante. ¿Cómo te parece la escena?
h. Define el tono del almirante y di lo que busca. ¿Qué contraste observamos?
i. Di cuándo tuvo lugar este acontecimiento. Lo original de la grabación es que...

4 Resume y exprésate

j. Cuenta el descubrimiento de América y precisa las intenciones de los españoles.

➔ *Fichier de l'élève p.34*

RECURSOS

Sustantivos
- un acontecimiento: *un événement*
- un almirante: *un amiral*
- el código Morse
- los conquistadores
- una gaviota: *une mouette*
- los indios
- una noticia de última hora: *une information de dernière minute*
- el suspense

Adjetivos
- aterrorizado(a)
- conmovedor(a): *émouvant(e)*
- grosero(a): *grossier(ère)*
- solemne: *solennel*
- triunfalista

Verbos y expresiones
- caer de rodillas: *tomber à genoux*
- clavar: *planter*

Fonética

a. Escucha las palabras y clasifícalas según oigas "r" como "María" o "rr" como "guitarra".

La "r" de María	La "rr" de guitarra

b. Repite estas palabras en voz alta.

B1 La conquista del imperio inca

Escuchar

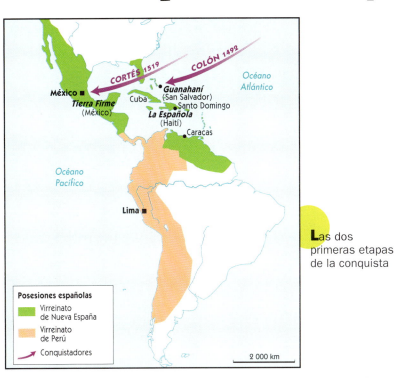

CORTÉS 1519
COLÓN 1492
Océano Atlántico
México ■
Tierra Firme (México)
Cuba
Guanahaní (San Salvador)
Santo Domingo
La Española (Haití)
Caracas
Océano Pacífico
Lima ■

Posesiones españolas
- Virreinato de Nueva España
- Virreinato de Perú
- Conquistadores

2 000 km

Las dos primeras etapas de la conquista

Datos culturales

Los conquistadores. Entre 1519 y 1521 Hernán Cortés conquistó México, destruyendo el imperio azteca. Unos años después, **Francisco Pizarro** salió de Panamá y llegó a las costas del imperio inca donde capturó al empera-dor Atahualpa. Más tarde conquistó la capital Cuzco y la totalidad del imperio.

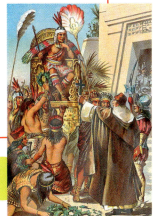

Encuentro entre los españoles y el emperador inca

---

1 Observa el mapa

a. A partir del mapa cita las dos primeras etapas de la conquista de América y di cuándo tuvieron lugar.

b. A partir de los *Datos culturales* di quién empezó la tercera etapa de la conquista y qué imperio conquistó.

2 Escucha e identifica

c. He oído las voces de... El documento trata de... Lo digo porque he oído las palabras...

d. Identifica los ruidos, el tipo de música y las lenguas habladas. ¿Qué evocan?

3 Profundiza

e. Di cuándo y dónde desembarcaron los españoles. ¿Qué sabes de su jefe?

f. Precisa cuáles fueron las ventajas de los españoles.

g. Cita las dos ciudades importantes conquistadas por los españoles y di todo lo que destruyeron.

h. Muestra cómo se manifestó la dominación española y cómo supieron resistir los incas.

i. Di qué lengua hablaban los incas. ¿Sigue siendo una lengua importante? ¿Por qué?

4 Resume y exprésate

j. Cuenta la conquista del imperio inca.

→ 📖 *Fichier de l'élève* p. 35

RECURSOS

Sustantivos
- una armadura: *une armure*
- una matanza: *une tuerie*
- la pólvora: *la poudre*
- un puerco = un cerdo: *un porc*
- una túnica

Adjetivos
- andino(a): *andin(e)*
- pujante = potente: *puissant(e)*

Verbos y expresiones
- adorar
- convertir (ie, i): *(ici) transformer*
- destruir

Fonética

a. Escucha la grabación y completa las palabras siguientes con "an", "en", "em", "in" o "im".

...perio – ...ca – puj...te – des...barcaron – al m...do de – Fr...cisco – la v...taja – los ...vasores – el t...plo del sol – los l...gotes

b. Repite estas palabras en voz alta.

Las pirámides de Teotihuacán

Leer y hablar

A2+

Una mañana de sábado, me encontré con Griselda, el Beto y el Marrufo camino a Teotihuacán. Griselda no conocía las pirámides. Si el Marrufo no había visto aún las pirámides, el Beto, en cambio, conocía el terreno como la palma de su mano por haberse ganado la vida un tiempo ahí, vendiendo
5 idolillos de barro[1] a los turistas. [...]

Hablaba sin parar[2], esforzándose en pintar a las prodigiosas construcciones prehispánicas con colores que delataban una invencible devoción. Al final señaló[3] a Griselda emocionado el punto donde las pirámides empezaban a emerger en la distancia, imponiendo su volumen al paisaje, como mágicas
10 montañas artificiales levantadas por un dios arquitecto sobre el fondo azul del horizonte. Yo, que no había vuelto al sitio desde una remota visita de la escuela muchos años atrás, comprendí de inmediato por qué despertaban en[4] el Beto esa veneración casi religiosa. [...]

Pasamos la jornada mezclados con los turistas. Subimos varias veces a
15 las pirámides del Sol y de la Luna. Recorrimos hasta el cansancio la Calzada de los Muertos. Nos quedamos horas enteras en el templo de Quetzalcóatl. Al acercarse la noche, los puestos de artesanía y curiosidades cerraron. El último visitante se alejó rumbo a[5] su cálida civilización. Regresó a la luz eléctrica, a los familiares neones de las avenidas, a los fanales[6] de los autos y
20 las cambiantes luces de los semáforos. Teotihuacán quedó solo y envuelto en sombras[7].

Antonio SARABIA (escritor mexicano), *El retorno del paladín*, 2005

1. *des statuettes en terre cuite*
2. *sans s'arrêter*
3. indicó
4. *elles éveillaient chez*
5. *s'éloigna en direction de*
6. *lumière des phares*
7. *entouré d'ombres*

LEE Y EXPRÉSATE

1. Identifica a los protagonistas, precisa adónde van y di en qué se diferencian. (l. 1-4)
2. Cita las palabras y expresiones que indican la admiración del Beto por las pirámides y explícala. (l. 6-13)
3. Enumera lo que hicieron los amigos durante la jornada y valora esta enumeración. (l. 14-16)
4. Di qué pasó al acercarse la noche y lo que quiere sugerir el autor.
5. Di qué impresión ofrece el sitio de noche. (l. 21-22)

RECURSOS

Sustantivos
- el contraste
- el encanto: *le charme, l'enchantement*
- la personificación
- una revelación

Adjetivos
- admirativo(a)
- incansable: *infatigable*
- maravillado(a): *émerveillé(e)*
- misterioso(a)

Verbos y expresiones
- atraer: *attirer*
- compartir (admiración): *partager*
- contrastar con
- mientras que: *tandis que, alors que*

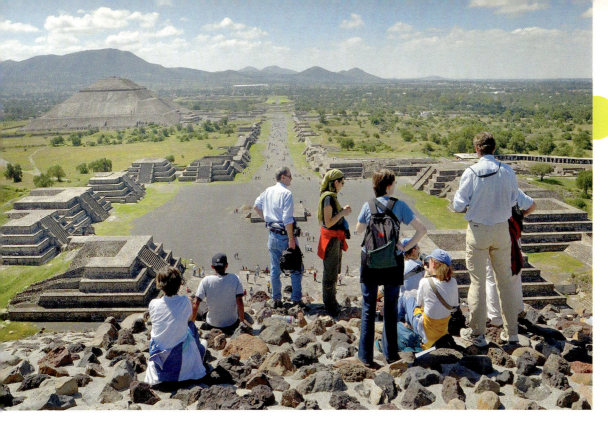

Teotihuacán, las pirámides del Sol y de la Luna

MIRA Y EXPRÉSATE

1. Di lo que se ve en la foto.

2. Al contemplar este paisaje, ¿qué impresión pueden tener los visitantes?

3. Relaciona esta foto con el texto: los turistas me hacen pensar en... ya que...

RECURSOS

Sustantivos
- una civilización adelantada = una civilización avanzada
- los escalones de las pirámides: *les marches des pyramides*

Adjetivos
- amplio(a): *vaste*
- colosal = enorme
- imponente: *imposant(e)*
- impresionante

Verbos y expresiones
- en el primer plano ≠ al fondo
- maravillarse
- quedar atónito(a): *être stupéfait(e)*

Gramática activa

Al + infinitif → Précis 31

Observa

▶ **Al acercarse** la noche, los puestos cerraron.

- **Al** + **infinitif** équivaut à une proposition subordonnée temporelle.
- **Al** + **infinitif** peut aussi se traduire par un gérondif ou « dès que ».

Practica

Transforme selon le modèle.

Cuando se acercó la noche, los puestos cerraron. → Al acercarse la noche, los puestos cerraron.

a. Cuando se encontraron los amigos, decidieron visitar las pirámides.

b. Cuando veo este templo, me quedo atónito.

→ Autres exercices p. 160

¡Y ahora tú!

Cuento mis impresiones al descubrir Teotihuacán

Has sacado tú esta foto de Teotihuacán. Le cuentas a un(a) amigo(a) lo que sentiste al descubrir aquellos monumentos maravillosos.

→ *Al descubrir aquellos monumentos, me quedé...*

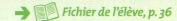 → 📖 *Fichier de l'élève, p. 36*

Cuzco, la ciudad de los dioses

Leer y escribir

B1

La criada Doña Flor se ocupa de Pablito.

Bueno, bueno –doña Flor comenzó a acariciar[1] suavemente los cabellos de Pablo–. Mi abuelita me enseñó que la mejor forma de conjurar el sueño[2] es contar historias. Cuando mi hijita se asustaba por las noches y no podía dormir, yo le hablaba de los tiempos de los incas. Seguro que sabes
5 quiénes fueron los incas, Pablito. Construyeron un gran imperio mucho antes de que Colón viniera a enredarlo todo[3]; eran un pueblo sabio y orgulloso[4] que edificó enormes ciudades en la selva, y grandes templos con forma de pirámide. Yo soy medio quechua y medio aymara, así que la sangre de los incas corre por mis venas. ¿Has oído hablar de Manco Cápac?
10 ¿No? Pues escucha…

En voz baja, doña Flor comenzó a narrar la historia de un tiempo en que los hombres no tenían ni casas, ni ciudades, ni sabían cultivar la tierra, ni conocían el arte de hilar[5], y le explicó a Pablo que el Sol miró a la Tierra y se compadeció[6] de los hombres, y les envió a sus hijos, Ayar Kachi, Ayar
15 Ucho, Ayar Sauca y Ayar Manco, para que llevaran el conocimiento a la humanidad. Y luego le contó cómo Ayar Manco, acompañado de su hermana Mama Occlo, clavó[7] una vara de oro en un hermoso valle llamado Huanacauri y les dijo a los hombres que aquél sería el centro en torno al cual deberían construir una inmensa ciudad; pero cuando los hombres
20 comenzaron a edificar las casas y los templos, el viento sopló con tal furia que echó por tierra[8] todo lo que habían construido. Entonces Ayar Manco, que luego sería conocido por Manco Cápac, el primero de los incas, encerró al viento en una jaula[9] y…

Doña Flor interrumpió su relato al advertir que la respiración de Pablo
25 se había vuelto lenta y acompasada. Se inclinó hacia delante, comprobó que el muchacho estaba dormido, y luego salió del dormitorio procurando no hacer el menor ruido.

César MALLORQUÍ (escritor español), *El último trabajo del señor Luna*, 1997

1. *caresser*   **4.** *savant et fier*   **7.** *planta*
2. *(amer.) s'endormir*   **5.** *tisser*   **8.** *destruyó*
3. *tout embrouiller*   **6.** *eut pitié*   **9.** *une cage*

LEE Y EXPRÉSATE

1. Según lo que sugiere el texto, di qué está haciendo doña Flor.

2. Di de qué pueblo le habla a Pablo y cómo lo describe. (l. 4-8)

3. Lista los elementos que definen un tiempo histórico remoto e indefinido. ¿Cómo explica doña Flor por qué lo conoce tan bien? (l. 11-16 y 8-9)

4. Enumera las diferentes etapas de la leyenda de la creación y de la destrucción de la ciudad. (l. 16-23)

5. El otro nombre de Ayar Manco sería…., que significa…

Quito
Machu Picchu
Cuzco
IMPERIO INCA
Océano Pacífico
Océano Atlántico
2 000 km

Datos culturales

Cuzco fue el centro de la civilización incaica y la capital del estado andino del Tahuantinsuyo, fundada, según la leyenda, por **Manco Cápac** y Mama Occlo, entre los siglos XI y XII.

Manco Cápac

BONUS
Los hijos del sol

RECURSOS

Sustantivos
- la criada: *la domestique*
- una leyenda: *une légende*
- el nieto: *le petit-fils*
- el orgullo: *la fierté*

Adjetivos
- fantástico(a)
- poderoso(a): *puissant(e)*
- remoto(a): *lointain(e)*

Verbos y expresiones
- fundar una ciudad
- primero, luego, después

La Plaza
de Armas
de Cuzco, Perú

MIRA Y EXPRÉSATE

1. Precisa lo que representa esta foto.

2. Enumera los elementos que recuerdan la presencia colonial.

3. La catedral es imponente: ¿cómo lo explicas?

4. Di por qué Cuzco se ha convertido en un centro turístico.

RECURSOS

Sustantivos
- el estilo colonial
- la fe católica: *la foi catholique*
- la fuente: *la fontaine*
- un lugar concurrido: *un lieu fréquenté*
- la riqueza cultural: *la richesse culturelle*

Adjetivos
- imponente: *imposant(e)*
- sentado (a): *assis(e)*

Verbos y expresiones
- atraer a turistas: *attirer les touristes*
- imponer una creencia: *imposer une croyance*
- parecerse a: *ressembler à*
- recordar(ue) el pasado: *rappeler le passé*
- visitar monumentos

Gramática activa

Les équivalents de « devenir » → Précis 42

Observa

▸ *Sus ojos **se volvieron** soñadores.*
▸ *La respiración de Pablo **se había vuelto lenta**.*

- Le verbe français « devenir » a plusieurs équivalents, selon les cas d'emploi :
  - ***volverse*** + **adjectif** → transformation assez rapide.
  - ***ponerse*** + **adjectif** → transformation passagère.
  - ***hacerse*** + **adjectif** → transformation plus progressive.
- Avec un substantif, "devenir" peut être rendu par ***convertirse en***, ***pasar a ser*** ou ***llegar a ser***.

Practica

Traduis.
a. La ville était devenue importante.
b. L'histoire racontée par la grand-mère était devenue une légende fantastique.

→ Autres exercices p. 160

¡Y ahora tú!

Invento el final de una leyenda
Continúa la leyenda de la creación de la ciudad del Cuzco.
→ *Manco Cápac se convirtió en el primero de los Incas y ....*

→ 📖 *Fichier de l'élève, p. 37*

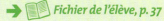

Hablar

A2+

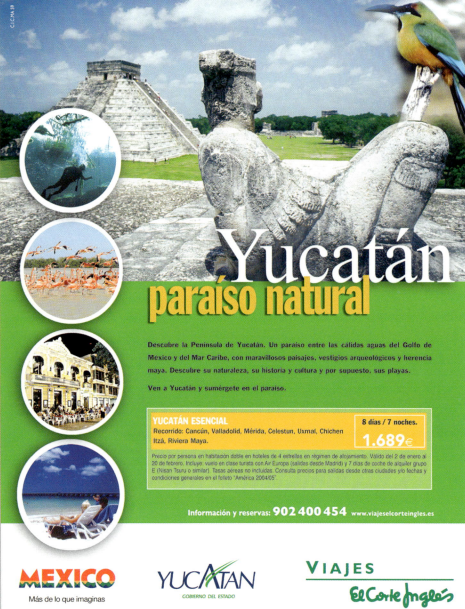

Yucatán
paraíso natural

Descubre la Península de Yucatán. Un paraíso entre las cálidas aguas del Golfo de México y del Mar Caribe, con maravillosos paisajes, vestigios arqueológicos y herencia maya. Descubre su naturaleza, su historia y cultura y por supuesto, sus playas.

Ven a Yucatán y sumérgete en el paraíso.

YUCATÁN ESENCIAL
Recorrido: Cancún, Valladolid, Mérida, Celestun, Uxmal, Chichen Itzá, Riviera Maya.

8 días / 7 noches.
1.689€

Precio por persona en habitación doble en hoteles de 4 estrellas en régimen de alojamiento. Válido del 2 de enero al 20 de febrero. Incluye: vuelo en clase turista con Air Europa (salidas desde Madrid) y 7 días de coche de alquiler grupo E (Nisan Tsuru o similar). Tasas aéreas no incluidas. Consulta precios para salidas desde otras ciudades y/o fechas y condiciones generales en el folleto "América 2004/05".

Información y reservas: **902 400 454** www.viajeselcorteingles.es

MEXICO
Más de lo que imaginas

YUCATÁN
GOBIERNO DEL ESTADO

VIAJES
El Corte Inglés

MIRA Y EXPRÉSATE

1. Sitúa Yucatán en el mapa de América Latina (rabat II).

2. Enumera los diferentes elementos que componen esta publicidad y di lo que quiere sugerir.

3. ¿Te parece acertada la expresión "paraíso natural"? Justifícalo.

RECURSOS

Sustantivos
- el altar: *l'autel*
- los escalones: *les marches*
- los flamencos: *les flamants roses*
- un pájaro: *un oiseau*
- una vasija: *un vase*

Adjetivos
- concurrido(a): *fréquenté(e)*
- entretenido(a): *distrayant(e)*

Verbos y expresiones
- aprovecharse de: *profiter de*
- como si él mirara: *comme s'il regardait*
- descansar: *se reposer*
- mezclar: *mélanger*

Los cinco soles

Cuentan las memorias vivas de Yucatán que el mundo fue creado por dos dioses, el uno llamado Corazón de los Cielos y el otro Corazón de la Tierra.

Al encontrarse, la Tierra y el Cielo fertilizaron todas las cosas al
5 nombrarlas. [...]

Los antiguos mexicanos inscribieron el tiempo del hombre y su palabra en una sucesión de soles: cinco soles.

El primero fue el Sol de Agua y pereció ahogado[1].

El segundo se llamó Sol de Tierra, y lo devoró, como una bestia
10 feroz, una larga noche sin luz.

El tercero se llamó Sol de Fuego, y fue destruido por una lluvia de llamas[2].

El cuarto fue el Sol de viento y se lo llevó un huracán[3].

El Quinto sol es el nuestro, bajo él vivimos, pero también él
15 desaparecerá un día, devorado, como por el agua, como por la tierra, como por el fuego, como por el viento, por otro temible[4] elemento: el movimiento. [...]

La población rural del México antiguo, para conciliar la creación y el tiempo, trató de explotar[5] poco y bien la riqueza de la
20 selva[6] y la fragilidad del llano[7].

Carlos FUENTES (escritor mexicano), *Los cinco soles de México*, 2000

1. *il mourut noyé*   **4.** *redoutable*   **7.** *la plaine*
2. *une pluie de flammes*   **5.** *a essayé d'exploiter*
3. *un ouragan l'emporta*   **6.** *la richesse de la forêt*

LEE Y EXPRÉSATE

1. Cita el nombre de los dos dioses y explica lo que hicieron. (l. 2-3)

2. Ahora cita el nombre de los cuatro primeros soles y di lo que les pasó.

3. El quinto sol es... pero la profecía dice que...

4. Para salvar su civilización, ¿cómo actuaron los antiguos mexicanos? (l. 18-20)

5. Di en qué el comportamiento de los antiguos mexicanos puede ser hoy día un modelo de sociedad.

RECURSOS

Sustantivos
- la creación
- la protección del medio ambiente

Adjetivos
- (in)consciente: *(in)conscient(e)*
- razonable: *raisonnable*

Verbos y expresiones
- actuar: *agir*
- aparecer ≠ desaparecer: *apparaître ≠ disparaître*
- destruir = aniquilar: *détruire, anéantir*
- estar al origen de: *être à l'origine de*
- salvar: *sauver*
- ser capaz(ces) de: *être capable(s) de*

Gramática activa

Les numéraux   → Précis 7

Observa

▶ **un** *huracán*
▶ *el* **uno** *llamado Corazón de los Cielos*
▶ *Los* **cinco** *soles*

- Parmi les numéraux cardinaux :
  - **uno** s'apocope en **un** devant un nom masculin.
  - **ciento** s'apocope en **cien** devant un nom et devant **mil**.
  - La conjonction **y** ne s'emploie qu'entre les dizaines et les unités.

  ▶ *El* **primero** *fue..., el* **segundo***, el* **tercero** *se llamó..., el* **cuarto***, el* **quinto***...*

- Parmi les numéraux ordinaux, **primero** et **tercero** s'apocopent en **primer** et **tercer** devant un nom masculin singulier.

Practica

Traduis.
a. Le premier soleil disparut noyé.
b. Le premier et le quatrième furent détruits.

→ Autres exercices p. 160

¡Y ahora tú!

Promociono un viaje a Yucatán
Trabajas en la agencia de viajes de El Corte Inglés y tienes que convencer a un cliente para que visite Yucatán. ¿Qué le dices?

→ *Primero, es un paraíso... Segundo...*

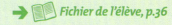 *Fichier de l'élève, p.36*

El sueño de Cristóbal Colón

B1

Salvador DALÍ (pintor español),
El sueño de Cristóbal Colón, 1959

MIRA Y EXPRÉSATE

1. Describe la escena con los principales elementos y personajes que la componen.

2. Fíjate en el título del cuadro y di quién es el personaje principal y lo que está haciendo.

3. Describe las actitudes de los diferentes personajes y di lo que simbolizan.

4. Observa las lanzas y di en qué son particulares y con qué otros elementos puedes relacionarlas.

5. Para ti, ¿en qué consiste la originalidad del cuadro (composición, colores, símbolos)?

RECURSOS

Sustantivos
- la carabela
- un erizo de mar: *un oursin*
- el globo terráqueo: *le globe terrestre*
- las lanzas: *les lances*
- las velas: *les voiles*
- la Virgen María

Adjetivos
- creyente: *croyant(e)*
- determinado(a)
- divino(a)
- encapuchado(a): *couvert(e) d'une capuche*

Verbos y expresiones
- bajo la protección de: *sous la protection de*
- en forma de cruz (cruces): *en forme de croix*
- estar enarbolando: *brandir*
- estar tirando del barco
- orar = rezar: *prier*

Cristóbal Colón y los Reyes Católicos

Los reyes reciben a Cristóbal Colón en Santa Fe para hablar de su proyecto de viaje a las Indias.

–¿**C**ómo va vuestra empresa, maese Colón? Ya conocéis[1] nuestro interés.

–Pendiente de la benevolencia[2] de Vuestras Altezas.

El rey Fernando colocó una mano sobre la que su mujer tenía apoyada en el brazo del sillón.

5 –Sabéis que contáis con ella. La guerra de Granada va por muy buen camino[3]; nos solicitaron tregua[4] el pasado mes de octubre y se la concedimos por setenta días. Antes de su fin, si Dios quiere, firmarán una rendición honorable. Es, pues, el momento de tratar de esa ruta de poniente[5] que queréis emprender, maese Cristóbal. La reina y yo hemos decidido

10 reunir una asamblea de sabios, aquí en Santa Fe, para escuchar su consejo y resolver el negocio[6].

El rostro de Colón se ensombreció. Un color rojo tiñó sus mejillas[7]. La voz le temblaba de irritación.

María Isabel MOLINA (escritora española), *Colón tras la ruta de poniente*, 2006

1. verbe à la 2ᵉ personne du pluriel: formule de politesse ancienne pour s'adresser à une personne
2. Sous la protection bienveillante
3. est en bonne voie
4. une trêve
5. vers l'Ouest
6. prendre une décision
7. joues

LEE Y EXPRÉSATE

1. Identifica la forma de este texto y precisa quiénes son los personajes.

2. Valora el comportamiento de los reyes para con Cristóbal Colón. ¿Cómo se explica?

3. Explica el cambio de actitud de Cristóbal Colón: primero, delante de los reyes, Colón..., luego, al saber la decisión de los reyes de reunir a sabios...

4. Caracteriza los rasgos de carácter del rey y de Colón.

RECURSOS

Sustantivos
- un diálogo
- los rasgos de carácter: *les traits de caractère*

Adjetivos
- (in)tolerante
- intransigente
- orgulloso(a): *orgueilleux(euse), fier(ère)*
- prudente
- respetuoso(a)

Verbos y expresiones
- estar furioso(a)
- para con: *envers, à l'égard de*
- sentir(ie, i) alivio/impaciencia: *être soulagé(e)/impatient(e)*

Gramática activa

Les verbes comme *decidir* → Précis 37

Observa
▶ Hemos **decidido reunir** una asamblea.
- Certains verbes se construisent directement, sans préposition, contrairement à l'usage français : *decidir, permitir, conseguir, lograr* (arriver à), *intentar* (essayer de), *proponer…*

Practica

Traduis.
a. Les Rois Catholiques permirent à Christophe Colomb de découvrir un nouveau monde.
b. Avec l'aide des Espagnols Colomb arriva à entreprendre cette aventure.

→ Autres exercices p. 160-161

¡Y ahora tú!

Participo en un concurso
Participas en un concurso en línea para ganar un viaje a Latinoamérica. Tienes que indicar tu destino, decir lo que intentarás ver allí, explicar lo que te aportará el viaje…

→ *He decidido visitar...*
Intentaré hacer...

→ 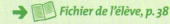 *Fichier de l'élève, p. 38*

Quetzalcóatl y Cortés

En Tenochtitlán (México), el sacerdote[1] Cihuacóatl viene a avisar al emperador Moctezuma.

CIHUACÓATL: ¿Estás contento, señor?

MOCTEZUMA: Siento el alivio[2], sacerdote, el alivio... [...] Los pronósticos se han cumplido[3] [...]. Estaba escrito: Quetzalcóatl ha regresado[4] el mismo día previsto por los augures. [...]

5 CIHUACÓATL: Moctezuma, a las puertas de tu imperio hay un poder nuevo que lo amenaza.

MOCTEZUMA: ¿Necesitas estropear[5] mi felicidad, sacerdote? Tienes vocación de aguafiestas[6].

CIHUACÓATL (se levanta): Este hombre llamado Cortés por sus
10 hombres, divino o no, trae una nueva religión. Trae sus propios sacerdotes.

MOCTEZUMA: Sí, es un teúl[7]; es Quetzalcóatl. ¿Pensabas que iba a llegar desnudo, sin su propia corte[8] de guerreros y pontífices? Pierde cuidado. No te asustes[9] antes de tiempo. He colmado de regalos
15 a los teúles. Cien tamemes[10] han bajado a las costas con grandes obras de oro y plata, turquesa y jade y muestras de todos los tesoros de nuestras minas. Seguramente esto los apaciguará[11]; y convencidos de que los honro[12], pensarán que todo está bien en este reino y regresarán por el mar a sus celestiales moradas[13].

Carlos FUENTES (escritor mexicano), *Todos los gatos son pardos*, 1970

1. *prêtre*
2. *Je suis soulagé*
3. *se sont réalisés*
4. ha vuelto
5. *gâcher*
6. *rabat-joie*
7. (amer.) dios
8. *sa propre cour*
9. *N'aie pas peur*
10. (amer.) *porteurs*
11. tranquilizará
12. *je les honore*
13. *demeures*

Carlos FUENTES (nacido en 1928). Novelista mexicano, es también ensayista, cuentista y dramaturgo. Muchas de sus obras reflejan las características de su país incitando a la toma de conciencia y a la reflexión, como *La región más transparente* (1958), *Terra nostra* (1975) o *La silla del águila* (2003), *Todas las familias felices* (2006), *La voluntad y la fortuna* (2008), *Adán en Edén* (2009).

Datos culturales

Quetzalcóatl es el dios más destacado del centro de México. Suele representarse como una serpiente con grandes plumas de quetzal. Por eso se le llama también la Serpiente Emplumada.

LEE Y EXPRÉSATE

1. Identifica la forma de este texto y precisa quiénes son los personajes.
2. Sitúa la escena y el contexto.
3. Explica por qué está contento Moctezuma. (l. 2-4)
4. Di lo que representa la llegada de Cortés para el sacerdote. (l. 5-6 y 9-11)
5. Enumera los regalos preparados por Moctezuma para Cortés y di cuál es la intención de Moctezuma. (l. 14-19)

RECURSOS

Sustantivos
- una amenaza: *une menace*
- una buena acogida: *un bon accueil*
- la codicia: *la cupidité*
- los conquistadores
- la profecía

Adjetivos
- astuto(a): *astucieux(euse)*
- previsor(a): *prévoyant(e)*

Verbos y expresiones
- cometer un error
- equivocarse: *se tromper*
- no darse cuenta de que: *ne pas se rendre compte que*
- (no) estar de acuerdo
- tener (ie) miedo = estar asustado(a)
- volver (ue): *revenir*

OSKI (dibujante argentino), *Cortés*

MIRA Y EXPRÉSATE

1. Describe al personaje central y sitúa la escena gracias a los elementos que componen el dibujo.
2. Cortés quiere que los indígenas… Parece que les ordena que…
3. ¿Cuáles serán las intenciones del dibujante al representar a Cortés de este modo?

RECURSOS

Sustantivos
- la armadura: *l'armure*
- el casco
- el escudo
- la espada: *l'épée*
- las facciones: *les traits*
- la irrisión: *la dérision*
- el penacho de plumas: *le plumet*

Adjetivos
- cínico(a)
- cruel
- espantoso(a): *terrifiant(e)*

Verbos y expresiones
- aceptar la dominación
- fruncir el ceño: *froncer les sourcils*
- someterse

Gramática activa

L'impératif négatif et la défense → Précis 21.B

Observa

▶ *No te asustes.*

- L'impératif négatif est entièrement formé à partir du subjonctif précédé de **no**.
- Les impératifs comportent 5 personnes : *tú, usted, nosotros(as), vosotros(as), ustedes*.

Verbes en **-ar** > *aceptar* : no acept**es**, no acept**e**, no acept**emos**, no acept**éis**, no acept**en**.

Verbes en **-er/-ir** > *asistir*: no asist**as**, no asist**a**, no asist**amos**, no asist**áis**, no asist**an**.

Practica

Mets les verbes à l'impératif.
a. No (enseñarle/tú) nuestro tesoro y no (cumplir) los pronósticos.
b. No (estar/vosotros) de pie y no (someteros).

→ Autres exercices p. 161

¡Y ahora tú!

Defiendo a los indígenas o a los españoles en un juego de roles

Repartíos en grupos de indígenas (A) y de conquistadores (B).
El grupo A escribe una lista de prohibiciones dirigiéndose a los españoles (lo que no tienen que hacer). El grupo B redacta otra lista de prohibiciones dirigida a los indígenas. Gana la lista más larga.

→ A: *Vosotros, españoles, no sometáis a los indígenas...*

→ B: *Vosotros, indígenas, no hagáis sacrificios humanos...*

→ 📖 *Fichier de l'élève, p. 37*

Nosotros los conquistadores

Leer y hablar

B1

Nunca he visto nada como la magnífica ciudad del Cuzco, ombligo[1] del imperio inca. Dicen que cuando llegaron los primeros españoles había palacios laminados de oro, pero ahora estaban los muros desnudos. [...]

Anduve por las calles del Cuzco asombrada[2], escudriñando[3] a la multitud.
5 Estos rostros cobrizos[4] nunca sonreían ni me miraban a los ojos. Trataba de imaginar sus vidas antes de que llegáramos nosotros, cuando por esas mismas calles paseaban familias completas con vistosos[5] trajes de colores, sacerdotes con petos[6] de oro, el Inca cuajado de joyas[7] y transportado en una litera de oro decorada con plumas de aves fabulosas, acompañado por
10 sus músicos, sus guerreros y su interminable séquito[8] de esposas y vírgenes del Sol. [...]

Nuestro emperador Carlos V había ordenado tratar a los nativos con respeto, evangelizarlos y civilizarlos por la bondad y las buenas obras, pero ésa no era la realidad. El rey, quien nunca había pisado el Nuevo Mundo,
15 dictaba sus juiciosas leyes en oscuros salones de palacios muy antiguos, a miles de leguas de distancia de los pueblos que pretendía gobernar, sin tener en cuenta la perpetua codicia[9] humana. Muy pocos españoles respetaban esas ordenanzas.

Isabel ALLENDE (escritora chilena), *Inés del alma mía*, 2006

Isabel ALLENDE (nacida en 1942)
De nacionalidad chilena, ha trabajado como periodista y escritora desde los diecisiete años. Entre sus obras cabe destacar *La casa de los espíritus* (1982) que tuvo un éxito mundial. Es la novelista latinoamericana más leída en el mundo.

1. *(ici) centre*
2. *stupéfaite*
3. mirando
4. *Ces visages cuivrés*
5. *éclatants*
6. *des plastrons*
7. *couvert de bijoux*
8. *cortège, suite*
9. *la cupidité*

LEE Y EXPRÉSATE

1. Di de qué ciudad se habla en el texto y lo que estaba haciendo la narradora. (l. 1 y 4)
2. La narradora quedó asombrada por... e imaginó... (l. 4-6)
3. La autora describe largamente la vida en tiempos del imperio inca: enumera los diferentes elementos descriptivos y deduce la intención de la autora. (l. 7-11)
4. Precisa cuándo transcurre la escena. Justifica con elementos del texto. (l. 12-14)
5. ¿Cómo explica la narradora los abusos que se cometieron en tiempos de la colonización?. (l. 14-18)

RECURSOS

Sustantivos
- un análisis: *une analyse*
- el recelo = la desconfianza: *la méfiance*
- una sociedad organizada

Adjetivos
- receloso(a): *méfiant(e)*
- rico(a) ≠ pobre
- temeroso(a): *craintif(ve)*

Verbos y expresiones
- estar lejos de: *être loin de*
- vigilar: *surveiller*

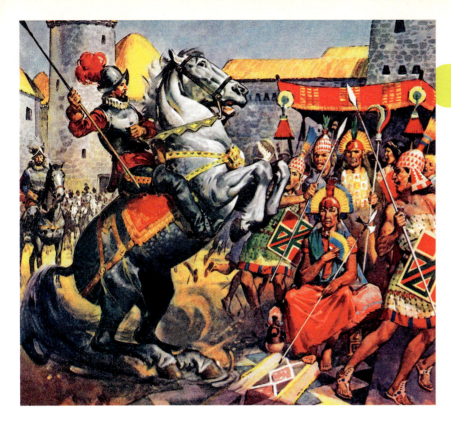

Encuentro del conquistador Pizarro y del emperador inca Atahualpa

MIRA Y EXPRÉSATE

1. Di lo que representa este grabado y precisa lo que ves al fondo, a la izquierda, a la derecha.

2. Con ayuda del texto, describe al grupo de los incas.

3. Valora la actitud de los españoles con respecto a la de los incas. ¿Qué deduces?

Gramática activa

Les adjectifs possessifs → Précis 9.A

Observa

▶ **Nuestro** emperador
▶ **Sus** juiciosas leyes
▶ **Su** interminable séquito

	Singulier	Pluriel
1e pers.	**mi** **nuestro, nuestra**	**mis** **nuestros, nuestras**
2e pers.	**tu** **vuestro, vuestra**	**tus** **vuestros, vuestras**
3e pers.	**su**	**sus**

Practica

Choisis le possessif correspondant aux éléments personnels de la phrase.

a. Nos gustan… costumbres pero vosotros preferís … fiestas.

b. Los españoles impusieron… cultura y… leyes.

→ Autre exercice p. 161

RECURSOS

Sustantivos
- el abanico de plumas: *l'éventail en plumes*
- la armadura
- la bandera: *le drapeau*
- los caballos: *les chevaux*
- el casco con el penacho
- colores vistosos/oscuros: *des couleurs voyantes / sombres*
- el séquito: *le cortège*
- el tocado: *la coiffe*

Adjetivos
- orgulloso(a): *fier(ère)*
- pacífico(a)

Verbos y expresiones
- a caballo: *à cheval*
- con respecto a: *par rapport à*
- dominar
- prosternarse: *se prosterner*

¡Y ahora tú!

Describo mi traje de indio

Eres actor y haces de indio de la alta sociedad en la época de la conquista. Describe lo que llevas.

→ *En la cabeza llevo…*

→ 📖 *Fichier de l'élève, p. 36*

Talleres de comunicación

Canción de Seguridad social : *¡Ay, Tenochtitlán!*

Objectif A2+ : comprendre la description d'un événement historique.
🔧 : le lexique des relations humaines, de la nature, de la barbarie.

1. Primera escucha completa
a. Di qué frase se repite como un leitmotiv. ¿A qué corresponde? ¿Qué expresa?

2. Primera estrofa
b. Identifica a los protagonistas evocados. ¿Qué están haciendo y dónde están?

3. Segunda y tercera estrofas
c. Apunta el mayor número posible de verbos conjugados.
¿En qué tiempo están? ¿Qué deduces?
d. Precisa a qué pueblo hace referencia el abuelo.
¿Qué imagen da de este pueblo? Justifica con las palabras que has oído.

4. Estribillo y últimas dos estrofas
e. Apunta de dónde vinieron los "hombres" evocados en el estribillo.
¿Qué creyeron el abuelo y los de su pueblo? Cita las frases que indican
que se equivocaron.
f. Di a qué miembros de su familia recuerda el abuelo y relaciona cada uno
de ellos con la situación que le corresponde.
g. ¿Qué visión da esta canción de la Conquista?

RECURSOS

Sustantivos
- la armonía
- la cobardía: *la lâcheté*
- la violencia

Adjetivos
- ajeno(a) a: *étranger(ère) à*
- apacible: *paisible*
- pacífico(a)
- salvaje, bárbaro(a), cruel

Verbos y expresiones
- equivocarse = cometer un error
- evangelizar
- humillar
- respetar

La llegada de Cristóbal Colón al Nuevo Mundo

Objectif B1 : faire un bref exposé sur un sujet connu.
🔧 : *al* + inf.
⏱ Temps de parole : 5 minutes.

**Describe los tres sellos contando las grandes etapas
de la aventura de Cristóbal Colón.**
a. Di lo que quería Colón y quiénes le permitieron salir rumbo al oeste.
b. Explica adónde pensaba llegar y adónde llegó en realidad.
c. Precisa lo que hacían los españoles en el Nuevo Mundo al desembarcar.

RECURSOS

Sustantivos
- el encuentro: *la rencontre*
- los galeones
- un sello: *un timbre poste*

Adjetivos
- pacífico(a)
- vestido(a) ≠ desnudo(a)

Verbos y expresiones
- en nombre de la corona española
- rumbo a = en dirección a
- tomar posesión de: *prendre
possession de*

TALLER DE INTERNET — TICE

Visita virtual de Teotihuacán

→ Conéctate a: http://www.fundacion.telefonica.com/arsvirtual/patrimonio_lat/visitas_virtuales/teotihuacan.htm

1. Infórmate

a. Haz clic en la pestaña *Localización e Historia*:
- Sitúa geográficamente Teotihuacán y precisa en qué época se desarrolló la civilización teotihuacana.
- Cita las razones que pueden explicar su desaparición.
- Di de dónde viene su nombre y qué significa.

b. Pincha en la pestaña *Cultura teotihuacana*.
- Describe la composición de la sociedad teotihuacana, di en qué se apoyaba su economía y cuáles eran sus principales dioses. Cita dos formas de arte muy importantes de su cultura.

2. Haz una visita virtual

c. Haz clic en *Mapa virtual 3D*. Lee las consignas para poder desplazarte virtualmente por la ciudad.
- Pincha en *Calzada de los Muertos*. Di qué es y de dónde procede su nombre. Recórrela virtualmente.
- Pincha en *Pirámide del Sol*, luego en *Pirámide de la Luna*. Di cuánto miden e imagina para qué servían. Visítalas virtualmente.

RECURSOS

Sustantivos
- el agotamiento: *l'épuisement*
- un altar: *un autel*
- una ceremonia religiosa
- el eje: *l'axe*
- la escasez: *le manque*
- un mural: *une peinture murale*
- la pestaña: *l'onglet*
- un(a) sacerdote(isa): *un(e) prêtre(esse)*

TALLER DE VÍDEO

DVD *Apocalypto*, Mel Gibson, 2006

Un eclipse en tiempos de los mayas

1. Fíjate

a. Indica dónde tiene lugar la escena y quiénes serán los principales protagonistas.

2. Mira y escucha

b. Identifica el tipo de documento. Di en qué consiste la escena y cuándo transcurrirá.

c. Aclara la actitud del sacerdote sacrificador, la de la víctima y la reacción del pueblo cuando se produce el eclipse.

3. Exprésate

d. ¿Cómo calificarías la tonalidad del fragmento: cruel, dramática, sorprendente…? Justifica tu respuesta.

e. Precisa cómo muestra visualmente el director de la película el poder de los sacerdotes sobre el gentío. Te ayudarán el encuadre (*le cadrage*), la escala de planos y la banda sonora.

Mirando a los dioses

RECURSOS

Sustantivos
- el brujo: *le sorcier*
- el desamparo: *le désarroi*
- el dios/los dioses
- el gentío: *la foule*
- un picado ≠ un contrapicado: *une plongée ≠ une contreplongée*

Adjetivos
- indiferente
- pintado(a) de azul: *peint(e) en bleu*
- realista
- sabio(a): *savant(e)*

Verbos y expresiones
- conocer la astronomía
- deshacerse de alguien: *se débarrasser de quelqu'un*
- gritar
- hacerse de noche ≠ hacerse de día
- sacrificar
- tener (ie) miedo

Lengua activa

Al + infinitif → *Gramática activa p. 147, Précis 31*

1 **Remplace la subordonnée temporelle par *al* + infinitif.**

a. Cuando llegamos a México, descubrimos otro mundo.

b. Cuando contemplan este paisaje, los turistas se quedan maravillados.

c. Cuando clavó una vara en el suelo, el inca se convirtió en dios.

d. Cuando nombraron las cosas, los dioses crearon el mundo.

e. Cuando comprobó que el muchacho estaba dormido, la abuela salió del dormitorio.

f. Cuando estabas delante de la estela maya, intentabas reconocer la figura de un sacerdote.

2 **Traduis en utilisant "quand", "dès que" ou le gérondif.**

a. Al regresar a casa, el chico llamó a su amigo.

b. Al describir las antiguas construcciones, el profesor suscitaba la admiración.

c. Al encontrarse la Tierra y el Cielo, fertilizaron todas las cosas.

d. Al recibir el oro del emperador, Cortés no disimuló su alegría.

e. Al hacer sacrificios, los mayas contentaban a sus dioses.

f. Al conocer la historia de Eldorado, los españoles lanzaron expediciones.

Les équivalents de "devenir"
→ *Gramática activa p. 149, Précis 42*

3 **Utilise *ponerse*, *hacerse* ou *volverse* et mets les verbes au présent.**

a. Los chicos tienen miedo porque de noche las pirámides … irreales.

b. Los turistas miran fascinados el paisaje porque el valle … misterioso.

c. La selva … frágil a causa de la explotación de los hombres.

d. Delante de los reyes el hombre … rojo.

e. Al ver el oro los españoles … codiciosos.

f. El relato … apasionante.

4 **Utilise *llegar a ser* ou *convertirse en* et mets les verbes à l'imparfait.**

a. De noche los monumentos … monstruos.

b. Cuando hablaba de su pasión, mi amigo … un chico diferente.

c. Ayar Manco … el primero de los incas.

d. La piedra vulgar … una estela maya.

e. El Inca … el emperador.

f. Cristóbal Colón … el descubridor del Nuevo Mundo.

5 **Choisis le verbe qui convient parmi *ponerse*, *hacerse*, *volverse*, *pasar a ser*, *llegar a ser*, *convertirse en*.**

a. Cuzco fue una gran cuidad y … la Ciudad de los dioses.

b. Cuando encerró el viento en una jaula, Ayar Manco … Manco Cápac.

c. Los españoles explotaron las riquezas del Nuevo Mundo y … ricos.

d. No se descubrió Eldorado y la leyenda no … realidad.

e. Cuando supo la actitud de los españoles, Moctezuma … furioso.

f. Hoy día, los soberbios indios de antes, … indios humildes.

Les numéraux → *Gramática activa p. 151, Précis 7*

6 **Écris en toutes lettres.**

a. 1492

b. 1519

c. 1959

d. 128

e. 2010

f. 117

7 **Traduis.**

a. Pour les Indiens, les premiers Espagnols étaient des dieux.

b. Le premier voyage fut difficile car les hommes avaient peur.

c. Je connais les trois premières histoires, mais je découvre la quatrième et la cinquième.

d. La deuxième pyramide s'appelle la Pyramide de la Lune.

e. Nous voulons 100 euros pour faire ce troisième voyage.

f. Charles Quint a été un grand empereur.

Les verbes comme *decidir*, *lograr* (arriver à), *permitir*, *intentar*, *procurar* (essayer)
→ *Gramática activa p. 153, Précis 37*

8 **Traduis.**

a. Le garçon n'arrivait pas à vendre des statues aux touristes.

b. Les touristes ont décidé de visiter les pyramides.

c. Les musées ont permis de sauver de nombreux objets.

d. Christophe Colomb arriva à convaincre les Rois Catholiques.

e. Moctezuma essaya de séduire les Espagnols en leur offrant de l'or.

f. Les scientifiques essaient de découvrir un temple maya.

L'impératif négatif et la défense

→ *Gramática activa* p. 155, Précis 21.B

9 Conjugue à l'impératif négatif.

a. ¡No (regresar/vosotros) a la ciudad!

b. ¡No (tomar/tú) esta decisión!

c. ¡No (contarle/usted) esta historia!

d. ¡No (decidir/nosotras) ahora!

e. ¡No (tener/vosotros) miedo!

f. ¡No (decir/ustedes) que no les gusta este monumento!

10 Transforme l'ordre en défense comme dans l'exemple :

¡Acepta! > ¡No aceptes!

a. ¡Habla y cuenta la historia!

b. ¡Volved a México y quedad en la ciudad!

c. ¡Señalen su posición!

d. ¡Contemplemos el paisaje!

e. ¡Interrumpid vuestra conversación y quedad atentos!

f. ¡Resumid la leyenda y contadla!

Les adjectifs possessifs

→ *Gramática activa* p. 157, Précis 9.A

11 Choisis l'adjectif possessif correspondant aux éléments personnels de la phrase comme dans l'exemple.

Me gustan … estatuillas de barro > Me gustan mis estatuillas de barro.

a. Los turistas admiran … fotos.

b. Quieres compartir … admiración por las pirámides.

c. Conservamos … costumbres.

d. Señor, usted no conoce más que … lengua y … tradiciones.

e. Decidís reunir a … consejeros.

f. Señores, ustedes pretenden imponer … creencias.

Máscara de jade de origen mixteca

Léxico

→  *Fichier de l'élève p. 21*

1 Con las palabras siguientes di lo que sabes de las antiguas civilizaciones.

2 Con las palabras de la columna II, explica para qué servían las pirámides.

3 Con las palabras de las columnas III, IV y V define simplemente el Descubrimiento, la Conquista y la Colonización.

I - LAS CIVILIZACIONES PRECOLOMBINAS
los aztecas
conocimientos en agricultura, astronomía
los dioses
un imperio
los incas
los mayas
los ritos
la selva
adelantado(a)
antes de

IV - LA CONQUISTA
la bandera española
la codicia de oro
codiciosos
los conquistadores
la Corona española
sedientos de oro
buscar Eldorado
conquistar
destruir
enfrentarse
en nombre de

II - LAS PIRÁMIDES
el altar
el dios Sol
los dioses
una ofrenda
los sacerdotes
los sacrificios
los templos
impresionante
celebrar
tener miedo a
rendir (i) un culto

V - LA COLONIZACIÓN
las colonias
los colonos
la evangelización
la fe católica
las instituciones españolas
el mestizaje
dependiente
aportar una nueva religión
civilizar
colonizar
explotar las riquezas

III - EL DESCUBRIMIENTO
un choque de culturas
el descubridor
los indígenas
las islas del Caribe
una nueva ruta marítima
el Nuevo Mundo
unas tierras desconocidas
descubrir
encontrar (ue)
estar sorprendido(a)
estar maravillado(a)

Civilizaciones precolombinas, conquista y colonización

Chac Mol

Las antiguas civilizaciones y sus dioses

A

Civilizaciones avanzadas fueron la civilización **maya** en Yucatán y América Central, la **azteca** en México y la **inca** en Sudamérica. La mayor parte de los dioses y de las divinidades eran relacionados con la agricultura y otros elementos naturales como el sol, el agua, la tierra, los volcanes, etc. Entre las primeras **civilizaciones de Mesoamérica**[1], los **olmecas** rindieron un culto al jaguar, pero muchos animales eran considerados dioses, como el caimán o los sapos[2], todos ellos animales de la zona que aparecen mezclados entre ellos, cabezas de unos y cuerpos de otros.

Los **toltecas** aportaron la figura de Chac Mol que sujeta en su vientre una vasija para las ofrendas a los dioses y el dios Quetzalcóatl (la Serpiente Emplumada).

Entre los **incas**, el dios más celebrado era el Sol, llamado Inti.

Aquellas civilizaciones precolombinas hicieron sacrificios humanos con el fin de aplacar la ira[3] de sus dioses y así seguir viviendo.

1. región centrosureste de México y zona norte de América Central
2. crapauds 3. apaiser la colère

Ofrendas incas

B

Las civilizaciones precolombinas y sus conocimientos

Los sacerdotes **mayas** estudiaron con gran atención el cielo y adquirieron suficientes **conocimientos** astronómicos como para determinar el período planetario de Venus y la necesidad de intercalar un día más cada cuatro años en su calendario.

Al parecer también predecían con extraordinaria exactitud toda clase de fenómenos celestes, como por ejemplo los eclipses.

Lo vital para la población **azteca** fue la **agricultura** y el cultivo de ciertos productos, en particular, el maíz, el ají[1] y el frijol[2]. Una de sus creaciones más significativas fue la chinampa[3], que hizo posible la transformación de un estéril lago en un verdadero vergel[4].

El imperio **inca** contaba también con conocimientos en arquitectura, agricultura, ciencias y astronomía. Los incas desarrollaron el **Camino del Inca**, una ruta que facilitaba las relaciones entre los pueblos distantes del imperio.

1. piment 2. haricot 3. surface cultivable artificielle 4. verger

Calendario maya

La codicia del oro de los conquistadores españoles

Con el descubrimiento de las nuevas tierras por **Cristóbal Colón,** en 1492, se abrió la ruta hacia nuevas riquezas. Los conquistadores **Hernán Cortés**, que conquistó México (1519-1522) y **Francisco Pizarro**, que llegó a Cuzco, en las alturas de los Andes (1524-1539) estaban sedientos de oro y de fama[1] y pusieron fin a las civilizaciones azteca e inca. Con la colonización, los españoles acudieron al Nuevo Mundo para buscar **Eldorado**, "el país del oro", tierra mítica con minas de oro, y explotar a los indígenas. La Corona española instauró virreinatos[2] y capitanías generales[3] para representarla en las nuevas colonias. También creó el sistema de las encomiendas, que les daba a los colonos españoles tierras e indios para trabajarlas.

1. *assoiffés d'or et de renommée* 2. *vice-royautés*
3. *régions militaires, états-majors de régions militaires*

¡Al ataque! ¡Listos para la batalla!

D

La Malinche: madre de la nación mestiza

Una de las figuras más polémicas de la conquista española es la mujer conocida como **La Malinche** o Doña Marina. De familia noble, La Malinche se convirtió en intérprete y en la persona de confianza de **Hernán Cortés**, a quien dio un hijo. Se dice que ella favorecía activamente las negociaciones en lugar del derramamiento de sangre[1]. Aunque algunos la consideran una traidora, La Malinche es una preponderante figura histórica.

1. *bain de sang*

Moctezuma, Cortés y La Malinche

¿A ver si lo sabes?

1. Lista las grandes civilizaciones precolombinas según donde vivían. **(A)**
2. Enumera los conocimientos de las civilizaciones precolombinas. **(B)**
3. Ordena cronológicamente las grandes etapas históricas del Nuevo Mundo. **(C)**
4. Di quién fue La Malinche y el papel que le ha asignado la historia mexicana. **(D)**

Para saber más:

www.si-educa.net/basico/ficha646.html
www.hiru.com/es/artea/artea_04200.html
www.tihof.org/honors/malinche-esp.htm

Proyecto final

Por parejas, formad en clase un Tribunal de la Historia: uno(a) hace de defensor(a) de los españoles, otro(a) hace de defensor(a) de los indios.

→ Explicad lo difícil que fue el viaje de Colón.

→ Describid cómo vivían las antiguas civilizaciones (costumbres, ritos...).

→ Decid cómo se llama hoy día el Nuevo Mundo y por qué se llaman "indios" los descendientes de aquellas antiguas civilizaciones.

→ Valorad lo que representó el descubrimiento del Nuevo Mundo para los españoles y para los indios.

Evaluación

→ 📖 *Fichier de l'élève, p. 39*

COMPRENSIÓN ORAL

Descubrimiento del oro de América

→ **Objectif A2+** : comprendre les objectifs et les conséquences d'un projet historique.

Escucha la grabación y contesta las preguntas.

A2
a. Di a qué marinero hace alusión la grabación y adónde llegó.
b. Di qué productos venía buscando. Precisa para qué servían y quién los quería.
c. ¿Qué encontró en realidad el marinero en las islas?
d. Completa la frase del marinero: "La tierra es... ¡Pero no como…, sino como…!

A2+
e. Apunta las consecuencias para España, Portugal y toda Europa y también para los banqueros y comerciantes.
f. Para el locutor Colón no fue… sino… Para él el 12 de octubre no es… sino…

Los Reyes Católicos descubriendo riquezas y gentes de América

RECURSOS

Verbo
● enloquecer: *devenir fou (folle)*

COMPRENSIÓN ESCRITA

La estela maya

→ **Objectif B1** : comprendre la description d'événements.

Lee el texto y contesta.

A2
a. Localiza la escena e identifica a los personajes principales.
b. Precisa qué quiere enseñarle Eddy a Manuel.
c. Explica por qué es tan difícil descubrir restos de antiguas civilizaciones en aquella zona.

B1
d. Caracteriza el comportamiento de Eddy.
e. Di en qué consiste la magia del trabajo del topógrafo.

Se detuvieron a descansar unos minutos en uno de aquellos espacios de mayor amplitud del bosque. [...]
Manuel distinguió una hilera de montículos que se elevaban de la tierra poco más de dos metros. Había piedras diseminadas
5 entre los matorrales. Hacia una de ellas, de forma rectangular y clavada en el suelo en vertical, se dirigió Eddy. La señaló a Manuel. [...]
–¿Sabes qué es? –preguntó el topógrafo.
–No.
10 –Es una estela maya, y todos esos montículos de alrededor[1] son, probablemente, otras estelas ocultas. Y puede que haya tumbas.
–¿Una estela?
–Por acá debió de haber hace siglos un templo. Cualquiera de estas colinas puede ocultarlo. Esto lo descubrimos hace un par
15 de meses[2]. No hemos podido limpiarla. Mira…
Eddy fue señalando con el dedo los salientes de la piedra como si dibujase sobre ellos.
–¿Ves? Es la figura de un sacerdote. [...]
Aquella informe rugosidad de la piedra se transformaba,
20 de golpe[3], en un relieve de perfiles reconocibles. Manuel vio el rostro del hombre, el gran penacho emplumado que adornaba su cabeza.

Javier REVERTE (escritor español), *El aroma del copal*, 2008

1. *autour* **2.** dos meses **3.** *tout d'un coup*

El descubridor

→ **Objectif** **A2** : décrire un document, parler simplement d'un thème connu.

⏱ Temps de parole : 3 minutes.

Un mural, Sevilla

A2
a. Precisa lo que representa el mural e identifica a los personajes. Explica por qué los personajes de la izquierda se ríen.
b. Imagina que eres uno(a) de los españoles y te presentas a los indios explicándoles por qué estáis aquí.

¡¡DICE QUE SE LLAMA COLON Y QUE VIENE A DESCUBRIRNOS!!

Un encuentro idealizado

→ **Objectif** **B1** : confronter deux points de vue sur un événement.

⏱ Temps de parole : 3/4 minutes par binôme.

👫 : en binôme.

Nicolas MAURIN, *Cortés acogido por los Indios*, 1830

B1
Con un(a) compañero(a), imaginad la conversación.
Le cuentas a un(a) compañero(a) el descubrimiento del Nuevo Mundo. Él/ella te hace preguntas o da su opinión sobre lo que dices y tú le contestas.

Elegir anécdotas apasionantes

→ **Objectif** **A2+** : raconter sa découverte d'un site historique et donner ses impressions.

✏ Nombre de mots : 50.

Tuviste la oportunidad de hacer un viaje a México y visitar sitios arqueológicos donde aparecen restos de antiguas civilizaciones. Quieres compartir con tu mejor amigo(a) lo que descubriste y aprendiste. Le escribes en una postal contándole anécdotas e impresiones.

A2
a. Primero precisas dónde has estado y por qué has elegido esta región.
b. Luego describes lo que descubriste y lo que aprendiste durante tus visitas a sitios de interés arqueológico.

A2+
c. Finalmente expresas tus impresiones.

Mémoire
Sentiment d'appartenance
Visions d'avenir

Fiestas y celebraciones

1 **N**avidades en Veracruz, México

ACTIVITÉS DE COMMUNICATION A2+/B1

 Écouter
Comprendre un reportage sur une fête espagnole.
Comprendre la symbolique d'une fête mexicaine.

 Lire
Comprendre le récit d'une fête traditionnelle.
Comprendre un point de vue atypique sur les fêtes.

 Parler en continu
Présenter une fête traditionnelle.
Exprimer un souhait.
Faire un reportage sur le déroulement d'une fête.

 Parler en interaction
Échanger des points de vue sur l'intérêt d'assister
à une cérémonie.

 Écrire
Exprimer une déception.

OUTILS LINGUISTIQUES

- Les indéfinis   (p. 171)
- La subordonnée de condition (p. 173)
- La traduction de « c'est moi, c'est toi... » (p.175)
- L'emploi de *usted, ustedes* (2) (p. 177)
- Le subjonctif et l'expression du souhait (p. 177)
- La simultanéité avec *mientras* (p.179)
- L'adjectif démonstratif *aquel* (2) (p. 179)

RECURSOS

Sustantivos
- el baile: *la danse*
- la carreta: *la charrette*
- la devoción
- las iluminaciones
- la máscara: *le masque*
- el traje: *le costume*

Adjetivos
- adornado(a): *décoré(e)*
- tradicional

Verbos y expresiones
- cruzar el río: *traverser la rivière*
- disfrutar juntos: *profiter ensemble*
- montado(a) a caballo
- participar en

Proyecto final

→ Imagina una campaña publicitaria para promover una ciudad de España o de América Latina a través de sus fiestas.

2

Romería
del Rocío
en Andalucía

3

La Diablada,
Carnaval de Oruro
en Bolivia

Y tú, ¿cómo lo ves?

1. Describe cada fotografía y precisa a qué fiesta corresponde.

2. Define el ambiente que se desprende de las escenas.

3. Di qué foto es para ti la más impactante. ¿Por qué?

4. Precisa en qué fiesta te gustaría participar y explica por qué.

La noche de San Juan

B1

Bailando en torno a una hoguera en la noche de San Juan

1 Observa la foto

a. Di cuándo fue sacada la foto y lo que representa.
b. Cita los objetos que ves y describe el ambiente.

2 Escucha e identifica

c. El documento es… y trata de… He oído las voces de…
d. ¿Qué palabras corresponden al campo léxico de la fiesta o tradición y qué palabras evocan la religión?

3 Profundiza

e. Esa noche es la más … y es sinónimo de… ya que …
f. Di cuándo se celebra y qué simboliza según las viejas tradiciones.
g. En Alicante la gente quema … mientras que tradicionalmente … Lo importante es…
h. En un pueblo de Soria hay que… mientras que en Galicia hay que…
i. Indica cómo se celebra en algunos países de Latinoamérica.

4 Resume y exprésate

j. Di lo que simboliza esta fiesta y presenta algunos de sus ritos.

→ 📖 *Fichier de l'élève p.40*

RECURSOS

Sustantivos
- un(a) brujo(a): *un(e) sorcier(ière)*
- una escoba: *un balai*
- una hoguera = una fogata: *un grand feu*
- la parroquia: *la paroisse, la communauté*
- un trasto: *(ici) un vieux meuble*

Adjetivos
- campechano(a) = *bon enfant, simple*
- descalzo: *pieds nus*

Verbos y expresiones
- ahuyentar = espantar: *(ici) chasser, faire fuir*
- arder: *brûler, se consumer*
- enlazar = unir: *lier, relier*
- p**e**dir (i) un deseo: *faire un vœu*
- quemar: *brûler, mettre le feu à*
- saltar: *sauter*
- t**e**ner (ie) suerte : *avoir de la chance*

Fonética

→ Accentuation Précis 2

a. Escucha las palabras y pon el acento escrito en la vocal adecuada.

b. Repite estas palabras en voz alta.

A2+ # El Día de Muertos en México

1 Observa la foto

a. Di lo que representa la foto y descríbela.

b. ¿Qué impresión se desprende de la foto? Justifica tu respuesta.

2 Escucha e identifica

c. Identifica el tema y las voces de la grabación.

d. Di qué ruidos y qué música oyes. ¿Qué ambiente crean?

3 Profundiza

e. El 1 de noviembre el cementerio se convierte en... En efecto, podemos ver...

f. Precisa qué comida y qué bebida le trae la familia a su difunto.

g. Describe el ambiente en el cementerio y en las casas. ¿Cómo se justifica?

h. Cita dos cosas que hace la gente el 2 de noviembre.

4 Resume y exprésate

i. Estás en México y asistes a esta fiesta. ¿Qué mensaje le podrías mandar a un(a) amigo(a) para describirla?

→ 📖 *Fichier de l'élève p. 41*

Un altar para recibir a las almas de los muertos

RECURSOS

Sustantivos
- el alma: *l'âme*
- un altar: *un autel*
- una calavera: *une tête de mort*
- una campanada: *un coup de cloche*
- el cempasúchil: *l'œillet d'Inde*
- una guirnalda: *une guirlande*
- los mariachis
- la pelona (fam.) = la muerte
- una vela: *une bougie*

Adjetivo
- alegre = festivo(a)

Verbos y expresiones
- adornar: *décorer*
- brindar por: *boire à la santé de*
- complacer: *plaire, faire plaisir*
- rezar: *prier*

Datos culturales

El Día de Muertos de México fue declarado Patrimonio Mundial de la Humanidad. El 1 de noviembre se recuerda el alma de los niños difuntos y el 2 de noviembre la de los adultos.

Fonética

a. Escucha las palabras y di cómo se pronuncia la "c" en México.

cementerio – cempasúchil – un cigarrito – el cielo – el dulce – recibirlos – cientos – florecillas

b. Escucha las mismas palabras con acento español y repítelas.

Las Fallas de Valencia

A2+

    Llego a la ciudad en viernes, y miles de personas desfilan por el centro de la ciudad. Los trajes de las mujeres son especialmente vistosos. Algunos llegan a costar 6.000 euros contando mantillas[1], peinetas[2], pendientes, collares, y todo tipo de recamados[3] de oro y piedras preciosas.

5   –¿Y quién paga esos trajes? –le pregunto a mi suegra, que es de ahí–. ¿Los empresarios turísticos o los ayuntamientos?

–Los papás de las chicas.

–Ya, pero ¿cuál es el negocio? ¿Por qué gastan tanto dinero en el traje?

–Porque les hace ilusión[4].

10   Literalmente relucientes, las mujeres le llevan ramos de flores a una virgen[5] de veinte metros de altura. La virgen sólo tiene puesta la cabeza sobre una estructura de madera, y se va vistiendo con los ramos de distintos colores. Al culminar su desfile frente a la gigantesca imagen, las mujeres lloran de emoción. [...]

15   No muy lejos de ahí, una estatua de cartón piedra[6] más o menos del mismo tamaño representa a una monumental mulata carnavalera bailando al ritmo de un grupo tropical. Cada barrio construye estatuas de cartón piedra llamadas precisamente fallas que satirizan a las personas, sus manías, sus mentiras, sus problemas. Como colosales dibujos animados

20 que brotan[7] por las calles. [...]

    Hay un gigantesco lobo con máscara de cordero[8], y alrededor, caricaturas de políticos y estrellas de la televisión. El mensaje es que los ricos y los poderosos siempre muestran un rostro amable y gracioso en la prensa mientras maquillan sus presupuestos y engañan por doquier[9] [...]

25 La última noche, se les prende fuego[10]. Como los carnavales, las Fallas abren la puerta de lo profano y lo políticamente incorrecto, antes de volver a la normalidad: tres días para decir la verdad, y un último para reducirla a cenizas[11].

        Santiago RONCAGLIOLO (escritor peruano), *Jet Lag*, 2007

---

1. *des mantilles*
2. *des peignes*
3. *des broderies*
4. *ça leur fait plaisir*
5. Virgen de los Desamparados, patrona de Valencia
6. *en carton pâte*
7. *jaillissent*
8. *un loup avec un masque d'agneau*
9. *trompent partout*
10. *on les brûle*
11. *en cendres*

LEE Y EXPRÉSATE

1. Di dónde está el narrador, precisa el momento de la escena y lo que pasa.

2. Describe los trajes de las mujeres. (l. 2-4)

3. Di qué le pregunta el narrador a su suegra. (l. 5-8)

4. Precisa lo que llevan las mujeres; cita las palabras que indican lo que sienten en ese momento. (l. 10-14)

5. Evidencia lo que hace cada barrio y explica para qué sirven las fallas. (l. 17-19)

6. Precisa lo que ocurre la última noche y valora la importancia de esta fiesta a nivel religioso y social.

"**F**alla Rey moro y Rey cristiano", Valencia

1. Di lo que representa la foto y precisa quién es la chica del primer plano describiéndola.

2. Al descubrir la falla, ¿cómo puede sentirse el público ?

3. Relaciona esta foto con el texto: las figuras me hacen pensar en... puesto que…

4. A tu parecer, ¿qué momento histórico representa esta falla?

RECURSOS

Sustantivos
- la armadura: *l'armure*
- el combate
- la espada: *l'épée*
- la faja: *(ici) l'écharpe (officielle)*
- la fallera = la chica vestida con el traje tradicional
- el moro = el musulmán
- el ninot = la figura de cartón piedra
- el sable: *le sabre*

Adjetivos
- colosal = enorme
- imponente: *imposant(e)*

Verbos y expresiones
- alzarse: *s'élever*
- estar admirativo(a)
- sacar/tomar fotos

Gramática activa

Les indéfinis → Précis 8

Observa
▸ ¿Por qué gastan **tanto dinero** en el traje?
▸ **Cada barrio** construye estatuas.
▸ **Algunos** llegan a costar 6.000 euros.

- Les indéfinis peuvent être utilisés comme adjectifs accompagnant un nom ou comme pronoms.
  Ils fournissent des informations sur la quantité, l'intensité et l'identité du nom –explicite ou non– qu'ils déterminent :
  - **alguno(s) - alguna(s)** : quelque(s) / quelques-un(e)s
  - **tanto(s) - tanta(s)** : tant de
  - **cada** : chaque

Practica

Traduis.
a. Chaque défilé est spécial.
b. Il y a tant de couleurs et tant de personnes qui défilent que nous pleurons d'émotion.

→ Autre exercice p. 182

¡Y ahora tú!

Presento alguna fiesta

Presenta a tus compañeros(as) alguna fiesta que se celebra en la calle y que te gusta o te impresiona mucho. Puedes presentar las Fallas de Valencia u otra fiesta que conoces.

→ *Durante las fallas de Valencia, cada...*

→ 📖 *Fichier de l'élève, p. 42*

A2+

Mientras en el centro de la abarrotada[1] plaza del Mercado Chico un clérigo[2] de la Inquisición arrojaba libros herejes[3] a la hoguera[4], dos calles más arriba yo luchaba desesperadamente por sacar del garaje mi flamante BMW 525 tds, color granate metalizado, en dura liza[5] con la riada[6] de
5 rezagados[7] que llegaban tarde a la fiesta medieval organizada por el ayuntamiento. Para mi desgracia, desde varios días atrás estaban teniendo lugar, en la misma puerta de mi casa, ruidosas reyertas[8] de mendigos, ventas de esclavos, torneos de caballeros. [...] Me decía, desesperada, que si hubiera sido un poco más lista, me habría abstenido de quedarme esos
10 días en Ávila dejando que mis conciudadanos se divirtiesen como les viniera en gana[9]. Pero acababa de regresar de un largo viaje y necesitaba urgentemente el entorno de mi propia casa, la comodidad de mi propia cama y un poco de... ¿tranquilidad? Las dichosas fiestas municipales me estaban sentando fatal[10].
15 Golpeé suavemente el claxon e hice señales con las luces para que el río humano se apartara y me dejara salir, pero fue totalmente inútil.

Matilde ASENSI (escritora española), *El salón de ámbar*, 1999

Mathilde ASENSI (nacida en 1962)
Antes de conocer el éxito como escritora, trabajó de periodista en diversas emisoras y en varios medios escritos de su ciudad natal, Alicante. Su primera novela, *El salón de ámbar*, obtuvo un gran éxito. Su última novela, *Venganza en Sevilla*, se publicó en 2010.

1. *bondée*	**6.** *le flot (de gens)*
2. *prêtre*	**7.** personas que llegan con retraso
3. *hérétiques*	**8.** *querelles*
4. *bûcher*	**9.** *comme ils en avaient envie*
5. combate	**10.** *ne me réussissaient pas du tout*

LEE Y EXPRÉSATE

1. Apunta el nombre de la ciudad en que tenía lugar la escena y describe el ambiente.

2. Di cuál era la intención de la narradora y apunta el elemento que la bloqueó. (l. 3-6)

3. Según la protagonista, ¿qué tenía que haber hecho? (l. 8-10)

4. ¿Cuál era el estado de ánimo de la protagonista? ¿Por qué?

5. A tu parecer, ¿por qué se puede decir que este texto compagina pasado y modernidad?

RECURSOS

Sustantivos
- la agitación
- un atasco: *un embouteillage*
- el bullicio: *le brouhaha*

Adjetivos
- agitado(a)
- bloqueado(a): *coincé(e)*
- concurrido (a): *fréquenté(e)*

Verbos y expresiones
- darse prisa en + inf.: *se dépêcher de*
- estar furioso(a): *être en colère*
- estar nervioso(a): *être énervé(e)*
- impacientarse (por)
- impedir (i) que + subj.: *empêcher de*

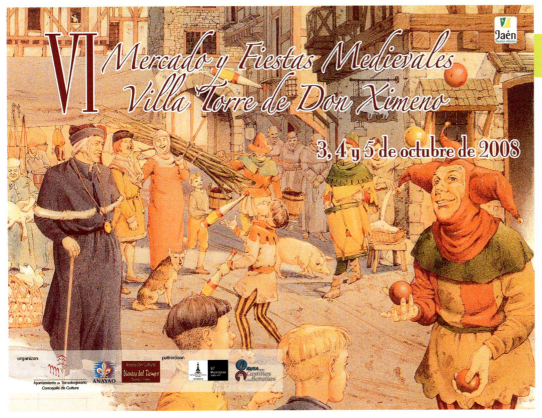

Fiesta medieval
en Andalucía

MIRA Y EXPRÉSATE

1. Identifica el documento y descríbelo.

2. Di en qué consisten estas fiestas medievales.

3. ¿Con qué intención se realizó este cartel?

4. ¿Te gustaría participar en esta fiesta? Justifica tu opinión.

RECURSOS

Sustantivos
- los campesinos: *les paysans*
- el cerdo: *le cochon*
- la Edad Media
- un espectáculo callejero: *un spectacle de rue*
- el juglar: *le jongleur (au Moyen Âge)*
- la pelota: *la balle*

Adjetivo
- sonriente: *souriant(e)*

Verbos y expresiones
- atraer: *attirer*
- disfrazarse: *se déguiser*
- divertir (ie, i) al público: *amuser le public*
- fomentar el turismo: *développer le tourisme*
- hacer juegos malabares: *jongler*

Gramática activa

La subordonnée de condition

→ Précis 25.C

Observa

▶ *Si hubiera sido* un poco más lista, *me habría abstenido de quedarme esos días.*

- Après *si*, le verbe de la subordonnée se met au subjonctif imparfait ou plus-que-parfait, lorsque le verbe de la proposition principale est au conditionnel présent ou passé.

Practica

Conjugue les verbes.

a. No me aburriría si yo (participar) en la fiesta.

b. Si nosotros (ir) a la finca, habríamos evitado la multitud.

→ Autres exercices p. 182

¡Y ahora tú!

Expreso una decepción

Tenías que asistir a una fiesta medieval y fue anulada. Le escribes a un(a) amigo(a) explicándole tu decepción y le cuentas lo que habrías visto y hecho en la ciudad organizadora.

→ *Si no hubieran anulado la fiesta…*

 *Fichier de l'élève, p. 43*

B1

¿**Q**uién me presta una escalera[1]
para subir al madero[2]
para quitarle los clavos[3]
a Jesús el Nazareno[4]?

5 Oh, la saeta, el cantar
al Cristo de los gitanos[5]
siempre con sangre en las manos,
siempre por desenclavar[6]!
¡Cantar del pueblo andaluz,
10 que todas las primaveras
anda pidiendo escaleras
para subir a la cruz!;
¡Cantar de la tierra mía,
que echa flores[7]
15 al Jesús de la agonía,
y es la fe[8] de mis mayores!;
¡Oh, no eres tú mi cantar!;
No puedo cantar, ni quiero
a ese Jesús del madero,
20 sino al que anduvo en el mar[9]!

Antonio MACHADO (poeta español),
Campos de Castilla, 1913

1. *une échelle*
2. la cruz (de madera)
3. *les clous*
4. *Jésus de Nazareth*
5. Cristo que se encuentra
   en un barrio gitano de Sevilla.
6. *toujours cloué sur la croix*
7. *offre des fleurs*
8. *la foi*
9. *à celui qui a marché sur l'eau*

Antonio MACHADO (1875 – 1939)
Nació en Sevilla y se quedó en Andalucía hasta los ocho años, y después se trasladó con su familia a Madrid. Los recuerdos de esa infancia andaluza aparecen en toda su obra. Volvió a Andalucía (Baeza), después de la muerte de su mujer, y allí siguió trabajando de profesor de francés. Murió en Collioure (Francia).

Datos culturales

La saeta es un tipo de canción que se canta en Semana Santa en España y en particular en Andalucía. Suele ser un poema corto, con temática religiosa. Si alguien se pone a cantar una saeta, el paso debe parase y mientras se canta, el paso descansa.

LEE Y EXPRÉSATE

1. Define la forma del texto y di qué celebración se evoca. Caracteriza el ambiente.

2. Apunta cómo viene caracterizado el personaje de Jesús a lo largo del poema y muestra que la última evocación contrasta con las anteriores.

3. Fijándote en los versos 1-4 y 18-20, aclara la intención y los sentimientos del poeta al ver el paso. ¿En qué se opone al resto del pueblo? Justifícalo.

4. Di por qué es tan importante la Semana Santa para el poeta.

5. ¿Cómo calificarías el estilo y la tonalidad del texto: lírico, triste…?

6. ¿Qué opinas de la actitud del poeta frente a la tradición religiosa evocada en el poema?

RECURSOS

Sustantivos
- el apego: *l'attachement*
- el fervor
- la rebeldía: *la révolte*
- la resignación

Adjetivos
- conmovido(a): *ému(e)*
- creyente
- crítico(a)
- cruel
- hostil

Verbos y expresiones
- no estar conforme con = no estar de acuerdo con
- no estar dispuesto(a) a
- presenciar = asistir a
- rechazar ≠ aceptar

Un paso y sus penitentes
en Cuenca (Castilla-La Mancha)

MIRA Y EXPRÉSATE

1. Precisa dónde y cuándo tiene lugar la escena.

2. Describe a los penitentes y la escena del paso que llevan.

3. Observa al público y precisa su actitud.

4. ¿Qué ambiente se desprende de la fotografía? Justifica tu respuesta.

RECURSOS

Sustantivos
- un capirote: *(ici) une cagoule*
- la hermandad: *la confrérie*
- un paso: *char représentant une scène de la Passion du Christ*
- un penitente
- el recogimiento: *le recueillement*

Adjectivos
- imponente: *imposant(e)*
- morado(a): *violet(te)*

Verbos y expresiones
- estar medio arrodillado(a): *être à moitié agenouillé(e)*
- llevar a hombros: *porter sur les épaules*
- llevar la cruz: *porter la croix*

Gramática activa

La traduction de « c'est moi, c'est toi... »
→ Précis 16.A

Observa

▶ *No **eres tú** mi cantar.*

- Pour introduire une identité, on emploie le verbe **ser** suivi du pronom sujet correspondant : **soy yo, eres tú, es él/ella/usted, somos nosotros(as), sois vosotros(as), son ellos/ellas/ustedes**.

- Lorsque ces formes personnelles sont accompagnées des relatifs "que" ou " qui", ces relatifs sont traduits par *quien, quienes* ou par *el que, la que, los que, las que* suivant le genre et le nombre.

Practica

Conjugue comme il se doit.
a. Antes de llegar, gritamos: ¡(nosotras/ser)!
b. (Ellos/ser) los que anuncian el principio de la procesión.

→ Autre exercice p. 182

¡Y ahora tú!

 Intercambiamos sobre el interés de una ceremonia

Tu clase viaja a España por Semana Santa. Unos alumnos quieren asistir a la procesión de un paso mientras que otros no ven el interés de presenciar esa ceremonia religiosa. Imagina la conversación que vais a tener.

→ Lo bueno de asistir a la procesión es que...

→ ¡Qué no! ... Somos nosotros los que tenemos razón puesto que...

→  *Fichier de l'élève p. 42*

A2+

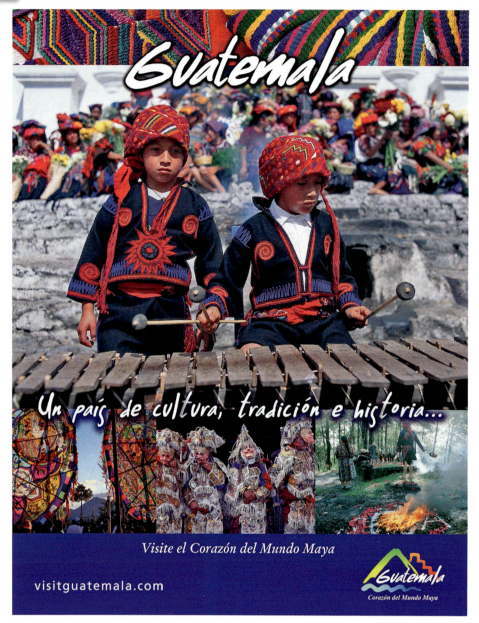

RECURSOS

Sustantivos
- los antepasados mayas: *les ancêtres mayas*
- el baile: *la danse*
- colores llamativos: *des couleurs vives*
- las máscaras: *les masques*
- un pañuelo: *un foulard*
- la selva

Adjetivos
- festivo(a)

Verbos y expresiones
- al fondo
- defender (ie) su cultura
- hacer ofrendas: *faire des offrandes*
- tocar las marimbas

MIRA Y EXPRÉSATE

1. Enumera los diferentes elementos que componen la publicidad y sitúalos.
2. Describe las fotografías y di qué aspectos corresponden a la cultura, a la tradición y a la historia.
3. ¿Qué ambiente se desprende de la publicidad? Justifica tu respuesta.
4. Explica a quién se dirige esta publicidad y precisa su objetivo.
5. Di si esta publicidad te da ganas de descubrir Guatemala. Justifica tu opinión.

Día de fiesta en la escuela

La puerta de la escuela se abrió unos minutos después. Celeste salió precediendo a un grupo de veinte niños y niñas de diez o doce años de edad. [...]

La orquesta dejó de tocar[1] y Celeste se acercó hasta el micrófono.

5 —Señoras y señores, muchas gracias por su amable presencia en este sencillo acto. Los niños de la escuela van a ejecutar para ustedes algunos bailes de nuestra tierra. Luego, la marimba seguirá tocando para que ustedes gocen[2] de la fiesta. Espero que todo sea de su agrado[3] y que les dé satisfacción lo que los chamaquitos[4] han preparado. Los niños ocuparon su 10 lugar. Vestían ropas tradicionales y se cubrían la cara con máscaras. Llevaban también pelucas[5] de llamativos tonos, algunas de un amarillo chillón y también rojas y moradas.

Los niños y las niñas se separaron en dos filas, dándose frente a un lado y a otro de la explanada. La marimba volvió a sonar de nuevo. Y comenzó 15 la danza.

Javier REVERTE (escritor español), *Trilogía de Centroamérica*, 2008

1. *cessa de jouer*
2. *pour que vous profitiez*
3. gusto
4. los niños
5. *des perruques*

LEE Y EXPRÉSATE

1. Sitúa la escena y presenta a los protagonistas.

2. Apunta las palabras y expresiones relacionadas con la fiesta.

3. Di qué tipo de bailes ejecutaron los niños. ¿Cómo eran los trajes y a qué se refieren?

RECURSOS

Sustantivos
- el espectáculo
- el público
- las raíces = los orígenes

Adjetivo
- alegre: *joyeux(euse)*

Verbos y expresiones
- bailar
- perpetuar una tradición

Gramática activa

❶ Usted, ustedes → Précis 17

Observa
▶ *Señoras y señores, muchas gracias por **su presencia**, los niños van a ejecutar **para ustedes** algunos bailes, para que **ustedes gocen** de la fiesta.*

- **Usted** et **ustedes** sont les équivalents du « vous » de politesse pour s'adresser à une ou plusieurs personnes que l'on vouvoie.
- **Usted** et **ustedes** correspondent aux 3ᵉ personnes du singulier et du pluriel des verbes.
- Les pronoms compléments et les possessifs correspondent également aux 3ᵉ personnes du singulier et du pluriel.

Practica
Conjugue comme il se doit. Emploie le présent.
a. Señor profesor, usted (enseñarles) a los alumnos cómo ejecutar el baile.
b. Señoras y señores, ustedes (asistir) a un gran espectáculo.

→ Autres exercices p. 182

❷ Le subjonctif et l'expression du souhait
→ Précis 26.B

Observa
▶ *Espero que todo sea de su agrado y que les dé satisfacción.*

- Le mode subjonctif est utilisé après un verbe exprimant un souhait comme *esperar* (espérer). Il permet de mettre en évidence une éventualité.
- Ces verbes au subjonctif peuvent être rendus en français par un futur.

Practica
Emploie le subjonctif.
a. Esperas que la profesora (estar) satisfecha.
b. El maestro espera que también ustedes (bailar).

→ Autre exercice p. 183

¡Y ahora tú!

Espero que gocen de la fiesta

Eres guía en un país de América Latina. Acompañas a los turistas a una fiesta tradicional que tiene sus raíces en la historia. Les deseas que disfruten de la fiesta explicándoles su interés.

→ *Espero que ustedes estén...*

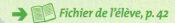

→ 📖 *Fichier de l'élève, p. 42*

Día de fiesta en la calle

Leer y hablar

A2+

La fiesta pasa en una ciudad de California.

David Stiver desvió su vehículo hacia el carril de baja velocidad y tomó la rampa de salida[1]. [...]

Conforme se aproximaba al centro de la ciudad en donde sabía él que estaba progresando la fiesta, el tráfico se volvió más pesado y más lento. En una de las calles encontró un lugar para estacionarse y continuó su camino a pie.

Caminó entre la muchedumbre[2] sin rumbo fijo deteniéndose en los puestos[3] que vendían artículos hechos a mano y curiosidades artísticas, en otros que ofrecían tacos[4] y ensaladas picantes. [...]

Caminaban por dondequiera[5] grupos de niños esperando tomar parte en su faceta particular de la fiesta. Algunos tenían cabellos rubios y rostros pecosos[6], otros tenían la piel morena y los cabellos negros y sedosos de los latinos, otros eran negros de raza, pero todos usaban vestidos[7] apropiados; las niñas llevaban sus faldas amponas[8] que les cubrían hasta los tobillos con blusas adornadas con listones, mantillas sobre la cabeza, algunas, y otras cubriéndose los hombros con rebozos[9]. Los niños usaban pantalones ajustados en la parte alta de las piernas y sueltos en la parte baja, chaquetas de gamuza con adornos en los puños y en los sombreros.

Entre la multitud que se agrupaba en el centro de la calle vio David a aquel grupo de trabajadores que vestían ya sus vistosos atavíos[10] de mariachis, una mezcla de la usanza antigua española y del garbo[11] de los trabajadores del campo románticos mexicanos.

Todos cantaban mientras cuatro de ellos tocaban guitarras.

Richard VASQUEZ (autor "chicano"), *Chicano*, 2005

1. *la bretelle de sortie*
2. *la foule*
3. *en s'arrêtant aux stands*
4. *galette de maïs farcie à la viande ou au fromage*
5. *por todas partes*
6. *avec des tâches de rousseur*
7. *ropa*
8. *(ici) des jupes amples*
9. *des châles*
10. *des costumes aux couleurs vives*
11. *l'allure*

LEE Y EXPRÉSATE

1. Sitúa la escena y presenta a los protagonistas.

2. Di qué vendían en los puestos y precisa a qué país corresponde la comida ofrecida. (l.7-9)

3. Describe a los niños y di cómo estaban vestidos. (l.11-18)

4. Precisa lo que evoca el traje de los mariachis y explica por qué vinieron a esta fiesta.

5. A tu parecer, ¿cuál es la intención del autor al presentar esta fiesta? Justifica tu respuesta.

RECURSOS

Sustantivos
- los antepasados: *les ancêtres*
- los descendientes
- las raíces: *les racines*
- el traje: *le costume*

Adjetivos
- mexicano(a)
- tradicional

Verbos y expresiones
- comer un plato típico
- dejar huella: *laisser une trace*
- participar en una fiesta multicultural
- pasarlo bien: *s'amuser*
- tocar música

Datos culturales

Los mariachis son conjuntos musicales de entre 7 a 12 personas o a veces más. Suelen tocar y cantar en fiestas familiares o públicas. Algunos instrumentos utilizados son la guitarra, el guitarrón, los violines y las trompetas. Los mariachis forman parte integrante de la cultura mexicana.

MIRA Y EXPRÉSATE

1. Sitúa la escena y precisa quiénes son los jóvenes describiéndolos. Mientras unos tocan la guitarra, otros…

2. Describe la actitud y la expresión del público.

3. Determina el ambiente que se desprende de esta escena. Justifica tu respuesta.

RECURSOS

Sustantivos
- los adornos dorados
- la camisa
- el cinturón
- el color granate: *le rouge grenat*
- el violín

Adjetivos
- atento(a): *attentif(ive)*
- sonriente: *souriant(e)*

Verbos y expresiones
- aplaudir
- levantar el arco: *lever l'archet*
- llevar zapatos a juego: *porter des chaussures assorties*

Gramática activa

❶ La simultanéité avec *mientras* → Précis 31

Observa
▶ *Todos cantaban **mientras** cuatro de ellos tocaban guitarras.*

- La conjonction ***mientras*** – « pendant que » – exprime une simultanéité qui s'inscrit dans la durée.
- La simultanéité se rend également par ***al* + infinitif** = gérondif ou proposition subordonnée temporelle.

▶ ***Al llegar** al centro vio a aquel grupo.*

Practica

Imite l'exemple.

Cuando caminaba oía la música
→ *Oía la música de los grupos mientras caminaba.*

a. Cuando unos vendían artículos hechos a mano, otros ofrecían tacos.

b. Cuando las niñas se ponían mantillas los niños se ponían chaquetas.

→ Autre exercice p. 183

❷ L'adjectif démonstratif *aquel* (2) → Précis 10

Observa
▶ *Vio David a **aquel grupo** de trabajadores.*

- ***Aquel(los)**, **aquella(s)*** établissent une distance par rapport au locuteur, à l'espace et au temps.
- D'autres emplois – à valeur laudative ou à valeur péjorative – sont rattachés à ces démonstratifs.

Practica

Choisis *aquel*, *aquellos*, *aquella* ou *aquellas* et donne leur valeur.

a. (…) tráfico se volvió más pesado.

b. Eran extraordinarios (…) mariachis.

→ Autre exercice p. 183

¡Y ahora tú!

Presento en directo

Eres reportero de radio y asistes a una fiesta tradicional en México. Describes a un grupo de mariachis que está tocando y cantando.

→ *Les habla… en directo del carnaval de… Mientras…*

→ 📖 *Fichier de l'élève, p. 42*

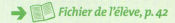

Talleres de comunicación

TALLER DE EXPRESIÓN ORAL

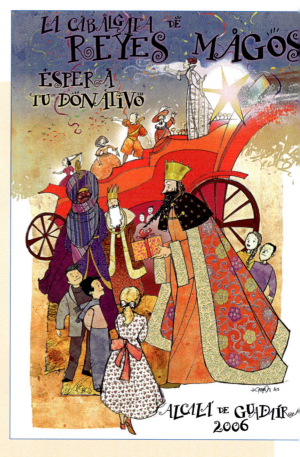

La cabalgata de los Reyes Magos espera tu donativo

Objectif **A2** : décrire, expliquer et commenter une affiche publicitaire.

🔧: le lexique de Noël, des cadeaux.

⏱ Temps de parole : entre 3 et 5 minutes.

Describe el cartel

a. Presenta a los tres personajes del centro y di lo que tiene uno de ellos en la mano.

b. Indica a qué celebración remite el cartel y explica la presencia de los niños.

c. Precisa el objetivo del cartel. Este cartel incita la gente a…

d. ¿Te parece logrado? Justifica tu opinión.

RECURSOS

Sustantivos
- la corona
- los desfavorecidos
- un donativo: *un don*
- la estrella luciente: *l'étoile du berger*
- la igualdad : *l'égalité*
- un regalo: *un cadeau*

Adjetivo
- feliz: *heureux(euse)*
- logrado(a): *réussi(e)*

Verbos y expresiones
- esperar a que + subj: *attendre que + subj.*
- remitir a: *renvoyer à, faire allusion à*
- tomar conciencia de que: *prendre conscience que…*

TALLER DE COMPRENSIÓN ORAL

Un encierro, Pamplona

Canción de María Ostiz: *Los Sanfermines*

Objectif **A2** : comprendre une chanson de fête, traditionnelle.

🔧: les chiffres, les mois de l'année.

Escucha la canción y contesta.

1. Di a qué corresponde cada número.

2. Apunta el nombre del Santo y di por qué está citado.

3. Precisa adónde va la gente y qué tiene que llevar.

4. ¿Qué tiene que hacer Mariluz? ¿Por qué?

5. Califica el ritmo de la canción y elige un adjetivo para definir esta fiesta.

RECURSOS

Sustantivos
- la bota : *(ici) la gourde*
- el calcetín: *la chaussette*
- un encierro: *lâcher de taureaux dans les rues jusqu'aux arènes*

Adjetivos
- alegre: *joyeux(euse)*
- rápido(a)

Expresión
- apagar la luz: *éteindre la lumière*

Presentar el Carnaval de Oruro y la Diablada

Conectaos a:

- http://www.embajadadebolivia.com.ar/turismo/deptos/oruro.htm **(a.)**
- http://www.micarnaval.net/virgen_del_socavon.htm **(b., c., d.)**
- http://www.embajadadebolivia.com.ar/turismo/coruro.htm **(e.)**
- http://www.carnavaldeoruroacfo.com/ **(sitio de fotos y vídeos)**

1. Buscad información

a. Situad la ciudad y decid por qué es importante histórica y culturalmente.

b. Decid quiénes son los urus, Wari, el Tío y la Ñusta. ¿Por qué los urus mineros adoraban a la Ñusta y al Tío?

c. ¿Quién era el Chiru-Chiru? Explicad por qué la Virgen del Socavón se convirtió en la patrona de los mineros.

d. Comparad las dos leyendas y decid a quiénes corresponden Wari y la Ñusta en la religión católica.

2. Describid la fiesta

e. ¿Cómo se desarrolla el Carnaval de Oruro y qué es la Diablada? Citad elementos de cultura indígena y de cultura católica y mostrad cómo se mezclan las dos culturas. Podéis ilustrar vuestra presentación.

RECURSOS

Sustantivos
- el bien ≠ el mal
- un(a) dios(a)
- un pecado: *un péché*
- una plaga: *un fléau*

Verbos y expresiones
- arrepentirse (ie, i): *se repentir, regretter*
- castigar: *punir*
- complacer: *plaire*
- derrotar: *vaincre*
- proteger

DVD
Nadie conoce a nadie
Mateo Gil, 2003

Viernes Santo, 21 de abril…

1. Fíjate

a. Di lo que representa el fotograma y determina cuál es el elemento discordante.

2. Mira y escucha

b. Mira toda la secuencia e indica cuándo y dónde transcurre la escena. Justifica tu respuesta.

c. Enumera los elementos característicos de la procesión.

d. Identifica y describe al protagonista de la escena (comportamiento, estado de ánimo).

e. Fíjate en la edad y en la actitud de los asistentes. ¿Qué deduces?

3. Exprésate

f. Elige los adjetivos que caracterizan mejor el ambiente a lo largo de la secuencia (alegre, tranquilo, inquietante, respetuoso, surrealista). Justifica tu respuesta.

g. Enumera las técnicas cinematográficas que se emplean en el momento del desenlace, explicando lo que permiten.

Durante la procesión de la Virgen de las Cinco Llagas

RECURSOS

Sustantivos
- la banda de música
- los capirotes de los penitentes: *les capuches des pénitents*
- los cirios: *les cierges*
- el desenlace = el final
- una imagen = *(ici)* una estatua
- los penitentes
- un policía, un comisario
- el recogimiento: *le recueillement*

Adjetivos
- nervioso(a)
- oscuro(a)

Verbos y expresiones
- apuntar (con una pistola): *viser*
- entrarle pánico a uno
- los hay que + 3e pers. du pl.

Lengua activa

Les indéfinis → *Gramática activa* p. 171, Précis 8

1 **Traduis.**

a. Chaque village a un festival.

b. Il y a quelques villages indiens.

c. Les fêtes attirent tant de gens que chaque année de nouvelles célébrations apparaissent.

d. Chaque quartier construit des statues en carton.

e. Les enfants donnent quelques offrandes à la Vierge.

f. Nous assistons à beaucoup de fêtes et à quelques spectacles.

La subordonnée de condition
→ *Gramática activa* p. 173, Précis 25.C

2 **Mets les verbes entre parenthèses au subjonctif imparfait.**

a. Si yo (ayudar) a mi madre, ella tendría menos trabajo.

b. Si mi amigo (viajar), asistiría a estas celebraciones.

c. Nosotros lo pasaríamos muy mal si (quedarnos) en casa durante Nochevieja.

d. Si ustedes (llegar) el viernes, sus amigos estarían satisfechos.

e. Ellas podrían cantar si (estar) en los balcones.

f. Si el espectáculo (daros) satisfacción, lo volveríamos a montar el año que viene.

3 **Mets les verbes entre parenthèses au subjonctif plus-que-parfait.**

a. Si tú (venir) temprano, no habrías tenido problemas.

b. Si (ser) necesario, el padre habría pagado el traje.

c. Las mujeres habrían llorado de emoción si (ver) a la Virgen.

d. Yo no habría oído las flautas si (alejarme) del mercado.

e. El espectáculo no habría sido un éxito si los alumnos no (prepararlo) tan bien.

f. Si vosotros (estar) en el pueblo, habríais asistido a la procesión.

4 **Mets les verbes entre parenthèses au subjonctif imparfait ou au plus-que-parfait selon les cas.**

a. Si (apartarse) la multitud, podríamos avanzar.

b. Os habríais divertido si no (llegar) tarde a la fiesta.

c. Gastaríamos mucho dinero si (poderlo).

d. Habrían cantado si la procesión (pasar) por la calle.

e. Quemarían las fallas si (ser) la hora.

f. Este pueblo habría sido famoso si los vecinos (crear) un festival.

La traduction de « c'est moi, c'est toi... » → *Gramática activa* p. 175, Précis 16.A

5 **Utilise les formes *soy yo, eres tú,...* comme il se doit.**

a. Este año, el mejor fallero (tú/ser).

b. Piensas que tu hermano y tú habéis ganado, pero en realidad (nosotros/ser).

c. Para el espectáculo, las mendigas (vosotras/ser).

d. El chico que más llama la atención (él/ser).

e. Te lo vuelvo a repetir: ¡(yo/ser) la primera!

f. (Ellas/ser) las indias de las que te hablan.

Le vouvoiement avec *usted, ustedes*
→ *Gramática activa* p. 177, Précis 17

6 **Conjugue les verbes entre parenthèses au présent comme dans les exemples.**

Usted llega tarde.
Ustedes llegan tarde.

a. Señor, (usted/hablar) de esta tradición porque (usted/conocerla) muy bien.

b. Señor, (usted/querer) que su hija sea la más bella de la fiesta.

c. Señora, (usted/ayudarle) a su hija a vestirse.

d. Señores, ¿(ustedes/poder) indicarnos dónde está la fiesta?

e. Señoras, (ustedes/hacer) la mejor pasta del lugar.

f. (Usted/gastar) mucho dinero y (construir) una inmensa estatua de cartón.

7 **Conjugue les verbes entre parenthèses au présent comme dans l'exemple.**

Vosotros (llegar) tarde. → Vosotros llegáis tarde.

a. Vosotros (desfilar) por la ciudad y (cantar) canciones.

b. Hijas mías, vosotras (ser) las chicas más bellas del barrio.

c. Tú y tu amigo (llevar) el paso con vuestros hermanos mayores.

d. Vosotros (vivir) en este barrio desde hace mucho tiempo.

e. Vosotros (decirnos) lo que tenemos que hacer y (darnos) explicaciones.

f. Hijos míos, (estar) muy alegres.

8 **Conjugue les verbes entre parenthèses à l'imparfait. Attention à la personne verbale.**

a. En el centro de la ciudad, (vosotros/ver) la procesión.

b. Señora, usted (necesitar) volver a casa para descansar.

c. Usted (sacar) el coche del garaje.

d. Niñas, (estar) muy ocupadas esta tarde.

e. Señores, ustedes (producir) chicha para la celebración.

f. Vosotros (ser) los mejores falleros de Valencia.

Le subjonctif et l'expression du souhait

➡ *Gramática activa p. 177, Précis 26.B*

9 **Conjugue les verbes au subjonctif.**

a. Todos los niños esperan que (desfilar) los pasos.

b. Vosotros esperáis que (ganar) vuestra cofradía.

c. Esperas que tus padres (regresar) pronto.

d. La gente del pueblo espera que (haber) una fiesta medieval.

e. Nosotras esperamos que nuestros hermanitos (aparecer).

f. Los turistas esperan que los mariachis (cantar) y (tocar) música.

L'adjectif démonstratif *aquel*

➡ *Gramática activa p. 177, Précis 10*

10 **Emploie** *aquel(los), aquella(s)* **comme il se doit.**

a. Nos encanta (...) paso con la estatua de la Virgen.

b. Las fallas satirizan a (...) poderosos y a (...) ricachos corruptos.

c. No le gustaba nada (...) multitud.

d. El ayuntamiento organizó (...) maravilloso banquete.

e. (...) orquesta toca muy bien.

f. Son preciosos (...) artículos hechos a mano.

La simultanéité avec *mientras*

➡ *Gramática activa p. 179, Précis 31*

11 **Remplace le gérondif par une subordonnée commençant par** *mientras* **comme dans l'exemple. Pense à respecter les temps et les personnes verbales !**

La chica cantaba mirando a la Virgen. → La chica cantaba mientras miraba a la Virgen.

a. El hombre avanzaba haciendo señales.

b. Mirando la televisión pensábamos en la fiesta del año pasado.

c. Las chicas decían oraciones llevándole ramos de flores a la Virgen.

d. Los de la orquesta tocan saludando a los espectadores.

e. Unas indias hacen la pasta contando historias antiguas.

f. Echáis unos granos de maíz al suelo bebiendo la bebida sagrada.

  *Fichier de l'élève p. 43*

1 **Con las palabras de las columnas I y II:**
a. describe una fiesta española o latinoamericana que has estudiado en la unidad.
b. evoca una celebración española o latinoamericana que has estudiado en la unidad.

2 **Di en qué consisten las etapas esenciales de las Fallas de Valencia haciendo tres frases con las palabras de la columna III.**

3 **Precisa lo que pasa en México el Día de Muertos con las palabras de la columna IV.**

4 **Cuenta lo que pasa en la aldea andaluza del Rocío (palabras de la columna V).**

I - LAS FIESTAS
la agitación
la alegría
un baile
una canción
festivo
la música
tradicional
bailar
divertirse (ie, i)
festejar
llevar trajes vistosos
pasarlo bien
tocar música

II - LAS CELEBRACIONES
el bullicio
el fervor
una peregrinación
religioso
un ritual
una romería
la saeta
emocionante
celebrar
conmemorar
entonar cantos
llorar de emoción
vestir (i) ropa tradicional

III - LAS FALLAS DE VALENCIA
alegre
los collares
el espectáculo
las estatuas de cartón piedra
las mantillas
la muchedumbre
las peinetas
los pendientes
asistir a
desfilar por las calles
llevar trajes vistosos
prender fuego a

IV - EL DÍA DE MUERTOS EN MÉXICO
las calaveritas de azúcar
los cementerios
los mariachis
las ofrendas
las tumbas
encender (ie) velas de cera
festejar
ofrecer comidas y bebidas
recordar (ue) a los muertos
rendir (i) culto a los difuntos
reunirse

V - EL ROCÍO EN ANDALUCÍA
las hermandades
la peregrinación
la romería a la aldea del Rocío
los/las romeros(as)
a caballo
a pie
en carreta
compartir la misma emoción
participar en
pasear a la Virgen
vestir (i) con traje flamenco

Panorama

Fiestas hispánicas: tradición y singularidad

Fiestas populares de España

A menudo, los días de fiesta en España son momentos de diversión pagana y de fervor religioso. El Día de la Hispanidad y el Rocío son dos fiestas importantes representativas de esta mezcla.

Virgen del Pilar, Zaragoza

A

12 de octubre, Día de la Hispanidad

El 12 de octubre de 1492 corresponde al **día del Descubrimiento de América**, que aportó importantes cambios culturales y económicos en España como en Europa y, por supuesto, en toda Latinoamérica.

La Fiesta Nacional de España y Día de la Hispanidad conmemora el Descubrimiento de América. La celebración tiene lugar cada 12 de Octubre con un desfile militar en la Plaza de Colón de Madrid, al que asisten Su Majestad el Rey, la Familia Real y el Gobierno.

La fecha del 12 de Octubre es conocida también como el **Día del Pilar**, porque es la fiesta de la Virgen del Pilar, patrona de la Hispanidad y de la ciudad de Zaragoza.

Según www.radiorabel.com

 Para saber más: www.12octubre.es

B

El Rocío

Cientos de miles de personas vienen de todas partes de España, y también del extranjero, para realizar esta peregrinación al santuario de la Blanca Paloma, en la aldea del Rocío en Andalucía […]

Los participantes, vestidos con traje flamenco, hacen el camino a caballo, en carreta o a pie. Por el día, las hermandades[1] avanzan con alegría y cantos, mientras que por la noche acampan al aire libre y, alrededor de una hoguera, cantan, bailan y comparten comida y bebida. Según van llegando a la aldea del Rocío, los romeros[2] esperan el momento más emocionante del fin de semana: el "salto de la verja", cuando la gente salta la valla[3] para sacar a la Virgen de la ermita[4] y pasearla a hombros el lunes por la mañana.

Según www.spain.info

Romería del Rocio, Andalucía

1. confréries
2. peregrinos
3. la grille autour de l'église
4. Petite église dans laquelle se trouve la statue de la Vierge du Rosaire

 Para saber más: www.sevillainfo.com/sevilla/fiestas/Romeria-Rocio-Huelva.php

Fiestas populares de Latinoamérica

Las celebraciones latinoamericanas son nacionales y religiosas. Las fiestas nacionales están relacionadas a veces con las prácticas de las civilizaciones prehispánicas y otras veces pueden ser similares a las de España porque las aportaron los conquistadores; sin embargo, presentan diferencias ya que se mezclaron con las creencias y celebraciones precolombinas.

C

Belén típico de Perú

Tradición peruana en Navidad

Los países latinoamericanos celebran Navidad, sin nieve, pero con árboles y nacimientos[1] (pesebres o belenes) muy bien adornados.

En la capital de Perú, Lima, y en muchas ciudades, los días anteriores a Navidad hay varias celebraciones en parques, donde se presentan coros de niños o adultos entonando villancicos (canciones de Navidad). Los elementos básicos y tradicionales del menú de Navidad son el pavo, el panetón y la chocolatada, un ponche de leche con chocolate bien caliente. También hay el infaltable "Arroz Nuestro de Cada Día", acompañado de puré de manzana, para luego brindar con champagne, sidra o bebidas locales.

La celebración de la Nochebuena es familiar, y los niños son el centro de la fiesta. A las doce, todo el mundo se abraza y se desea Feliz Navidad, con el fondo sonoro de los "cuetesillos" o petardos, que los muchachos de toda edad revientan por docenas en patios y calles del barrio. Después de ir a la Misa del Gallo a media noche, se abren los regalos traídos por el niño Jesús.

Según www.navidadlatina.com

1. *des crèches*

Para saber más: www.deperu.com
www.navidadlandia.com

Yawar Fiesta, Cotabambas, Perú

D

La Yawar Fiesta o la lucha del toro y el cóndor en Perú

En la localidad peruana de Collurqui se celebran las Fiestas Patrias o fiesta nacional con una corrida de toros cuyas características simbólicas la convierten en un ritual. Los protagonistas son un toro y un cóndor que representan lo español y lo andino, respectivamente. Si el cóndor sufre heridas graves o, peor aún, llega a morir, será una señal de desgracia para el pueblo. Por la noche, los bailarines desfilan por las calles y se lanzan fuegos artificiales y paseos de antorchas[1].

1. *flambeaux*

¿A ver si lo sabes?

1. Di qué se celebra en España el 12 de octubre. **(A)**
2. ¿Cómo llega la gente hasta el Rocío? ¿Qué celebra? **(B)**
3. Apunta los aspectos específicos de la fiesta de Navidad en Perú. **(C)**
4. ¿Qué simbolizan los animales de la Yawar Fiesta? **(D)**
5. Precisa en qué aspectos estas fiestas reúnen pasado y modernidad. **(A, B, C** y **D)**

Proyecto final

Imagina una campaña publicitaria para promover una ciudad de España o de América Latina a través de sus fiestas.

→ Elige el lugar de la fiesta y sitúalo.

→ Presenta las especificidades de la fiesta ilustrándola.

→ Imagina un eslogan que promocione la fiesta.

→ Redacta un texto breve que muestre el interés de esta fiesta y pon de realce los aspectos atractivos del lugar donde transcurre.

→ 📖 *Fichier de l'élève, p. 44*

COMPRENSIÓN ORAL

Una fiesta típica de Bolivia

→ **Objectif** A2+ : comprendre l'importance et les caractéristiques d'une fête typique.

Escucha la grabación y contesta las preguntas.

A2
a. Precisa el nombre de la fiesta y de la ciudad donde se celebra.
b. Es una fiesta cultural muy importante porque…
c. Di a qué personaje religioso se evoca.
d. Cita tres danzas típicas que se bailan en esta fiesta.

A2+
e. Di cómo termina y cuántas personas participan.

Bailando con trajes típicos

COMPRENSIÓN ESCRITA

Celebraciones navideñas

→ **Objectif** B1 : comprendre la description d'une fête et les sentiments des personnages.

Lee el texto y contesta.

A2
a. Cita la fiesta que recuerda la narradora y di dónde encontraba sus regalos.
b. Precisa quiénes traían los regalos y dónde los colocaban.

A2+
c. Explica lo que ocurría a veces y qué pasó con el circuito de tren eléctrico Scalextric.

B1
d. Di qué sentimientos experimentaron los adultos, la narradora y sus hermanos. ¿Cómo se pueden explicar? Justifica tu respuesta.

Cuando éramos pequeños, mis padres organizaban un verdadero espectáculo para entregarnos los regalos de Navidad. Solíamos hacerlo en la mañana del 6 de enero, cuando, tras una noche inquieta,
5 avanzábamos con los ojos cerrados hacia el salón donde sus majestades de Oriente[1] habían dejado los presentes de cada año, condicionados siempre por nuestro buen comportamiento. Recuerdo a mi madre, fingiendo sorpresa[2] cuando entraba en el
10 salón y encontraba las dádivas regias[3] cuidadosamente colocadas sobre la mesa, sobre los sillones, en el suelo. En ocasiones, los Reyes se tomaban incluso la molestia de esconder alguna parte del botín, que no aparecía hasta que pasaban unas
15 horas, incluso unos días. Una vez un Scalextric permaneció casi una semana oculto[4] tras el sillón grande del salón, hacia donde tuvo que guiarnos mi madre para que el juguete no se quedase allí hasta las Navidades siguientes. Mis hermanos y yo
20 reímos al recordar la historia. Fue algo que hicimos constantemente: rememorar las fiestas pasadas con una nostalgia amable. […]

Marta RIVERA DE LA CRUZ (escritora española),
En tiempos de prodigios, 2006

1. los Reyes Magos   **2.** *feignant la surprise*
3. los regalos de los Reyes Magos   **4.** *caché*

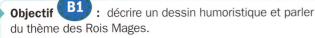

EXPRESIÓN ORAL

Una caricatura de Navidad

➡ **Objectif** **B1** : décrire un dessin humoristique et parler du thème des Rois Mages.

⏱ Temps de parole : entre 3 et 5 minutes.

Observa el dibujo y contesta.

A2 **a.** Di dónde y cuándo tiene lugar la escena y describe a los personajes del centro.

A2+ **b.** Precisa quiénes son los personajes del segundo plano y explica lo que están haciendo.

B1 **c.** Di cuál será la intención del dibujante al representar a los Reyes Magos de ese modo y precisa cómo consigue crear los aspectos humorísticos.

Sustantivos
- un ángel
- un hincha: *un supporter*

Expresión
- dar la vuelta al mundo: *faire le tour du monde*

La "Vuelta" al mundo de los Reyes Magos

INTERACCIÓN ORAL

Debate sobre las fiestas

Objectif **B1** : échanger pour confronter deux points de vue sur un événement.

⏱ Temps de parole : 5 minutes par groupe de trois.

En grupos, intercambiáis opiniones sobre el interés de las fiestas.

B1 **Grupo A:** Explicáis a vuestros compañeros que, para vosotros, fiestas y celebraciones forman parte del patrimonio personal y es importante seguir con ellas ya que son nuestra memoria.
Grupo B: Para vosotros, la tradición es "cosa de ancianos" ya que os consideráis modernos.

EXPRESIÓN ESCRITA

Cuento una anécdota de Navidad

➡ **Objectif** **B1** : écrire un courriel pour décrire une expérience et exprimer ses sentiments.

✎ Nombre de mots : 50/60.

Es el 1 de enero y le envías un correo electrónico a tu mejor amigo(a) para desearle un Feliz Año. Has pasado las fiestas de Navidad en España o en un país de América Latina, compartes con él (ella) alguna anécdota y le das tus impresiones.

A2 **a.** Primero saludas a tu amigo(a), le precisas de dónde le escribes y con qué motivo.

B1 **b.** Luego le dices dónde has pasado las fiestas y cómo las has pasado. Le cuentas una anécdota graciosa o extraordinaria vivida durante las fiestas.
c. A continuación, expresas tus impresiones y por fin te despides.

UNIDAD **9**

Mémoire
Sentiment d'appartenance
Visions d'avenir

Ciudadanía y solidaridad

1 En contra de la directiva de la expulsión
Día Mundial contra el Racismo y la
Xenofobia, Pamplona, 2009

ACTIVITÉS DE COMMUNICATION   A2+ / B1

Écouter
Comprendre un reportage sur un projet solidaire.
Comprendre un micro-trottoir sur des actions citoyennes pour l'environnement.

Lire
Comprendre des textes sur les difficultés de l'intégration en Espagne.
Comprendre le récit d'une attitude citoyenne.
Comprendre la symbolique d'un poème sur la tolérance.

Parler en continu
Décrire une publicité sur la civilité dans les transports.
Parler d'un comportement exemplaire.

Parler en interaction
Imaginer une action de lutte contre le racisme.
Discuter d'un projet solidaire contre la mendicité.

Écrire
Imaginer une campagne d'éducation à la citoyenneté.
Préparer une interview.

OUTILS LINGUISTIQUES

- La formation de *conmigo, contigo, consigo* (p. 193)
- Les superlatifs absolus (p. 195)
- Les équivalents de « il y a » (p. 197)
- Les modifications orthographiques : *z → c* (p. 199)
- Les adverbes (p. 201)

Proyecto final

→ Prepara une entrevista a una persona que participa en un proyecto solidario.

RECURSOS

Sustantivos
- una banderola
- un cartel/una pancarta
- un(a) ciudadano(a): *un(e) citoyen(enne)*
- los derechos
- la marcha = la manifestación

Adjetivos
- entusiasta
- implicado(a)
- inquieto(a)
- numeroso(a)

Verbos y expresiones
- ayudar: *aider*
- denunciar
- estar a favor de
- luchar en contra de
- sensibilizar

2

Salida del Rally solidario a Malí, Madrid, 2009

3 **M**archa Mundial por la Paz en Argentina, 2009

Y tú, ¿cómo lo ves?

1. Describe cada fotografía y di qué tipo de manifestación presenta.

2. Define el ambiente que se desprende de cada una.

3. Di qué rechazan los manifestantes de la foto 1.

4. ¿Qué foto representa mejor para ti la ciudadanía y la solidaridad?

Proyecto de cooperación

B1

Los jóvenes también ayudan.

1 Observa la foto

a. Di lo que representa la foto, qué proyecto presenta y en qué consistirá.

b. Describe la expresión de estos jóvenes. ¿Cómo se explica?

2 Escucha e identifica

c. El documento es... y trata de... He oído las voces de...

d. Di qué palabras reconoces y determina los campos léxicos más importantes.

3 Profundiza

e. La fundación se llama... y los jóvenes han visitado...

f. La campaña se llama... y trata de...

g. Di a qué se presentaron los chicos y precisa qué realizaron los que ganaron.

h. Indica qué sintió Álvaro y qué hizo con los jóvenes que conoció.

i. Precisa qué conclusiones ha sacado Álvaro.

4 Resume y exprésate

j. Presenta la fundación, su campaña y cuenta la experiencia de Álvaro.

k. Di en qué tipo de proyecto de cooperación te gustaría participar.

→ 📖 *Fichier de l'élève p.45*

RECURSOS

Sustantivos
- un certamen = un concurso
- las condiciones de vida
- el desarrollo: *le développement*
- la madera: *le bois*
- la marginación: *la marginalisation*
- la pobreza: *la pauvreté*
- la precariedad: *la précarité*
- un proyecto: *un projet*

Adjetivos
- benévolo(a)
- indigente = pobre
- solidario(a)

Verbos y expresiones
- ayudar: *aider*
- comprometerse: *s'engager*
- construir
- cruzar el charco: *traverser l'Océan Atlantique*
- estar orgulloso(a) de: *être fier(ère) de*
- galardonar = recompensar
- mejorar: *améliorer*
- sonreír (i): *sourire*

Fonética

→ Accentuation, Précis 2

a. Escucha las palabras. Apúntalas y clasifícalas.

Palabras con una ''b''	Palabras con una ''v''

b. Di cómo se pronuncia la ''v'' y repite las palabras en voz alta.

B1 # Día Mundial del Medio Ambiente

Campañas publicitarias de la Comunidad de Andalucía para proteger el medio ambiente

1 Observa los carteles

a. Di qué representan estos carteles y quién los promueve.

b. Cita los eslóganes y precisa los objetivos de esta campaña.

2 Escucha e identifica

c. El documento es... He oído las voces de... y los ruidos de...

d. Identifica el vocabulario del medio ambiente y los temas abordados.

3 Profundiza

e. Di qué dice el primer chico y qué ha decidido la primera chica.

f. Una mujer va a... y el músico...

g. La segunda chica y sus amigas van a... El último joven...

h. Di a qué fecha corresponde el Día del Medio Ambiente.

4 Resume y exprésate

i. ¿Cuáles son las seis propuestas de actividad para el Día del Medio Ambiente?

j. Y tú ¿cómo vas a celebrar ese día?

→ 📖 *Fichier de l'élève p. 46*

RECURSOS

Sustantivos
- una calcomanía: *(ici) une affichette*
- la contaminación: *la pollution*
- un cubo de basura: *une poubelle*
- el derroche: *le gaspillage*
- el grifo: *le robinet*
- una manguera: *un tuyau d'arrosage*
- el medio ambiente: *l'environnement*
- un olivo: *un olivier*
- un pomo de ducha
- el tubo de escape: *le pot d'échappement*

Verbos y expresiones
- ahogarse: *s'étouffer*
- ahorrar: *économiser*
- desperdiciar = derrochar: *gaspiller*
- ensuciar: *salir*
- tirar: *jeter*

Fonética

a. Escucha las palabras siguientes y di si la "b" y la "v" se pronuncian duro como en "<u>b</u>ueno", "<u>v</u>aca" o suave como en "a<u>b</u>uelo", "intensi<u>v</u>o".

b. Entrénate para pronunciar estas palabras en voz alta.

A2+

Campaña para el Metro-Buho de la Comunidad de Madrid

RECURSOS

Sustantivos
- el móvil = el celular
- el MP3
- la noche
- una sudadera con capucha: *un sweat-shirt à capuche*

Adjetivos
- respetuoso(a): *respectueux(euse)*
- sonriente: *souriant(e)*

Verbos y expresiones
- charlar = hablar
- estar enfrascado(a) en la lectura: *être absorbé(e) par la lecture*
- llevar los auriculares: *porter les écouteurs*
- mirar por la ventanilla: *regarder par la fenêtre*
- no molestar a nadie: *ne déranger personne*
- saludarse

MIRA Y EXPRÉSATE

1. Sitúa la escena del dibujo y describe a los viajeros.

2. Precisa lo que están haciendo los viajeros.

3. Define el ambiente en este metro y muestra en qué aspectos es un lugar de convivencia.

4. Elige una frase del texto de Pérez-Reverte que te parece corresponder u oponerse con lo que muestra el dibujo. Justifica tu elección.

No molestar, por favor

Mira, Manolo, Paco, María Luisa o como te llames[1]. […] Estoy hasta la glotis[2] de tropezarme[3] contigo y con tu teléfono. Te lo juro, chaval[4]. O chavala. El otro día te vi por la calle, y al principio creí que estabas ma-
jaretas[5], imagínate, un fulano[6] que camina hablando solo en voz muy alta
5 y gesticulando furioso […]. Hasta que vi el móvil que llevabas pegado a la oreja.

A la media hora te encontré de nuevo en un café. Lo mismo no eras tú[7], pero te juro que tenías la misma cara de bobo[8] mientras le gritabas al móvil. Yo había comprado un libro maravilloso, un libro viejo que hablaba
10 de costas lejanas y antiguos navegantes, e intentaba leer algunas páginas y sumergirme en su encanto. Pero ahí estabas tú, en la mesa contigua, para tenerme al corriente de que te hallabas en Madrid y en un café –cosa que, por otra parte, yo sabía perfectamente porque te estaba viendo– y de que no volverías a Zaragoza hasta el martes por la noche. Entonces decidí
15 cambiar de mesa.

Arturo PÉREZ-REVERTE (escritor español), *Con ánimo de ofender*, 2001

1. *quel que soit ton nom*
2. *(fam.) j'en ai assez*
3. *me trouver nez à nez*
4. *mon gars*
5. *loco*
6. *un type*
7. *ce n'était peut-être pas toi*
8. *l'air stupide*

LEE Y EXPRÉSATE

1. Enumera a las personas con las que se tropieza el narrador y di qué sentimiento experimenta.

2. Precisa lo que pasó en la calle y explica lo que pensó el narrador. (l. 3-5)

3. En el café, el narrador… pero en la mesa vecina… por eso decidió…

4. Di si este texto te parece una buena ilustración de la sociedad actual justificando tu respuesta.

RECURSOS

Sustantivos
- la cortesía: *la politesse*
- un(a) descarado(a)=un fresco(a): *un(e) sans-gêne*
- la falta de educación: *le manque d'éducation*

Adjetivos
- irritado(a): *en colère*
- mal educado(a)
- molesto(a): *dérangeant(e)*

Verbos y expresiones
- estar loco(a): *être fou, folle*
- dirigirse a: *s'adresser à*
- no soportar, no aguantar: *ne pas supporter*

GRAMÁTICA ACTIVA

Conmigo, contigo, consigo → Précis 16.B-2

Observa
▸ *Estoy hasta la glotis de tropezarme* **contigo**.

- Avec la préposition *con*, l'espagnol emploie des formes spéciales à la 1e personne et à la 2e personne du singulier (**conmigo**, **contigo** : « avec moi », « avec toi ») ainsi qu'à la forme réfléchie (**consigo**). Aux autres personnes, on retrouve *con él/ella/usted, con nosotros(as)*…

Practica
Traduis.
a. Je suis dans le train avec toi et avec lui.
b. Il y a beaucoup de personnes avec nous.

→ Autre exercice p. 206

¡Y ahora tú!

Doy mis reglas de convivencia
Tienes un comportamiento ejemplar en los transportes urbanos o en los lugares públicos.
Enumera las reglas de convivencia que tú aplicas.

→ *Siempre llevo el móvil conmigo pero…*

→ 📖 *Fichier de l'élève, p. 47*

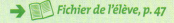

Convivencia

Leer y escribir

Habla Amina, una joven que vive en Madrid.

Yo no nací en Madrid, nací en Algeciras. Mi padre vivía en Tánger[1], pero trabajaba en Algeciras[2], en la costa, de vendedor ambulante, con un carrito. Hacía mucho dinero. Luego, cuando yo tenía cinco años, vinimos a Madrid. Mi padre trabajaba en la construcción, en esto y aquello, en lo
5 que salía[3]. Cuando conocí a Karim, a mi padre parecía que le iba bien. Él decía que trabajaba en la construcción… Mi madre no trabaja.

A Karim lo elegí yo[4]. Es verdad que mis padres estaban encantados, pero nunca me lo impusieron, qué va[5]. Yo fui al colegio aquí, en España, y al instituto después, y ya conocía la cultura española y mis derechos.
10 Tenía claro que mi boda no la iban a concertar[6], que no iba a permitirlo. Pero también sabía que no me casaría[7] con un español, porque aquí de mestizaje nada. Los diferentes grupos se toleran, pero no se relacionan. Por eso no hay graves problemas, pero hay convivencia, no intercambios, no hay mestizaje, no hay nada de eso. Las parejas mixtas son escasísimas[8].
15 Se puede ver por la calle, y a las pocas que hay se las mira con curiosidad.

Yo no veo todavía mestizaje. Pero todo eso es muy dinámico y ha pasado poco tiempo. Los chavales[9] están más abiertos e, incluso, tienen amigos de otras nacionalidades. Mi hermano pequeño, por ejemplo, ya juega en el centro con niños ecuatorianos y colombianos. Las generaciones anteriores
20 son mucho más cerradas. Lo que noto en el barrio es que sí hay grupos de jóvenes interétnicos. Pero todavía no se puede considerar que haya gente que se mezcla.

Lucía ETXEBARRÍA (escritora española), *Cosmofobia*, 2007

Lucía ETXEBARRÍA (nacida en 1966)
Es una de las ensayistas y novelistas más controvertida del panorama actual. Entre sus obras hay que destacar *Beatriz y los cuerpos celestes*, ganadora del premio Nadal en 1998 y *Un milagro en equilibrio*, premio Planeta 2004.

1. ciudad de Marruecos
2. ciudad española frente a Marruecos
3. *dans tout ce qui se présentait*
4. *c'est moi qui l'ai choisi*
5. *jamais on ne me l'a imposé, ça non !*
6. *personne n'allait décider de mon mariage*
7. *je ne me marierais pas*
8. muy pocas
9. los chicos

LEE Y EXPRÉSATE

1. Presenta a Amina y a sus padres. (l. 1-6)

2. Di quién va a ser su esposo y precisa cómo reaccionaron sus padres al saberlo. (l. 7-8)

3. Evidencia lo que le aportó la escuela española a Amina y explica lo que ella tenía claro.

4. Apunta dos ejemplos que muestran que hay convivencia pero todavía no mestizaje.

5. Explica lo que pasa con los chicos más jóvenes. A tu parecer, ¿cómo pueden evolucionar las relaciones interétnicas en el barrio? Justifica tu punto de vista.

RECURSOS

Sustantivos
- el respeto
- la tolerancia

Adjetivos
- optimista
- positivo(a)

Verbos y expresiones
- desconfiar: *se méfier*
- enriquecerse: *s'enrichir*
- evolucionar: *évoluer*
- no temer: *ne pas craindre*
- pensar (ie) por sí mismo(a)
- ser un(a) emigrante

Marcha Cívica Participativa "Por la Integración de Culturas", Alicante

MIRA Y EXPRÉSATE

1. Di dónde fue sacada la foto y descríbela brevemente.
2. Explica el mensaje que transmite el eslogan de la pancarta y di quiénes serán los dos personajes.
3. Di con qué intención han realizado esa marcha las personas y explica qué visión nos da la foto de la sociedad española actual.

Gramática activa

Les superlatifs absolus → Précis 13.B

Observa
▶ Es muy **dinámico**.
▶ Las parejas mixtas son **escasísimas**.

● Le superlatif **muy** (« très ») sert à intensifier ou à nuancer un adjectif ou un adverbe.
● L'espagnol emploie également le suffixe **-ísimo(s), -ísima(s)**. Ce suffixe s'ajoute à l'adjectif lorsque celui-ci se termine par une consonne (difícil → dificilísimo, a) ou remplace la voyelle finale (cansado, a → cansadísimo, a)

Practica
Ajoute un superlatif aux adjectifs. Propose les deux formes possibles.
a. Las relaciones son diferentes aquí.
b. Estos jóvenes están contentos.

→ Autres exercices p. 204

RECURSOS

Sustantivos
● los ciudadanos: *les citoyens*
● los derechos: *les droits*
● los emigrantes

Adjetivos
● abierto(a): *ouvert(e)*
● acogedor(a): *accueillant(e)*
● multicultural
● sonriente: *souriant(e)*

Verbos y expresiones
● interesarse por: *s'intéresser à*
● luchar por: *lutter pour*
● participar en la vida de la ciudad
● sentirse (ie, i) bien
● vivir en armonía

¡Y ahora tú!

Imagino una campaña educativa
Redacta un eslogan y unas líneas para promocionar la convivencia de culturas en tu ciudad.
→ *Es importantísimo...*

→ 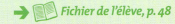 *Fichier de l'élève, p. 48*

B1

Lo que nadie sabe decirle es cómo ir a la catedral.

–¿La catedral? –le dice una chica joven que, a pesar del frío que hace, lleva la barriga al aire[1].

–¿La catedral? –repite la amiga.

5 Otro, también muy joven, dice que es la primera vez que lo oye.

El tercero, por su parte, se excusa diciendo que él no va a misa[2].

Menos mal[3] que unas señoras, aunque tampoco van a misa según dicen, le ponen en el camino[4].

Las tres señoras son gordas y están de charla[5] en un banco. Son andaluzas, por
10 el acento, y tienen ganas de conversación.

–¿De dónde son?

–De Almería… Bueno, ésta de Granada –dicen– Pero llevamos[6] aquí muchos años.

–O sea[7], que ya son catalanas.

–No, nosotras somos andaluzas. Los que son catalanes son nuestros hijos.

15 –Y nuestros nietos[8] –añade otra.

–Claro, claro –aprueba la anterior.

–Aquí, en Tarrasa –interviene la tercera–, catalanes-catalanes hay muy pocos. La mayoría hemos venido de fuera.

–A trabajar, supongo –dice el viajero.

20 –¡A ver, si no! –exclaman las tres mujeres.

–Usted tampoco es catalán –se dirige al viajero una de ellas.

–¿Se me nota?

–¡Que si se le nota dice! –se ríe la que lo ha dicho, mirando a sus compañeras. Pero, en seguida, saca a relucir[9] sus fobias:

25 –Esto ha crecido muchísimo. Cuando yo llegué a Tarrasa hace cincuenta y cinco años, esto eran cuatro casas. Y ahora ya ve… Lo malo es que, últimamente, los que vienen son extranjeros. Rusos y moros[10] y gente de ésa[11].

–¿Y qué tiene eso de malo? –le pregunta el viajero.

–Pues es que aquí vivíamos muy a gusto[12] hasta que empezó a llegar esa gente[13].

30 –Pero vienen a trabajar, como ustedes.

Julio LLAMAZARES (escritor español), *Las rosas de piedra*, 2008

1. *le ventre à l'air*
2. *il ne va pas à la messe*
3. *heureusement*
4. *le indican el trayecto*
5. *hablan*
6. *(ici) vivimos*
7. *donc*
8. *nos petits-enfants*
9. *habla de*
10. *musulmanes*
11. *des gens comme ça*
12. *muy felices*
13. *jusqu'à ce que ces gens-là commencent à arriver*

LEE Y EXPRÉSATE

1. Sitúa la escena y di quiénes son los protagonistas.

2. ¿Qué está buscando el narrador? ¿Quiénes le dan la información? (l. 1-7)

3. Explica de dónde son las mujeres y di desde cuándo están en Tarrasa. (l. 9-12)

4. Precisa quiénes componen hoy la población de la ciudad y quiénes vivían ahí hace cincuenta años. (l. 12-18)

5. Una de las mujeres piensa que los nuevos habitantes… El viajero le contesta que... (l. 21-23)

6. ¿Qué comentario te sugiere la opinión de la mujer y la del viajero? Justifica tu respuesta.

Los nuevos Aragoneses

TODOS somos la fuerza de Aragón

GOBIERNO DE ARAGON

RECURSOS

Sustantivos
- el cambio: *le changement*
- la diversidad
- la igualdad: *l'égalité*
- el rostro, la cara: *le visage*

Adjetivos
- feliz: *heureux(euse)*
- oficial: *officiel(le)*

Verbos y expresiones
- cambiar las mentalidades
- formar parte de: *faire partie de*
- integrarse
- ser diferente ≠ ser igual

MIRA Y EXPRÉSATE

1. Enumera los diferentes elementos que componen la publicidad y sitúalos.

2. Describe la fotografía y di qué tienen en común esos jóvenes.

3. ¿En qué insisten los lemas respecto a la población aragonesa?

4. Explica a quién se dirige esta publicidad y precisa su objetivo.

Gramática activa

Les équivalents de « il y a » → Précis 43

Observa
- ▸ *Catalanes **hay** muy pocos.*
- ▸ ***Hace** cincuenta y cinco años.*

- Pour rendre « il y a » et présenter des objets et des personnes, l'espagnol emploie le verbe **haber** sous sa forme impersonnelle. Au présent, « il y a » se rend par **hay**.

- Lorsque « il y a » est suivi d'un élément temporel, il est rendu par le verbe **hacer**, à la 3e personne du singulier.

Practica

Complète avec **hay** ou **hace**.
a. En Cataluña, también… andaluces.
b. … dos años que vivimos aquí.

→ Autres exercices p. 204

¡Y ahora tú!

Preparo una entrevista

Vas a entrevistar a los cinco jóvenes del cartel para conocerlos mejor y saber por qué han decidido vivir en Aragón. Redacta para cada uno preguntas diferentes. Los puedes tutear.

→ *¿Cuánto tiempo hace que…?*

→ 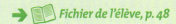 *Fichier de l'élève, p. 48*

La muralla

B1

Para hacer esta muralla,
Tráiganme todas las manos:
los negros, sus manos negras,
los blancos, sus blancas manos.
5 Ay,
una muralla que vaya
desde la playa hasta el monte,
desde el monte hasta la playa, bien,
allá sobre el horizonte.
10 –¡Tun, tun!¹
–¿Quién es?
–Una rosa y un clavel²...
–¡Abre la muralla!

–¡Tun, tun!
15 –¿Quién es?–
–El sable³ del coronel...
–¡Cierra la muralla!

–¡Tun, tun!
–¿Quién es?–
20 –La paloma y el laurel⁴
–¡Abre la muralla!

–¡Tun, tun!
–¿Quién es?
–El alacrán⁵ y el ciempiés⁶...
25 –¡Cierra la muralla!

Al corazón del amigo,
abre la muralla;
al veneno⁷ y al puñal⁸
cierra la muralla;
30 Al mirto⁹ y la yerbabuena¹⁰
abre la muralla;
al diente de la serpiente,
cierra la muralla;
al ruiseñor¹¹en la flor,
35 abre la muralla…

Alcemos¹² una muralla
juntando todas las manos;
los negros, sus manos negras,
los blancos, sus blancas manos.
40 Una muralla que vaya
desde la playa hasta el monte,
desde el monte hasta la playa, bien,
allá sobre el horizonte...

Nicolás GUILLÉN (poeta cubano)
in *La paloma de vuelo popular*, 1958

Nicolás GUILLEN (1902-1989)
Poeta cubano de padres mulatos, se convirtió pronto en el representante más destacado de la poesía afrocubana. Destacan en su obra *West Indies, ltd.* (1934) y *Tengo* (1964).

1. *Toc-toc*
2. *œillet*
3. *sabre*
4. *laurier*
5. *scorpion*
6. *mille-pattes*
7. *poison*
8. *poignard*
9. *myrte*
10. *menthe*
11. *rossignol*
12. *dressons*

LEE Y EXPRÉSATE

1. Di en qué persona está escrito este poema y precisa cómo lo sabes.

2. Explica para qué suele servir una muralla.

3. ¿Cómo es la muralla que quiere construir el poeta? ¿Con quién piensa hacerlo?

4. Di quiénes son los que llaman a la puerta de la muralla. Apunta los que pueden pasar y los que no pueden explicando por qué.

5. ¿Con qué imágenes crea Nicolás Guillén un mundo poético?

RECURSOS

Sustantivos
- la alegría: *la joie*
- el amigo ≠ el enemigo
- la amistad: *l'amitié*
- la felicidad
- la guerra ≠ la paz
- la intolerancia
- la libertad
- el odio: *la haine*
- el pronombre: *le pronom*
- el racismo
- la solidaridad

Adjectivos
- solidario(a)
- utópico(a)

Verbos y expresiones
- darse la mano: *se donner la main*
- decir (i) que (no) + subj.: *dire de (ne pas) + inf.*
- formar un corro: *faire une ronde*
- impedir (i) que + subj.: *empêcher de + inf.*
- llamar a la puerta: *frapper à la porte*
- lo bueno ≠ lo malo
- rechazar: *rejeter*

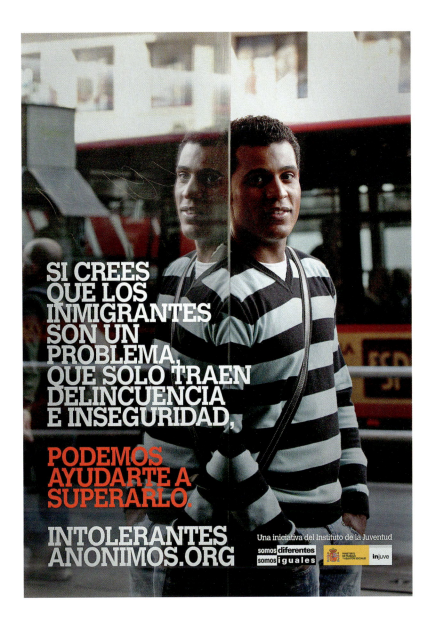

SI CREES
QUE LOS
INMIGRANTES
SON UN
PROBLEMA,
QUE SOLO TRAEN
DELINCUENCIA
E INSEGURIDAD,

PODEMOS
AYUDARTE A
SUPERARLO.

INTOLERANTES
ANONIMOS.ORG

Una iniciativa del Instituto de la Juventud

somos **diferentes**
somos **iguales**

 injuve

MIRA Y EXPRÉSATE

1. Define el documento y describe al chico.

2. Di a quién se dirigen los lemas y qué mensajes transmiten.

3. ¿Qué organismos promueven esta campaña y cuál es su objetivo?

RECURSOS

Sustantivos
- la confianza ≠ la desconfianza
- el miedo
- la piel: *la peau*

Adjetivos
- aceptado(a)
- cívico(a)
- integrado(a)

Verbos y expresiones
- cambiar la forma de pensar
- construir una sociedad diferente
- robar: *voler*
- superar los prejuicios: *dépasser les préjugés*
- tutear: *tutoyer*

Gramática activa

Les modifications orthographiques: z → c devant un e
→ Précis 24.D

Observa
▶ *Alcemos una muralla.*

- Lorsque l'on ajoute un **e** après un **z**, celui-ci se change en **c** :
  - Pour le verbe **alzar** : le **z** se change en **c** au subjonctif présent (**alce, alces, alce, alcemos, alcéis, alcen**) et à la 1ᵉ personne du passé simple (**alcé**, *alzaste, alzó, alzamos, alzasteis, alzaron*).
  - Pour les substantifs : la pa**z** → las pa**ces**.

Practica
Donne la forme qui convient aux mots entre parenthèses.
a. Es posible que la muralla (simbolizar) la unión.
b. Quiero que mis amigos hagan las (paz).

→ Autres exercices p. 204

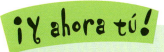 ¡Y ahora tú!

Me movilizo en contra del racismo

En grupos, imaginad una acción en contra del racismo y la xenofobia. Intercambiad ideas y eslóganes posibles para promocionar vuestro proyecto.
→ *Álzate en contra...*

→ 📖 *Fichier de l'élève, p. 47*

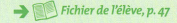

Una nueva vida

Encontré a Fermín Romero de Torres en su lugar habitual bajo los arcos de la calle Fernando. […]

–Buenas –dije suavemente– ¿Se acuerda de mí?

El mendigo alzó la vista[1], y su rostro se iluminó de pronto con una
5 sonrisa.

–¡Alabados sean los ojos! ¿Qué se cuenta usted, amigo mío? Me aceptará un traguito de tinto[2], ¿verdad?

–Hoy invito yo –dije– ¿Tiene apetito?

–Hombre, no diría no a una buena mariscada[3].

10 De camino a la librería, Fermín Romero de Torres me relató toda suerte de correrías[4]. Se le veía famélico[5], sucio y hedía[6] a meses de vida en la calle. Cuando llegamos a la tienda, el mendigo me lanzó una mirada de preocupación.

–Ande, pase usted. Ésta es la librería de mi padre, al que quiero presentarle.
15 […]

–No, no, de ninguna manera, yo no estoy presentable y éste es un estable-cimiento de categoría; le voy a avergonzar a usted[7]…

Mi padre se asomó a la puerta, y luego me miró de reojo.

–Papá, éste es Fermín Romero de Torres.

20 –Para servirle a usted –dijo el mendigo casi temblando.

Mi padre le sonrió serenamente y le tendió la mano.

–…mi hijo me ha dicho que se viene usted a comer con nosotros.

El mendigo nos miró, atónito[8], aterrado. […]

Mi padre, sin bajar la sonrisa.

25 –…Yo lo que quería ofrecerle es un trabajo en la librería. Se trata de buscar libros raros para nuestros clientes. No puedo pagarle mucho de momento, pero comerá usted en nuestra mesa y, hasta que le encontremos una buena pensión, se hospedará[9] aquí en casa, si le parece bien.

El mendigo nos miró a ambos, mudo[10].

Carlos RUIZ ZAFÓN (escritor español), *La sombra del viento*, 2001

Carlos RUIZ ZAFÓN (nacido en 1964)
Escritor y guionista barcelonés. Su primera novela, *La sombra del viento*, fue un gran éxito y fue traducida a 45 idiomas. Su segunda novela, *El juego del ángel* (2008), también tuvo mucho éxito.

1. levantó los ojos
2. *un petit coup de rouge*
3. *un plateau de fruits de mer*
4. *toutes sortes d'aventures*
5. que tiene mucha hambre
6. *il puait*
7. *je vais vous faire honte*
8. sorprendido
9. vivirá
10. *sans voix*

LEE Y EXPRÉSATE

1. Presenta a Fermín y califica su vida dando ejemplos del texto

2. Di a qué le invita el joven y precisa adónde van. (l. 8-10)

3. Explica la reacción de Fermín frente a la invitación y al llegar delante de la librería. (l. 12-17)

4. Di cómo reacciona el padre del joven y precisa lo que propone a Fermín. (l. 21-28)

5. ¿Qué comentario te sugiere su actitud? Justifica tu punto de vista.

6. Comenta la reacción de Fermín al final del texto.

RECURSOS

Sustantivos
- el asombro: *l'étonnement*
- la indiferencia
- la soledad: *la solitude*

Adjetivos
- generoso(a)
- respetuoso(a): *respectueux(euse)*
- vergonzoso(a): *honteux(euse)*

Verbos y expresiones
- agradecer: *remercier*
- contratar: *embaucher*
- estar hambriento(a): *être affamé(e)*
- estar sorprendido(a): *être surpris(e)*
- sentirse (ie, i) violento(a) = no sentirse cómodo, a gusto: *se sentir mal à l'aise*

Bartolomé ESTEBAN MURILLO (pintor español),
Niños comiendo de una tartera, 1670-1675

1. Identifica a los personajes, descríbelos y di qué están haciendo.

2. Explica la actitud del perro, describe el cesto de la derecha y di lo que hay en la bolsa.

3. Estudia la composición del cuadro (planos, colores, luz) y determina el ambiente en ese momento preciso. Justifica tu respuesta.

4. Di qué nos revela el cuadro sobre la vida de esos niños.

RECURSOS

Sustantivos
- los ademanes: *les gestes*
- una bolsa: *un sac*
- un cesto: *un panier*
- la fruta: *les fruits*
- el hambre: *la faim*

Adjetivos
- desgarrado(a): *déchiré(e)*
- hermoso(a): *beau, belle*
- sucio(a): *sale*

Verbos y expresiones
- compartir: *partager*
- estar descalzo(a): *être pied nus*
- pedir (i) comida
- sentirse (ie, i) feliz
- vestir (i) harapos: *être vêtu(e) de hâillons*

Gramática activa

Les adverbes → Précis 39.H

Observa
> ▶ *Buenas –dije* **suavemente**.
> ▶ *Le sonrió* **serenamente**.

- Les adverbes se forment généralement à partir des adjectifs qualificatifs au féminin auxquels s'ajoute la terminaison **-mente**.

- Attention à veiller à la formation du féminin des adjectifs : seul l'adjectif qui se termine par un **o** au masculin prend un **a** au féminin : *seren**o** → seren**a** → seren**amente***. Les autres adjectifs ont une forme commune : *suav**e*** (masculin/féminin) → *suav**emente***.

Practica

Transforme les adjectifs en adverbes.
a. Con mi amigo, (general) nos vemos a las 3.
b. El padre habló (amable) al mendigo.

→ Autres exercices p. 205

¡Y ahora tú!

Hablamos de un proyecto solidario

Con un grupo de amigos, quieres trabajar con una asociación caritativa para ayudar a los mendigos. Por grupos de tres, imaginad acciones que podríais hacer.

→ *Concretamente, podríamos...*

→ 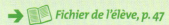 *Fichier de l'élève, p. 47*

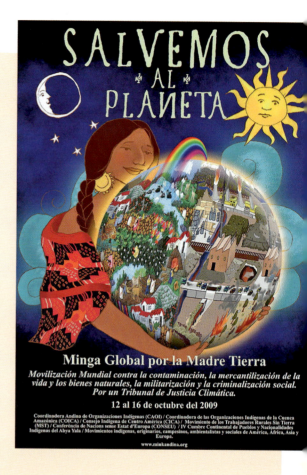

TALLER DE EXPRESIÓN ORAL

Salvemos la Madre Tierra

Objectif **A2+** : décrire brièvement une affiche sur l'environnement et donner son point de vue.

🔧 : le lexique de la nature et de la ville, les couleurs, l'obligation personnelle et impersonnelle.

⏱ Temps de parole : entre 3 et 5 minutes.

Describe el cartel

a. Di lo que representa el cartel y precisa su objetivo.

b. Di quién sostiene el globo terráqueo mostrando la oposición entre dos mundos.

c. ¿Qué mensaje nos transmiten los dos lemas sobre la vida en América Latina y sus gentes?

d. A tu parecer, ¿qué medidas se deben tomar para salvar este planeta?

RECURSOS

Sustantivos
- el arco iris: *l'arc-en-ciel*
- la esperanza: *l'espoir*
- las fábricas
- la minga (amer.): *la mobilisation*

Adjetivos
- apacible: *paisible*
- contaminante: *polluant(e)*
- sonriente

Verbos y expresiones
- colores vivos y alegres
- confiar en: *(ici) placer ses espoirs dans*
- estar en peligro: *être en danger*
- tener (ie) en sus brazos: *tenir dans ses bras*

TALLER DE EXPRESIÓN ESCRITA

No más discriminación

Objectif **A2+** : défendre un projet dans un court message écrit.

🔧 : le lexique du respect et des droits de l'homme, l'expression d'un point de vue (es necesario, es importante + infinitif), les superlatifs.

✏ 50/70 mots.

Acabas de descubrir el cartel "Ser diferente" y te parece muy logrado (réussi) para luchar contra todo tipo de discriminación. Le explicas a tu mejor amigo(a) en un mensaje por qué te parece tan necesario ese cartel.

💿 **BONUS**
La rampa

RECURSOS

Sustantivos
- un(a) discapacitado(a)
- la homosexualidad
- un(a) indio(a)
- un marginado(a)
- un(a) preso(a): *un(e) prisonnier(ère)*
- el sida

TALLER DE INTERNET · TICE

Crear un proyecto de cooperación o de ayuda social

Inspirándote en un proyecto patrocinado por La Caixa, imagina tu propio proyecto solidario.

Conéctate a:

• http://empresa.lacaixa.es/home/empresas_es.html

1. Busca información

a. Observa el portal y di qué es La Caixa.

b. Pincha en el enlace *Obra Social*. Fíjate en *Cómo actuamos* y elige el ámbito que más te interese.

c. Elige un proyecto, di su nombre, a quién se dirige y explica cómo ayuda La Obra Social La Caixa.

d. Haz clic en *Historias con alma*. Elige un perfil, un ámbito y un grupo. Observa una de las realizaciones.

2. Imagina y presenta tu proyecto

e. A partir del modelo de la Obra Social La Caixa, inventa un proyecto social, di su nombre, a quién se dirige y todo lo que hace para ayudar a la gente. Crea un *Power Point* o una página a partir de tu procesador de texto para presentarlo.

RECURSOS

Sustantivos
• el ámbito = el sector
• un banco: *une banque*
• una beca: *une bourse*
• una situación de emergencia: *une situation d'urgence*

Verbos y expresiones
• dar una oportunidad: *donner une chance*
• favorecer: *favoriser*
• financiar
• (re)insertar: *(ré)insérer*
• resolver (ue): *résoudre*

TALLER DE VÍDEO DVD ¡Anímate!

Navidades solidarias

1. Fíjate

a. Sitúa la escena (lugar, momento) y di lo que está haciendo el joven. ¿Para qué parece hacerlo?

2. Mira y escucha

b. Compara lo que ves al principio y al final de esta publicidad. Apunta su eslogan y determina cuál es su meta.

c. Después de precisar lo que has oído, apunta las palabras que remiten al espíritu de Navidad y las que remiten al juego.

d. Explica lo que les pasa a los objetos a lo largo de la escena. ¿Ves una relación con el eslogan?

3. Exprésate

e. Di qué personajes emblemáticos de la Navidad aparecen. ¿Qué comentarios te sugieren su origen y su tamaño?

f. Enumera y caracteriza las técnicas cinematográficas que llaman particularmente la atención. ¿Qué permiten?

"En Navidad, todos somos un poco más humanos"
campaña 2008 de la Lotería de Navidad

RECURSOS

Sustantivos
• la bufanda: *l'écharpe*
• el invierno: *l'hiver*
• un maniquí
• la meta = el objetivo, el propósito
• el muñeco de nieve: *le bonhomme de neige*
• el Papá Noel
• los Reyes Magos

Adjetivos
• amistoso(a): *amical(e)*

• caluroso(a): *chaleureux(euse)*
• feliz: *heureux(euse)*

Verbos y expresiones
• animarse a hacer algo: *oser faire quelque chose*
• compartir : *partager*
• nevar (ie): *neiger*
• saludarse
• sonreír (i)

Lengua activa

Conmigo, contigo, consigo
→ *Gramática activa* p. 193, Précis 16.B-2

1 **Traduis.**

a. Tu as toujours ton téléphone allumé avec toi et cela dérange les gens.

b. Quand je suis avec vous, mes enfants, je suis nerveux.

c. Mon père vit avec ma mère et avec moi, à Madrid.

d. Alex est avec Karim: je l'ai vu avec lui.

e. Il emporte ce livre avec lui.

f. Les trois filles parlent avec nous et particulièrement avec moi.

Les superlatifs absolus
→ *Gramática activa* p. 195, Précis 13.B

2 **Remplace *muy* + adjectif par l'adjectif en *-ísimo(s)*, *-ísima(s)*.**

a. El libro hablaba de una costa muy lejana.

b. Es una manera muy curiosa de hablar.

c. Su comportamiento era muy sereno.

d. La librería es muy grande.

e. Estos chicos son muy generosos y muy formales.

f. Esta chica es muy bella.

3 **Remplace les adjectifs en *-ísimo(s)*, *-ísima(s)* par *muy* + adjectif. Que remarques-tu parfois ?**

a. Este libro es interesantísimo.

b. La musiquilla del móvil resulta pesadísima.

c. Las parejas mixtas son escasísimas.

d. En las calles hay poquísima gente.

e. Aunque este señor es riquísimo, no ayuda a los pobres.

f. Con esta ropa, usted parece elegantísimo.

Les équivalents de « il y a »
→ *Gramática activa* p. 197, Précis 43

4 **Forme une phrase en imitant l'exemple.**

en la catedral – una persona canta → Hay una persona que canta en la catedral.

a. en el tren - un chico duerme

b. en el centro - muchos niños juegan

c. en la librería - se venden libros muy interesantes

d. en Madrid - viven personas muy diferentes

e. en el poema - las metáforas explican el pensamiento del poeta

f. muchas personas - comparten el mismo ideal

5 **Forme une phrase en imitant l'exemple.**

vivimos en Cataluña - dos años → Hace dos años que vivimos en Cataluña.

a. estoy esperando - una hora

b. estamos en el tren - tres horas

c. estás escuchándome - mucho tiempo

d. conoce al mendigo - dos meses

e. no estás conmigo - demasiado tiempo

f. se ha ido - un momento

6 **Utilise *hay* ou *hace*.**

a. ... una hora que estamos esperando la salida del tren.

b. En este vagón,... mucho ruido.

c. ... mucho más mestizaje que... diez años.

d. He encontrado a mi novio... cuatro meses.

e. Si... una verdadera solidaridad, las cosas cambiarán.

f. No existía tanta fraternidad... un siglo.

Les modifications orthographiques: *z → c* devant un *e*
→ *Gramática activa* p. 199, Précis 24.D

7 **Conjugue les verbes au passé simple. Attention à la 1e personne du singulier des verbes comme *comenzar* : yo (comenzar) → comencé.**

a. El año pasado, yo (realizar) una campaña para una ONG.

b. Yo (empezar) a participar en esta ONG hace dos años.

c. Nosotros (alzar) las banderas y tú (abrir) el camino.

d. Durante las vacaciones yo (esforzarme) en actuar bien.

e. En los trenes, la empresa (reforzar) la seguridad.

f. Yo (comenzar) a viajar con mis padres.

8 **Conjugue les verbes au présent du subjonctif. Pense à changer le *z* en *c* devant un *e*.**

a. No queremos que unos hombres (rechazar) a otros.

b. Para que vosotros (sensibilizar) a los jóvenes, necesitáis publicidad.

c. Es necesario que tú (comenzar) a tomar conciencia de tu entorno.

d. Es posible que tú (pensar) de manera diferente y (decirlo).

e. Puede que esos jóvenes (avergonzarse) de molestar a los demás.

f. No es bueno que los hombres (cazar) y (matar) los animales.

Les adverbes

→ *Gramática activa p. 201*, Précis 39.H

9 Transforme les adjectifs entre parenthèses en adverbes comme dans l'exemple:

hermoso > hermosamente.

a. El hombre miraba (fijo) al chaval que estaba sentado.

b. La señora gritó (furioso).

c. Le propusimos (serio) que se viniera con nosotros.

d. La chica estaba leyendo (tranquilo) en la estación de autobuses.

e. Los esfuerzos hacia los otros deben hacerse (cotidiano).

f. Los alumnos deben ayudarse (mutuo).

10 Transforme les adjectifs entre parenthèses en adverbes comme dans l'exemple:

leve > levemente, total > totalmente.

a. (General), hay solidaridad en el barrio.

b. Los viajeros esperan (paciente) que termine la conversación telefónica.

c. Hay que hablar (suave).

d. No debemos mostrarnos tolerantes (excepcional) sino todos los días.

e. Esta Fundación es interesante (social).

f. (Personal) me gusta participar en proyectos solidarios.

11 Traduis les phrases.

a. Ces jeunes ont une attitude socialement responsable.

b. Vivre les uns avec les autres n'est généralement pas un problème.

c. Il y a des fondations qui aident généreusement des ONG.

d. Je suis complètement d'accord avec ces projets.

e. Les manifestants demandent respectueusement un changement.

f. Il est important d'agir solidairement pour lutter contre l'intolérance.

Expedición "biciaventura" 2009 de Toledo a África

→  *Fichier de l'élève p. 48*

Con las palabras siguientes,

1 Define simplemente la ciudadanía (columna I);

2 Indica los elementos que reúnen buena educación y ciudadanía (columnas II y I);

3 Di qué es la solidaridad (columna III);

4 Enumera los deberes y los derechos de un ciudadano responsable (columna IV);

5 Explica en qué consiste la protección del medio ambiente (columna V).

I - LA CIUDADANÍA
la convivencia
la igualdad
la integración
el respeto
la tolerancia
igual
respetuoso(a)
tolerante
convivir
respetar
superar los prejuicios

II - LA BUENA EDUCACIÓN
la cortesía
las normas sociales
el respeto a los padres, a los
acogedor(a)
bien educado(a)
cortés
formal
sociable
no molestar a nadie
respetar a los otros
vivir en armonía

III - LA SOLIDARIDAD
la ayuda
la generosidad
las ONG (organizaciones no gubernamentales)
benévolo(a)
generoso(a)
solidario(a)
ayudarse mutuamente
dar una oportunidad
darse la mano
intercambiar
recibir ayuda

IV - DEBERES Y DERECHOS
el civismo
la libertad de los otros
las relaciones sociales
cívico(a)
aceptar la diferencia
deber
obedecer las reglas
participar en
ser respetado(a) por
tener derecho a estudiar
tener que

V - LA PROTECCIÓN DEL MEDIO AMBIENTE
la ecología
el ecosistema
el entorno
la lucha contra la contaminación
la lucha por la defensa de la naturaleza
contaminante
limpio(a) ≠ sucio(a)
medioambiental
contaminar
evitar el derroche
proteger

Panorama

Una mano solidaria y ciudadana para un futuro mejor

Programas solidarios en España

Compartiendo el saber

A

Convivencia entre jóvenes y ancianos

Por medio del programa **"Vive y Convive"**, que cumple este año[1] su sexta edición, jóvenes universitarios viven en los domicilios de personas mayores que han decidido ofrecer su casa a estudiantes. Durante la convivencia ambos comparten experiencias, intereses, aficiones y el tiempo de cada uno. Además, se aportan beneficios como la mejora[2] de la calidad de vida, la comprensión, el conocimiento, el enriquecimiento personal y la solidaridad entre los participantes, y ayuda a fortalecer las relaciones sociales y el desarrollo positivo de los jóvenes.

www.canalsolidario.org

Para saber más:
www.obrasocial.caixacatalunya.com

1. *qui fête* **2.** *l'amélioration*

Compaginar el aula con el huerto

 Para saber más: www.canarias7.es

B

Un centro educativo verde

Los alumnos del I.E.S.[1] **"Los Gladiolos" de Tenerife** en Canarias, compaginan[2] horas de clase con el cultivo ecológico. La idea de crear este ecohuerto surgió hace cuatro años cuando una de las docentes[3] del centro comenzó a interesarse por la agricultura ecológica. Cada grupo de estudiantes dispone de su parcela en la que cultivan frutas, verduras, plantas medicinales o especies autóctonas.
La preocupación ambiental de este centro se manifiesta en otras iniciativas como la existencia de un punto para almacenar[4] de forma segura los residuos hasta su recogida y la utilización de energías renovables y el ahorro de consumo energético y agua.

Isabel LÓPEZ RODRÍGUEZ, *eldia.es*, 08/06/09

1. I.E.S. = Instituto de Enseñanza Secundaria: *lycée* **2.** *combinent*
3. las profesoras **4.** *stocker*

C

En Buenos Aires, un espacio para las obras de los excluidos

El camino de los murales los condujo hacia otra alternativa. Fue una opción más de las tantas que probaron para salir de la situación de calle.

Y pintando fueron dibujándose una salida[1], tal como lo hace diariamente Quique, uno de los pintores callejeros que participa en la Asociación Civil **Arte Sin Techo**, una institución que desde el 2003 trabaja en la Ciudad de Buenos Aires con el objetivo de reinsertar a personas de la calle en las redes culturales y productivas gracias a talleres artísticos. Un espacio para el arte de los excluidos.

Felicitas Luisi, presidenta de la ONG, llevó a cabo un proyecto dedicado a "limpiar" las paredes de la ciudad. Pero la limpieza fue con pintura y mucha creatividad, para vestir con colores poco más de 4400 metros cuadrados de muros dispersos en los barrios porteños[2].

Según Nicolás SAGAIAN SEGUN, 26/04/2009

1. *ils ont trouvé une porte de sortie* 2. *de Buenos Aires*

Pintar para vivir

Para saber más: www.artesintecho.org.ar

Transmitiendo valores humanos

D

El Golombiao, el juego de la paz colombiano

El Golombiao, mezcla de las palabras "Gol" y "Colombia", es un torneo de fútbol que promueve la paz y la colaboración en un país donde niños y jóvenes han sido duramente golpeados[1] por años de conflicto armado. Las reglas de juego, que son acordadas por los equipos antes de cada encuentro, fomentan[2] el juego limpio, el espíritu de equipo y la participación de las chicas sin tener en cuenta las habilidades técnicas o el número de goles marcados. En el Golombiao la participación de las chicas es indispensable para poder ganar los partidos.

El Golombiao busca así prevenir la vinculación[3] voluntaria de niños y niñas a los grupos armados empleando estrategias dirigidas a estimular la convivencia, la tolerancia y la resolución pacífica de conflictos.

Según Unicef 2009, Comité España

1. *frappés* 2. *développent* 3. *(ici) l'engagement*

Para saber más:
www.colombiajoven.gov.co/golombiao.htm

¿A ver si lo sabes?

1. Di en qué consiste el programa "Vive y convive". **(A)**
2. Enumera los proyectos ambientales del IES "Los Gladiolos". **(B)**
3. Precisa qué propone la asociación argentina "Arte Sin Techo". **(C)**
4. Explica el objetivo del juego colombiano "el Golombiao". **(D)**
5. Precisa cuáles son los puntos comunes de estos proyectos y di en qué son a la vez singulares, solidarios y creativos. **(A, B, C, D).**

Proyecto final

Entre los cuatro proyectos presentados en estas páginas, elige el que te interesa más. Vas a entrevistarte con una de las personas que participa en el proyecto para conocerla mejor y conocer sus motivaciones. Prepara la entrevista.

→ Presenta brevemente el proyecto y a la persona entrevistada.

→ Haz una lista de las preguntas que le podrías hacer al voluntario.

→ Elige una fotografía que ilustra el proyecto y descríbela brevemente.

Evaluación

→ 📖 *Fichier de l'élève, p. 49*

COMPRENSIÓN ORAL

Ciudadanía es...

→ **Objectif A2+** : comprendre la signification de la citoyenneté.

Escucha la grabación, contesta las preguntas y completa.

A2+
a. Cita un comportamiento ecológico y explica por qué es un ejemplo de ciudadanía.
b. A nivel religioso la ciudadanía es... ya que...
c. Di lo que es la ciudadanía a nivel político. Justifica tu respuesta.
d. Hay que respetar a los extranjeros ya que...
e. Completa: Los seres humanos no... sino... Valemos por... no por...

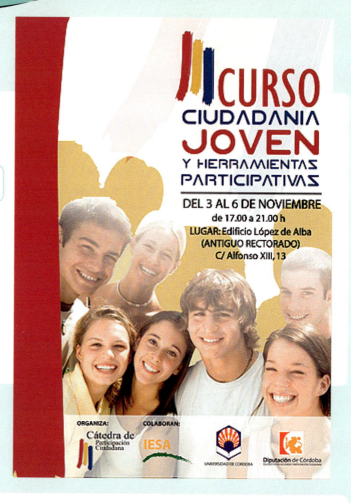

COMPRENSIÓN ESCRITA

No respetan a los otros viajeros

→ **Objectif B1** : comprendre la description d'une situation et la réaction des personnages.

Lee el texto y contesta.

A2
a. Di dónde se encuentra el viajero y qué está mirando.
b. Precisa cómo se siente este hombre al principio.
c. Explica lo que de repente pasa en el vagón con los otros viajeros.
B1
d. ¿Qué sentimiento experimenta el viajero en ese momento? Di si compartes el mismo punto de vista.

El tren abandona puntualmente el hangar de la estación. El viajero contempla por la ventanilla matorrales y arboledas y las primeras colinas verdes donde ondula el trigo. El sosiego[1] del paisaje sume al
5 viajero en un placer de dulces sensaciones olvidadas, pero en ese momento en el vagón suena el primer teléfono móvil con una musiquilla de pasodoble y la voz de una señora se apodera de todo el espacio. En el vagón se establece un breve interludio de paz y el pai-
10 saje acapara de nuevo la mente del viajero hasta más allá de los prados. Suena otro móvil. Un señor muy cabreado[2] le chilla a su socio que el cheque de Milán no tiene fondos y que a este paso la empresa se va a declarar en suspensión de pagos[3]. A estos gritos se su-
15 perpone otra llamada: una madre le dice a su hija que vaya a la cómoda y que abra el tercer cajón, que allí encontrará su jersey, el rojo no, el azul, ¿ya? El tren es de alta tecnología, pero el aire del vagón y limpieza de la velocidad se hallan contaminadas por un parloteo[4]
20 anodino, siempre insoportable.

Manuel VICENT, *El País*, 28/05/2006

1. la tranquilidad   **2.** *(fam.) en colère*
3. *l'entreprise va cesser ses paiements*   **4.** *un bavardage*

EXPRESIÓN ORAL

Hablo del respeto de las reglas en nuestra sociedad

→ **Objectif** **A2+** : décrire une affiche et souligner l'importance du respect des autres.

⏱ Temps de parole : entre 3 et 5 minutes.

Observa el dibujo y contesta.

A2
1. Identifica el documento y describe los cuatro dibujos.
2. ¿A quién se dirige el eslogan? ¿Qué denuncia?
A2+
3. Di qué organismo promueve este cartel y qué actitud espera por parte del ciudadano.

RECURSOS

- un(a) ciego(a): *un(e) aveugle*
- un minusválido: *un handicapé*
- una mujer embarazada: *une femme enceinte*

INTERACCIÓN ORAL

Juego de roles: discusión sobre el uso del teléfono móvil

→ **Objectif** **B1** : Confronter deux points de vue sur l'utilisation du téléphone portable.

⏱ Temps de parole : 5 minutes par groupe de deux.

En parejas, imaginad la conversación.

B1
Alumno A: Explicas a tus compañeros que para ti, el teléfono móvil sólo debe utilizarse en caso urgente y sobre todo debe apagarse en los lugares públicos y en particular en clase.
Alumno B: Tienes una opinión diferente; te parece importante utilizar el móvil libremente, donde y cuando quieras.

EXPRESIÓN ESCRITA

Doy mis impresiones en un mensaje

→ **Objectif** **B1** : Décrire ses impressions et donner son point de vue dans un message écrit.

✎ Nombre de mots : 50/60.

Has encontrado este dibujo humorístico en una revista, se lo comentas a tu mejor amigo(a) en un mensaje. Los/las dos sois adictos(as) al móvil.

A2
a. Primero saludas a tu amigo(a), le precisas con qué motivo le escribes y de dónde viene la foto.
b. Luego le dices qué piensas de este dibujo y por qué te ha llamado la atención. Le precisas que podrías ser una de las personas de la asistencia y le explicas por qué.
B1
c. Por fin, insistes en el hecho de que no eres tan "móvil adicto(a)" como él (ella) ya que respetas las reglas de utilización del móvil. Te despides pidiéndole una respuesta.

Adriàn PALMAS
(dibujante argentino)

Para ampliar

Retrouvez une sélection de lectures longues suggérées dans cette liste sur le site de la méthode www.nathan/juntos*

UNIDAD 1 Tiempo de vacaciones

LECTURAS

Novelas

● *Tiempo de escarcha*, Jordi SIERRA I FABRA, 2006
Óscar, un chico español que vive en una gran ciudad, nos cuenta sus vacaciones de verano en el pueblo de su abuelo.

Cómic

● *Mortadelo y Filemón: Vacaciones de perros*, Francisco IBÁÑEZ, n° 120, 1978

PELÍCULA

● *Qué tan lejos*, Tania HERMIDA, 2006
Esperanza, una turista catalana, descubre Ecuador en un viaje de Quito a Cuenca en compañía de Teresa, una joven estudiante ecuatoriana.

PODCASTS

● www.rtve.es
Diferentes países o regiones de España y América Latina para descubrir en compañía de jóvenes hispanoamericanos.
● www.rutaquetzalbbva.com/TLRQ/
Toda la actualidad sobre la expedición Ruta Quetzal.

LUGARES DE INTERÉS

Universidades que ofrecen cursos de verano para extranjeros
● Colegios Mayores de Salamanca
● Palacio de la Magdalena en Santander

UNIDAD 2 Tiempo de trabajo

LECTURAS

Novelas

● *Primeras prácticas*, Santiago GARCÍA CLAIRAC, 2004
Los primeros contactos de un joven español, Alex, que realiza sus primeras prácticas en el mundo de una agencia de publicidad.
● *El negocio de papá*, Alfredo GÓMEZ CERDÁ, 1996
Tomás le cuenta a Juanjo, un psicólogo, cómo ha cambiado la vida de su familia desde que su padre cambió de trabajo y abrió un bar de copas.

Cómic

● *Barcelona*, Kenny RUIZ, 2004
Cyan, una joven que se independiza, se traslada a Barcelona donde descubrirá que encontrar un piso y un trabajo no será nada fácil.

PELÍCULAS

● *El método*, Marcelo PIÑEYRO, 2005
Siete aspirantes a un alto puesto ejecutivo se presentan a una prueba de selección de personal para una empresa multinacional. Entre ellos empezará una lucha para conseguir el puesto.
● *Los lunes al sol*, Fernando LEÓN DE ARANOA, 2002
En una ciudad del norte, muchos hombres y mujeres dejaron atrás el campo o el mar para ir a trabajar a las fábricas, a las refinerías, al astillero. Pero después, llegó la reconversión industrial. Como un fantasma, el cierre del astillero planea sobre ellos.

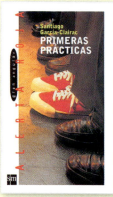

MÚSICA

● Canción: *Pastillas de freno*, ESTOPA, "¿La calle es tuya?", 2004
● Canción: *Hoy me voy*, SARGENTO GARCÍA, "Un poquito quema'o", 1999

UNIDAD 3 Relaciones

LECTURAS

Novelas

- *Maldita adolescencia*, María MENÉNDEZ-PONTE, 2006
  La vida de una pandilla de adolescentes españoles: Iván adora la poesía de Antonio Machado y escribe cartas y poemas a Adriana quien a su vez le escribe a Nick... Demasiado tarde, ésta descubrirá los sentimientos de Iván.

- *Laluna.com*, Care SANTOS, 2003
  Amador está enamorado de Cris, pero no sabe cómo decírselo. Cira, la prima de Amador, contribuirá a que los dos jóvenes se enamoren, pero su propio amor por su primo provocará un final trágico.

- *El efecto Guggenheim Bilbao*, Asun BALZOLA, 2003
  A través del diario de Kepa descubrimos cómo este muchacho se enamora de Sofía y cómo le hace descubrir el País Vasco.

- *El mal de Gutenberg*, Jesús CARAZO, 2002
  La vida de todos los días en un instituto español con la introducción de nuevos métodos y la reacción de los chavales.

PELÍCULAS

- *Siete minutos*, Daniela FÉJERMAN, 2009
  Varias personas intentan relacionarse a través de encuentros en citas rápidas que duran siete minutos. Algunos encontrarán el amor, pero no todos.

- *Cobardes*, José CORBACHO, Juan CRUZ, 2007
  Una película que trata de las relaciones entre un grupo de chicos y del poder del móvil como medio de comunicación.

MÚSICA

- Canción: *Peter Pan*, EL CANTO DEL LOCO, "Personas", 2008
- Canción: *Jueves*, LA OREJA DE VAN GOGH, "A las cinco en el Astoria", 2008
- Canción: *Marta*, *Sebas*, *Guille y los demás*, AMARAL, "Pájaros en la cabeza", 2005
- Canción: *Sin ti no soy nada*, AMARAL, "Estrella de mar", 2002

UNIDAD 4 Tierras y gentes

LECTURAS

Novelas

- *La tierra de las papas*, Paloma BORDONS, 2001
  María le cuenta a una amiga que se ha quedado en España cómo es su nueva vida en Bolivia.

- *Cuartos oscuros*, Juan MADRID, 1993
  Un joven madrileño quiere reunirse con su padre en Andalucía.

PELÍCULAS

- *El baile de la Victoria*, Fernando TRUEBA, 2009
  Adaptación de la novela de A. Skarmeta que cuenta la historia de amor entre un joven marginado y una bailarina, cuyas vidas se cruzan en el Chile post-Pinochet.

- *Viva Cuba*, Juan Carlos CREMATA MALBERTI, 2006
  Malú y Jorgito, dos amigos inseparables, deciden escapar para no ser separados y recorren casi todo Cuba, viviendo mil y una aventuras.

- *Diarios de motocicleta*, Walter SALLES, 2004
  Travesía del "Che" de joven por América Latina.

- *El viaje*, Fernando SOLANAS, 1992 (película argentina)
  Martín emprende un viaje por Latinoamérica en busca de su padre, descubriendo asimismo las carencias y los sueños de todo un continente.

PODCASTS

- www.cervantestv.es/
  Vídeos en torno a la literatura, música y danza y varios documentales en lengua española.

- www.cvc.cervantes.es/
  Cinco grandes secciones: Enseñanza, Literatura, Lengua, Artes y Ciencia que proponen diversos artículos en castellano de gran interés.

LUGARES DE INTERÉS

- Madrid, la Plaza Mayor
- Barcelona, las Ramblas
- Andalucía, los pueblos blancos
- La Habana, capital de Cuba
- Machu Pichu, Perú
- Salamanca, la Universidad y la Plaza Mayor
- Valencia, Ciudad de las Artes y las Ciencias

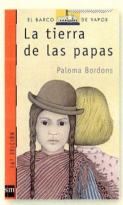

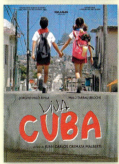

UNIDAD **5** La España multicultural: de ayer a hoy

LECTURAS

Novelas, cuentos y relatos históricos

- *Mío Cid. Recuerdo de mi padre*, María Isabel MOLINA, 2007
  Relato histórico de los recuerdos de una de las hijas del Cid sobre su padre.

- *El señor del Cero*, María Isabel MOLINA, 2002
  José Ben Alvar, un joven mozárabe de la Córdoba califal del siglo X se ve obligado a abandonar su tierra, lo que supone el comienzo de una apasionante aventura.

- *Cuentos de la Alhambra*, Washington IRVING, 1832
  Un testimonio de primera mano sobre la España meridional. W. Irving dedicó a Granada una serie de relatos situados en el palacio de la Alhambra: amores y conflictos son la trama de estos cuentos.

- *Así vivieron en al-Ándalus*, La historia ignorada, Jesús GREUS, 2009
  Para conocer cómo era la vida familiar, cómo se divertían, qué aprendían en los centros de enseñanza, y todo lo que aportó la cultura andalusí.

Cómic

- *El Cid, el paladin del rey*, E. M. FARIÑAS y R. PINTO, 1979

PELÍCULA

- *La marrana*, José Luis CUERDA, 1992
  Película picaresca que presenta las peripecias de dos amigos que atraviesan España durante el verano de 1492, descubriendo el lujo y la pobreza, el rigor y los embustes.

MÚSICA

- Canción: *Aromas de Sefarad*, TRIO SEFARAD, 2005
- Canción: *Tánger*, Luis DELGADO, 2004
- Canción: *Tánger*, Medina AZAHARA, 1998

LUGARES DE INTERÉS

- Palacio de la Alhambra de Granada
- Mezquita-Catedral de Córdoba
- Judería de Córdoba
- La Giralda de Sevilla
- Sinagogas del Tránsito y de Santa María la Blanca de Toledo
- Mezquita del Cristo de la Luz (Bab al-Mardum) de Toledo
- Museo sefardí de Toledo www.museosefardi.net

UNIDAD **6** Ocios y aficiones

LECTURAS

Novelas

- *Hoy, Júpiter*, Luis LANDERO, 2007
  Al descubrir los placeres de la lectura, un joven decide hacerse escritor de mayor.

- *Vivir para contarla*, Gabriel GARCÍA MÁRQUEZ, 2002, p.175-177[*]
  Primer tomo de la autobiografía de Gabriel García Márquez, en donde este cuenta su infancia y juventud. Una maravillosa introducción a sus novelas, entre las cuales Cien años de soledad.

- *La Sombra del viento*, Carlos Ruiz ZAFÓN, 2001
  El éxito de ventas de los últimos años, para un libro que nos da una visión espectacular de la Barcelona de la 1ª mitad del siglo XX. El narrador evoca su pasión por los libros p.13-18[*].

PELÍCULA

- *Nadie conoce a nadie*, Mateo GIL, 1999
  Un juego de roles en la Sevilla de la Semana Santa. Simón, un crucigramista, recibe un amenazador mensaje que le obliga a incluir la palabra "adversario", desencadenándose así una serie de atentados.

LUGARES DE INTERÉS

- El Camp Nou, estadio del Barça en Barcelona
- El Santiago Bernabéu, estadio del Real Madrid en Madrid
- La Sagrada Familia en Barcelona
- El Museo del Prado www.museodelprado.es, el Museo Reina Sofia y el Museo Thyssen en Madrid que forman el triángulo del arte
- La Ciudad de las Artes y de las Ciencias en Valencia

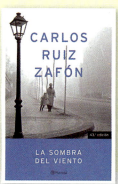

UNIDAD 7 Nuevo Mundo

LECTURAS

Relatos históricos

- *Colón tras la ruta de poniente*, María Isabel MOLINA, 2007
  Andrés Haraldsen Perestrello, hijo de un navegante noruego, acompaña a Cristóbal Colón en sus aventuras.
- *La princesa india*, Inma CHACÓN, 2007
  La historia de una joven azteca y de un capitán de Hernán Cortés y su viaje a España. Un relato de aventuras que combina un acercamiento a las culturas indígenas.

PELÍCULAS

- *Apocalypto*, Mel GIBSON, 2006
  El encuentro con la civilización de los mayas y la importancia de la religión.
- *1492*, Ridley SCOTT, 1992
  El descubrimiento de las Américas.

LUGARES DE INTERÉS

- El Museo de las Américas, Madrid
- Museo Nacional de Antropología de México D.F.
- El Museo del Oro de Bogotá, Colombia
  www.banrep.gov.co/museo/esp/home.htm

UNIDAD 8 Fiestas y celebraciones

LECTURA

Cuento

- *Campaña de Navidad**, Lorenzo SILVA, 2007
  Un publicitario frente a su hoja blanca debe imaginar una campaña publicitaria para Navidad.

MÚSICA

- Canción: *Un año más*, MECANO, 1990

FIESTAS DE INTERÉS

- Nochevieja en la Puerta del Sol en Madrid
- Las Fallas de Valencia en marzo
- Feria de Abril en Sevilla
- La festividad de Santiago, patrón de España, en Santiago de Compostela, el 25 de julio
- La Tomatina, batalla de tomates en el pueblo valenciano de Buñol en agosto
- El Día de Muertos en México www.diademuertos.com/

UNIDAD 9 Ciudadanía y solidaridad

LECTURAS

Novelas

- *Inmenso Estrecho*, Kailas editorial, 2005 y 2006
  25 cuentos en los que escritores, pintores, cineastas, músicos y periodistas aportan sus visiones de la inmigración.
- *El síndrome de Mozart*, Gonzalo MOURE, 2003
  Un joven campesino autista es un genio de la música y le ayudará la amistad de una joven violinista.

PELÍCULAS

- *Maroa*, Solveig HOOGESTEIN, 2004
  La vida de una niña venezolana salvada por su pasión por la música y la ayuda de su profesor.
- *Extranjeras*, Helena TABERNA, 2003
  La experiencia de mujeres inmigrantes que viven en Madrid en el barrio de Lavapiés
- *Cartas de Alou*, Montxo ARMENDÁRIZ, 1990
  Difícil proceso de integración de Alou, un senegalés clandestino, en la sociedad española.

MÚSICA

- Canción: *Mestizaje*, SKA-P, "Planeta Eskoria" 2003
- Canción: *Contamíname*, Pedro GUERRA, Ana BELÉN, "Golosinas", 2001

Datos culturales

MAR CANTÁBRICO

FRANCIA

Santiago de Compostela

Oviedo · Santander

GALICIA

ASTURIAS · CANTABRIA · Bilbao
Vitoria
PAÍS VASCO · NAVARRA
Logroño · Pamplona
LA RIOJA

CASTILLA-LEÓN

· Valladolid

Zaragoza

CATALUÑA

ARAGÓN · Barcelona

· Salamanca

PORTUGAL

MADRID
Madrid

Toledo ·

EXTREMADURA

CASTILLA-LA MANCHA

Valencia

Palma de Mallorca

COMUNIDAD VALENCIANA

BALEARES

· Mérida

MURCIA
Murcia

OCÉANO ATLÁNTICO

Sevilla ·

ANDALUCÍA

100 km

OCÉANO ATLÁNTICO

CANARIAS

MAR MEDITERRÁNEO

ARGELIA

· Las Palmas de Gran Canaria

28°

· Ceuta

100 km

15°

MARRUECOS

MARRUECOS

Melilla

Límite de Autonomía
■ Capital de Autonomía
● Ciudad autónoma

Las autonomías españolas

● Al-Ándalus y la invasión árabe

En Hispania, en 711, el rey visigodo **Rodrigo** y su ejército fueron vencidos en la **batalla del Guadalete** por bereberes apenas islamizados. La monarquía visigoda se derrumbó rápidamente mientras los invasores encontraban relativamente pocas resistencias. **Tarik** obtuvo la primera victoria con sus bereberes. La resistencia cristiana (**Covadonga**, 722) aparece en aquel momento como una realidad marginal. Entre los años 714 y 756, el nuevo territorio del Islam acogió a inmigrantes árabes, sirios, y, sobre todo, bereberes, que recibieron trato desigual, lo que provocó conflictos entre ellos. La llegada en el 756 de **Abd al-Rahman** generó la independencia política de al-Ándalus con respecto al califato de Damasco. Córdoba alcanzó el apogeo político a lo largo del siglo X bajo el mando de Abd al-Rahman III que tomó el título de califa en 929 para consolidar la pacificación de al-Ándalus. En el siglo XI, el califato se fragmentó en varias decenas de pequeños reinos de diversa extensión territorial, **los taifas**, cuyos reyes actuaban como supuestos representantes del califa. Los **reinos de taifas** prolongaron muchos

aspectos del esplendor cultural del califato, pero sin heredar su fuerza política, y sucumbieron ante los musulmanes **almorávides** que hicieron frente a los cristianos y reunificaron al-Ándalus.

@ **Para saber más:** www.artehistoria.com

● Autonomías españolas

La Constitución española de 1978 reconoce **las comunidades autónomas** y garantiza el derecho a la autonomía de las nacionalidades y regiones que componen el Estado. El texto de la Constitución establece los poderes que pueden ser asumidos por las comunidades autónomas y aquellos que sólo se le pueden atribuir al Estado. La división política y administrativa de España tiene la forma de diecisiete comunidades autónomas a las que hay que añadir las ciudades autonomas de Ceuta y Melilla. Cada Autonomía tiene una Asamblea Legislativa, elegida por sufragio universal; un Consejo de Gobierno, con funciones ejecutivas; y un Presidente elegido por la Asamblea Legislativa de entre sus miembros.

711 Victoria musulmana en Guadalete : principio de la invasión de España por los moros

Siglo VIII	Siglo IX	Siglo X	Siglo XI	Siglo XII	Siglo XIII	Siglo XIV	Siglo XV
Emirato de Córdoba		Califato de Córdoba	1os reinos taifas	Imperio almo-rávide	2os reinos taifas	Imperio almo-hade	Reino de Granada

718 Batalla de Covadonga : principio de la Reconquista

1492 Entrada de los Reyes Católicos en Granada : fin de la Reconquista

Aztecas: una civilización mesoamericana posclásica

Se suele denominar **aztecas** a los pueblos: *chalca, culhua, tepaneca, mexica*, que vivieron en el valle de México después del declive de **Teotihuacán** (hacia 750) hasta la conquista española en 1521. Hacia 1325, los mexicas se desplazaron a las tierras pantanosas marginales situadas a lo largo de la orilla occidental del lago Texcoco. Mientras cruzaban una isla, los mexicas vieron un águila posada sobre una chumbera, y decidieron que significaba que habían llegado a su destino. Allí fundaron la comunidad a la que dieron el nombre de **Tenochtitlán** (hoy Ciudad de México).

Boabdil y la pérdida de Granada

La pérdida de Granada

El nombre de **Boabdil** viene asociado a la **pérdida de Granada** a favor de los Reyes Católicos, poniendo éstos fin a **la Reconquista**.

Los últimos años del reino nazarí estuvieron cargados de tensión y enfrentamientos continuos entre las diferentes facciones de poder. El inicio de la guerra fue beneficioso para Boabdil ya que consiguió derrotar a los cristianos al este de Málaga, pero fue hecho prisionero en Lucena. Boabdil consiguió la libertad después de firmar un tratado de paz. Tras dos años de continuas luchas y cercada la ciudad de Granada, Boabdil inició conversaciones con Gonzalo Fernández de Córdoba que acabaron con la **rendición** y la entrega de la ciudad el 2 de enero de **1492**. Boabdil recibía en compensación el señorío de la Alpujarra hacia el que se marchó acompañado de su madre que, como dice el anónimo romance, reprochó a su hijo las lágrimas al contemplar por última vez la ciudad de Granada con la rotunda frase « Llora como una mujer lo que no has sabido defender como un hombre ». Se trasladó luego a Marruecos.

@ **Para saber más:** www.artehistoria.com

Carlos V

Nieto de los Reyes Católicos, Carlos (1500-1558) fue **rey de España** a los dieciséis años con el nombre de **Carlos I** y en 1519 pasó a ser **Emperador del Sacro Imperio Romano Germánico** con el nombre de Carlos V, por ser nieto por vía paterna de Maximiliano I de Austria (Habsburgo) y María de Borgoña.

Le resultó difícil a Carlos V dirigir este imperio inmenso que contaba también con la mayor parte de América y África del Norte y abdicó en 1556. Se retiró hasta su muerte al monasterio de Yuste (Cáceres, Extremadura).

Queda en Granada el **Palacio de Carlos V**, una construcción renacentista situada en la colina de la Alhambra.

@ **Para saber más:** www.diomedes.com/carlosV.htm

Constitución española: 1978

España es una **monarquía parlamentaria**. El Rey Juan Carlos de Borbón es el Jefe del Estado; es el símbolo de la unidad, arbitra y modera el funcionamiento de las instituciones. Propone el candidato a la presidencia del Gobierno. La Constitución reconoce la división de los poderes y permite la elección, por **sufragio universal**, de los representantes del pueblo en las Cortes, que ejercen el poder legislativo entre las dos cámaras, el Congreso de los Diputados y el Senado, y eligen al Presidente del gobierno. Los miembros del Gobierno son designados por el Presidente. La Constitución también reconoce y garantiza el derecho a la autonomía de las nacionalidades y regiones del país y la solidaridad entre ellas. **El castellano es la lengua oficial** del Estado; las demás lenguas son oficiales en las respectivas Comunidades autónomas de acuerdo con sus Estatutos.

@ **Para saber más:** www.narros.congreso.es/constitucion/

Corrida

La corrida es un espectáculo que se desarrolla en la **plaza de toros** y que consiste en lidiar, es decir, combatir varios toros a pie o a caballo. Es el espectáculo de masas más antiguo de España y del mundo. En el siglo XVIII se adoptaron las normas actuales, desde entonces, la corrida finaliza con la muerte del toro. Algunos especialistas explican que sus orígenes remontan a la Edad Media con la organización de espectáculos taurinos para distraer a los nobles: el señor feudal montado a caballo y armado con una lanza luchaba contra el toro. Estos espectáculos tenían lugar en las plazas de los pueblos y ciudades. Poco a poco la nobleza abandona el toreo a caballo y el pueblo comienza a hacerlo a pie, demostrando su valor.

En la **lidia** o combate participan varias personas, entre ellas el **torero**. Vestido con el **traje de luces**, lidia a pie con el capote y termina la **faena** con la **muleta** dando la estocada, es decir, matando al toro. Las corridas son consideradas como una de las expresiones de la cultura hispánica puesto que se practican también en diversos países latinoamericanos.

@ **Para saber más:** www.portaltaurino.com/la_corrida/

Cursos de verano

Cada verano, miles de alumnos y estudiantes extranjeros vienen a España para aprender español o mejorar sus conocimientos del idioma.

Salamanca es la ciudad universitaria por excelencia, célebre en todo el mundo por su universidad, que fue fundada en 1218 por el rey Alfonso IX de León, y por su riqueza artística: plaza Mayor, catedrales, palacios, iglesias.

Pero quienes quieren seguir cursos de verano también pueden ir a Madrid, Valencia, Sevilla, Barcelona u otras ciudades de España.

Dalí

Salvador Dalí (1904-1989) nace en Figueras, Gerona. Su afición a la pintura comienza hacia 1914 y, desde este momento, no para de pintar e interesarse por los movimientos artísticos de la época: impresionismo, puntillismo, cubismo… Con 18 años conoce a **García Lorca** y a **Luis Buñuel** con quienes tendrá una gran amistad. Más tarde se autodefinirá como "el surrealismo soy yo". Fue fundamental en el arte de Dalí su esposa y musa, Gala.

En los años 50, ya en Portlligat, su clasicismo pasa a ser religioso. Estudia y pinta los grandes temas de la cristiandad como el famoso *Cristo de San Juan de la Cruz, Santiago el Mayor* y *La última cena*. También pinta obras profanas como *El sueño de Cristóbal Colón*.

En 1964 recibió por parte del Gobierno español la Gran Cruz de Isabel la Católica ya que se había convertido en un ferviente católico e incluso admirador de la figura de Franco. Murió en 1989 y fue enterrado en la cripta-mausoleo de su Teatro Museo de Figueras.

@ **Para saber más:** www.spanisharts.com

Descubrimiento y conquista de América

Las primeras tierras descubiertas fueron las de las Antillas, confundidas por **Colón** con tierras asiáticas. La primera fundación en las Antillas fue la ciudad de **Santo Domingo**, actual capital de República Dominicana, que se convirtió en el núcleo de la primitiva ocupación española de América, organizándose como factoría comercial. La experiencia de colonización de Santo Domingo resultó el primer ensayo de conquista y colonización española en América, con el establecimiento de la administración colonial (cabildos, audiencias). La conquista espiritual se refiere al proceso de cristianización de la población indígena mediante la evangelización o enseñanza de la religión católica. Varios misioneros, como fray **Bartolomé de Las Casas**, defendieron a los indígenas de los abusos de los conquistadores del siglo XVI. Una vez consolidada la cristianización, la Iglesia cumplió una importante función social en las colonias, ya que atendía hospitales, conventos y escuelas.

@ **Para saber más:** www.monografias.com

Goya

Francisco de Goya (1746-1828) viajó a Italia cuando era joven. En 1775 se instaló en Madrid y comenzó a trabajar para la Real Fábrica de Tapices de Santa Bárbara para la que realizó *El quitasol, La gallina ciega, La Boda*. Entre 1780 y 1782 pintó la bóveda Regina Martyrum en la basílica de la Virgen del Pilar en Zaragoza. En 1789 fue nombrado pintor de cámara por Carlos IV y realizó retratos oficiales y cuadros de tema histórico. Éstos últimos se basan en su experiencia personal durante la Guerra de Independencia Española (1808-1814) y trascienden la representación patriótica y heroica para crear una fuerte denuncia de la crueldad humana. En 1814 realizó *El dos de mayo de 1808 en Madrid* y *El tres de mayo de 1808 en Madrid*. Estas pinturas reflejan el horror y el dramatismo de las brutales masacres que tuvieron lugar en Madrid durante la guerra contra los franceses.

En 1819 pintó el cuadro *Saturno devorando a un hijo*, que pertenece a la serie de las *Pinturas negras*.

Saturno devorando a un hijo, Francisco de G⦁ 1819

Incas: los hijos del sol

Los incas se asentaron en el actual **Perú**, primero en pequeñas aldeas, luego en ciudades que llegaron a formar un estado, pasando a ser un verdadero imperio, conocido como Tahuantinsuyo, que significa «las cuatro divisiones juntas».

Hacia el siglo XII su capital se ubicaba en el valle del Cuzco, donde reinaba el inca **Manco Capac**. En aquel valle se fundó la gran capital del Imperio incaico llamada **Cusco**. Para conservar sus tierras, debieron librar batallas a algunos pueblos que ya estaban en la zona mientras que otros pueblos se aliaron con ellos.

Con la anexión de nuevos territorios y la extensión de las tierras, el Inca dividió su imperio en regiones (suyus). Por eso, desde su capital, Cusco, salían caminos que reunían todas estas regiones: los **Caminos del Inca** que se extendían desde la actual frontera entre Ecuador y Colombia hasta el sur de Santiago de Chile.

@ **Para saber más:** www.geocities.com

Mayas: los hombres de maíz

Varios pueblos que vivían en entornos geográficos y culturales diversos constituían el llamado pueblo **maya**. Las tierras ocupadas por estos pueblos se extendían desde las tierras altas de Chiapas hasta los actuales México, Guatemala, Belice y parte de Honduras y El Salvador. La agricultura, con el cultivo del maíz, se

Vasija maya

convirtió progresivamente en el medio de vida predominante. El maíz, preparado de distintas formas, no era sólo el alimento básico de los mayas sino también todo el símbolo de un pueblo: el *Popol Vuh* (Libro del Consejo) de los mayas los llama **el pueblo del maíz** ya que creían que su creador les había hecho de maíz.

Mesoamérica, las primeras civilizaciones de América Central

Tláloc, Museo Nacional de Antropología, México

La civilización de América Central o de **Mesoamérica** se desarrolló desde aproximadamente 1500 a.C. hasta la llegada de los españoles en 1521 y se extendió por los actuales países de México, Guatemala, El Salvador y Honduras. Mesoamérica se distinguía por su variedad lingüística, social y cultural con civilizaciones independientes como los **mayas**, los **aztecas** o los **zapotecas**.

La agricultura era muy importante y merecía uno de los cultos más extendidos de Mesoamérica: el de **Tláloc**, que en lengua azteca significa « el que hace brotar las plantas ».

Para mejorar la producción agrícola se construían terrazas o bancales para recuperar las tierras pantanosas, como las chinampas del valle de México.

Murillo

El *joven mendigo*, Murillo, 1650

Bartolomé Esteban Murillo (1618-1682) es uno de los pintores que mejor define el Barroco español. Nació en Sevilla en 1617 y después de su aprendizaje artístico empezó a pintar, mostrando una notable influencia de Van Dyck, Tiziano y Rubens. En 1660 fundó una Academia de Dibujo en la que aprendices y artistas se reunían para estudiar y dibujar. En ella apareció un nuevo estilo con tonalidades transparentes y efectos luminosos resplandecientes. La pintura de Murillo, de gran realismo, recoge asuntos de sentido social y de estética naturalista en sus grandes temas, como los niños mendigos, que constituyen un prodigioso estudio de la vida popular, o las escenas de la infancia de Cristo.

@ **Para saber más:** www.artehistoria.com

Datos culturales

Museos españoles

España cuenta con museos de fama internacional. Con más de 4.600 cuadros, el **Museo del Prado** posee la más amplia y valiosa colección de pintura española existente hoy en el mundo, desde el Románico hasta el siglo XIX. Obras maestras de Bartolomé Bermejo, Pedro Berruguete, Sánchez Coello, El Greco, Ribera, Zurbarán, Murillo, Alonso Cano, Velázquez, Goya, Vicente López, Fortuny, Carlos de Haes, los Madrazo, Rosales y Sorolla conforman un conjunto inigualable universalmente reconocido.

El **Museo Guggenheim** en Bilbao, obra del arquitecto americano Frank O. Gehry, constituye un magnífico ejemplo de la arquitectura más vanguardista del siglo XX. El edificio, por su diseño innovador, es ideal para la exhibición de arte contemporáneo.

La **Fundación Gala-Salvador Dalí** gestiona diversas colecciones de obras de Salvador Dalí, un conjunto único en cantidad, amplitud y profundidad.

La colección del **Museo Reina Sofía** comienza a finales del siglo XIX y continúa con la vanguardia del nuevo siglo XX con el Cubismo, el Dadaísmo y el Surrealismo. Entre otras obras cuenta con el famosísimo *Guernica*, de Pablo Picasso.

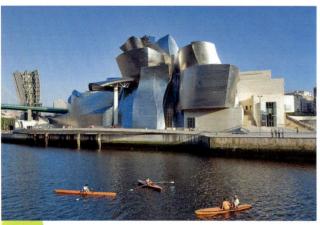

Museo Guggenheim (obra del arquitecto Franck O. Gehry), Bilbao

@ Para saber más: www.buenosenlaces.com/cu-museos.htm

Museos latinoamericanos

Entre otros museos latinoamericanos, el **Museo Nacional de Antropología de México** presenta las culturas que florecieron durante la era **precolombina**. Con este museo, el México de hoy rinde homenaje al México indígena en cuyo ejemplo reconoce características de su originalidad nacional. Como elemento de identificación del Museo se encuentra sobre una fuente la escultura de Tláloc, dios de la lluvia.

El **Museo Nacional de Arqueología, Antropología e Historia del Perú** conserva objetos de valor histórico-artístico y fondos documentales, cerámicas, textiles, metales e invalorables restos humanos que constituyen un importante legado del pasado prehispánico.

@ Para saber más: museonacional. perucultural.org.pe/

Máscara de oro, Mixtec, México

Pradilla Ortiz

Francisco **Pradilla Ortiz** (1848-1921) es un pintor realista y costumbrista del siglo XIX. En 1878, el Senado español le encomendó *La rendición de Granada*. Este cuadro y otra famosa pintura, *Doña Juana la Loca*, consolidaron su reputación como pintor de historia.

Fue director de la Academia Española de Bellas Artes de Roma y, a su vuelta, fue nombrado director del Museo del Prado.

Reconquista

Se inicia la **Reconquista** con la batalla de **Covadonga** (722) en la que el rey de Asturias, Pelayo, sitiado por los árabes en una cueva donde se había refugiado con sus soldados, derrotó a las tropas musulmanas. Obtuvo la victoria con la ayuda divina, según dice la leyenda. Suele aparecer esta dimensión religiosa en las narraciones de victorias de cristianos sobre musulmanes, como en la crónica del siglo XIII escrita por el obispo de Tuy sobre la hipotética batalla de Clavijo, en la que el **apóstol Santiago** aparecía "sobre un caballo blanco haciendo tremolar un estandarte".

Santiago Apóstol

Reyes Católicos

Isabel, heredera del trono de **Castilla**, y **Fernando**, heredero del trono **de Aragón**, se casaron en Valladolid en 1469. Después de conflictos sucesorios, se produjo la unión dinástica de Aragón y Castilla. Este matrimonio ha sido considerado como el punto de partida de la unidad de España.

El primer objetivo de los nuevos monarcas fue el de restablecer la autoridad real y la segunda misión consistió en concluir la Reconquista del reino nazarí de Granada, lo que consiguieron en 1492. La paz interior y la buena organización del reino permitieron que se acometieran nuevas empresas, como el apoyo al genovés **Cristóbal Colón** que descubriría América en 1492, aportando riquezas para el reino y un fuerte expansionismo.

@ Para saber más: www.artehistoria.com

Semana Santa

Es la celebración anual en que el calendario cristiano conmemora la Pasión, Muerte y Resurrección de Cristo. Durante este periodo son habituales las procesiones, en las cuales desfilan las distintas cofradías y hermandades con sus pasos que representan a Cristos o a las Vírgenes. Las celebraciones tienen lugar en toda España y tal vez la Semana Santa más famosa en el mundo sea la de Sevilla.

Numerosos países latinoamericanos conmemoran también este acontecimiento del mundo cristiano. Por ejemplo, la Semana Santa en Perú se caracteriza por ser de gran misticismo. En Cusco la imagen del "Señor de los Temblores" es muy venerada ya que es el patrón de la ciudad. Esta imagen avanza entre lluvia de flores de color, puesto que según la tradición, simboliza la sangre que emanó de Jesús.

@ **Para saber más:** www.utilportal.com.ar/2008/03/semana-santa-en-america-latina.html

Siglo de Oro

El Siglo de Oro que corresponde en realidad a los siglos XVI y XVII, es la etapa más fecunda y gloriosa de las Artes y las Letras españolas.

En literatura aparecieron *El ingenioso hidalgo don Quijote de la Mancha* de Miguel de **Cervantes** y las grandes novelas picarescas, como *Lazarillo de Tormes* de autor anónimo, *Guzmán de Alfarache* de Mateo **Alemán** y *El Buscón* de Francisco de **Quevedo**, donde son relevantes la narración autobiográfica, el servicio a varios amos y la carencia de escrúpulos del pícaro. Fue también una época dorada para la poesía y el teatro: Luis de **Góngora**, Baltasar **Gracián** fueron eminentes autores de letrillas, romances y sonetos. **Lope de Vega** fue un prolífico autor dramático que transformó el teatro en espectáculo, con nuevos modos de representación escénica. **Tirso de Molina** creó *El burlador de Sevilla* y Pedro **Calderón de la Barca** escribió el drama filosófico *La vida es sueño* y dramas populares. También se publicaron obras fundamentales en los campos de la historia y de la política, así como las crónicas de la colonización de América. Pertenecen al Siglo de Oro grandes pintores como **El Greco** que realizó la mayoría de su trabajo en Toledo, **Velázquez** que fue el pintor de Madrid, **Zurbarán** y **Murillo** que se establecieron como pintores en Sevilla.

@ **Para saber más:** www.sispain.org

Sistema educativo español

La **educación infantil** es para los niños entre los 3 y 6 años de edad y después comienza la educación primaria de 6 a 12 años. **La ESO**: Educación Secundaria Obligatoria, se extiende a lo largo de cuatro años, entre los 12 y los 16 años. Proporciona la formación necesaria para seguir estudios tanto de Bachillerato como de Formación Profesional de grado medio. **El Bachillerato** es la última etapa de la educación secundaria. No es obligatorio y dura dos años, normalmente entre los 16 y los 18 años. Propone cuatro secciones o modalidades diferentes que son: Artes; Ciencias de la naturaleza y de la salud; Humanidades y ciencias sociales; Tecnología.

Por último viene la **Formación profesional**; prepara a los alumnos para la actividad en un campo profesional que han elegido, les ofrece una formación polivalente que les va a permitir adaptarse al mundo laboral. Incluye tanto la formación profesional de base como la formación profesional específica de grado medio y de grado superior.

@ **Para saber más:** www.mec.es

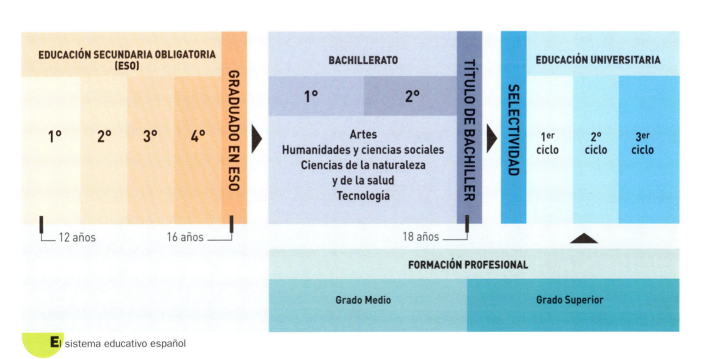

El sistema educativo español

Précis grammatical

1 — L'ALPHABET

A	a	[a]	F	efe	[efe]	L	ele	[ele]	P	pe	[pe]	U u [u]
B	b	[βe]	G	ge	[xe]	LL	elle	[eʎe]	Q	cu	[ku]	V uve [uβe]
C	ce	[θe]	H	hache	[atʃe]	M	eme	[eme]	R	ere	[ere]	W uve doble [uβe doβle]
CH	che	[tʃe]	I	i	[i]	N	ene	[ene]	RR	erre	[erre]	X equis [ekis]
D	de	[de]	J	jota	[xota]	Ñ	eñe	[eɲe]	S	ese	[ese]	Y i griega [igrjega]
E	e	[e]	K	ka	[ka]	O	o	[o]	T	te	[te]	Z zeta [θeła]

■ Les lettres sont du genre féminin : *la a, la efe, una u.*

■ Les voyelles conservent leur son : *an, en, in.*

■ Dans les dictionnaires, les lettres **ch** et **ll** sont inclues aux lettres **c** et **l**.

■ On ne doit pas séparer les lettres **ch**, **ll** et **rr** à la fin d'une ligne :
valle → *va-lle*
perro → *pe-rro*

2 — L'ACCENTUATION

A. L'accent tonique

■ Tous les mots espagnols portent un accent tonique :
● sur l'avant-dernière syllable lorsque les mots se terminent par une voyelle, un **n** ou un **s** : *una playa, unas playas.*
● sur la dernière syllable lorsque les mots se terminent par une consonne sauf **n** et **s** : *venir, la capital, la mujer, feliz.*

B. L'accent écrit

■ Lorsque l'accent est écrit, il peut porter sur la dernière syllabe, l'avant-dernière ou l'antépénultième : *el jardín, difícil, el teléfono.*

■ Lorsque la syllabe finale d'un mot singulier se termine par une consonne et comporte un accent écrit, cet accent écrit disparaît au pluriel : *un jardín, unos jardines; la civilización, las civilizaciones.*

■ **Attention :** certains mots qui ne comportent pas d'accent écrit au singulier en prennent un au pluriel afin de conserver l'accent tonique à la place qui lui échoit :
joven → *jóvenes*

C. L'accent diacritique

■ On appelle accent diacritique ou pronominal l'accent graphique qui sert à distinguer deux mots de même forme mais de nature et/ou de sens différents :
este (adjectif démonstratif) ≠ **éste** (pronom démonstratif)
el (article) ≠ **él** (pronom)
se (pronom) ≠ **sé** (verbe **saber**)
que (pronom relatif) ≠ **qué** (interrogatif ou exclamatif)

3 — PONCTUATION

,	la coma	...	los puntos suspensivos	¿ ?	los signos de interrogación
;	el punto y coma	-	el guión	¡ !	los signos de exclamación
.	el punto	« »	las comillas		
:	los dos puntos	( )	los paréntesis		

4 — L'INTERROGATION

■ L'interrogation est précédée d'un point interrogatif à l'envers qui peut être placé en tête de phrase ou dans la phrase directement devant les éléments de la question :
¿Qué estáis esperando? (U1, p. 22) Qu'attendez-vous ?
Aquí dentro falta aire, ¿verdad? (U3, p. 62) Ici, à l'intérieur, on manque d'air, n'est-ce pas ?

■ Les mots interrogatifs portent un accent qui les différencie graphiquement des pronoms relatifs ; certains s'accordent en nombre ou en genre et en nombre :

qué	por qué	para qué	a qué
dónde	adónde	cuándo	cómo

| quién | quiénes | cuál | cuáles |
| cuánto | cuánta | cuántos | cuántas |

¿*Adónde va?* (U3, p. 62) Où allez-vous ?

■ Dans les propositions interrogatives indirectes, le mot interrogatif conserve l'accent écrit :

*No me ha dicho **cómo** es su ciudad.* (U4, p. 80) Vous ne m'avez pas dit comment est votre ville.

■ Puisqu'il s'agit d'une interrogation – **una pregunta** –, c'est très souvent le verbe **preguntar** qui introduit ces phrases :

*Te **preguntaba de dónde** eres.* (U4, p. 84) Je te demandais d'où tu es.

5 L'EXCLAMATION

■ Comme l'interrogation, l'exclamation est précédée d'un point d'exclamation à l'envers qui peut être placé en tête de phrase ou dans la phrase devant l'exclamation :

¡*Me encanta Barcelona!* (U4, p. 84) J'adore Barcelone !

■ Le mot exclamatif **qué** introduit généralement l'exclamation lorsque celle-ci porte sur un nom, un adjectif, un participe ou un adverbe :

¡*Qué locura!* (U6, p. 127) Quelle folie !

■ Lorsque la phrase exclamative n'a pas de verbe et ne comporte qu'un substantif et un adjectif, l'adjectif est précédé de **más** ou de **tan** :

¡*Qué música **más buena**!* (U6, p. 127) Quelle bonne musique !

■ Lorsque la phrase exclamative comporte un verbe, l'ordre des mots est **¡qué + adj. + verbe + nom !** → ¡*Qué buena es esta música!*

6 LES ARTICLES

A. Les articles définis

1. Les articles définis masculins et féminins

	Masculin	Féminin
Singulier	**el** (el libro)	**la** (la playa)
Pluriel	**los** (los libros)	**las** (las playas)

■ Devant un nom féminin singulier commençant par **a-** ou **ha-** toniques, on emploie un article masculin pour éviter un hiatus : *el hambre* (la faim), *el agua* (l'eau).

■ En revanche, on retrouve l'article féminin au pluriel : *las aguas.*

■ Précédé des prépositions **a** ou **de**, l'article défini masculin singulier se soude et se contracte :

*Llega **al** portal.* (U3, p. 64) Il arrive au portail.
*Disfrutar **del** viaje.* (U3, p. 62) Profiter du voyage.

2. Emplois de l'article défini

■ **Les articles définis sont utilisés dans l'expression de l'heure**
*A **las cinco** de la tarde.* (U6, p. 127) À 5 h de l'après-midi.

■ **Le verbe précédé d'un article**
Précédé d'un article, un verbe peut être utilisé comme un substantif et peut même avoir un pluriel : *el parecer (= la opinión), los pareceres…*
***El crujir** del motor.* (U3, p. 62) Le vrombissement du moteur.

■ **L'article défini devant un nom de pays**
● L'espagnol n'emploie généralement pas l'article défini devant un nom de pays ; certains noms de pays continuent de s'employer avec un article défini comme **el Perú, el Ecuador, el Paraguay, el Uruguay, la Argentina** mais l'usage tend à une simplification et à une harmonisation avec le non-emploi de l'article.

España *debe de ser muy linda.* (U4, p. 80)
L'Espagne doit être très jolie.
*La capital de **Occidente**.* (U5, p. 102) La capitale de l'Occident.

● En revanche, lorsque le pays, de même que la ville, la région ou le continent, sont considérés sous un aspect particulier et accompagnés d'un adjectif qualificatif ou d'un complément, l'article est employé. Dans ce cas-là, les noms de pays – de même que les noms de ville – n'ayant pas de genre défini, l'usage en fait des masculins ou des féminins, selon leur terminaison :

*La **Córdoba** de los omeyas.* (U5, p. 102)
La Cordoue des Omeyas.
*La población rural **del México** antiguo.* (U7, p. 151)
La population rurale de l'ancien Mexique.

■ **L'article défini devant les noms propres géographiques**
Les noms propres géographiques – noms de fleuve, de mer et de montagne – sont généralement précédés de l'article masculin puisque sont sous-entendus **el río, el mar, el océano, el monte** qui sont des mots masculins : *los Andes, el Amazonas, el Mediterráneo, el Cantábrico.*

*La orilla **del Guadalquivir**.* (U5, p. 102)
Les berges du Guadalquivir.

■ **L'article défini devant les mots señor, señora, señorita**
L'espagnol emploie l'article défini devant **señor, señora, señorita** lorsqu'il évoque cette (ces) personnes(s) :

*Señor Aguirre, está aquí **el señor** Alcántara.* (U2, p. 38)
Mr Aguirre, Mr Alcántara est ici.

■ **L'article défini à valeur de possessif**
L'article défini a une valeur de possessif lorsque la relation entre celui qui possède et l'objet possédé est évidente :

*Me siento sobre **la** maleta.* (U1, p. 20)
Je m'assoie sur ma valise.

B. Les articles indéfinis

1. Les articles indéfinis masculins et féminins

	Masculin	**Féminin**
Singulier	**un** *(un chico)*	**una** *(una chica)*
Pluriel	**unos** *(unos chicos)*	**unas** *(unas chicas)*

■ Comme pour l'article défini, on emploie l'article indéfini masculin singulier devant un nom féminin singulier commençant par **a-** ou **ha-** toniques : *un hambre* (une faim).

2. Emplois de l'article indéfini

■ L'article indéfini est employé lorsque le nom qu'il détermine est accompagné d'éléments qui le précisent :
Una mañana de sábado. (U7, p. 146) Un samedi matin.

3. Cas de non-emploi de l'article indéfini

■ Les articles indéfinis n'accompagnent pas obligatoirement les noms :
Hay ciudades, monumentos. (U4, p. 80)
Il y a des villes, des monuments.

■ L'espagnol n'emploie pas l'article indéfini devant **igual, medio, otro, semejante, tal** :
Medio segundo después. (U1, p. 15) Une demi-seconde après.
Es hora de otra vuelta antes de dormir. (U1, p. 18)
C'est l'heure d'une autre promenade avant d'aller dormir.

C. Les partitifs

■ L'espagnol ne rend pas le partitif français « du », « de la », « des » :
Tocaban guitarras. (U8, p. 178) Ils jouaient de la guitare.

D. Le neutre *lo*

■ Pour donner une valeur de substantif à un adjectif, l'espagnol emploie **lo** :
Lo único que me gustaba era la Historia. (U2, p. 36)
La seule chose que j'aimais, c'était l'Histoire.
Lo malo de las fiestas infantiles. (U6, p. 132)
Le mauvais côté des fêtes enfantines.

■ On peut aussi traduire **lo** par « ce qui est » :
Lo políticamente incorrecto. (U8, p. 170)
Ce qui est politiquement incorrect.

---

7 LA NUMÉRATION

A. Les numéraux cardinaux

0 *cero*	8 *ocho*	16 *dieciséis*	24 *veinticuatro*	40 *cuarenta*	101 *ciento uno*	900 *novecientos(as)*
1 *uno*	9 *nueve*	17 *diecisiete*	25 *veinticinco*	41 *cuarenta y uno*	200 *doscientos(as)*	1 000 *mil*
2 *dos*	10 *diez*	18 *dieciocho*	26 *veintiséis*	50 *cincuenta*	300 *trescientos(as)*	1 001 *mil uno*
3 *tres*	11 *once*	19 *diecinueve*	27 *veintisiete*	60 *sesenta*	400 *cuatrocientos(as)*	2 000 *dos mil*
4 *cuatro*	12 *doce*	20 *veinte*	28 *veintiocho*	70 *setenta*	500 *quinientos(as)*	10 000 *diez mil*
5 *cinco*	13 *trece*	21 *veintiuno*	29 *veintinueve*	80 *ochenta*	600 *seiscientos(as)*	100 000 *cien mil*
6 *seis*	14 *catorce*	22 *veintidós*	30 *treinta*	90 *noventa*	700 *setecientos(as)*	1 000 000 *un millón*
7 *siete*	15 *quince*	23 *veintitrés*	31 *treinta y uno*	100 *ciento (cien)*	800 *ochocientos(as)*	100 000 000 *cien millones*

*Trabaja **cuatro** meses en España y **ocho** en Argentina.*
(U1, p. 18) Elle travaille quatre mois en Espagne et huit en Argentine.

■ La conjonction **y** ne s'emploie qu'entre les dizaines et les unités : *ochenta **y** tres*.
*362 000 niños (trescientos sesenta **y** dos mil niños)* (U2, p. 44)

■ **Uno** s'apocope en **un** devant un nom masculin et devant **mil** ; il devient **una** devant un nom feminin : *treinta y **un** capítulos; veinti**una** páginas*.

■ **Ciento** s'apocope en **cien** devant un nom et devant **mil** :
Cien tamanes. (U7, p. 154) Cent porteurs.

■ À partir de 200, les centaines s'accordent avec le nom qui suit ou qui est sous-entendu : *trescient**as** personas*.

■ **Mil** peut se mettre au pluriel lorsqu'il a la valeur d'un substantif (« des milliers ») :
Miles de personas desfilan. (U8, p. 170)
Des milliers de personnes défilent.

B. Les numéraux ordinaux

primero segundo tercero cuarto quinto sexto séptimo octavo noveno décimo undécimo duodécimo...
*Dos metros cuadrados en **octava** fila.* (U1, p. 18)
2 m^2 en 8e ligne.

■ **Primero** et **tercero** s'apocopent en **primer** et **tercer** devant un nom masculin singulier : *el primer párrafo, el tercer verso*.

■ Au-delà de **décimo**, le numéral cardinal est préféré à l'ordinal : *José I [primero], Carlos V [quinto], Fernando VII [séptimo], Alfonso XIII [trece]*.

C. Les pourcentages

■ Les pourcentages sont précédés d'un article masculin singulier ; de ce fait, le verbe qui les accompagne doit être au singulier :

> **El 70%** *de las computadoras llegó a los niños.* (U2, p. 44)
> 70 % des ordinateurs sont arrivés aux enfants.

D. L'expression de l'heure

■ La notion de l'heure s'exprime avec l'article défini féminin, le mot **hora(s)** étant sous-entendu : *es la una* [hora]; *son las dos* [horas].

> *Llego a* **las 10.** (U1, p. 18) J'arrive à 10 h.

■ **Attention :** on emploie le verbe **ser** – qui s'accorde avec **hora(s)** – pour indiquer l'heure :

> **Son** *las cinco de la tarde.* (U6, p. 127) Il est 5 h de l'après-midi.

8 · LES INDÉFINIS

A. Les adjectifs indéfinis

■ Les adjectifs indéfinis fournissent des informations sur la quantité, l'intensité et l'identité du nom qu'ils déterminent.

■ **Attention :** le français peut utiliser des adverbes alors que l'espagnol utilise des adjectifs qui s'accordent en genre et en nombre avec le substantif – explicite ou implicite – qu'ils déterminent.

1. La notion de quantité

■ **Poco(s), poca(s)** = peu de
> **Poco trabajo.** Peu de travail.

■ **Alguno(s), alguna(s)** = quelque [quelques]
> **Algunos bailes** *de nuestra tierra.* (U8, p. 177)
> Quelques danses de chez nous.

● Au singulier, l'adjectif **alguno** se traduit le plus souvent comme **uno** :
> *En* **algún momento** *de su intervención.* (U1, p. 15)
> À un moment de son intervention.

■ **Ninguno, ninguna** = aucun, aucune
> **Ningún trabajo.** (U1, p. 15) Aucun travail.

■ **Bastante(s)** = assez de
> **Bastantes explicaciones.** Assez d'explications.

■ **Demasiado(s), demasiada(s)** = trop de
> **Demasiadas casas.** Trop de maisons.

■ **Mucho(s), mucha(s)** = beaucoup de, de nombreux, de nombreuses
> *Un día tiene* **muchas horas.** (U1, p. 15) Un jour comporte beaucoup d'heures.

■ **Todo(s), toda(s)** = tout [tous], toute [toutes]
> **Todos los jardines** *son maravillosos.* (U1, p. 16) Tous les jardins sont merveilleux.

■ **Varios(as)** = plusieurs
> **Varios hoteles.** (U1, p. 20) Plusieurs hôtels.

■ **Cierto(s), cierta(s)** = certain(s), certaine(s)
> **Ciertos proyectos.** Certains projets.

■ **Tanto(s), tanta(s)** = tant de
> *Las pinturas que* **tantas veces** *ha visto.* (U6, p. 128)
> Les tableaux qu'il a vus tant de fois.

■ **Cada** = chaque

> **Cada barrio** *construye estatuas.* (U8, p. 170) Chaque quartier construit des statues.

● **Cada** + nom peut se traduire aussi par « tous les », « toutes les » pour exprimer la fréquence d'une action :
> *Playas con alguna persona* **cada** *dos kilómetros y alguna iguana* **cada** *seiscientos cocoteros.* (U1, p. 16) Des plages avec une personne tous les deux kilomètres et un iguane tous les six cents cocotiers.

2. La notion d'identité ou d'appartenance

■ **Cualquiera** = n'importe quel, quelle
> *En* **cualquier momento.** À n'importe quel moment.

■ **Otro(s) , otra(s)** = un autre, une autre, d'autres
> *No podría nunca amar* **otro sitio.** (U4, p. 80) Je ne pourrais jamais aimer un autre endroit.

■ **Mismo(s), misma(s)** = même(s)
> *Con* **la misma ignorancia.** (U4, p. 84) Avec la même ignorance.

■ **Propio(s), propia(s)** = propre(s), même(s)
> *Encuentro en este libro mi* **propia filosofía.** (U3, p. 58)
> Je trouve dans ce livre ma propre philosophie.

■ **Attention :** certains de ces mots peuvent être aussi adverbes en espagnol et, de ce fait, ils sont invariables (→ Précis 39.F) :
> *He dormido* **poco.** (U4, p. 84) J'ai peu dormi.

B. Les pronoms indéfinis

■ Les déterminants indéfinis peuvent être utilisés sans que le nom qu'ils déterminent, de façon plus ou moins explicite, soit exprimé :

uno(s), una(s)   **ambos(as)**   **cualquiera**
alguno(s), alguna(s)   **otro(s), otra(s)**   **todo(s), toda(s)**
ninguno(a)

> **Algunos** *llegan a costar 6.000 euros.* (U8 p. 170) Quelques uns arrivent à coûter 6 000 euros.
> *Nos miró a* **ambos.** (U9, p. 200) Il nous regarda tous les deux.

■ Le pronom indéfini **alguien** (quelqu'un) a un pendant négatif avec **nadie** (personne) et le pronom indéfini **algo** (quelque chose) a un pendant négatif avec **nada** (rien).

■ **Attention :** **Alguien** et **nadie** ne peuvent désigner que des personnes :
> **Alguién** *pide silencio.* (U6, p. 124) Quelqu'un demande le silence.
> **Algo** *inhumano.* (U4, p. 80) Quelque chose d'inhumain.
> **Nadie** *me lo había comentado.* (U4, p. 84) Personne ne m'en avait parlé jusqu'alors.

Précis grammatical

9 — LES POSSESSIFS

A. Les adjectifs possessifs

■ Les adjectifs possessifs s'accordent en genre et en nombre avec le nom qu'ils introduisent :

	Singulier	Pluriel
1res personnes	mi	mis
	nuestro nuestra	nuestros nuestras
2es personnes	tu	tus
	vuestro vuestra	vuestros vuestras
3es personnes	su	sus

Nuestros asientos. (U6, p. 124) Nos sièges.

■ Un nom suivi d'une forme tonique peut être précédé par un autre déterminant ; cette tournure peut avoir alors une valeur affective :

La patria mía. (U5, p. 106) Ma patrie.

B. Les pronoms possessifs

■ Les pronoms possessifs, précédés ou non de l'article, s'accordent en genre et en nombre avec le substantif auquel ils se rapportent :

	Singulier	Pluriel
1res personnes	mío mía	míos mías
	nuestro nuestra	nuestros nuestras
2es personnes	tuyo tuya	tuyos tuyas
	vuestro vuestra	vuestros vuestras
3es personnes	suyo suya	suyos suyas

■ Les pronoms possessifs peuvent être précédés d'un article défini :

Mi nombre es Laura. ¿Y el tuyo? (U4, p. 84)
Mon nom est Laura. Et le tien ?

10 — LES DÉMONSTRATIFS

■ Les adjectifs et les pronoms démonstratifs se répartissent en trois grands groupes, en fonction de l'éloignement dans le temps, dans l'espace et par rapport à la personne.

■ Les pronoms démonstratifs ont la même forme que les adjectifs ; seul l'accent écrit portant sur la syllabe déjà tonique les différencie : *éste* (celui-ci), *ése* (celui-là), *aquél* (cet autre, celui-là là-bas).

■ Les démonstratifs *aquel(los), aquella(s), aquél(los), aquélla(s)* sont généralement employés par ou pour quelqu'un ou quelque chose n'intervenant pas dans la relation sujet-interlocuteur et établissent clairement une distance dans l'espace et le temps :

¿Cómo es aquello donde nació usted? (U4, p. 80)
Comment est-ce là-bas, là où vous êtes né ?

		Adjectifs		Pronoms	
		Singulier	Pluriel	Singulier	Pluriel
aquí / yo / temps présent	Masc.	este	estos	éste	éstos
	Fem.	esta	estas	ésta	éstas
ahí / tú / passé ou futur proches	Masc.	ese	esos	ése	ésos
	Fem.	esa	esas	ésa	ésas
allí / él / passé ou futur très éloignés	Masc.	aquel	aquellos	aquél	aquéllos
	Fem.	aquella	aquellas	aquélla	aquéllas

■ Les démonstratifs *este(os), esta(s), éste(os), ésta(s)* sont généralement employés par le sujet qui s'exprime, au présent, pour désigner un élément proche :

En esta ciudad hay muchas fábricas. (U4, p. 88) Dans cette ville il y a beaucoup d'usines.

■ Les démonstratifs *ese(os), esa(s), ése(os), ésa(s)* sont généralement employés par un interlocuteur pour désigner un élément relativement éloigné dans l'espace et dans le temps :

Ésa sí la comprendo. (U4, p. 88) Celle-là, effectivement, je la comprends.

■ D'autres emplois – à valeur laudative ou péjorative – sont rattachés aux démonstratifs *ese(os), esa(s), aquel(los), aquella(s)*. Ils permettent ainsi de nuancer un discours en exprimant la volonté de magnifier ou, au contraire, de rejeter :

Todo ese humo ensucia el aire. (U4, p. 88) Toute cette fumée salit l'air.
La esperanza de intimar con aquel chico. (U3, p. 58)
L'espoir de me lier d'amitié avec ce garçon.

■ Il existe également une forme neutre – *esto, eso, aquello* – obéissant aux mêmes valeurs que les adjectifs et les autres pronoms :

Eso sí lo comprendo. (U4, p. 80) Cela, oui, je le comprends.

11 — LES ADJECTIFS QUALIFICATIFS

A. Le féminin des adjectifs qualificatifs
■ Les adjectifs qualificatifs se terminant par **-o** ont un féminin en **-a** : *nuevo → nueva*.

■ Certains adjectifs qualificatifs se terminant par une consonne peuvent prendre un **-a** : *innovador → innovadora*.
Soluciones innovadoras. (U2, p. 40) Des solutions innovantes.

■ **Attention :** une nouvelle syllabe se constituant, l'accent écrit qui pouvait se trouver au masculin sur la dernière syllabe disparaît naturellement au féminin : *burlón → burlona*.

■ Les autres adjectifs ont une forme commune au masculin et au féminin : *familiar, pobre, feliz*.

B. Le pluriel des adjectifs qualificatifs
■ Les adjectifs qualificatifs se terminant par une voyelle non accentuée ont un pluriel en **-s** : *contento → contentos, contenta → contentas, libre → libres*.
Cosas modernas. (U4, p. 80) Des choses modernes.

■ Les adjectifs qualificatifs se terminant par une consonne ou une voyelle accentuée ont un pluriel en **-es**.
Montañas artificiales. (U7, p. 146) Des montagnes artificielles.

■ Les adjectifs se terminant par un **-z** ont un pluriel en **-ces** : *capaz → capaces*.

12 — LES COMPARATIFS

■ Les comparatifs établissent des rapports de supériorité, d'infériorité ou d'égalité.

● Le comparatif de supériorité s'exprime avec **más... que**
*El monumento es **más** conocido **que** la plaza.*
Le monument est plus connu que la place.

● Le comparatif d'infériorité s'exprime avec **menos... que**
*El monumento es **menos** conocido **que** la plaza.*
Le monument est moins connu que la place.

● Le comparatif d'égalité s'exprime avec **tan... como**

*El monumento es **tan** conocido **como** la plaza.*
Le monument est aussi connu que la place.

■ **Attention :** Le « que » français du comparatif d'égalité se traduit en espagnol par **como**.

■ Il existe des adjectifs comparatifs de forme propre qui s'accordent en nombre avec le nom qu'ils déterminent :
● **mejor** (mieux, meilleur) ≠ **peor** (pire)
● **mayor** (plus grand) ≠ **menor** (plus petit)
*Su **mejor** técnica.* (U6, p. 128) Leur meilleure technique.

13 — LES SUPERLATIFS

A. Les superlatifs relatifs
■ Les superlatifs relatifs de supériorité : **el más, la más, los más, las más.**
■ Les superlatifs d'infériorité : **el menos, la menos, los menos, las menos.**

■ **Attention :** contrairement au français, l'article employé devant le nom n'est pas répété devant l'adjectif ; l'article n'est employé que lorsque ce nom est éloigné :
*La representación del país a partir de **su cara más negra**.*
(U6, p. 128) La représentation du pays à partir de son visage le plus noir.

B. Les superlatifs absolus
■ Le superlatif **muy** (« très ») sert à intensifier ou à nuancer un adjectif ou un adverbe :
*Un lugar **muy agitado**.* (U4, p. 80) Un lieu très remuant.

■ Pour signifier l'intensité ou l'excellence, l'espagnol emploie également assez fréquemment le suffixe **-ísimo(s), -ísima(s)** qui s'ajoute à l'adjectif lorsque celui-ci se termine par une consonne : *difícil → dificilísimo(a)* ou remplace la voyelle finale : *cansado(a) → cansadísimo(a)*. Ce superlatif est proche de **muy** + adjectif :
*Las parejas mixtas son **escasísimas**.* (U9, p. 194) Les couples mixtes sont très rares.

■ **Attention** à certains changements d'orthographe :
*ri**c**o → ri**qu**ísimo, velo**z** → velo**c**ísimo.*

14 — LES SUFFIXES

A. Les diminutifs
■ Les diminutifs nuancent les mots auxquels ils se rattachent. Ils peuvent avoir une simple valeur diminutive, mais une valeur affective ou une valeur péjorative sont également souvent liées à leur emploi.

■ Parmi les très nombreux suffixes espagnols, les plus courants sont les diminutifs **-ito/-ita, -illo/-illa, -uelo/-uela** :
un chaval → un chavalillo ; una moza → una mozuela.
*Su **bolsita** blanca.* (U3, p. 64) Sa petite poche blanche.

Précis grammatical

■ Les diminutifs ont parfois une forme singulière :
*El **cochecito**.* (U3, p. 64) Le landau.

■ **Attention :** Pour des mots dont la dernière syllabe contient une consonne comme **c**, **g** ou **z**, des variations orthographiques interviennent devant **e** ou **i**, notamment pour conserver le son initial du mot :
*Siendo **chiquitita**.* (U5, p. 104) Lorsque j'étais toute petite.
*Un **traguito** de tinto.* (U9, p. 200) Un petit coup de rouge.

B. Les suffixes -azo, -ada

■ Les suffixes **–azo, -ada** indiquent des coups portés :
*El maestro dio una **palmada**.* (U5, p. 104) Le maître frappa dans ses mains.
*Los argentinos pegan buenas **patadas**.* (U2, p. 42)
Les Argentins ont un sacré coup de pied.

15 L'APOCOPE

■ L'apocope est la chute, devant un nom masculin singulier, d'une voyelle ou d'une syllabe à la fin de certains mots comme **grande, bueno, malo, uno, primero, tercero, alguno** (quelque), **ninguno** (aucun), **cualquiera** (n'importe quel/quelle) :
*Suben a **buen ritmo**.* (U3, p. 64) Ils montent à un bon rythme.
***Ningún** trabajo.* (U1, p. 15) Aucun travail.

■ **Attention :** l'apocope est facultative devant un nom féminin singulier mais l'usage tend à rendre systématique l'apocope des adjectifs **grande** et **cualquiera**.

■ Le sens de certains adjectifs peut varier selon qu'ils sont placés devant le nom (et s'apocopent) ou derrière le nom :

cualquier festival (n'importe quel festival) ; *un festival cualquiera* (un festival quelconque).

■ Le cas de **ciento**
● L'adjectif numéral **ciento** perd sa syllabe finale devant un nom ou devant **mil** ou **millones** : *cien mil, cien millones*.
***Cien** tamanes.* (U7, p. 154) Cent porteurs.

● En revanche, on dit : **ciento dos, doscientos, quinientos…**

■ Le cas de **santo**
● L'adjectif **santo** s'apocope généralement devant un nom propre masculin : *San Pedro, San Juan, San Diego…*
● Il existe quelques exceptions : *Santo Domingo, Santo Tomás, el santo Job*.

16 LES PRONOMS

A. Les pronoms personnels sujets

yo	*nosotros, as*
tú	*vosotros, as*
él, ella, usted	*ellos, ellas, ustedes*

■ **Attention :** les pronoms personnels sujets s'emploient avec une valeur d'insistance ou pour lever un doute.
***Yo** a esto lo llamo dictadura.* (U1, p. 15)
Moi, j'appelle cela une dictature.

■ La 1ʳᵉ et la 3ᵉ personne de l'imparfait étant identiques, il est souvent nécessaire de préciser le pronom sujet : *yo / él / ella / usted*.
***Yo** era la última de la clase.* (U2, p. 36)
J'étais la dernière de la classe.

■ **Attention :** il existe un pronom neutre **ello** (« cela ») qu'il ne faut pas confondre avec le pronom masculin singulier **él**.

■ Pour introduire une identité, on emploie le verbe **ser** suivi du pronom sujet concerné.
soy yo, eres tú, es él/ella/usted, somos nosotros/nosotras, sois vosotros/vosotras, son ellos/ellas/ustedes
*No **eres tú** mi cantar.* (U8, p. 175)
Ce n'est pas toi que je chante.

B. Les pronoms personnels compléments

1. Les pronoms personnels compléments non introduits par une préposition

COD	COI	Réfléchi
me	*me*	
te	*te*	
lo	*le*	*se*
la	*le*	*se*
nos	*nos*	
os	*os*	
los, las	*les*	*se*

■ Les pronoms personnels compléments directs et indirects peuvent avoir une forme commune ou une forme différente suivant les personnes verbales.

■ **Attention :** l'enclise est obligatoire pour les pronoms compléments à l'infinitif, au gérondif et à l'impératif affirmatif.
*Saco mi Palm Pilot, **lo** enciendo.* (U1, p. 20) Je sors mon Palm Pilot, je l'allume.
*Todo **les** está permitido.* (U1, p. 21) Tout leur est permis.
***Hágale** pasar.* (U2, p. 38) Faites-le entrer.

■ Lorsque deux pronoms personnels compléments sans préposition se suivent, le pronom indirect précède le direct :

Se lo traeré enseguida. (U2, p. 38)
Je vais vous l'apporter de suite.

■ Lorsqu'un pronom indirect de 3ᵉ personne, *le* ou *les*, se trouve devant un pronom direct de 3ᵉ personne, il prend la forme *se* :

Solicitaron tregua el pasado mes de octubre y se la concedimos. (U7, p. 153) Ils ont demandé une trêve le mois d'octobre dernier et nous la leur avons accordée.

■ En espagnol, l'emploi du pronom personnel pour rendre l'idée de possession est systématique lorsque l'on parle du corps ou de ce que l'on porte sur soi :

Me quito los lentes, me los vuelvo a poner. (U1, p. 20)
J'enlève mes lunettes, je les remets.

2. Les pronoms personnels compléments introduits par une préposition

	Singulier	**Pluriel**
1ʳᵉ pers.	*mí*	*nosotros, nosotras*
2ᵉ pers.	*ti*	*vosotros, vosotras*
3ᵉ pers.	*él, ella, usted*	*ellos, ellas, ustedes*
réfléchis	*sí*	*sí*
neutre	*ello*	

Vuelvo a la Plaza como a una parte de mí misma. (U4, p. 82)
Je reviens vers la Place comme vers une partie de moi-même.

■ Avec la préposition *con*, l'espagnol emploie des formes spéciales à la 1ʳᵉ et à la 2ᵉ personne du singulier : *conmigo, contigo* ainsi qu'à la forme réfléchie : *consigo*.

Vamos a hacer una excepción contigo. (U2, p. 38)
Nous allons faire une exception avec toi.

C. Les pronoms relatifs

Parmi les pronoms relatifs :

■ *Que* est le pronom relatif le plus fréquemment employé.
Una mexicana que habla español. (U4, p. 82) Une Mexicaine qui parle espagnol.

● *Que* peut être précédé par l'article défini : *el, la, los, las : el(los) que, la(las) que* (celui/ceux qui, celle/celles qui) et par le neutre *lo : lo que* (ce que, ce qui).

● *El/la que, los/las que, lo que* peuvent représenter des personnes ou des choses et être sujet ou complément :
Lo que más me impresionó. (U4, p. 84) Ce qui m'a le plus impressionné.

● On trouve également les formes *el/la cual, los/las cuales* :

■ *Quien(es)* peut être sujet ou complément.
Descendiente segura de quienes fundaron ciudades. (U4, p. 82) Descendante à n'en pas douter de ceux qui avaient fondé des villes.

■ *Cuyo(os), cuya(as)* sont des équivalents de « dont ». Ils s'accordent en genre et en nombre avec le nom qui les suivent et excluent l'article devant ce nom :
Españoles cuya patria era un sueño. (U4, p. 82) Des Espagnols dont la patrie était un rêve.

■ **Attention :** certains pronoms relatifs ont la même forme que les pronoms interrogatifs ; ces derniers se différencient par leur accent graphique. (→ Précis 4)

17 LE VOUVOIEMENT

■ En espagnol, le pronom sujet « vous » se traduit différemment selon que l'on s'adresse à une ou plusieurs personnes que l'on vouvoie individuellement ou à plusieurs personnes que l'on tutoie individuellement.

■ Le « vous » français se traduit par *vosotros/as* pour s'adresser à plusieurs personnes que l'on tutoie individuellement. Il correspond à la 2ᵉ personne du pluriel.
Vosotros, los que buscáis la sabiduría. (U5, p. 105)
Vous qui cherchez la connaissance.

■ Il se traduit par *usted/ustedes* lorsqu'il correspond au « vous » de politesse pour s'adresser à une ou plusieurs personnes que l'on vouvoie.

Usted et *ustedes* correspondent aux 3ᵉ personnes du singulier et du pluriel.
¿Adónde va usted? (U3, p. 62) Où allez-vous ?

■ Comme pour les autres pronoms sujets, *usted* et *ustedes* peuvent ne pas apparaître. Il faut donc les différencier par rapport aux autres 3ᵉ personnes du singulier (*él/ella*) et du pluriel (*ellos/ellas*) : *sabe(n)* peut se traduire par : il(s) sait(savent), elle(s) sait(savent), vous savez. (→ Précis 16)

■ Attention à employer les pronoms compléments et les possessifs qui correspondent :
Lo que quería ofrecerle es un trabajo. (U9, p. 200) Ce que je voulais vous offrir, c'est un travail.

18   L'INDICATIF

L'espagnol emploie le mode indicatif dans la proposition principale comme en français ; dans les propositions subordonnées, l'indicatif est employé dans l'expression d'une réalité et donc aux temps du présent et du passé.

A. Le présent

■ **Formation des verbes réguliers**

• Verbes en -**ar** : -**o**, -**as**, -**a**, -**amos**, -**áis**, -**an**
• Verbes en -**er** : -**o**, -**es**, -**e**, -**emos**, -**éis**, -**en**
• Verbes en -**ir** : -**o**, -**es**, -**e**, -**imos**, -**ís**, -**en**

*Te levant**as**, hac**es** un descubrimiento asombroso.* (U1, p. 15)
Tu te lèves, tu fais une découverte effrayante.

B. Le futur

■ **Formation**

• Verbes en -**ar**, -**er**, -**ir** : infinitif + -**é**, -**ás**, -**á** , -**emos**, -**éis**, **án**

■ **Attention** à la modification orthographique du radical de certains verbes :

Haber: **habré**, **habrás**…   Decir: **diré**, **dirás**…
Hacer: **haré**, **harás**…   Tener: **tendré**, **tendrás**…
Poder: **podré**, **podrás**…   Poner: **pondré**, **pondrás**…
Venir: **vendré**, **vendrás**…

*Te **pondremos** un ordenador.* (U2, p. 38)
On mettra un ordinateur à ta disposition.

■ **Le futur et l'expression de l'incertitude**
Dans certains cas, le futur peut exprimer le doute, l'incertitude ; il est traduit par des verbes comme « pouvoir » ou « devoir » :

***Querrás** decir…* (U4, p. 84) Tu veux sans doute dire…

C. Le passé composé

■ **Formation**

Haber au présent : **he, has, ha, hemos, habéis, han** + participe passé (verbes en -**ar** : radical + -**ado ;** verbes en -**er** et -**ir** : radical + -**ido**) (→ Précis 22)

*¿Qué **has comprado**?* (U6, p. 124) Qu'as-tu acheté ?

■ Le passé composé présente une action commencée dans le passé qui se prolonge dans le présent et n'est pas considérée comme terminée.

■ **Attention :** contrairement au français qui a deux auxiliaires (« être » et « avoir »), l'espagnol n'a qu'un seul auxiliaire : **haber** et le participe qui l'accompagne est toujours invariable.

D. L'imparfait

■ **Formation**

• Pour les verbes en -**ar** : radical + -**aba**, -**abas**, -**aba**, -**ábamos**, -**abais**, -**aban**
• Pour les verbes en -**er** et -**ir** : radical + -**ía**, -**ías**, -**ía**, -**íamos**, -**íais**, -**ían**

■ **Attention** aux imparfaits irréguliers :
• ir: **iba, ibas, iba, íbamos, ibais, iban**

• ser: **era, eras, era, éramos, erais, eran**
• ver: **veía, veías, veía, veíamos, veíais, veían**

■ Comme en français, l'imparfait est employé pour évoquer une action ou un état dans le passé qui s'inscrit dans la durée, la continuité ou l'habitude :

*En el colegio yo **era** la última de la clase.* (U2, p. 36)
Au collège, j'étais la dernière de la classe.

E. Le passé simple

■ **Formation des verbes réguliers**

• Pour les verbes en -**ar** : -**é**, -**aste**, -**ó**, -**amos**, -**asteis**, -**aron**
• Pour les verbes en -**er** et -**ir** : -**í** , -**iste**, -**ió**, -**imos**, -**isteis**, **ieron**

*Le **llamó** la atención Infoco.* (U2, p. 40)
Infoco attira son attention.

■ **Les passés simples irréguliers**
Certains verbes ont un passé simple irrégulier avec une 1re personne et une 3e personne du singulier dont l'accent tonique tombe sur le radical :

Hacer: **hice, hiciste, hizo, hicimos, hicisteis, hicieron** [querer: **quise…**, venir: **vine…**]
Saber: **supe, supiste, supo, supimos, supisteis, supieron** [estar: **estuve…**, poder: **pude…**, poner: **puse…**, tener: **tuve…**, andar: **anduve…**]
Traer: **traje, trajiste, trajo, trajimos, trajisteis, trajeron** [decir: **dije…**]
Ser/ir: **fui, fuiste, fue, fuimos, fuisteis, fueron**
Tener: **tuve, tuviste, tuvo, tuvimos, tuvisteis, tuvieron**

***Obtuvo** una beca.* (U2, p. 40) Il obtint une bourse.

■ Le passé simple est employé pour une action terminée s'inscrivant dans un passé proche ou lointain.

■ **Attention :** en espagnol, le passé simple s'emploie beaucoup plus fréquemment qu'en français, dès lors qu'une action n'a pas d'incidence dans le présent et selon le contexte, le passé simple espagnol peut être traduit par un passé composé, un passé simple ou un plus-que-parfait :

***Puse** que me gusta la filosofía y odio el golf.* (U3, p. 66)
J'ai mis que j'aime la philosophie et que je déteste le golf.

F. Le plus-que-parfait

■ **Formation**

Haber à l'imparfait + participe passé (→ Précis 22)

■ Le plus-que-parfait évoque une action antérieure à un événement annoncé par le passé simple :

*Yo, que no **había vuelto** al sitio desde muchos años atrás, comprendí de inmediato esa veneración.* (U7, p. 146)
Moi, qui n'étais pas revenu à cet endroit depuis des années, je compris soudain cette vénération.

■ **Attention :** comme pour le passé composé, le seul auxiliaire espagnol est **haber** et le participe qui l'accompagne est toujours invariable :

***Había llegado** a España.* (U1, p. 33)
J'étais arrivé(e) en Espagne.

19 LE CONDITIONNEL

■ **Formation du conditionnel présent**
● Verbe à l'infinitif + **-ía, -ías, -ía, -íamos, -íais, -ían**
● La terminaison est la même pour tous les verbes mais comme pour le futur, le radical de certains verbes est modifié : decir → **diría**, haber → **habría**, hacer → **haría**, poder → **podría**, poner → **pondría**, tener → **tendría**, venir → **vendría**.

■ **Attention :** le conditionnel du verbe *querer* (**querría**) est très peu usité. Il est généralement remplacé par l'imparfait du subjonctif (**quisiera**).

■ **Emploi**
Le conditionnel exprime une action en devenir, une éventualité ou une supposition :

*No **podría** nunca amar otro sitio.* (U4, p. 80) Je ne pourrais jamais aimer un autre endroit.

■ **Formation du conditionnel passé** à valeur d'antériorité et de virtualité : auxiliaire **haber** au conditionnel + participe passé → **habría llamado**.

20 LE SUBJONCTIF

A. Les présents réguliers
■ **Formation**
● Pour les verbes en **-ar** : **-e, -es, -e, -emos, -éis, -en**
● Pour les verbes en **-er** et **-ir** : **-a, -as, -a, -amos, -áis, -an**

B. Les présents irréguliers
Certains verbes ont un présent du subjonctif irrégulier :
Hacer: **haga, hagas, haga, hagamos, hagáis, hagan**
Ir: **vaya, vayas, vaya, vayamos, vayáis, vayan**
Haber: **haya, hayas, haya, hayamos, hayáis, hayan**
Mais aussi : *venir:* **venga...**; *tener:* **tenga...**; *saber:* **sepa...**; *decir:* **diga...**

*¿Por qué querrá que te **vayas** al desierto?* (U3, p. 66) Pourquoi peut-il vouloir que tu ailles dans le désert ?

C. L'imparfait
■ **Formation**
● Il existe deux formes de subjonctif imparfait : une forme en **-ra**, une forme en **-se**.
● Il se forme à partir de la 3e personne du pluriel du passé simple.
● Pour les verbes en **-ar** : **-ara, -aras, -ara, -áramos, -arais, -aran**
      -ase,- ases,- ase, -ásemos, -aseis,-asen

● Pour les verbes en **-er** et **-ir** :
-iera, -ieras, -iera, -iéramos, -ierais, -ieran
-iese, -ieses, -iese, -iésemos, -ieseis, -iesen

*Hice señales con las luces para que el río humano se **apartara** y me **dejara** salir.* (U8, p. 172) Je fis des appels de phare pour que ce fleuve humain s'écarte et me laisse sortir.

■ La 3e personne du pluriel des passés simples irréguliers sert également à former l'imparfait du subjonctif :
ir: **fueron → fuera/fuese**
poder: **pudieron → pudiera/pudiese**
haber: **hubieron → hubiera/hubiese**
querer: **quisieron → quisiera/quisiese**

D. Le plus-que-parfait
■ **Formation**
Haber à l'imparfait du subjonctif + participe passé :
*Nunca lo habría conseguido si no **hubiera aparecido** por mi casa.* (U6, p. 130) Je ne l'aurais jamais obtenu s'il n'était pas passé chez moi.

21 LES IMPÉRATIFS

■ Pour exprimer l'ordre et la défense, l'espagnol a deux formes d'impératif :
● l'impératif d'ordre, affirmatif (appelé aussi positif), formé sur le subjonctif, sauf aux 2e personnes du singulier et du pluriel ;
● l'impératif de défense, négatif, formé uniquement sur le subjonctif.

■ Les irrégularités des verbes au subjonctif se retrouvent donc à l'impératif.

■ Les impératifs espagnols comptent cinq personnes à cause des trois formes de « vous » : **usted, vosotros(as), ustedes.**

A. L'impératif affirmatif
■ **Formation**

	Verbes en **-ar**	Verbes en **-er**	Verbes en **-ir**
tú	trabaj**a**	aprend**e**	viv**e**
usted	trabaj**e**	aprend**a**	viv**a**
nosotros,as	trabaj**emos**	aprend**amos**	viv**amos**
vosotros,as	trabaj**ad**	aprend**ed**	viv**id**
ustedes	trabaj**en**	aprend**an**	viv**an**

***Cumple** las normas.* (U2, p. 38) Respecte les règles.

■ Certaines 2e personnes du singulier ont des formes irrégulières :

ser: **sé**; *decir:* **di**; *hacer:* **haz**; *poner:* **pon**; *salir:* **sal**; *tener:* **ten**; *venir:* **ven**.

■ **Attention :** l'enclise est obligatoire à l'impératif affirmatif.
Tráigame un café. (U2, p. 38) Apportez-moi un café.

B. L'impératif négatif
■ **Formation**

	Verbes en **-ar**	Verbes en **-er** et **-ir**
tú	*no pien**ses***	*no permit**as***
usted	*no pien**se***	*no permit**a***
nosotros,as	*no pens**emos***	*no permit**amos***
vosotros,as	*no pens**éis***	*no permit**áis***
ustedes	*no pien**sen***	*no permit**an***

22 LE PARTICIPE PASSÉ

■ **Formation**
● Pour les verbes en **-ar : -ado**
● Pour les verbes en **-er** et **-ir : -ido**

■ **Attention :** certains verbes ont un participe passé irrégulier :
abrir: **abierto**; *decir:* **dicho**; *escribir:* **escrito**; *ver:* **visto**…

■ Lorsqu'il est employé avec l'auxiliaire **haber**, le participe passé est toujours invariable :

Había llegado a España. (U1, p. 33)
J'étais arrivée en Espagne.

■ Avec d'autres verbes ou lorsqu'il prend la valeur d'un adjectif, le participe passé s'accorde avec le sujet du verbe ou le substantif qu'il détermine :
Estatuas de cartón llamadas fallas. (U8, p. 170)
Des statues en carton appelées *fallas*.

23 LE GÉRONDIF

■ **Formation**
● Pour les verbes en **-ar** : radical + **-ando**
● Pour les verbes en **-er** et **-ir** : radical + **-iendo**

■ Le **i** de **-iendo** se change en **-y** lorsqu'il se trouve entre deux voyelles, c'est-à-dire lorsque le radical du verbe se termine par une voyelle : *cre**er** → cre**yendo***.
*Cre**yéndome** el más listo, llego a las 10.* (U1, p. 18)
Me croyant le plus intelligent, j'arrive à 10h.

■ **Emplois**
● L'action dans son développement
*Salió del dormitorio **procurando** no hacer el menor ruido.*
(U7, p. 148) Elle sortit de la chambre en essayant de ne pas faire le moindre bruit.

● L'action avec une valeur de manière
Le gérondif est souvent employé pour expliquer et préciser l'action énoncée par le verbe conjugué :
***Corriendo** como un misil, se va escaleras arriba.* (U6, p. 124)
Il grimpe les escaliers en courant à toute vitesse.

24 L'IRRÉGULARITÉ DU RADICAL DE CERTAINS VERBES

A. L'irrégularité de certains verbes aux présents
■ L'irrégularité du radical de la 1re personne du singulier de l'indicatif de certains verbes se retrouve à toutes les personnes du subjonctif présent :

caer: **caigo** → **caiga**; *hacer:* **hago** → **haga**; *poner:* **pongo** → **ponga**; *salir:* **salgo** → **salga**; *decir:* **digo** → **diga**; *tener:* **tengo** → **tenga**; *traer:* **traigo** → **traiga**…
Salgo de la terminal. (U1, p. 20) Je sors du terminal.

■ De même, les verbes comme **conocer, parecer** qui ont une 1re personne du singulier au présent de l'indicatif en **conozco, parezco** ont un subjonctif présent en : **conozca, conozcas... ; parezca, parezcas...**

> *Yo* **conozco** *muy bien Sevilla.* (U3, p. 62) Je connais très bien Séville.
> *Para que no* **parezca** *que recita un texto.* (U2, p. 38) Pour qu'il ne semble pas réciter un texte.

■ Verbes avec une 1e personne se terminant par **-oy** :
Ser : **soy, eres, es, somos, sois, son**
Estar : **estoy, estás, está, estamos, estáis, están**
Dar : **doy, das, da, damos, dais, dan**
Ir : **voy, vas, va, vamos, vais, van**

> *Yo* **voy** *bastante bien.* (U3, p. 62) Je vais assez bien.

B. Les verbes qui diphtonguent : e → ie (pensar) ; o → ue (poder)

■ Le **e** et le **o** du radical tonique de certains verbes se transforment respectivement en **ie** et **ue**, au présent de l'indicatif et au présent du subjonctif, généralement aux trois personnes du singulier et à la 3e personne du pluriel.

■ **Attention :** ces diphtongues se retrouvent à l'impératif.
*Pensar : p***ie***nso, p***ie***nsas, p***ie***nsa, pensamos, pensáis, p***ie***nsan.*
*Poder : p***ue***do, p***ue***des, p***ue***de, podemos, podéis, p***ue***den.*

> **Empiezan** *las verdaderas vacaciones.* (U1, p. 15)
> Les vraies vacances commencent.

■ La diphtongue n'empêche pas d'autres irrégularités :
*Tener : tengo, t***ie***nes, t***ie***ne, tenemos, tenéis, t***ie***nen*

C. Les verbes à affaiblissement : e → i ; o → u

■ Certains verbes comme **pedir, seguir, servir, repetir, gemir** ont un **e** au radical qui se change en **i** à certaines personnes et à certains temps :

● Présent de l'indicatif : *s***i***rvo, s***i***rves, s***i***rve, servimos, servís, s***i***rven*
● Présent du subjonctif : *s***i***rva, s***i***rvas, s***i***rva, sirvamos, sirváis, s***i***rvan*
● Passé simple : *serví, serviste, s***i***rvió, servimos, servisteis, s***i***rvieron*
● Participe présent : *s***i***rviendo*

> *Yo* **sigo** *con mi empeño de fichar defensas.* (U2, p. 42)
> Je suis toujours déterminé à recruter des défenseurs.
> *Charlie* **eligió** *un Porsche.* (U2, p. 42) Charlie a choisi une Porsche.

■ Seul le verbe **podrir** subit un affaiblissement dans les mêmes conditions.

D. Les modifications orthographiques : z → c devant un e

■ Lorsque l'on ajoute un **e** après un **z**, celui-ci se change en **c** ; c'est le cas des verbes comme **comenzar** qui, au subjonctif présent et à la 1re personne du prétérit prennent un **c** :
● Présent du subjonctif : *comien***c***e, comien***c***es, comien***c***e, comen***c***emos, comen***c***éis, comien***c***en*
● Passé simple : *comen***c***é, comenzaste, comenzó, comenzamos, comenzasteis, comenzaron*

> *Estamos impacientes de que el programa* **empiece.** (U6, p. 127)
> Nous sommes impatients que le programme commence.

■ **Attention :** c'est le cas également pour les substantifs : **una vez, dos veces.**

> *He ido dos* **veces** *con Jorge.* (U1, p. 16)
> J'y suis allée deux fois avec Jorge.

---

25 — LES SUBORDONNÉES CIRCONSTANCIELLES

■ Les subordonnées circonstancielles sont, comme en français, de temps, de manière, de cause, de condition, de comparaison et de concession ; l'espagnol se différencie par l'emploi des modes : indicatif ou subjonctif, suivant la notion de réalité ou de non-réalité qu'il veut énoncer.

■ **Attention :** avec le choix du mode – indicatif ou subjonctif –, il ne faut pas oublier la règle de la concordance des temps – présent ou passé –.

A. La subordonnée de temps

1. Action simultanée

■ L'action simultanée peut s'exprimer avec **cuando** :
> **Cuando** *llegaron los primeros españoles había palacios.* (U7, p. 156) Quand les premiers Espagnols arrivèrent, il y avait des palais.

■ La conjonction de subordination **mientras** permet d'exprimer une simultanéité :
> *Explica* **mientras** *aparta un papel que tiene encima de la mesa.* (U2, p. 38) Il explique pendant qu'il écarte un papier qu'il a sur son bureau.

■ **Attention :** La simultanéité se rend également par **al** suivi de l'infinitif : cette construction équivaut soit à un gérondif soit à une proposition subordonnée temporelle. (→ Précis 31)

2. Action antérieure à celle de la principale

■ L'action antérieure à la principale peut être exprimée par la locution conjonctive **después (de) que** :
> *Se despiden* **después de que** *Daniela abra la puerta.* (U3, p. 64) Ils se disent au revoir après que Daniela ouvre la porte.

3. Action postérieure à celle de la principale

■ L'action postérieure à celle de la principale peut être exprimée par la locution conjonctive **antes (de) que** :

*Construyeron un gran imperio mucho **antes de que** Colón viniera a enredarlo todo.* (U7, p. 148) Ils construisirent un grand empire avant que Colomb ne vienne tout embrouiller.

■ La locution conjonctive temporelle **hasta que** peut également annoncer une action postérieure à celle de la proposition principale :

*Vivíamos muy a gusto **hasta que** empezó a llegar esa gente.* (U9, p. 196) Nous vivions très bien jusqu'à ce que ces gens-là arrivent.

B. La subordonnée de cause

■ La subordonnée de cause est introduite généralement par **porque, ya que, puesto que** :

*Comprendí el significado **porque** Graciela me dice algunas veces Beatriz te pones imbancable.* (U4, p. 88) Je compris ce que cela voulait dire car Graciela me dit parfois : Béatrice, tu es insupportable.

C. La subordonnée de condition

■ Lorsque le verbe de la proposition principale est à l'indicatif – même au futur –, l'espagnol utilise, après **si**, un indicatif, présent ou passé :

***Si** no **respiramos**, nos **morimos**.* (U4, p. 88)
Si nous ne respirons pas, nous mourons.
***Si** se **producía** un silencio, me **sentía** violenta.* (U3, p. 58)
Si un silence se produisait, je me sentais gênée.

■ En revanche, avec une proposition principale au conditionnel présent ou passé, le verbe de la subordonnée se met au subjonctif imparfait ou plus-que-parfait :

*Me **quedaría** siempre aquí **si fuera** possible.* (U4, p. 80)
Je resterais toujours ici si cela était possible.
*Nunca lo **habría conseguido si** no **hubiera aparecido** por mi casa y **me hubiera encontrado** sola* (U6, p. 131) Je ne l'aurais jamais obtenu s'il n'était pas passé chez moi et s'il ne m'avait pas trouvée seule.

D. La subordonnée de comparaison avec *como si* suivi de l'imparfait du subjonctif

■ Après **como si**, l'espagnol emploie l'imparfait du subjonctif, quel que soit le temps employé dans la proposition principale :

*Tío David me espera **como si** no **hubiera ocurrido** nada.* (U1, p. 20) Oncle David m'attend comme si de rien n'était.

E. La subordonnée de but

■ La proposition subordonnée de but est introduite le plus souvent par **para que** suivi du subjonctif, comme en français :

*Automatizamos Internet **para que** sus clientes **accedan** a la información.* (U2, p. 40) Nous automatisons Internet pour que vos clients aient accès à l'information.

■ D'autres conjonctions et locutions conjonctives peuvent introduire une notion de but comme : **a fin de que, de manera que, de modo que.**

■ **Attention** à la concordance des temps.

F. La subordonnée de concession

■ La subordonnée de concession est généralement introduite par la locution de subordination **aunque** qui peut être suivie d'un verbe à l'indicatif ou au subjonctif.

● **Aunque** suivi de l'indicatif introduit une notion de concession qui porte sur un fait réel ; il se traduit alors par « bien que » :

*Lo hizo **aunque era** tarde.* (U6, p. 128) Il le fit bien qu'il fût tard.

● **Aunque** suivi du subjonctif exprime la concession sur un fait hypothétique et correspond au français « même si ».

■ **Attention** à respecter la concordance des temps.

G. La subordonnée de conséquence avec *así que*

■ **Así que** (« aussi », « donc », « et donc ») de même que **así pues** + indicatif (« ainsi donc »), introduisent une conséquence en insistant sur son caractère évident, attendu, puisqu'elle fait suite à un évènement déjà présenté :

*Ana era la primera, **así que** hacíamos perfecta simetría.* (U2, p. 36) Ana était la première, aussi formions-nous une parfaite symétrie.

26 LES PROPOSITIONS COMPLÉTIVES ET LE CHOIX DES MODES

A. Les propositions complétives à l'indicatif

■ Lorsque le verbe de la proposition principale introduit un fait réel ou annoncé comme tel, le verbe de la proposition complétive est à l'indicatif, comme en français :

*Le **explicó** a Pablo **que** el Sol **miró** a la Tierra.* (U7, p. 148) Elle expliqua à Pablo que le Soleil regarda la Terre.

B. Les propositions complétives au subjonctif

■ Par contre, le choix du mode subjonctif dans une proposition complétive met en évidence une non-réalité ou une action qui s'inscrit dans un devenir. C'est pour cette raison que l'espagnol peut utiliser un subjonctif là où le français emploie un futur ou un conditionnel :

*Espero **que** todo **sea** de su agrado.* (U8, p. 177)
J'espère que cela vous plaira.

■ Les verbes de conseil, de prière, de demande, d'ordre – **aconsejar** (conseiller de), **rogar** (prier de), **pedir** (demander de), **impedir** (empêcher de), **mandar** (demander/ordonner de), etc… –, introduisent très souvent une proposition complétive au subjonctif, à la place d'un infinitif, notamment lorsque les sujets sont différents – ce qui permet de différencier les personnes et de gagner en clarté :

*Le había pedido que me **llevara** a los toros.* (U6, p. 130)
Je lui avais demandé de m'emmener à une corrida.

■ **Attention** à respecter la concordance des temps.

27 LA CONCORDANCE DES TEMPS

■ Lorsque dans une proposition subordonnée, le verbe est au mode subjonctif, le temps de ce verbe dépend du temps du verbe de la proposition principale, obéissant ainsi à la règle de la concordance de temps.

Proposition principale	Proposition subordonnée
Présent Futur présent Passé composé	Subjonctif présent
Imparfait Plus-que-parfait Passé simple Conditionnel	Subjonctif imparfait ou plus-que-parfait

■ Si le verbe de la proposition principale est au présent, au futur ou au passé composé (dont l'auxiliaire est au présent), le verbe de la proposition subordonnée au subjonctif est au présent :

*¿**Quieres que te pongamos** en el departamento de administración?* (U2, p. 38) Veux-tu qu'on te mette dans la section administrative ?

■ Si le verbe de la proposition principale est à l'imparfait, au plus-que-parfait, au passé simple ou au conditionnel, le verbe de la proposition subordonnée au subjonctif est à l'imparfait ou au plus-que-parfait :

*Le **estaba proponiendo que se tomase** unas vacaciones.*
(U3, p. 66) Je lui proposais de prendre des vacances/ qu'elle (il) prenne des vacances.

28 SER ET ESTAR

A. Le verbe ser

■ Le verbe **ser** est utilisé pour exprimer une qualité essentielle, définir, caractériser :

*Los jardines **son** maravillosos.* (U1, p. 16) Les jardins sont merveilleux.

*¿No **eres** demasiado bajita para **ser** modelo?* (U2, p. 39)
Tu n'es pas trop petite pour être mannequin ?

■ La voix passive est formée avec le verbe **ser** suivi du participe passé qui s'accorde en genre et en nombre avec le sujet du verbe :

*La ciudad que le **fue arrebatada por** los Reyes Católicos.*
(U5, p. 109) La ville qui lui fut reprise par les Rois Catholiques.

■ Le complément d'agent introduit par la préposition **por** peut être explicite ou non :

*La colina **es** hoy **conocida** como El Suspiro del Moro.* (U5, p. 109) La colline est connue aujourd'hui sous le nom de Le Soupir du Maure.

■ **Ser** est toujours employé avec des adjectifs comme : **cierto, evidente, fácil, frecuente, imposible, improbable, indispensable, interesante, necesario, posible, preciso, probable…**

B. Le verbe estar

■ Le verbe **estar** est employé pour exprimer une situation dans le temps ou l'espace :

*El valle Central donde **está** San José.* (U1, p. 16) La vallée Centrale où est (= se situe) San José.

■ Le verbe **estar** est utilisé lorsqu'est privilégié le résultat d'une action ou pour décrire un état, souvent passager, correspondant à une circonstance et sans valeur de caractérisation :

Estoy contenta. (U1, p. 16) Je suis contente.
*Hoy **estoy** solo.* (U3, p. 64) Aujourd'hui, je suis seul.

■ **Estar** + gérondif rend l'idée de durée d'une action (→ Précis 29.A).

29 ASPECTS DE L'ACTION

A. La forme progressive

■ Le fait d'utiliser **estar, ir** ou **seguir** + gérondif, là où le francais emploie le plus souvent le seul verbe disant l'action, permet de donner un aspect duratif à l'action, un aspect dynamique ou un aspect de continuité.

● Aspect de <u>durée</u> : **estar** + gérondif
   *La niña **está cogiendo** aceituna.* (U4, p. 86) La jeune fille cueille des olives.

● Aspect dynamique, d'<u>évolution</u> : **ir** + gérondif
   *Yo **voy cogiendo** sitio.* (U6, p. 124) Je garde les places.

● Aspect de <u>continuité</u> : **seguir** (**continuar**) + gérondif
   *La niña **sigue cogiendo** aceituna.* (U4, p. 86) La jeune fille continue à cueillir des olives.

B. Les semi-auxiliaires

■ Des verbes comme **quedar, resultar, andar, llegar, ir, venir, traer, parecer, seguir** peuvent être employés à la place des verbes **ser** ou **estar** pour donner un sens plus précis aux adjectifs ou aux participes passés choisis et marquer plus précisément un aspect de l'action.

■ L'espagnol peut donner au verbe **tener** une valeur de semi-auxiliaire et lui permettre ainsi de remplacer l'auxiliaire **haber** pour donner davantage d'intensité à l'expression de l'action.
   *El problema del coche lo **tenían resuelto**.* (U2, p. 42) Ils avaient résolu le problème de la voiture.

■ Le participe passé introduit par **tener** s'accorde avec le complément d'objet :
   *Una mano que su mujer **tenía apoyada** en el brazo del sillón.* (U7, p. 153) Une main que sa femme avait posée sur le bras du fauteuil.

C. Le déroulement de l'action

■ L'aspect de commencement peut être donné par des verbes comme **comenzar, empezar** suivis des prépositions **a, por** ou d'un gérondif ou par des verbes comme **ir a, echar a, romper a** suivis de l'infinitif :
   ***Comienza a** subir las escaleras.* (U3, p. 64) Il commence à monter les escaliers.
   ***Echamos a** andar.* (U3, p. 58) Nous nous sommes mis à marcher.

■ L'aspect de fin d'une action peut être rendu par des verbes comme **acabar, terminar** ; lorsqu'ils sont suivis d'un gérondif, ces verbes expriment plus particulièrement la conséquence :
   *Películas que no **terminaba de ver**.* (U6, p. 128) Des films que je n'arrivais pas à voir en entier.

■ La répétition de l'action est rendue avec **volver a** + verbe à l'infinitif ou verbe + **de nuevo/ otra vez :**
   *Me quito los lentes. Me los **vuelvo a poner**.* (U1, p. 20) J'enlève mes lunettes, je les remets.
   *El grupo de estudiantes le **atrapa de nuevo**.* (U6, p. 128) Le groupe d'étudiants le rattrape.

■ L'espagnol emploie peu fréquemment le préfixe -**re** pour indiquer la répétition d'une action :
   *¡**Redescúbralo**!* (U1, p. 17) Redécouvrez-le !

■ L'idée de fréquence et d'habitude peut être rendue par le verbe **soler** + inf :
   *Mi madre **suele sacar** uno de esos libros de ejercicios...* (U1, p. 15) Ma mère a l'habitude de sortir un de ces livres d'exercices...

30 L'ENCLISE

■ L'enclise consiste à placer le pronom personnel après le verbe et à le souder à lui :
● à l'infinitif,
● au gérondif,
● à l'impératif affirmatif.
   *Puedes **sentarte**.* (U2, p. 38) Tu peux t'asseoir.
   ***Prepárate** a bailar.* (U6, p. 127) Prépare-toi à danser !
   ***Dejándome** con el encargo.* (U6, p. 124) En me laissant avec la commande.

■ Le verbe devant conserver son accentuation initiale, l'ajout d'une ou deux syllabes peut donc provoquer l'apparition d'un accent écrit. (→ Précis 2)

■ Lorsque deux pronoms se rapportent au verbe, l'ordre est le suivant : d'abord le pronom indirect, ensuite, le pronom direct.

■ Lorsque l'infinitif ou le gérondif sont précédés d'un verbe conjugué, d'un auxiliaire ou d'un semi-auxiliaire, les pronoms peuvent se placer avant la forme verbale ou se souder à l'infinitif ou au gérondif :
   ***Se la puede** dominar entera desde la altura de sus torres.* (U5, p. 102) On peut avoir une vue dominante d'ensemble depuis le haut de ses tours.
   *Puede **dominársela** entera...*

31 LA SIMULTANÉITÉ

■ **Mientras** « pendant que » introduit une notion de simultanéité temporelle qui s'inscrit dans la durée :

> Explica **mientras** aparta un papel que tiene encima de la mesa. (U2, p. 38) Il explique pendant qu'il écarte un papier qui se trouve sur son bureau.

■ **Attention** à ne pas confondre **mientras** avec **mientras que** (« tandis que ») qui introduit une notion d'opposition.

■ **En cuanto** (= **en el momento en que**) se traduit par « au moment où », « dès que » ; il est suivi de l'indicatif ou du subjonctif selon le temps ou la notion véhiculée par le verbe de la proposition principale : avec une valeur de réalité, on emploie l'indicatif ; avec une notion de non réalité, on emploie le subjonctif :

> **En cuanto** alguno **tenga** una solución, que levante una mano. (U5, p. 104) Dès que quelqu'un aura la solution, qu'il lève la main !

■ **Al** + infinitif

■ La simultanéité se rend également par **al** suivi de l'infinitif (gérondif, « dès que ») lorsque l'action énoncée a une conséquence plus immédiate :

> **Al pasar** por la frontera la mora se reía. (U5, p. 106)
> En passant la frontière, la maure riait.

■ **Al** + infinitif rend une notion temporelle avec une valeur de cause à effet. Il peut être remplacé par une proposition temporelle commençant par **cuando** :

> **Al acercarse** la noche los puestos cerraron. (U7, p. 146)
> Quand il commença à faire nuit, les boutiques fermèrent.

32 L'OBLIGATION

■ L'obligation peut s'exprimer de façon personnelle ou de façon impersonnelle.

■ Certains verbes admettent la personne ; l'obligation personnelle peut alors être rendue par :

• **tener que** + infinitif

> **Tienes que** hacer los ejercicios. (U1, p. 15)
> Tu dois faire les exercices.

• **deber** + infinitif

> **Debo irme.** (U6, p. 132) Je dois m'en aller.

■ D'autres formes n'indiquent pas une personne determinée ; l'obligation impersonnelle peut alors être rendue par **ser necesario / preciso / menester** + infinitif, **hacer falta** + infinitif, **haber que** [au présent : **hay que**] + infinitif :

> **Hay que ver** cómo te pones. (U6, p. 124)
> Il faut voir comment tu réagis !

■ À l'exception de **haber que** toujours suivi d'un infinitif, il est possible de transformer les autres formes impersonnelles en formes personnelles en rajoutant le relatif **que** + verbe conjugué au subjonctif.

33 LA NÉGATION

■ Pour que le verbe ait un sens négatif, il doit toujours être précédé d'une négation : **no, nunca, jamás** (jamais), **nada** (rien), **nadie** (personne), **ninguno,a** (aucun,e), **ni / ni siquiera** (même pas).

■ L'adverbe **no** est toujours avant le verbe. Il peut être employé seul pour nier l'ensemble de la phrase :

> **¿No ama** usted su patria? (U4, p. 80) Vous n'aimez pas votre patrie ?

■ **No** peut être aussi employé avec les autres termes négatifs placés après le verbe :

> **No** podría **nunca** amar otro sitio. (U4, p. 80) Je ne pourrais jamais aimer un autre endroit.

■ Si d'autres termes négatifs que **no** comme **nunca, nada, nadie, ninguno,a, ni/ni siquiera** sont placés avant le verbe, **no** disparaît.

■ **Nunca / jamás** = ne... jamais

> **Nunca** salí de aquí. (U4, p. 80) Je ne suis jamais parti d'ici.

■ **Ni** = ne – ni

Ni peut être employé seul ou faire partie de locutions qui accentuent la négation.

> **Nunca** sonreían **ni** me miraban a los ojos. (U7, p. 156)
> Ils ne souriaient jamais ni ne me regardaient en face.

■ **Tampoco** = non plus

> **Tampoco** entendí. (U4, p. 88) Je n'ai pas compris non plus.

■ Pour ajouter une notion de restriction, **no** peut être employé avec **casi** ou **ya** ou d'autres mots ou groupes de mots :

■ **Casi no** = presque pas   **Ya no** = ne plus

Précis grammatical

34 — LA TOURNURE RESTRICTIVE « NE... QUE »

■ Pour traduire l'idée de restriction donnée en français par la tournure « ne ...que », l'espagnol peut employer l'adverbe **sólo** devant le verbe ainsi que deux tournures négatives encadrant le verbe : **no... sino...** ou **no... más que**.

■ Lorsque la restriction porte plus particulièrement sur une notion de qualité ou de quantité, le verbe peut être encadré par les locutions **no... más que** ou **no... sino**.
Ces locutions qui permettent d'introduire une restriction à l'élément présenté en premier lieu, énoncent néanmoins une réalité, malgré l'emploi de **no** :

*Uno **no** mira el cielo **más que** de cuando en cuando.* (U4, p. 80) On ne regarde le ciel que de temps en temps.

■ Si la restriction énoncée est envisagée comme une simple constatation, on peut remplacer ces locutions négatives par **sólo** placé devant le verbe :

Sólo *conozco el valle Central.* (U1, p. 16) Je ne connais que/ je connais seulement la vallée Centrale.

■ **Attention :** l'accent sur le premier **ó** de **sólo** le différencie de l'adjectif : *un hombre solo* (un homme seul) ≠ *sólo un hombre* (seulement un homme).

35 — LA CONSTRUCTION UNIPERSONNELLE DES VERBES COMME GUSTAR, ENCANTAR, COSTAR, FALTAR, DOLER...

■ Pour exprimer une opinion, une préférence ou un sentiment, on peut utiliser certains verbes à la 3ᵉ personne du singulier ou du pluriel selon l'élément généralement placé après le verbe et qui est, en fait, le sujet réel :

Me gusta la playa. (U1, p. 18) J'aime la plage.
*A Ana **le encantaba estudiar**, no **le costaba trabajo.*** (U2, p. 36) Ana adorait étudier, elle le faisait sans que cela lui coûte.

36 — LES VERBES DE DEMANDE

■ Il ne faut pas confondre le verbe « demander » (poser une question) traduit par **preguntar** et le verbe « demander » (ordonner) traduit par **pedir + que +** subj.

A. Le verbe preguntar
■ Le verbe **preguntar** – « demander » (poser une question) – permet de passer du style direct au style indirect :

*Te **preguntaba** de dónde eres.* (U4, p. 84)
Je te demandais d'où tu es.

■ Si le mot interrogatif porte un accent dans l'interrogation directe, il le garde dans l'interrogation indirecte. (→ Précis 4)

B. Le verbe pedir
■ Le verbe **pedir** – « demander » (ordonner) – se construit avec **que** + subjonctif.

*Le **había pedido** que me llevara a los toros.* (U6, p. 130)
Je lui avais demandé de m'emmener à une corrida.

■ D'autres verbes de demande comme **decir, (im)pedir, ordenar, mandar, prohibir** se construisent de la même manière.

■ **Attention** à la conjugaison du verbe **pedir** et à la règle de la concordance des temps.

■ Le verbe **decir** peut être un simple verbe déclaratif :
*Él **decía** que trabajaba en la construcción.* (U4, p. 80)
Il disait qu'il travaillait dans le bâtiment.

37 — LES VERBES COMME PERMITIR, DECIDIR, DETERMINAR, CONSEGUIR, LOGRAR...

■ Certains verbes espagnols se construisent directement, sans préposition, contrairement à l'usage français : parmi ces verbes, **permitir** (permettre), **decidir** (décider), **determinar** (déterminer), **conseguir** (obtenir), **lograr** (arriver à), **intentar** (essayer de), **proponer** (proposer)... :

*Chefo **decide callarse.*** (U6, p. 124) Chefo décide de se taire.
*No **lograba concentrarse*** (U6, p. 128) Il n'arrivait pas à se concentrer.

A. La préposition *a*

■ La préposition *a* précède un complément d'objet dans le cas où celui-ci est un être animé :

*Llamaría **a Silvia.*** (U6, p. 128) Il appellerait Silvia.

■ La préposition *a* s'emploie après un verbe de mouvement comme ***ir, salir, viajar, dirigirse…*** :

***Me he acercado a** la ventana.* (U2, p. 20)
Je me suis approché de la fenêtre.

■ La préposition *a* sert à localiser dans l'espace et dans le temps :

*Llego **a las 10.*** (U1, p. 18) J'arrive à 10h.

B. La préposition *con*

■ La préposition *con* introduit une notion d'accompagnement, de manière ou de moyen :

*Un apartamento **con terraza.*** (U1, p. 16)
Un appartement avec terrasse.
*Ella contestó **con voz soñolienta.*** (U6, p. 128)
Elle répondit d'une voix ensommeillée.

C. Les prépositions *de, desde, hasta*

■ La préposition *de* introduit un complément déterminatif et indique la matière dont est faite une chose :

*Una estructura **de madera.*** (U8, p. 170) Une structure en bois.

■ La préposition *de* introduit un élément essentiel, caractéristique :

*Las paredes pintadas **de amarillo.*** (U2, p. 20)
Les murs peints en jaune.

■ La préposition *de* sert à construire les verbes indiquant le mouvement, l'éloignement :

*Hemos venido **de fuera.*** (U9, p. 196)
Nous sommes venues d'ailleurs.

■ La préposition *de* se trouve dans l'expression d'une date, entre les jours et les mois et entre les mois et l'année :

*Uno **de marzo.*** (U1, p. 18) 1er mars.

■ La préposition *desde* indique le lieu de départ, d'origine, dans l'espace comme dans le temps :

***Desde** la altura de sus torres.* (U5, p. 102)
Du haut de ses tours.

■ ***Desde*** a pour corrélatif la préposition ***hasta*** :

***Desde** la playa **hasta** el monte.* (U9, p. 198)
De la plage à la montagne.

D. La préposition *en*

■ La préposition *en* sert à localiser lorsqu'il n'y a pas de mouvement :

*Mi tío me espera **en** la puerta de su casa.* (U1, p. 20)
Mon oncle m'attend devant la porte de chez lui.

■ La préposition *en* accompagne également des éléments temporels :

***En ese momento**, una esperanza caldeó mi corazón.* (U3, p. 58) À cet instant-là, un espoir réchauffa mon cœur.

E. La préposition *hacia* (vers)

■ La préposition *hacia* marque le mouvement :

***Hacia** la sierra.* (U5, p. 102) Vers la montagne.

■ La préposition *hacia* exprime également une approximation temporelle :

***Hacia** las ocho.* (U5, p. 102) Vers 8 h.

F. La préposition *para*

■ La préposition *para* introduit un complément d'objet indirect :

***Para mí** no habría una segunda oportunidad.* (U6, p. 130)
Pour moi, il n'y aurait pas une seconde occasion.

■ La préposition *para* introduit aussi un point de vue :

*24 horas, **para** el viajero errante, son suficientes.* (U1, p. 18)
Pour le voyageur vagabond, 24 heures suffisent.

■ La préposition *para* exprime une idée de but, de destination et de finalité :

*Las vacaciones son **para descansar.*** (U1, p. 15)
Les vacances sont faites pour se reposer.

G. La préposition *por*

■ La préposition *por* s'emploie dans l'expression de la cause :

*Son andaluzas, **por** el acento.* (U9, p. 196)
Elles sont andalouses, vu leur accent.

■ La préposition *por* introduit une notion d'espace en donnant une idée de mouvement et de passage :

*Un paseo **por** la Córdoba califal.* (U5, p. 102)
Une promenade dans la Cordoue du califat.

■ La préposition *por* peut introduire un complément d'objet indirect et marquer un sentiment, un lien affectif :

*Siento el amor **por** mi tierra.* (U4, p. 80)
J'éprouve de l'amour pour mon pays.

■ La préposition *por* introduit un complément d'agent, de manière, de moyen :

*Fue destruido **por** una lluvia de llamas.* (U7, p. 151)
Il fut détruit par une pluie de flammes.

■ La préposition *por* peut introduire une proposition infinitive :

*Ha destacado **por ser capaz de** contar al loco.* (U6, p. 128)
Il est connu pour avoir été capable de représenter la folie.

■ Dans la locution ***por primera vez**, l'article défini est omis :

*Había llegado a España **por primera vez.*** (U1, p. 33) J'étais arrivée en Espagne pour la première fois.

H. La préposition *sin* (sans)

■ La préposition *sin* signifie l'absence, le manque :

*Una larga noche **sin** luz.* (U7, p. 151)
Une longue nuit sans lumière.

I. La préposition *sobre*

■ La préposition *sobre* s'emploie dans une acception concrète, pour localiser, comme dans une acception plus abstraite :

*Cuatro jinetes **sobre** jacas andaluzas.* (U4, p. 86)
Quatre cavaliers sur des chevaux andalous.
*Las ideas del autor **sobre** el amor y el mundo.* (U3, p. 58)
Les idées de l'auteur sur l'amour et le monde.

39 LES ADVERBES

A. Les adverbes de lieu *aquí, acá, ahí, allí, allá*

■ *Aquí, acá* s'utilisent pour désigner ce qui est proche du locuteur.

■ *Ahí* indique ce qui se trouve à moyenne distance.

■ *Allí, allá* indiquent ce qui est éloigné.
  Nunca salí de aquí. (U4, p. 80) Je ne suis jamais parti d'ici.
  Allí se duerme muy poco. (U4, p. 84) Là-bas on dort peu.

B. L'adverbe de temps *ya* (« déjà »)
  Ya me pertenecía. (U4, p. 82) Elle m'appartenait déjà.

C. Les adverbes *aún* et *todavía* (« encore » ou « toujours »)
  Yo me sentí más bruta todavía. (U4, p. 88) Je me suis sentie encore plus ignorante.

D. Les adverbes de manière *así, así pues* (« ainsi », « ainsi donc »)
  Así se baila en las tardes domingueras. (U6, p. 127)
  C'est ainsi que l'on danse les dimanches après-midi.

E. Les adverbes de concession *hasta, aun, incluso, inclusive* (« même »)

■ L'idée de concession ou de restriction qui peut être traduite par « même » en français est rendue en espagnol par les adverbes *hasta, incluso, inclusive, aun* :
  Hasta tuve tiempo de salir. (U4, p. 84)
  J'ai même eu le temps de sortir.
  Los chavales están más abiertos e, incluso, tienen amigos. (U9, p. 194) Les jeunes sont plus ouverts et ils ont même des amis.

■ **Attention** à ne pas confondre *aun* sans accent (« même ») et *aún* avec accent (« encore »).

F. Les adverbes de quantité et d'intensité *poco, mucho, tanto, demasiado, bastante*

■ *Poco* (« peu »), *mucho* (« beaucoup »), *tanto* (« tellement ») *demasiado* (« trop »), *bastante* (« assez »), modifient un verbe, un adjectif ou un adverbe et conservent en espagnol leur statut d'adverbe, ils sont donc invariables :
  Yo voy bastante bien. (U3, p. 62) Je vais assez bien.
  Eres demasiado bajita para ser modelo. (U2, p. 39) Tu es trop petite pour être mannequin.
  He dormido poco. (U4, p. 84) J'ai peu dormi.

■ **Attention :** devant un adjectif, *tanto* s'apocope :
  No me imaginaba que fuera tan moderna. (U4, p. 84)
  Je ne m'imaginais pas qu'elle était aussi moderne.

G. L' adverbe d'affirmation *sí* (« assurément », « par contre », « certes »)
  Eso sí lo comprendo. (U4, p. 80) Cela, assurément, je le comprends.

H. Les adverbes en *-mente*
■ Certains adverbes se forment à partir des adjectifs qualificatifs au féminin auxquels s'ajoute la terminaison *-mente*.

■ **Attention :** il faut veiller au féminin des adjectifs pour former l'adverbe correspondant :
  Las playas son absolutamente increíbles. (U1, p. 16)
  Les plages sont absolument incroyables.
  Los trajes de las mujeres son especialmente vistosos. (U8, p. 170) Les vêtements des femmes sont particulièrement voyants.

■ Lorsque plusieurs adverbes se suivent, seul le dernier prend la forme complète, les autres restent au féminin → *correcta y decentemente.*

■ L'adverbe *recientemente* s'apocope devant un adjectif ou un participe passé :
  Estar recién llegada. (U1, p. 16) Être récemment arrivée.

■ **Attention :** il ne faut pas confondre l'adverbe *recientemente* avec l'adjectif *reciente/s* qui ne s'apocope pas : *las recientes circunstancias.*

I. Les adverbes à forme d'adjectif comme *rápido, grave, bajo, claro, quedo*
■ Certains adjectifs peuvent être employés sous une forme adverbiale et sont alors invariables : *rápido* a souvent la valeur de *rápidamente*.

■ On trouve aussi : *grave* (mirar grave), *bajo* (hablar bajo), *claro* (decir claro), *quedo* (entrar quedo).

J. La place de l'adverbe avec un verbe aux temps composés
■ Lorsqu'il est employé avec un verbe à un temps composé, l'adverbe ne doit jamais séparer l'auxiliaire de son participe passé; il se place avant ou après le verbe, suivant le cas :
  He dormido poco. (U4, p. 84) J'ai peu dormi.

40 LA CONJECTURE ET L'HYPOTHÈSE

■ Pour exprimer la conjecture, l'espagnol a le choix entre plusieurs adverbes comme *quizá, quizás, tal vez, acaso, a lo mejor*, suivant le degré envisagé d'hypothèse :

Quizá porque puse que me gusta la filosofía. (U3, p. 66)
Peut-être parce que j'ai mis que j'aime la philosophie.

■ Lorsqu'ils sont suivis d'un verbe, l'usage fait que l'espagnol utilise généralement soit le subjonctif (après *quizás, tal vez, acaso, quizá*) soit l'indicatif (après *a lo mejor, quizá*). Dans ce cas, les adverbes se placent toujours devant le verbe.

■ Le futur et l'expression de l'incertitude.
Dans certains cas, le futur peut exprimer le doute, l'incertitude.
Querrás decir… (U4, p. 84) Tu veux sans doute dire…

■ La conjecture peut être également rendue par *deber de*.
Debes de referirte a unas patatas con salsa picante. (U4, p. 84) Tu fais sans doute référence à des pommes de terre à la sauce picante.

■ *Puede ser*
–¿No te parece? / –Puede ser. (U3, p. 66)
– Tu ne crois pas? / – C'est possible.

41 LES ÉQUIVALENTS DE « ON »

Le « on » français peut être traduit de plusieurs façons en espagnol, comme par :
■ *Se* pronom sujet indéfini
Allí se duerme muy poco. (U4, p. 84) Là-bas, on dort très peu.

■ **Attention :** si « on » + verbe + complément est traduit par *se* + verbe, le complément français devient le sujet en espagnol et le verbe s'accorde :
Se encuentran letreros luninosos. (U2, p. 20)
On trouve des panneaux lumineux.

■ La 1re personne du pluriel. C'est le contexte ou un élément familier de la phrase qui induisent la 1re personne du pluriel ou le « on » :

Si no respiramos igualito nos morimos. (U4, p. 88)
Si on ne respire pas, de toute façon, on meurt.

■ La 3e personne du pluriel
¿Os han mandado leerlo? (U3, p. 58)
On vous a demandé de le lire ?

■ *Uno, una*
Un lugar donde uno no mira el cielo. (U4, p. 80)
Un lieu où on ne regarde pas le ciel.
[on ne regarde pas = (à valeur de) je ne regarde pas]

42 LES ÉQUIVALENTS DE « DEVENIR »

■ L'espagnol traduit le verbe français « devenir » de différentes façons, selon les cas d'emploi : il considère la nature – nom ou adjectif – du mot introduit par le verbe ainsi que la valeur de la transformation envisagée – progressive, rapide, ponctuelle ou déterminante –.

■ Suivi d'un adjectif, le verbe *ponerse* peut rendre compte d'une transformation déterminante.
Esta ciudad se está poniendo imbancable. (U4, p. 88)
Cette ville devient pénible.

■ Généralement suivis d'un adjectif, le verbe *volverse* rend compte d'une idée de transformation plus rapide et le verbe *hacerse* d'une idée de transformation plus progressive.
La respiración de Pablo se había vuelto lenta. (U7, p. 148)
La respiration de Pablo était devenue lente.

■ Suivis d'un nom, *convertirse en* rend plutôt compte d'une transformation déterminante alors que des expressions verbales comme *pasar a ser* et *llegar a ser* disent plutôt la transformation progressive.

43 LES ÉQUIVALENTS DE « IL Y A »

■ Pour traduire « il y a » et présenter des objets et des personnes, l'espagnol emploie le verbe *haber* sous sa forme impersonnelle ; au présent, « il y a » se traduit par *hay*.
Para mí no habría una segunda oportunidad. (U6, p. 130)
Pour moi, il n'y aurait pas une seconde occasion.

■ Lorsque « il y a » est suivi d'un élément temporel, il est rendu par le verbe *hacer*, à la 3e personne du singulier :
Hace cincuenta años. (U5, p. 110) Il y a 50 ans.

■ **Attention :** pour traduire « depuis » + élément temporel rendant une notion de durée, l'espagnol emploie *desde hace*.

Conjugaisons

Infinitivo (infinitif)	Presente de indicativo (indicatif présent)	Presente de subjuntivo (subjonctif présent)	Imperativo afirmativo/negativo (impératif affirmatif/négatif)	Pretérito imperfecto de indicativo (indicatif imparfait)
VERBES À DIPHTONGUE e → ie o → ue				
PENSAR *penser*	pienso piensas piensa pensamos penséis piensan	piense pienses piense pensemos penséis piensen	piensa / no pienses piense / no piense pensemos / no pensemos pensad / no penséis piensen / no piensen	pensaba pensabas pensaba pensábamos pensabais pensaban
PERDER *perdre*	pierdo pierdes pierde perdemos perdéis pierden	pierda pierdas pierda perdamos perdáis pierdan	pierde / no pierdas pierda / no pierda perdamos / no perdamos perded / no perdáis pierdan / no pierdan	perdía perdías perdía perdíamos perdíais perdían
VERBES À AFFAIBLISSEMENT e → i				
PEDIR *demander*	pido pides pide pedimos pedís piden	pida pidas pida pidamos pidáis pidan	pide / no pidas pida / no pida pidamos / no pidamos pedid / no pidáis pidan / no pidan	pedía pedías pedía pedíamos pedíais pedían
VERBES À ALTERNANCE e → ie et i o → ue et u				
SENTIR *sentir, ressentir*	siento sientes siente sentimos sentís sienten	sienta sientas sienta sintamos sintáis sientan	siente / no sientas sienta / no sienta sintamos / no sintamos sentid / no sintáis sientan / no sientan	sentía sentías sentía sentíamos sentíais sentían
DORMIR *dormir*	duermo duermes duerme dormimos dormís duermen	duerma duermas duerma durmamos durmáis duerman	duerme / no duermas duerma / no duerma durmamos / no durmamos dormid / no durmáis duerman / no duerman	dormía dormías dormía dormíamos dormíais dormían
VERBES EN –HACER/-ECER/-OCER/-UCIR c → zc				
CONOCER *connaître*	conozco conoces conoce conocemos conocéis conocen	conozca conozcas conozca conozcamos conozcáis conozcan	conoce / no conozcas conozca / no conozca conozcamos / no conozcamos conoced / no conozcáis conozcan / no conozcan	conocía conocías conocía conocíamos conocíais conocían
VERBES EN –DUCIR c → zc c → j				
CONDUCIR *conduire*	conduzco conduces conduce conducimos conducís conducen	conduzca conduzcas conduzca conduzcamos conduzcáis conduzcan	conduce / no conduzcas conduzca / no conduzca conduzcamos / no conduzcamos conducid / no conduzcáis conduzcan / no conduzcan	conducía conducías conducía conducíamos conducíais conducían
VERBES EN –UIR i → y				
CONSTRUIR *construire*	construyo construyes construye construimos construís construyen	construya construyas construya construyamos construyáis construyan	construye / no construyas construya / no construya construyamos / no construyamos construid / no construyáis construyan / no construyan	construía construías construía construíamos construíais construían
VERBES EN –UAR / –IAR				
CONTINUAR *continuer*	continúo continúas continúa continuamos continuáis continúan	continúe continúes continúe continuemos continuéis continúen	continúa / no continúes continúe / no continúe continuemos / no continuemos continuad / no continuéis continúen / no continúen	continuaba continuabas continuaba continuábamos continuabais continuaban
CONFIAR *faire confiance*	confío confías confía confiamos confiáis confían	confíe confíes confíe confiemos confiéis confíen	confía / no confíes confíe / no confíe confiemos / no confiemos confiad / no confiéis confíen / no confíen	confiaba confiabas confiaba confiábamos confiabais confiaban

Pretérito indefinido (passé simple)	Pretérito imperfecto de subjuntivo (subjonctif imparfait)	Futuro (futur)	Condicional (conditionnel)	Gerundio (gérondif) Participio pasivo (participe passé)	
pensé	pensara	pensaré	pensaría	g.	pensando
pensaste	pensaras	pensarás	pensarías	p. p.	pensado
pensó	pensara	pensará	pensaría		
pensamos	pensáramos	pensaremos	pensaríamos		
pensasteis	pensarais	pensaréis	pensaríais		
pensaron	pensaran	pensarán	pensarían		
perdí	perdiera	perderé	perdería	g.	perdiendo
perdiste	perdieras	perderás	perderías	p. p.	perdido
perdió	perdiera	perderá	perdería		
perdimos	perdiéramos	perderemos	perderíamos		
perdisteis	perdierais	perderéis	perderíais		
perdieron	perdieran	perderán	perderían		
pedí	pidiera	pediré	pediría	g.	pidiendo
pediste	pidieras	pedirás	pedirías	p. p.	pedido
pidió	pidiera	pedirá	pediría		
pedimos	pidiéramos	pediremos	pediríamos		
pedisteis	pidierais	pediréis	pediríais		
pidieron	pidieran	pedirán	pedirían		
sentí	sintiera	sentiré	sentiría	g.	sintiendo
sentiste	sintieras	sentirás	sentirías	p. p.	sentido
sintió	sintiera	sentirá	sentiría		
sentimos	sintiéramos	sentiremos	sentiríamos		
sentisteis	sintierais	sentiréis	sentiríais		
sintieron	sintieran	sentirán	sentirían		
dormí	durmiera	dormiré	dormiría	g.	durmiendo
dormiste	durmieras	dormirás	dormirías	p. p.	dormido
durmió	durmiera	dormirá	dormiría		
dormimos	durmiéramos	dormiremos	dormiríamos		
dormisteis	durmierais	dormiréis	dormiríais		
durmieron	durmieran	dormirán	dormirían		
conocí	conociera	conoceré	conocería	g.	conociendo
conociste	conocieras	conocerás	conocerías	p. p.	conocido
conoció	conociera	conocerá	conocería		
conocimos	conociéramos	conoceremos	conoceríamos		
conocisteis	conocierais	conoceréis	conoceríais		
conocieron	conocieran	conocerán	conocerían		
conduje	condujera	conduciré	conduciría	g.	conduciendo
condujiste	condujeras	conducirás	conducirías	p. p.	conducido
condujo	condujera	conducirá	conduciría		
condujimos	condujéramos	conduciremos	conduciríamos		
condujisteis	condujerais	conduciréis	conduciríais		
condujeron	condujeran	conducirán	conducirían		
construí	construyera	construiré	construiría	g.	construyendo
construiste	construyeras	construirás	construirías	p. p.	construido
construyó	construyera	construirá	construiría		
construimos	construyéramos	construiremos	construiríamos		
construisteis	construyerais	construiréis	construiríais		
construyeron	construyeran	construirán	construirían		
continué	continuara	continuaré	continuaría	g.	continuando
continuaste	continuaras	continuarás	continuarías	p. p.	continuado
continuó	continuara	continuará	continuaría		
continuamos	continuáramos	continuaremos	continuaríamos		
continuasteis	continuarais	continuaréis	continuaríais		
continuaron	continuaran	continuarán	continuarían		
confié	confiara	confiaré	confiaría	g.	confiando
confiaste	confiaras	confiarás	confiarías	p. p.	confiado
confió	confiara	confiará	confiaría		
confiamos	confiáramos	confiaremos	confiaríamos		
confiasteis	confiarais	confiaréis	confiaríais		
confiaron	confiaran	confiarán	confiarían		

Conjugaisons

Infinitivo (infinitif)	Presente de indicativo (indicatif présent)		Presente de subjuntivo (subjonctif présent)		Imperativo afirmativo/negativo (impératif affirmatif/négatif)		Pretérito imperfecto de indicativo (indicatif imparfait)	

Verbes irréguliers

Infinitivo	Presente de indicativo		Presente de subjuntivo		Imperativo afirmativo/negativo		Pretérito imperfecto de indicativo	
ANDAR *marcher*	ando andas anda	andamos andáis andan	ande andes ande	andemos andéis anden	anda / no andes ande / no ande	andemos / no andemos andad / no andéis anden / no anden	andaba andabas andaba	andábamos andabais andaban
CAER *tomber*	caigo caes cae	caemos caéis caen	caiga caigas caiga	caigamos caigáis caigan	cae / no caigas caiga / no caiga	caigamos / no caigamos caed / no caigáis caigan / no caigan	caía caías caía	caíamos caíais caían
DAR *donner*	doy das da	damos dais dan	dé des dé	demos deis den	da / no des dé / no dé	demos / no demos dad / no deis den / no den	daba dabas daba	dábamos dabais daban
DECIR *dire*	digo dices dice	decimos decís dicen	diga digas diga	digamos digáis digan	di / no digas diga / no diga	digamos / no digamos decid / no digáis digan / no digan	decía decías decía	decíamos decíais decían
ESTAR *être*	estoy estás está	estamos estáis están	esté estés esté	estemos estéis estén	está / no estés esté / no esté	estemos / no estemos estad / no estéis estén / no estén	estaba estabas estaba	estábamos estabais estaban
HABER *aux. avoir*	he has ha	hemos habéis han	haya hayas haya	hayamos hayáis hayan			había habías había	habíamos habíais habían
HACER *faire*	hago haces hace	hacemos hacéis hacen	haga hagas haga	hagamos hagáis hagan	haz / no hagas haga / no haga	hagamos / no hagamos haced / no hagáis hagan / no hagan	hacía hacías hacía	hacíamos hacíais hacían
IR *aller*	voy vas va	vamos vais van	vaya vayas vaya	vayamos vayáis vayan	ve / no vayas vaya / no vaya	vayamos / no vayamos id / no vayáis vayan / no vayan	iba ibas iba	íbamos ibais iban
OÍR *entendre*	oigo oyes oye	oímos oís oyen	oiga oigas oiga	oigamos oigáis oigan	oye / no oigas oiga / no oiga	oigamos / no oigamos oíd / no oigáis oigan / no oigan	oía oías oía	oíamos oíais oían
PODER *pouvoir*	puedo puedes puede	podemos podéis pueden	pueda puedas pueda	podamos podáis puedan			podía podías podía	podíamos podíais podían
PONER *mettre, poser*	pongo pones pone	ponemos ponéis ponen	ponga pongas ponga	pongamos pongáis pongan	pon / no pongas ponga / no ponga	pongamos / no pongamos poned / no pongáis pongan / no pongan	ponía ponías ponía	poníamos poníais ponían
QUERER *vouloir, aimer*	quiero quieres quiere	queremos queréis quieren	quiera quieras quiera	queramos queráis quieran	quiere / no quieras quiera / no quiera	queramos / no queramos quered / no queráis quieran / no quieran	quería querías quería	queríamos queríais querían
SABER *savoir*	sé sabes sabe	sabemos sabéis saben	sepa sepas sepa	sepamos sepáis sepan	sabe / no sepas sepa / no sepa	sepamos / no sepamos sabed / no sepáis sepan / no sepan	sabía sabías sabía	sabíamos sabíais sabían
SALIR *sortir*	salgo sales sale	salimos salís salen	salga salgas salga	salgamos salgáis salgan	sal / no salgas salga / no salga	salgamos / no salgamos salid / no salgáis salgan / no salgan	salía salías salía	salíamos salíais salían
SER *être*	soy eres es	somos sois son	sea seas sea	seamos seáis sean	sé / no seas sea / no sea	seamos / no seamos sed / no seáis sean / no sean	era eras era	éramos erais eran
TENER *avoir*	tengo tienes tiene	tenemos tenéis tienen	tenga tengas tenga	tengamos tengáis tengan	ten / no tengas tenga / no tenga	tengamos / no tengamos tened / no tengáis tengan / no tengan	tenía tenías tenía	teníamos teníais tenían
TRAER *apporter*	traigo traes trae	traemos traéis traen	traiga traigas traiga	traigamos traigáis traigan	trae / no traigas traiga / no traiga	traigamos / no traigamos traed / no traigáis traigan / traigan	traía traías traía	traíamos traíais traían
VENIR *venir*	vengo vienes viene	venimos venís vienen	venga vengas venga	vengamos vengáis vengan	ven / no vengas venga / no venga	vengamos / no vengamos venid / no vengáis vengan / no vengan	venía venías venía	veníamos veníais venían
VER *voir*	veo ves ve	vemos veis ven	vea veas vea	veamos veáis vean	ve / no veas vea / no vea	veamos / no veamos ved / no veáis vean / no vean	veía veías veía	veíamos veíais veían

Pretérito indefinido (passé simple)		Pretérito imperfecto de subjuntivo (subjonctif imparfait)		Futuro (futur)		Condicional (conditionnel)		Gerundio (gérondif) Participio pasivo (participe passé)	
anduve	anduvimos	anduviera	anduviéramos	andaré	andaremos	andaría	andaríamos	g.	andando
anduviste	anduvisteis	anduvieras	anduvierais	andarás	andaréis	andarías	andaríais	p. p.	andado
anduvo	anduvieron	anduviera	anduvieran	andará	andarán	andaría	andarían		
caí	caímos	cayera	cayéramos	caeré	caeremos	caería	caeríamos	g.	cayendo
caíste	caísteis	cayeras	cayerais	caerás	caeréis	caerías	caeríais	p. p.	caído
cayó	cayeron	cayera	cayeran	caerá	caerán	caería	caerían		
di	dimos	diera	diéramos	daré	daremos	daría	daríamos	g.	dando
diste	disteis	dieras	dierais	darás	daréis	darías	daríais	p. p.	dado
dio	dieron	diera	dieran	dará	darán	daría	darían		
dije	dijimos	dijera	dijéramos	diré	diremos	diría	diríamos	g.	diciendo
dijiste	dijisteis	dijeras	dijerais	dirás	diréis	dirías	diríais	p. p.	dicho
dijo	dijeron	dijera	dijeran	dirá	dirán	diría	dirían		
estuve	estuvimos	estuviera	estuviéramos	estaré	estaremos	estaría	estaríamos	g.	estando
estuviste	estuvisteis	estuvieras	estuvierais	estarás	estaréis	estarías	estaríais	p. p.	estado
estuvo	estuvieron	estuviera	estuvieran	estará	estarán	estaría	estarían		
hube	hubimos	hubiera	hubiéramos	habré	habremos	habría	habríamos	g.	habiendo
hubiste	hubisteis	hubieras	hubierais	habrás	habréis	habrías	habríais	p. p.	habido
hubo	hubieron	hubiera	hubieran	habrá	habrán	habría	habrían		
hice	hicimos	hiciera	hiciéramos	haré	haremos	haría	haríamos	g.	haciendo
hiciste	hicisteis	hicieras	hicierais	harás	haréis	harías	haríais	p. p.	hecho
hizo	hicieron	hiciera	hicieran	hará	harán	haría	harían		
fui	fuimos	fuera	fuéramos	iré	iremos	iría	iríamos	g.	yendo
fuiste	fuisteis	fueras	fuerais	irás	iréis	irías	iríais	p. p.	ido
fue	fueron	fuera	fueran	irá	irán	iría	irían		
oí	oímos	oyera	oyéramos	oiré	oiremos	oiría	oiríamos	g.	oyendo
oíste	oísteis	oyeras	oyerais	oirás	oiréis	oirías	oiríais	p. p.	oído
oyó	oyeron	oyera	oyeran	oirá	oirán	oiría	oirían		
pude	pudimos	pudiera	pudiéramos	podré	podremos	podría	podríamos	g.	pudiendo
pudiste	pudisteis	pudieras	pudierais	podrás	podréis	podrías	podríais	p. p.	podido
pudo	pudieron	pudiera	pudieran	podrá	podrán	podría	podrían		
puse	pusimos	pusiera	pusiéramos	pondré	pondremos	pondría	pondríamos	g.	poniendo
pusiste	pusisteis	pusieras	pusierais	pondrás	pondréis	pondrías	pondríais	p. p.	puesto
puso	pusieron	pusiera	pusieran	pondrá	pondrán	pondría	pondrían		
quise	quisimos	quisiera	quisiéramos	querré	querremos	querría	querríamos	g.	queriendo
quisiste	quisisteis	quisieras	quisierais	querrás	querréis	querrías	querríais	p. p.	querido
quiso	quisieron	quisiera	quisieran	querrá	querrán	querría	querrían		
supe	supimos	supiera	supiéramos	sabré	sabremos	sabría	sabríamos	g.	sabiendo
supiste	supisteis	supieras	supierais	sabrás	sabréis	sabrías	sabríais	p. p.	sabido
supo	supieron	supiera	supieran	sabrá	sabrán	sabría	sabrían		
salí	salimos	saliera	saliéramos	saldré	saldremos	saldría	saldríamos	g.	saliendo
saliste	salisteis	salieras	salierais	saldrás	saldréis	saldrías	saldríais	p. p.	salido
salió	salieron	saliera	salieran	saldrá	saldrán	saldría	saldrían		
fui	fuimos	fuera	fuéramos	seré	seremos	sería	seríamos	g.	siendo
fuiste	fuisteis	fueras	fuerais	serás	seréis	serías	seríais	p. p.	sido
fue	fueron	fuera	fueran	será	serán	sería	serían		
tuve	tuvimos	tuviera	tuviéramos	tendré	tendremos	tendría	tendríamos	g.	teniendo
tuviste	tuvisteis	tuvieras	tuvierais	tendrás	tendréis	tendrías	tendríais	p. p.	tenido
tuvo	tuvieron	tuviera	tuvieran	tendrá	tendrán	tendría	tendrían		
traje	trajimos	trajera	trajéramos	traeré	traeremos	traería	traeríamos	g.	trayendo
trajiste	trajisteis	trajeras	trajerais	traerás	traeréis	traerías	traeríais	p. p.	traído
trajo	trajeron	trajera	trajeran	traerá	traerán	traería	traerían		
vine	vinimos	viniera	viniéramos	vendré	vendremos	vendría	vendríamos	g.	viniendo
viniste	vinisteis	vinieras	vinierais	vendrás	vendréis	vendrías	vendríais	p. p.	venido
vino	vinieron	viniera	vinieran	vendrá	vendrán	vendría	vendrían		
vi	vimos	viera	viéramos	veré	veremos	vería	veríamos	g.	viendo
viste	visteis	vieras	vierais	verás	veréis	verías	veríais	p. p.	visto
vio	vieron	viera	vieran	verá	verán	vería	verían		

Lexique espagnol-français

a pesar de *loc* malgré
abajo *adv* dessous, en bas
abanico *nm* éventail
abarcar *v* englober
abierto, ta *adj* ouvert(e)
abuelo, la *n* grand-père, grand-mère
aburrimiento *nm* ennui
aburrirse *v* s'ennuyer
acariciar *v* caresser
aceite *nm* huile
aceituna *nf* olive
acera *nf* trottoir
acercar *v* approcher
acertar *v* tomber juste
acoger *v* accueillir
aconsejar *v* conseiller
acontecimiento *nm* événement
acosar *v* harceler
acostar(se) *v* se coucher
acostumbrar(se) *v* (s')habituer
ademán *nm* geste
además *adv* en plus, de plus
adivinanza *nf* devinette
adornar *v* décorer
afianzar *v* consolider
afición *nf* goût, passion
aficionado, da *adj/n* amateur, trice
afueras *nfpl* environs
agotamiento *nm* épuisement
agradecer *v* remercier
ahorrar *v* économiser
ahuyentar *v* chasser, faire fuir
ajeno, na *adj* étranger, -ère
albañil *nm* maçon
alcanzar *v* atteindre
alegre *adj* joyeux, -euse
alegría *nf* joie
alejar *v* éloigner
alivio *nm* soulagement

allí *adv* là
alma *nf* âme
almohada *nf* oreiller
alto, ta *adj* haut(e), grand(e)
altura *nf* altitude
alumbrar *v* éclairer
alumno, na *n* élève
alzarse *v* s'élever
amarillo, lla *adj* jaune
amenaza *nf* menace
amistad *nf* amitié
amontonado, da *adj* entassé(e)
amplio, a *adj* vaste
añadir *v* ajouter
análisis *nm* analyse
ancho, cha *adj* large
animar *v* encourager
aniquilar *v* anéantir
añorar *v* regretter, manquer
antepasado, da *n* ancêtre
apagar *v* éteindre
aparcar *v* se garer
aparecer *v* apparaître
apetecer *v* faire envie, plaire
aplastar *v* écraser
apodo *nm* surnom
aprender *v* apprendre
apretar *v* serrer
aprovechar(se) *v* profiter
aquí *adv* ici
arco iris *nm* arc-en-ciel
arder *v* brûler
arena *nf* sable
arrastrar *v* traîner
arreglar *v* arranger
arrepentirse *v* se repentir, regretter
asado, da *adj* grillé(e)
asignatura *nf* matière
asombroso, sa *adj* étonnant(e)
astuto, ta *adj* astucieux, -euse
atasco *nm* bouchon
atiborrado, da *adj* bondé(e)
atraer *v* attirer
atreverse *v* oser
atrevido, da *adj* intrépide, téméraire
atropellar *v* renverser, écraser
auriculares *nmpl* écouteurs
avergonzarse *v* avoir honte
ayudar *v* aider
ayuntamiento *nm* mairie
azul *adj* bleu(e)

bailar *v* danser
bajar (de internet) *v* descendre (télécharger)

baloncesto *nm* basket-ball
banco *nm* banque
bandera *nf* drapeau
barato, ta *adj* bon marché
barco *nm* bateau
barrio *nm* quartier
bastante *adv* assez
basura *nf* les ordures
beca *nf* bourse (d'études)
belleza *nf* beauté
blando, da *adj* mou, molle
bloqueado, da *adj* coincé(e)
bocadillo *nm* sandwich
boda *nf* mariage
bolso *nm* sac à main
boquiabierto, ta *adj* bouche bée
brecha digital *loc* fracture numérique
brindar (por) *v* boire à la santé de
bromear *v* plaisanter
bronca *nf* dispute
brujo, ja *n* sorcier, -ière
bufanda *nf* écharpe
bullicio *nm* brouhaha
burlarse *v* se moquer
burro, ra *n* âne
buscador *nm* moteur de recherche
buscar *v* chercher

caballo *nm* cheval
cadena *nf* chaîne
caer *v* tomber
caja *nf* caisse, cageot
calavera *nf* tête de mort
calcetín *nm* chaussette
calentar *v* chauffer
cálido, da *adj* chaud(e)
callado, da *adj* silencieux, -euse
calle *nf* rue
calor *nm* chaleur
cambiar *v* changer
cambio *nm* changement
caminar *v* marcher
camiseta *nf* t-shirt
campana *nf* cloche
campeón, ona *n* champion(ne)
campesino, na *n* paysan(ne)
campo de fútbol *nm* terrain de football
canoa *nf* canoë
cansado, da *adj* fatigué(e)
cansar *v* fatiguer
cantante *n* chanteur, -euse
cara a cara *loc* face à face
carcajada *nf* éclat de rire
carecer *v* manquer
caritativo, va *adj* charitable
caro, ra *adj* cher, chère
carrera *nf* course
carreta *nf* charrette

carretera *nf* route
carta *nf* lettre
cartelera *nf* films à l'affiche
casado, da *adj* marié(e)
castigar *v* punir
catear *v* (fam) recaler (examen)
celebrar *v* fêter
celoso, sa *adj* jaloux, -ouse
cerca *adv* près
césped *nm* pelouse
cesta *nf* panier
cetro *nm* sceptre
charlar *v* bavarder
choza *nf* cabane
chutar *v* shooter, tirer
ciego, ga *adj/n* aveugle
cifra *nf* chiffre
cigarrillo *nm* cigarette
cinturón *nm* ceinture
círculo *nm* cercle
cirio *nm* cierge
cita *nf* rendez-vous
ciudadano, na *adj/n* citoyen, -enne
clavar *v* planter
clave *nf* clef, clé
clavel *nm* œillet
cobardía *nf* lâcheté
coche *nm* voiture
cocinero, ra *n* cuisinier(ère)
codicia *nf* cupidité
código *nm* code
coger *v* prendre
cómic *nm* BD
compartir *v* partager
competitivo, va *adj* concurrentiel, -elle
complacer *v* plaire, faire plaisir
comprar *v* acheter
comprometer(se) *v* compromettre, s'engager
confiar (en) *v* faire confiance (à)
conjunto *nm* ensemble
conmovedor, ora *adj* émouvant(e)
conmover *v* émouvoir
conquistar *v* conquérir
conseguir *v* obtenir
consejo *nm* conseil
contaminación *nf* pollution
contrapicado *nm* contreplongée (cinéma)
contratar *v* embaucher
convencer *v* convaincre
convertir(se) *v* (se) transformer, devenir
convivir *v* cohabiter
corazón *nm* cœur
corona *nf* couronne
costumbre *nf* habitude
crear *v* créer
creencia *nf* croyance
creyente *adj/n* croyant(e)
crueldad *nf* cruauté
cruz *nf* croix
cruzar *v* traverser

cuadro *nm* tableau
cubo de la basura *nm* poubelle
cuidar *v* s'occuper de, soigner
currículum *nm* CV

dar a luz *loc* accoucher
dar asco *loc* écœurer, dégoûter
dar ganas *loc* faire envie
dar gusto *loc* faire plaisir
dar la enhorabuena *loc* féliciter
dar la vuelta *loc* rendre la monnaie, faire le tour
dar lástima *loc* faire pitié
dar pena *loc* faire de la peine
dar vergüenza *loc* faire honte
darse de baja *loc* se désinscrire ; être en arrêt maladie
darse la espalda *loc* se tourner le dos
darse prisa *loc* se dépêcher
darse un beso *loc* s'embrasser
de maravilla *loc* à merveille
débil *adj/n* faible
decepcionar *v* décevoir
defensa *n* défenseur (football)
dejar *v* laisser
delante *adv* devant
delantero, a *n* l'avant (football)
deporte *nm* sport
deportista *n* sportif, -ive
desportivo, a *adj* sportif, -ive
derecho *n/adj* droit
derrochar *v* gaspiller
derrotar *v* vaincre
derrumbarse *v* s'effondrer
desamparo *nm* désarroi
desanimar *v* décourager
desaparecer *v* disparaître
desarrollar(se) *v* (se) développer
desayuno *nm* petit déjeuner
descalzo, za *adj* pieds nus
descansar *v* se reposer
descargar *v* télécharger
desconfiar *v* se méfier
descubrimiento *nm* découverte
descubrir *v* découvrir
desde *prep* depuis
desdeñoso, sa *adj* méprisant(e)
desembocar (en) *v* déboucher sur
desengaño *nm* déception
desgarrado, da *adj* déchiré(e)
desgraciado, da *adj* malheureux, -euse
desilusionar *v* décevoir
deslumbrar *v* éblouir
despacho *nm* bureau
despectivo, va *adj* méprisant(e)
despedida *nf* adieux
despedirse a la francesa *loc* filer à l'anglaise

desperdiciar *v* gaspiller
despreciar *v* mépriser
desprenderse *v* se dégager
despreocupado, da *adj* insouciant(e)
destacar *v* se distinguer
destrozar *v* détruire
detalle *nm* détail
diario *nm* journal
dibujo *nm* dessin
dinero *nm* argent
dirección *nf* adresse
dirigirse *v* s'adresser
discapacitado, da *adj/n* handicapé(e)
disfraz *nm* déguisement
disfrazarse *v* se déguiser
disfrutar *v* profiter
diversidad *nf* diversité
divertirse *v* s'amuser
dolor *nm* douleur
donativo *nm* don
dudar *v* hésiter, avoir des doutes
dueño, ña *n* maître, maîtresse

echar de menos *loc* regretter
echar un cable *loc* (fam) donner un coup de main
echar una mano *loc* donner un coup de main
edad *nf* âge
edificio *nm* bâtiment, immeuble
educado, da *adj* poli(e)
eje *nm* axe
ejército *nm* armée
elegir *v* choisir, élire
emergencia *nf* urgence
emisora *nf* station de radio
emocionante *adj* émouvant(e)
empeñarse *v* s'obstiner
empleo *nm* emploi
empobrecimiento *nm* appauvrissement
emprendedor, ora *adj* entreprenant(e)
empresa *nf* entreprise
empujar *v* pousser
en cambio *loc* en revanche
en lugar de *loc* à la place de
en vez de *loc* au lieu de
enamorado, da *adj* amoureux, -euse
enamorarse *v* tomber amoureux
enarbolar *v* brandir
encadenar *v* enchaîner
encanto *nm* charme
encender *v* allumer
enchufado, da *adj* (fam) pistonné(e)
encontrar *v* trouver
encuentro *nm* rencontre
enemigo, ga *adj/n* ennemi(e)
enfadarse *v* se fâcher
enfermo, ma *adj/n* malade
enfrentamiento *nm* affrontement

enfriar *v* refroidir
enlace *nm* lien
enloquecer *v* devenir fou
enriquecedor, ora *adj* enrichissant(e)
ensañarse *v* s'acharner
enseguida *adv* tout de suite
enseñar *v* enseigner, apprendre
ensimismado, da *adj* songeur(se)
ensuciar *v* salir
entorno *nm* environnement
entretenido, da *adj* distrayant(e)
entrevistar *v* interviewer
equipaje *nm* bagages
equivocarse *v* se tromper
escalera *nf* escalier
escaparate *nm* vitrine
escasez *nf* manque
escoba *nf* balai
escoger *v* choisir
escote *nm* décolleté
escuchar *v* écouter
escudero *nm* écuyer
escurrirse *v* glisser
esfuerzo *nm* effort
espada *nf* épée
espalda *nf* dos
espantar *v* chasser, faire fuir
espantoso, sa *adj* terrifiant(e)
esparadrapo *nm* sparadrap
espejo *nm* miroir
esperanza *nf* espoir
esperar *v* attendre
estante *nm* étagère
estar a gusto *loc* être bien
estar de morros *loc* (fam) faire la tête, bouder
estar firmes *loc* être au garde à vous
estar harto de *loc* en avoir assez de
estrecho, cha *adj* étroit(e)
estrella *nf* étoile
estreno *nm* première, sortie en salle
estupendo, da *adj* excellent(e)
evolucionar *v* évoluer
éxito *nm* succès
experimentar *v* tester
extranjero, ra *adj/n* étranger, -ère
extraño, ña *adj* bizarre

fábrica *nf* usine
fachada *nf* façade
faja *nf* gaine
falda *nf* jupe
falsificar *v* truquer
falso, sa *adj* faux, fausse
fastidioso, sa *adj* fastidieux, -euse

favorecer *v* favoriser
fecha *nf* date
feliz *adj* heureux, -euse
feo, fea *adj* laid(e)
festivo, va *adj* festif, -ive
fichaje *nm* recrutement (d'un sportif)
firma *nf* signature
flaco, ca *adj* maigre
flechazo *nm* coup de foudre
flor *nf* fleur
florero *nm* vase
fomentar *v* promouvoir, favoriser
fracaso *nm* échec
fructífero, ra *adj* fructueux(euse)
fruncir el ceño *loc* froncer les sourcils
fuente *nf* fontaine, source
fuera *adv* dehors

gafas *nfpl* lunettes
gallina *nf* poule
gana *nf* envie
gastar *v* dépenser
gaviota *nf* mouette
gentío *nm* foule
gordo, da *adj* gros, grosse
grifo *nm* robinet
gritar *v* crier
guapo, pa *adj* beau, belle
guirnalda *nf* guirlande
guisar *v* cuisiner

hablador, ora *adj* bavard(e)
hacer caso *loc* prêter attention
hacer clic en *loc* cliquer sur
hacer cola *loc* faire la queue
hacer daño *loc* faire mal
hacia *prep* vers
hallazgo *nm* découverte
hambre *nf* faim
hasta *prep* jusqu'à
herida *nf* blessure
herir *v* blesser
hermandad *nf* confrérie
hermoso, sa *adj* beau, belle
hielo *nm* glace
hierro *nm* fer
hincha *n* supporter
hoguera *nf* bûcher, feu
hoja *nf* feuille
holgazán, na *adj/n* paresseux, -euse
huella *nf* trace, vestige
huir *v* fuir

humilde *adj* humble
humo *nm* fumée
huraño, ña *adj* renfrogné(e), bourru(e)

igual *adj* semblable
igualdad *nf* égalité
impedir *v* empêcher
incansable *adj* infatigable
incómodo(a) *adj* gêné(e)
informal *adj* décontracté(e)
inolvidable *adj* inoubliable
insertar *v* insérer
intentar *v* essayer
intercambiar *v* échanger
invertir *v* investir
investigación *nf* recherche
invierno *nm* hiver
ira *nf* colère
irritarse *v* se fâcher

jersey *nm* pull
jinete *nm* cavalier
joyería *nf* joaillerie
judería *nf* quartier juif
judío, a *adj/n* juif, -ve
jugador, ora *adj* joueur, -euse

ladrillo *nm* brique
lago *nm* lac
lágrima *nf* larme
lamentar *v* regretter
largo, ga *adj* long, -gue
ley *nf* loi
leyenda *nf* légende
licenciado, da *adj* titulaire d'un bac +5
ligar *v* (fam) draguer
limpiar *v* nettoyer
limpieza *nf* propreté, ménage
llamada *nf* appel
llegar puntual *loc* arriver à l'heure
lleno, na *adj* rempli(e)
llevar *v* porter
llorar *v* pleurer
llover *v* pleuvoir
lluvia *nf* pluie
loco, ca *adj/n* fou, folle
lograr *v* réussir
lomo *nm* dos (de l'animal)
luchar *v* lutter
lugar *nm* lieu
lujo *nm* luxe
luz *nf* lumière

maceta *nf* pot de fleurs
madera *nf* bois
madrugar *v* se lever tôt
maldad *nf* méchanceté
maleducado, da *adj/n* mal élevé(e)
maleta *nf* valise
mandar *v* ordonner, donner l'ordre
mandón, ona *adj* (fam) commandeur, -euse
manejar *v* manier
manguera *nf* tuyau d'arrosage
manta *nf* couverture
mantón *nm* châle
mapa *nm* carte
maravillado, da *adj* émerveillé(e)
marcar un número *loc* composer un numéro
marcar un gol *loc* marquer un but
marcharse *v* s'en aller
marginación *nf* marginalisation
mariposa *nf* papillon
mariquita *nf* coccinelle
martillo *nm* marteau
máscara *nf* masque
matanza *nf* tuerie
medio ambiente *nm* environnement
medir *v* mesurer
mejor *adj/adv* meilleur(e), mieux
mejorar *v* améliorer
menospreciar *v* mépriser
mestizo, za *adj* métis(se)
mezclar(se) *v* (se) mélanger
mezquita *nf* mosquée
miedo *nm* peur
mientras *conj* pendant
mientras que *loc* tandis que, alors que
minusválido, da *adj/n* handicapé(e)
mirada *nf* regard
mochila *nf* sac à dos
molestar *v* déranger
molestia *nf* gêne
moño *nm* chignon
morado, da *adj* violet(te)
mosca *nf* mouche
moverse *v* bouger
móvil *nm* téléphone portable
muchedumbre *nf* foule
muñeco de nieve *nm* bonhomme de neige
musculoso, sa *adj* musclé(e)
músico, ca *n* musicien, -enne

nada *nf* néant *adv* rien
nadar *v* nager
naranja *nf/adj* orange
nariz *nf* nez
naturaleza *nf* nature

necesitar *v* avoir besoin de
nervioso, sa *adj* énervé(e)
nevar *v* neiger
nieto, ta *n* petit-fils, petite-fille
nieve *nf* neige
niñez *nf* enfance
no dar golpe *loc* (fam) ne rien faire
noticia *nf* nouvelle
novela *nf* roman
novelista *n* romancier, -ère
novio, a *n* fiancé(e)
nube *nf* nuage
número *nm* nombre
nunca *adv* jamais

obedecer *v* obéir
obra *nf* œuvre
ocio *nm* loisir
odiar *v* détester
odio *nm* haine
oír *v* entendre
ola *nf* vague
oler *v* sentir (odorat)
olivo *nm* olivier
olvidar *v* oublier
oponerse *v* s'opposer
oportunidad *nf* chance, possibilité
orar *v* prier
origen *nm* origine
oscuro, ra *adj* sombre

padecer *v* souffrir de
pájaro *nm* oiseau
palmera *nf* palmier
pantalla *nf* écran
pañuelo *nm* foulard, mouchoir
parado, da *adj* arrêté(e) *n* chômeur, -euse
pararse *v* s'arrêter
parecerse *v* ressembler
pared *nf* mur
pareja *nf* couple
paro *nm* chômage
párrafo *nm* paragraphe
parroquia *nf* paroisse
partido *nm* match
pasear(se) *v* (se) promener
paseo *nm* promenade
pasillo *nm* couloir
paso (en procesiones) *nm* char
patio *nm* cour
patrocinar *v* sponsoriser
pecado *nm* péché
pedazo *nm* morceau
pedir *v* demander
pegar *v* coller, frapper

peinado *nm* coiffure
pelear *v* combattre
película *nf* film
peligro *nm* danger
pelota *nf* balle
pérdida *nf* perte
perfil *nm* profil
periódico *nm* journal
periodista *n* journaliste
pertenecer *v* appartenir
pescado *nm* poisson
pestaña *nf* onglet ; cil
picado *nm* plongée (cinéma)
piel *nf* peau
pierna *nf* jambe
pinchadiscos *n* DJ
pinchar (en) *v* cliquer (sur)
pizarra *nf* ardoise
plaga *nf* fléau
planta *nf* étage
plata *nf* argent (matière)
plato *nm* assiette
pobreza *nf* pauvreté
poderoso, sa *adj* puissant(e)
polvo *nm* poussière
pólvora *nf* poudre
portada *nf* couverture (d'un livre)
portal *nm* portail
portarse *v* se comporter
portero *nm* gardien (foot)
potente *adj* puissant(e)
precariedad *nf* précarité
precio *nm* prix
preferir *v* préférer
prejuicio *nm* préjugé
premio *nm* récompense
preso, sa *adj* prisonnier, -ère
previsor, a *adj* prévoyant(e)
probar *v* goûter
procesador de texto *nm* traitement de texte
prohibir *v* interdire
promocionar *v* promouvoir
promover *v* promouvoir
provecho *nm* profit
proyecto *nm* projet
pudor *nm* pudeur
puente *nm* pont
puerco *nm* porc

quedar *v* rester
quedar (con alguien) *v* donner rendez-vous
quedar atónito, ta *loc* être stupéfait(e)
quedar boquiabierto *loc* rester bouche bée
queja *nf* plainte
quemar *v* brûler
quererse *v* s'aimer

R

raíz *nf* racine
rama *nf* branche
raro, ra *adj* bizarre, étrange
rascacielos *nm* gratte-ciel
rasgo *nm* trait
ratón (de ordenador) *nm* souris (d'ordinateur)
rechazar *v* rejeter, refuser
recogimiento *nm* recueillement
recordar *v* se souvenir
recorrer *v* parcourir
recreo *nm* récréation
recuerdo *nm* souvenir
red *nf* réseau (Internet)
reducir *v* réduire
regalar *v* offrir
regalo *nm* cadeau
registrase *v* s'inscrire
reino *nm* royaume
relato *nm* récit
reloj *nm* montre, horloge
remoto, ta *adj* lointain(e)
rendirse *v* se rendre
repartir *v* livrer, partager
resolver *v* résoudre
respeto *nm* respect
retraso *nm* retard
revista *nf* revue, magazine
rezar *v* prier
rico, ca *adj/n* riche
riesgo *nm* risque
riqueza *nf* richesse
risa *nf* rire
risueño, ña *adj* souriant(e)
robar *v* voler
rojo, ja *adj* rouge
romper *v* casser
ropa *nf* vêtements
rostro *nm* visage
rozar *v* frôler
rubio, a *adj/n* blond(e)
ruido *nm* bruit

S

sabio, a *adj* savant(e)
sacerdote, -isa *n* prêtre, -esse
saltar *v* sauter
salud *nf* santé
salvación *nf* salut
salvar *v* sauver
sangrar *v* saigner
sed *nf* soif
seguir *v* continuer

según *prep* selon, d'après
seguro, ra *adj* sûr(e)
semilla *nf* graine
sencillo, lla *adj* simple
senderismo *nm* randonnée
sentado, da *adj* assis(e)
séquito *nm* cortège
serio, a *adj* sérieux, -euse
sitio *nm* endroit, site
sobresalir *v* se distinguer
soleado, da *adj* ensoleillé(e)
soledad *nf* solitude
soler *v* avoir l'habitude
soltero, ra *adj/n* célibataire
solucionar *v* résoudre
sombrero *nm* chapeau
sombrilla *nf* ombrelle
soñar *v* rêver
sondeo *nm* sondage
sonido *nm* son
sonreír *v* sourire
sonrisa *nf* sourire
sospechoso, sa *adj* soupçonneux, -euse
suave *adj* doux, douce
subir *v* monter ; mettre une page en ligne
submarinismo *nm* plongée
subrayar *v* souligner
suburbio *nm* banlieue
suciedad *nf* saleté
sucio, cia *adj* sale
sudadera *nf* sweat-shirt
sueldo *nm* salaire
sueño *nm* rêve
suerte *nf* chance
superar *v* dépasser
suspender *v* échouer (à un examen)
susto *nm* peur, frayeur

T

tamaño *nm* dimension
también *adv* aussi
tampoco *adv* non plus
taquilla *nf* guichet
tarea *nf* tâche
teclear *v* taper sur le clavier
tejado *nm* toit
temer *v* craindre
temor *nm* crainte
temporada *nf* saison
tener morro *loc* (fam) avoir du culot
tener pinta de *loc* (fam) avoir l'air de
tenso, sa *adj* tendu(e)
ternura *nf* tendresse
terremoto *nm* tremblement de terre
testigo *n* témoin

testimonio *nm* témoignage
tierno, na *adj* tendre
tirar *v* jeter
tocar (un instrumento) *v* jouer (d'un instrument)
toldo *nm* bâche
tomar el sol *loc* bronzer
tomar una copa *loc* prendre un verre
tráfico *nm* circulation
trampa *nf* piège
transeúnte *n* passant(e)
travieso, sa *adj* espiègle, coquin(e)
triunfar *v* réussir
tubo de escape *nm* pot d'échappement
tumbarse *v* s'allonger
tumbona *nf* transat
turimo sostenible *nm* tourisme durable
tutear *v* tutoyer

U

último, ma *adj/n* dernier, -ère
usuario, a *adj* utilsateur, -trice

V

vacío, a *nm/adj* vide
vago, ga *adj/n* paresseux, -euse
valiente *adj* courageux, -euse
valor *nm* courage
vaqueros *nmpl* jean
vecindad *nf* voisinage
vecino, na *adj/n* voisin(e)
vela *nf* bougie
velo *nm* voile
velocidad *nf* vitesse
vencer *v* vaincre
ventaja *nf* avantage
ventana *nf* fenêtre
veraneante *n/adj* vacancier, -ière (l'été)
veranear *v* passer ses vacances d'été
verano *nm* été
verdadero, ra *adj* vrai(e)
vergonzoso, sa *adj* honteux, -euse
vestido *nm* robe
vestirse *v* s'habiller
viaje *nm* voyage
viajero, ra *adj/n* voyageur, -euse
vigilar *v* surveiller
vivienda *nf* logement
volver *v* revenir
voz *nf* voix

Z

zapatilla *nf* pantoufle
zapatillas de deporte *nfpl* chaussures de sport

Lexique français-espagnol

Abréviations utilisées

adj : adjectif
adv : adverbe
f : féminin
fam : familier
loc : locution
m : masculin
n : féminin
pl : pluriel
prép : péposition
pron : pronom
v : verbe

à la place de *loc* en lugar de
à merveille *loc* de maravilla
accoucher *loc* dar a luz
accueillir *v* acoger
acheter *v* comprar
adieux *nmpl* despedida
adresse *nf* dirección
affrontement *nm* enfrentamiento
âge *nm* edad
aider *v* ayudar
ajouter *v* añadir
allumer *v* encender
alors que *loc* mientras que
altitude *nf* altura, altitud
amateur, trice *adj/n* aficionado, da
âme *nf* alma
améliorer *v* mejorar
amitié *nf* amistad
amoureux, -euse *adj* enamorado, da
analyse *nf* análisis
ancêtre *n* antepasado, da
âne *n* burro, ra
anéantir *v* aniquilar
apparaître *v* aparecer
appartenir *v* pertenecer
appauvrissement *nm* empobrecimiento
appel *nm* llamada
apprendre *v* aprender, enseñar
approcher *v* acercar
arc-en-ciel *nm* arco iris
ardoise *nf* pizarra
argent *nm* dinero, plata
armée *nm* ejército
arranger *v* arreglar
arrêté(e) *adj* parado, da
arriver à l'heure *loc* llegar puntual
assez *adv* bastante
assiette *nf* plato
assis(e) *adj* sentado, da
astucieux, -euse *adj* astuto, ta
atteindre *v* alcanzar

attendre *v* esperar
attirer *v* atraer
au lieu de *loc* en vez de
aussi *adv* también
avant (football) *nm* delantero
avantage *nm* ventaja
aveugle *adj/n* ciego, ga
avoir besoin de *loc* necesitar
avoir du culot *loc* tener morro (fam)
avoir honte *loc* avergonzarse
avoir l'air de *loc* tener pinta de (fam)
avoir l'habitude *loc* soler
axe *nm* eje

bâche *nf* toldo
bagages *nmpl* equipaje
balai *nm* escoba
balle *nf* pelota
banlieue *nf* suburbio
banque *nf* banco
basket-ball *nm* baloncesto
bateau *nm* barco
bâtiment *nm* edificio
bavard(e) *adj* hablador, ora
bavarder *v* charlar
BD *nf* cómic
beau, belle *adj* guapo, pa
beauté *nf* belleza
bizarre *adj* raro, ra, extraño, ña
blesser *v* herir
blessure *nf* herida
bleu(e) *adj* azul
blond(e) *adj/n* rubio, a
boire à la santé de *loc* brindar (por)
bois *nm* madera
bon marché *adj* barato, ta
bondé(e) *adj* atiborrado, da
bonhomme de neige *nm* muñeco de nieve
bouche bée *loc* boquiabierto, ta
bouchon *nm* atasco
bouder *v* estar de morros (fam)
bouger *v* moverse
bougie *nf* vela
bourru(e) *adj* huraño, ña
bourse (d'études) *nf* beca
bousculer *v* atropellar
branche *nf* rama
brandir *v* enarbolar
brique *nf* ladrillo
bronzer *v* tomar el sol
brouhaha *nm* bullicio
bruit *nm* ruido
brûler *v* arder, quemar
bûcher *nm* hoguera
bureau *nm* despacho

cabane *nf* choza
cadeau *nm* regalo
cageot *nm* caja
caisse *nf* caja
canoë *nm* canoa
caresser *v* acariciar
carte *nf* mapa
casser *v* romper
cavalier *nm* jinete
ceinture *nf* cinturón
célibataire *adj/n* soltero, ra
cercle *nm* círculo
chaîne *nf* cadena
châle *nm* mantón
chaleur *nf* calor
champion(ne) *n* campeón, ona
chance *nf* oportunidad, suerte
changement *nm* cambio
changer *v* cambiar
chanteur, -euse *n* cantante
chapeau *nm* sombrero
char *nm* paso (en procesiones)
charitable *adj* caritativo, va
charme *nm* encanto
charrette *nf* carreta
chasser *v* cazar ; ahuyentar
chaud(e) *adj* cálido, da
chauffer *v* calentar
chaussette *nf* calcetín
chaussure *nf* zapato
chaussures de sport *nfpl* zapatillas de deporte
cher, chère *adj* caro, ra
chercher *v* buscar
cheval *nm* caballo
chiffre *nm* cifra
chignon *nm* moño
choisir *v* escoger
chômage *nm* paro
chômeur, -euse *n* parado, da
cierge *nm* cirio
cigarette *nf* cigarrillo
cil *nm* pestaña
circulation *nf* tráfico
citoyen, -enne *adj/n* ciudadano, na
clef, clé *nf* clave
cliquer sur *loc* hacer clic en, pinchar en
cloche *nf* campana
coccinelle *nf* mariquita
code *nm* código
cœur *nm* corazón
cohabiter *v* convivir
coiffure *nf* peinado
coincé(e) *adj* bloqueado, da
colère *nf* ira
coller *v* pegar
combattre *v* pelear
commandeur, -euse *adj* mandón, ona

(fam)

composer un numéro *loc* marcar un número

compromettre *v* comprometer(se)

concurrentiel, -elle *adj* competitivo, va

confrérie *nf* hermandad

conquérir *v* conquistar

conseil *nm* consejo

conseiller *v* aconsejar

consolider *v* afianzar

continuer *v* seguir

contreplongée (cinéma) *nm* contrapicado

convaincre *v* convencer

coquin(e) *adj* travieso, sa

cortège *nm* séquito

couloir *nm* pasillo

coup de foudre *loc* flechazo

couple *nm* pareja

cour *nf* patio

courage *nm* valor

courageux, -euse *adj* valiente

couronne *nf* corona

course *nf* carrera

couverture (d'un livre) *nf* portada

craindre *v* temer

crainte *nf* temor

créer *v* crear

crier *v* gritar

croix *nf* cruz

croyance *nf* creencia

croyant(e) *adj/n* creyente

cruauté *nf* crueldad

cuisiner *v* guisar

cuisinier(ère) *n* cocinero, ra

cupidité *nf* codicia

CV *nm* currículum

D

danger *nm* peligro

danser *v* bailar

date *nf* fecha

déboucher (sur) *v* desembocar (en)

déception *nm* desengaño

décevoir *v* decepcionar, desilusionar

déchiré(e) *adj* desgarrado, da

décolleté *nm* escote

décontracté(e) *adj* informal

décorer *v* adornar

décourager *v* desanimar

découverte *nf* hallazgo, descubrimiento

découvrir *v* descubrir

défenseur (football) *nm* defensa

dégoûter *loc* dar asco

déguisement *nm* disfraz

dehors *adv* fuera

demander *v* pedir

dépasser *v* superar

dépenser *v* gastar

depuis *prep* desde

déranger *v* molestar

dernier, -ère *adj/n* último, ma

désarroi *nm* desamparo

descendre (télécharger) *v* bajar (de internet)

dessin *nm* dibujo

dessous *adv* abajo

détail *nm* detalle

détester *v* odiar

détruire *v* destrozar

devant *adv* delante

devenir fou *loc* enloquecer

devinette *nf* adivinanza

dimension *nf* tamaño

disparaître *v* desaparecer

dispute *nf* bronca

distrayant(e) *adj* entretenido, da

distribution *nf* reparto

diversité *nf* diversidad

DJ *n* pinchadiscos

don *nm* donativo

donner rendez-vous *loc* quedar (con alguien)

donner un coup de main *loc* echar una mano

dos *nm* espalda

douleur *nf* dolor

doux, douce *adj* suave

draguer *v* ligar (fam)

drapeau *nm* bandera

E

éblouir *v* deslumbrar

échanger *v* intercambiar

écharpe *nf* bufanda

échec *nm* fracaso

éclairer *v* alumbrar

éclat de rire *loc* carcajada

écœurer *loc* dar asco

économiser *v* ahorrar

écouter *v* escuchar

écouteurs *nmpl* auriculares

écran *nm* pantalla

écraser *v* aplastar

écuyer *nm* escudero

effort *nm* esfuerzo

égalité *nf* igualdad

élève *n* alumno, na

éloigner *v* alejar

embaucher *v* contratar

émerveillé(e) *adj* maravillado, da

émouvant(e) *adj* conmovedor, ora

émouvoir *v* conmover

empêcher *v* impedir

emploi *nm* empleo

en avoir assez de *loc* estar harto de

en plus *loc* además

en revanche *loc* en cambio

en un clin d'œil *loc* en un santiamén

enchaîner *v* encadenar

encourager *v* animar

endroit *nm* sitio

énervé(e) *adj* nervioso, sa

enfance *nf* niñez

englober *v* abarcar

ennemi(e) *adj/n* enemigo, ga

ennui *nm* aburrimiento

enrichissant(e) *adj* enriquecedor, ora

enseigner *v* enseñar

ensemble *nm* conjunto

ensoleillé(e) *adj* soleado, da

entassé(e) *adj* amontonado, da

entendre *v* oír

entreprenant(e) *adj* emprendedor, ora

entreprise *nf* empresa

envie *nf* gana

environnement *nm* medio ambiente, entorno

environs *nmpl* afueras

épée *nf* espada

épuisement *nm* agotamiento

escalier *nm* escalera

espiègle *adj* travieso, sa

espoir *nm* esperanza

essayer *v* intentar

étage *nm* planta

étagère *nf* estante

été *nm* verano

éteindre *v* apagar

étoile *nf* estrella

étonnant(e) *adj* asombroso, sa

étrange *adj* raro, ra, extraño, ña

être au garde à vous *loc* estar firmes

être bien *loc* estar a gusto

être stupéfait(e) *loc* quedar atónito, ta

étroit(e) *adj* estrecho, cha

événement *nm* acontecimiento

éventail *nm* abanico

évoluer *v* evolucionar

excellent(e) *adj* estupendo, da

F

façade *nf* fachada

face à face *loc* cara a cara

faible *adj/n* débil

faim *nf* hambre

faire confiance (à) *loc* confiar (en)

faire de la peine *loc* dar pena

faire envie *loc* dar ganas

faire honte *loc* dar vergüenza

faire la queue *loc* hacer cola

faire la tête *loc* estar de morros (fam)
faire mal *loc* hacer daño
faire pitié *loc* dar lástima
faire plaisir *loc* dar gusto
fastidieux, -euse *adj* fastidioso, sa
fatigué(e) *adj* cansado, da
fatiguer *v* cansar
faux, fausse *adj* falso, sa
favoriser *v* favorecer, fomentar
féliciter *loc* dar la enhorabuena
fenêtre *nf* ventana
fer *nm* hierro
festif, -ive *adj* festivo, va
fêter *v* celebrar
feuille *nf* hoja
fiancé(e) *n* novio, a
filer à l'anglaise *loc* despedirse a la francesa
film *nm* película
films à l'affiche *loc* cartelera
fléau *nm* plaga
fleur *nf* flor
fontaine *nf* fuente
fou, folle *adj/n* loco, ca
foulard *nm* pañuelo
foule *nf* muchedumbre, gentío
fracture numérique *loc* brecha digital
frayeur *nf* susto
frôler *v* rozar
froncer les sourcils *loc* fruncir el ceño
fructueux(euse) *adj* fructífero, ra
fuir *v* huir
fumée *nf* humo

gaine *nf* faja
gardien (foot) *nm* portero
gaspiller *v* desperdiciar, derrochar
gêne *nf* molestia
gêné(e) *adj* incómodo(a)
geste *nm* ademán
glace *nf* hielo
glisser *v* escurrirse
goûter *v* probar
graine *nf* semilla
grand-père, grand-mère *n* abuelo, la
gratte-ciel *nm* rascacielos
grillé(e) *adj* asado, da
gros, grosse *adj* gordo, da
guichet *nm* taquilla
guirlande *nf* guirnalda

habitude *nf* costumbre
haine *nf* odio
handicapé(e) *adj/n* discapacitado, da, minusválido, da

harceler *v* acosar
hasta *prep* jusqu'à
haut(e) *adj* alto, ta
hésiter *v* dudar
heureux, -euse *adj* feliz
hiver *nm* invierno
honteux, -euse *adj* vergonzoso, sa
horloge *nf* reloj
huile *nf* aceite
humble *adj* humilde

ici *adv* aquí
immeuble *nm* edificio
infatigable *adj* incansable
inoubliable *adj* inolvidable
insérer *v* insertar
insouciant(e) *adj* despreocupado, da
interdire *v* prohibir
interviewer *v* entrevistar
intrépide *adj* atrevido, da
investir *v* invertir

jaloux, -ouse *adj* celoso, sa
jamais *adv* nunca
jambe *nf* pierna
jaune *adj* amarillo, lla
jean *nm* vaqueros
jeter *v* tirar
joaillerie *nf* joyería
joie *nf* alegría
jouer (d'un instrument) *v* tocar (un instrumento)
joueur, -euse *adj* jugador, ora
journal *nm* periódico, diario
journal télévisé *nm* telediario
journaliste *n* periodista
joyeux, -euse *adj* alegre
juif, -ve *adj/n* judío, a
jupe *nf* falda

là *adv* allí
lac *nm* lago
lâcheté *nf* cobardía
laid(e) *adj* feo, fea
laisser *v* dejar
large *adj* ancho, cha
larme *nf* lágrima
légende *nf* leyenda
lettre *nf* carta
lien *nm* enlace
lieu *nm* lugar
logement *nm* vivienda

loi *nf* ley
lointain(e) *adj* remoto, ta
loisir *nm* ocio
long, -gue *adj* largo, ga
lumière *nf* luz
lunettes *nfpl* gafas
lutter *v* luchar
luxe *nm* lujo

maçon *nm* albañil
magazine *nm* revista
maigre *adj* flaco, ca
mairie *nf* ayuntamiento
maître, maîtresse *n* dueño, ña
mal élevé(e) *adj/n* maleducado, da
malade *adj/n* enfermo, ma
malgré *prép* a pesar de
malheureux, -euse *adj* desgraciado, da
manier *v* manejar
manque *nm* escasez
manquer *v* faltar, añorar
marcher *v* caminar
marginalisation *nf* marginación
mariage *nm* boda
marié(e) *adj* casado, da
marquer un but *loc* marcar un gol
marteau *nm* martillo
masque *nm* máscara
match *nm* partido
matière *nf* asignatura
méchanceté *nf* maldad
menace *nf* amenaza
ménage *nm* limpieza
méprisant(e) *adj* desdeñoso, sa, despectivo, va
mépriser *v* despreciar, menospreciar
mesurer *v* medir
métis(se) *adj* mestizo, za
mettre une page en ligne *loc* subir
mieux *adv* mejor
miroir *nm* espejo
monter *v* subir
morceau *nm* pedazo
mosquée *nf* mezquita
moteur de recherche *nm* buscador
mou, molle *adj* blando, da
mouche *nf* mosca
mouchoir *nm* pañuelo
mouette *nf* gaviota
mur *nm* pared
musclé(e) *adj* musculoso, sa
musicien, -enne *n* músico, ca

nager *v* nadar
nature *nf* naturaleza

néant *nm* nada
neige *nf* nieve
neiger *v* nevar
nettoyer *v* limpiar
nez *nm* nariz
nombre *nm* número
non plus *adv* tampoco
nouvelle *nf* noticia
nuage *nm* nube

obéir *v* obedecer
obtenir *v* conseguir
œillet *nm* clavel
œuvre *nf* obra
offrir *v* regalar
oiseau *nm* pájaro
olive *nf* aceituna
olivier *nm* olivo
ombrelle *nf* sombrilla
onglet *nm* pestaña
orange *nf/adj* naranja
ordonner *v* ordenar, mandar
ordures *nfpl* basura
oreiller *nm* almohada
origine *nf* origen
oser *v* atreverse
oublier *v* olvidar
ouvert(e) *adj* abierto, ta

palmier *nm* palmera
panier *nm* cesta
pantoufle *nf* zapatilla
papillon *nm* mariposa
paragraphe *nm* párrafo
parcourir *v* recorrer
paresseux, -euse *adj/n* holgazán, na, vago, ga
paroisse *nf* parroquia
partager *v* compartir, repartir
passant(e) *n* transeúnte
pauvreté *nf* pobreza
paysan(ne) *n* campesino, na
peau *nf* piel
péché *nm* pecado
pelouse *nf* césped
pendant *conj* mientras
perte *nf* pérdida
petit déjeuner *nm* desayuno
petit-fils, petite-fille *n* nieto, ta
peur *nf* miedo
peur *nf* susto
pieds nus *adj* descalzo, za
piège *nm* trampa

pistonné(e) *adj* enchufado, da (fam)
plainte *nf* queja
plaire *v* complacer
plaisanter *v* bromear
planter *v* clavar
pleurer *v* llorar
pleuvoir *v* llover
plongée (cinéma) *nf* picado
pluie *nf* lluvia
poisson *nm* pescado
poli(e) *adj* educado, da
pollution *nf* contaminación
pont *nm* puente
porc *nm* puerco
portail *nm* portal
porter *v* llevar
pot d'échappement *nm* tubo de escape
poubelle *nf* basura
poudre *nf* pólvora
poule *nf* gallina
pousser *v* empujar
poussière *nf* polvo
précarité *nf* precariedad
préférer *v* preferir
préjugé *nm* prejuicio
première (spectacle) *nf* estreno
prendre *v* coger
près *adv* cerca
prêtre, -esse *n* sacerdote, -isa
prévoyant(e) *adj* previsor, a
prier *v* rezar, orar
prisonnier, -ère *adj* preso, sa
prix *nm* precio
profil *nm* perfil
profit *nm* provecho
profiter *v* disfrutar, aprovechar(se)
projet *nm* proyecto
promenade *nf* paseo
promouvoir *v* promocionar, promover, fomentar
propreté *nf* limpieza
pudeur *nf* pudor
puissant(e) *adj* poderoso, sa, potente
pull *nm* jersey
punir *v* castigar

quartier *nm* barrio

racine *nf* raíz
ramasser *v* recoger
randonnée *nf* senderismo
recaler (examen) *v* catear (fam)

recherche *nf* investigación
récit *nm* relato
récompense *nf* premio
récréation *nf* recreo
recrutement (d'un sportif) *nm* fichaje
recueillement *nm* recogimiento
réduire *v* reducir
réfléchir *v* reflexionar
refléter *v* reflejar
refroidir *v* enfriar
refuser *v* rechazar
regard *nm* mirada
regretter *v* echar de menos, arrepentirse
rejeter *v* rechazar
remercier *v* agradecer
rempli(e) *adj* lleno, na
rencontre *nf* encuentro
rendez-vous *nm* cita
rendre la monnaie *loc* dar la vuelta
renfrogné(e) *adj* huraño, ña
renverser *v* atropellar
réseau (Internet) *nm* red
résoudre *v* resolver, solucionar
respect *nm* respeto
ressembler *v* parecerse
rester bouche bée *loc* quedar boquiabierto
rester *v* quedar
retard *nm* retraso
réussir *v* lograr, triunfar
rêve *nm* sueño
revenir *v* volver
rêver *v* soñar
revue *nf* revista
riche *adj/n* rico, ca
richesse *nf* riqueza
rien *adv* nada
rire *nm* risa
risque *nm* riesgo
robe *nf* vestido
robinet *nm* grifo
roman *nm* novela
romancier, -ère *n* novelista
rouge *adj* rojo, ja
route *nf* carretera
royaume *nm* reino
rue *nf* calle

s'acharner *v* ensañarse
s'adresser *v* dirigirse
s'aimer *v* quererse
s'allonger *v* tumbarse
s'amuser *v* divertirse
s'arrêter *v* pararse
s'effondrer *v* derrumbarse
s'élever *v* alzarse
s'embrasser *loc* darse un beso
s'en aller *v* marcharse
s'engager *v* comprometer(se)

s'ennuyer *v* aburrirse
s'habiller *v* vestirse
(s')habituer *v* acostumbrar(se)
s'inscrire *v* registrase
s'obstiner *v* empeñarse
s'occuper de *v* cuidar
s'opposer *v* oponerse
sable *nm* arena
sabre *nm* sable
sac à dos *nm* mochila
sac à main *nm* bolso
saigner *v* sangrar
saison *nf* temporada
salaire *nm* sueldo
sale *adj* sucio, cia
saleté *nf* suciedad
salir *v* ensuciar
salut *nm* salvación
sandwich *nm* bocadillo
santé *nf* salud
sauter *v* saltar
sauver *v* salvar
savant(e) *adj* sabio, a
seau *nm* cubo
sceptre *nm* cetro
se comporter *v* portarse
se coucher *v* acostar(se)
se dégager *v* desprenderse
se déguiser *v* disfrazarse
se dépêcher *v* darse prisa
se désinscrire *v* darse de baja
se détendre *v* relajarse
(se) développer *v* desarrollar(se)
se distinguer *v* destacar, sobresalir
se fâcher *v* enfadarse, irritarse
se garer *v* aparcar
se la couler douce *loc* no dar/pegar golpe (fam)
se lever tôt *loc* madrugar
se méfier *v* desconfiar
(se) mélanger *v* mezclar(se)
se moquer *v* burlarse
(se) promener *v* pasear(se)
se rendre *v* rendirse
se repentir *v* arrepentirse
se reposer *v* descansar
se retrouver *v* reunirse
se souvenir *v* recordar
se tourner le dos *loc* darse la espalda
se tromper *v* equivocarse
selon *prep* según
semblable *adj* igual
sentir (odorat) *v* oler
sérieux, -euse *adj* serio, a
serrer *v* apretar
shooter *v* chutar
signature *nf* firma
silencieux, -euse *adj* callado, da
simple *adj* sencillo, lla
site *nm* sitio

soif *nf* sed
sol *nm* suelo
solitude *nf* soledad
sombre *adj* oscuro, ra
son *nm* sonido
sondage *nm* sondeo
songeur(se) *adj* ensimismado, da
sorcier, -ière *n* brujo, ja
souffrir (de) *v* padecer
soulagement *nm* alivio
souligner *v* subrayar
soupçonneux, -euse *adj* sospechoso, sa
source *nf* fuente
souriant(e) *adj* risueño, ña
sourire *nm* sonrisa
sourire *v* sonreír
souris (d'ordinateur) *nf* ratón (de ordenador)
souvenir *nm* recuerdo
sparadrap *nm* esparadrapo
sponsoriser *v* patrocinar
sport *nm* deporte
sportif, -ive *n* deportista
station de radio *nf* emisora
succès *nm* éxito
supporter *n* hincha
sûr(e) *adj* seguro, ra
surnom *nm* apodo
surveiller *v* vigilar
sweat-shirt *nm* sudadera

t-shirt *nm* camiseta
tableau *nm* cuadro
tâche *nf* tarea
tandis que *loc* mientras que
télécharger *v* descargar
téléphone portable *nm* móvil
téméraire *adj* atrevido, da
témoignage *nm* testimonio
témoin *n* testigo
tendre *adj* tierno, na
tendresse *nf* ternura
tendu(e) *adj* tenso, sa
terrain de football *nm* campo de fútbol
terrifiant(e) *adj* espantoso, sa
tester *v* experimentar
tête de mort *nf* calavera
toit *nm* tejado
tomber amoureux *loc* enamorarse
tomber *v* caer
tourisme durable *nm* turimo sostenible
tout de suite *loc* enseguida
trace *nf* huella
traîner *v* arrastrar
trait *nm* rasgo
traitement de texte *nm* procesador de texto
transat *nm* tumbona

transformer *v* convertir
traverser *v* cruzar
tremblement de terre *nm* terremoto
trottoir *nm* acera
trouver *v* encontrar
truquer *v* falsificar
tuerie *nf* matanza
tutoyer *v* tutear
tuyau d'arrosage *nm* manguera

urgence *nf* emergencia
usine *nf* fábrica
utilsateur, -trice *adj/n* usuario, a

vacancier, -ière (l'été) *n/adj* veraneante
vague *nf* ola
vaincre *v* vencer, derrotar
valise *nf* maleta
vase *nm* florero, vasija
vaste *adj* amplio, a
vers *prep* hacia
vestige *nm* huella
vêtements *nmpl* ropa
vide *nm/adj* vacío, a
vider *v* vaciar
vin *nm* vino
violet(te) *adj* morado, da
visage *nm* rostro, cara
vitesse *nf* velocidad
vitrine *nf* escaparate
voile *nm* velo
voisin(e) *adj/n* vecino, na
voisinage *nm* vecindad
voiture *nf* coche
voix *nf* voz
voler *v* robar
voyage *nm* viaje
voyageur, -euse *adj/n* viajero, ra
vrai(e) *adj* verdadero, ra

Crédits photographiques

Couverture : **ht** EYEDEA/RAPHO/Emile Luider, **m** PHOTO12.COM / ALAMY, **b** HEMIS/Paule Seux ; **10** Contacto con la naturaleza©/Ricardo Salazar ; **11 ht** EFE/Chema Moya ; **11 bas** CORBIS/Franz-Marc Frei ; **12** PHOTONONSTOP/Tips/Alberto Rossi ; **13** Ruta Quetzal/BBUA ; **14** © Publicis Espagne, DR ; **16** CORBIS/Sygma/Alain Nogues ; **17** Instituto de Turismo costaricense (CST), DR ; **19** EYEDEA/AGE/Fuste Raga ; **20** OPALE/Daniel Mordzinski ; **21 ht** AFP/Getty Images/Javier Soriano ; **21 m** AFP/Getty Images/Javier Soriano ; **22** EDITIONS ALBERT-RENE/Goscinny-Uderzo ; **23** CORBIS/EPA/Robin Towsend ; **24 ht** HOSBEC Communication ; **24 bas** ALBUM SOL MELIA ; **25 ht** DR ; **25 bas** DR ; **27** EYEDEA/AGE/Munoz ; **28 ht** © Julio Garcia Jimenez ; **28 bas** FIGARO MAGAZINE/Jean-Michel Voge ; **29 ht g** OPALE/Passo Carnasa ; **29 ht d** EFE/Juan Gonzalez ; **29 m** AFP/Mauro Arias ; **30** SIPA/EFE/Bernard Joval ; **31** Hotel on the Beach 2539 ©1989 OLI Verlag N.V. ; **32** HEMIS/ Escudero ; **33 ht** AGE FOTOSTOCK/Dallet ; **33 bas** SIPA/EFE/Manuel Bruque ; **34** REUTERS/Miguel Vidal ; **35** SIPA/EFE/Alberto Martin ; **36** GETTY IMAGES/Quim Llenas ; **37** © Conselleria de educacion e ordenacion universitaria, DR ; **38** loslibrosdesantiago.com ; **39** ©Dolmen editorial ©Kenny Ruiz ; **41** ©José Malvarez Carleos ; **42** EYEDEA/GAMMA/Serge Benhamou ; **43 g** MAXPPP/EFE/Juan Martin ; **43 d** AFP/Getty Images/Angel Martinez ; **45** eccctecnologias, DR ; **46 ht** ARCHIVES NATHAN/Photodisc ; **46 bas** ARCHIVES NATHAN/Photodisc ; **47 ht** DR ; **47 bas** Urban Landscapes ; **49** ©Roy Rodriguez Carbajal, Colegio Fernando Arbaral Segura à Lima, Pérou ; **50 ht** AFP/Pierre-Philippe Mareou ; **50 m** AFP/Cristina Quicler ; **50 bas** SIPA/AP/Marc J. Terrill ; **51 ht** RUE DES ARCHIVES/BCA ; **51 bas** SIPA/EFE/Chema Moya ; **52** SIPA/EFE/Akai Forseling ; **53** © Dolmen editorial © Kenny Ruiz ; **54** AFP/Yadid Levy ; **55 ht** SIPA/EFE/Sergio Barrenechea ; **55 bas** CORBIS/Javier Piereni ; **56** © Tornasol Films, DR ; **57** AKG Images/Erich Lessing ; **58** SIPA /EFE/Alfredo Aldai ; **59** AFP/Getty Images/Cesar Rangel ; **60** GETTY IMAGES/Keystone ; **61** STUDIO X/©Haderer ; **62** OPALE/Daniel Mordzinski ; **63** http://rafaelgomezblog.psmpsoe.es/DR ; **64** EYEDEA/GAMMA/Serge Benhamou ; **65** © European Neigbours'Day ; **67** eccctecnologia, DR ; **68** AKG Images ; **69 ht** DR ; **69 bas** © CEDECOM ; **71** PHOTO12.COM / ALAMY ; **72 ht** PHOTO12.COM/ALAMY/TNT Magazine ; **72 bas** SIPA/EFE/Chica Sanchez ; **73 ht** © Tuenti ; **73** REA/Fourmy ; **74** © Ministerio de Industria Turismo y Comercio ; **75** © Erlich ; **76** CORBIS/Peter Turnley ; **77 ht** IBERIMAGE/Heinz Hebeisen ; **77 bas** AGE FOTOSTOCK/Fuste Raga ; **78** SIPA/EFE/Sergio Barrenechea ; **79** HEMIS/Escudero ; **80** HEMIS/Christian Heeb ; **81** ©Delrioproductions 2002 ; **82** OPALE/Basso Carnasa ; **83** HEMIS/Borgese Maurizio ; **84** PHOTO12.COM / ALAMY/David Adamson ; **85** ©John Lodi, DR ; **86** RUE DES ARCHIVES/René Dazy ; **87** GRUPOSOS/Marketing ; **88** OPALE/P.Agosti ; **89** ©Guillermo Bastias ; **90** SUNSET/Christian Clausier ; **91 ht** © salamanca turistica.com ; **91 bas** © Alebrije Cine y Video ; **93** SUNSET/Christian Clausier ; **94 ht g** GETTY/PHOTONIKA/Jim Parker ; **94 ht d** REA/Mario Fourmy ; **94 bas** HEMIS/Bertrand Gardel ; **95 ht** LEEMAGE/PrismaArchivo/Raga © Calatrava architecte ; **95 m** PHOTO12.COM / ALAMY/David Noble Photography ; **96** Carlos Sal/Promperu ; **97** ©Delrioproductions 1997 ; **98** SHUTTERSTOCK/Pedro Salaverria ; **99 ht** EYEDEA/AGE/Doug Scott ; **99 bas** EYEDEA/AGE/Javier Larrea ; **100** Francisco Solé/Fuencisla del Amo ; **101** SIPA/EFE/JJ Guillen ; **102** OPALE/B.Sheehan/Pen ; **103** CORBIS/Radius image ; **104** ADAGP, Paris 2010 ; **107** Jornadas Musulmano-Cristianas de Zalamea La Real/Antonio Delgado Luque 2008 ; **108** BIS / Ph. Oronoz © Archives Larbor ; **110** CORBIS/Richard Smith ; **111** ©El Pais/Casa Arabe, DR ; **112 ht** HEMIS/Frumm ; **112 bas** © Philippe Gady ; **113 ht** © Patronato Provincial de Turismo de Granada ; **113 bas** © Corporacion de Radio y Television Espanola ; **115** ISTOCK/rramirez125 ; **116 ht** CORBIS/Kelly-Mooney ; **116 bas** ANDIA PRESSE/Zylberyng ; **117 ht g** CORBIS/Wilson ; **117 ht d** LEEMAGE/AISA ; **117 m d** LEEMAGE/PrismaArchivo ; **118** LEEMAGE/Luisa Ricciarini ; **119** ©Cruz Roja Juventud, DR ; **120** SIPA /EFE/Fernando Alvarado ; **121 ht** REA/Mario Fourmy ; **121 bas** CORBIS/Thierry Orban ; **122** © Gaturo, DR ; **123** ©Max Hierro ; **125** SIPA/EFE/Juan Herrero ; **126** ©Andres Garcia Benitez/DR ; **129** AGE FOTOSTOCK/Alberto Paredes ; **130** OPALE/B.Cannarsa ; **131** SIPA/AP/Manu Fernandez ; **133** © CAMINITO ; **134 ht** SIPA/EFE/Nacho Gallego ; **134 bas** ©Real Madrid, DR ; **135 ht** © 2010 Museo Nacional del Prado ; **135 bas** ©LEGACOM, Empresa de Comunicacion del Ayuntamiento de Leganés ; **137** © Gobierno de Espana ; **138 ht** LEEMAGE/PrismaArchivo ; **138 bas** SIPA/EFE/Martin Alipaz ; **139 ht** SIPA/Rex/Alex Sudea ; **139 bas** EPA/ASM ; **140** SIPA/EFE/Miguel Angel Molina ; **141 ht** ©Telefonica ; **141 bas** ©Gustavo Otero ; **142** FOTOLIA/Kaus Heidemann ; **143 ht** HEMIS/Bertrand Gardel ; **143 bas** EYEDEA/AGE/Fuste Raga ; **144** BRIDGEMAN - GIRAUDON ; **145** AKG/North Wind Pictures Archive ; **147** PHOTO12.COM /F1online ; **148** ARCHIVES NATHAN ; **149** HEMIS/Bertrand Gardel ; **150** El Corte Inglés ; **152** PHOTO12.COM/© Salvador Dali, Gala-Salvador Dali Foundation-ADAGP, Paris 2010 ; **154 ht** CORBIS/Vittoriano Rastelli ; **154 bas** LEEMAGE/PrismaArchivo ; **155** ©OSKI, DR ; **156** OPALE/Jerry Bauer ; **157** The Bridgeman Art Library/© James Edwin McConnell/Look and Learn ; **158 ht** CORBIS/Pablo Coral ; **158 bas** DR ; **159 ht** © Telefonica, DR ; **159 bas** ©Icon Entertainment International, DR ; **161** DR ; **162 ht g** THE ART ARCHIVE/Gianni Dagli Orti ; **162 m d** THE ART ARCHIVE/H.M.Herget ; **162 bas** THE ART ARCHIVE/Dagli Orti ; **163 ht** © Lola Films ; **163 m** RUE DES ARCHIVES ; **164** AKG Images ; **165 ht** DR ; **165 bas** AKG Images ; **166** AGE FOTOSTOCK/Leonardo ; **167 ht** CORBIS/M. del Pozo ; **167 bas** AGE FOTOSTOCK/Marco Simoni ; **168** DR ; **169** PHOTO12.COM / ALAMY/ANPBNG ; **171** AGE FOTOSTOCK/Fuste Raga ; **172** SIPA/EFE/X.Ray ; **173** © Diputacion Provincial de Jaén, DR ; **174** AKG Images ; **175** AGE FOTOSTOCK/Antonio Real ; **176** © Instituto Guatemalteco de Turismp INGUAT ; **179** DR ; **180 ht** © Javier Hermida/Cabalgata de Reyes Magos de Alcala de Guadaira, Espana ; **180 bas** AGE FOTOSTOCK/Gonzalo Azumendi ; **181** DR ; **181 bas** © Open Art productions ; **184 ht** SIPA/EFE/Javier Cebolla ; **184 bas** ©Willem Kuijpers ; **185 g** DR ; **185 d** SIPA/Tourneret ; **186** SIPA/EFE/Martin Alipaz ; **187** ©El Club Ciclista Navalagrulla, DR ; **188** SIPA/EFE/Jesus Diges ; **189 ht** SIPA/EFE/Paco Campos ; **189 bas** © Pressenza agency ; **190** ©Un techo para mi pais, DR ; **191** © DG Aragon ; **192** © José Manuel Robledo Tiedra ; **194** SIPA/EFE/Juan M.Espinoza ; **195** Asociacion Cultural Danae ; **197** © DG Aragon ; **198** COVER/Korpa ; **199** DR ; **200** OPALE/Daniel Mordzinski ; **201** PLANETA/Archivo L.A.R.A ; **202 ht** Club Ciclista Navalagrulla, DR ; **202 bas** DR ; **203 ht** DR ; **203 bas** ©Loterias y Apuestas del Estado, DR ; **205** SIPA/EFE ; **206** REA/Contrasto/Roberto Arcari ; **206 bas** SIPA.Cristobal Garcia ; **207 ht** AFP/Getty/Marty Melyville ; **207** REA/IML/V.Constantineas ; **208** DR ; **209 ht** ©OMAPED, DR ; **209** ©Adrian Palmas ; **210 ht** editorial SM, DR ; **210 ht m** ©LZ Producciones, DR ; **210 bas m** editorial SM, DR ; **210 bas** © Manga Films, DR ; **211 ht** editorial Edebé, DR ; **211 ht m** © Tornasol Films,DR ; **211 bas m** editorial SM, DR ; **211 bas** ©Epicentre Films, DR ; **212 ht** editorial Anaya, DR ; **212 ht m** Editorial Alfaguarra ; **212 bas m** Grupo Editorial Random House Mondadori, DR ; **212 bas** Planeta ; **213 ht** editorial Alfaguarra ; **213 ht m** ©Icon Entertainment International, DR ; **213 m m** ©Unidad Editorial S.A. ; **213 bas m** Editorial SM, DR ; **213 bas** ©Macu Films C.A./Tornasol Films S.A./DR ; **214 ht g** EYEDEA/AGE/José Barea ; **214 bas g** ARCHIVES NATHAN/Goodshot ; **214 m bas** ARCHIVES NATHAN/Photodisc ; **214 ht d** ARCHIVES NATHAN/Goodshot ; **214 m d** ARCHIVES NATHAN/Goodshot ; **214 bas d** ARCHIVES NATHAN/Goodshot ; **215** BIS/Ph. Gianni Dagli Orti ©Archives Larbor ; **216** PLANETA/Archives L.A.R.A ; **217 ht g** AKG Images/Werner Forman ; **217 bas g** GETTY IMAGES France ; **217 d** BIS/Archives Nathan ; **218 g** HEMIS/Cintrac Romain ; **218 ht d** DR ; **218 m d** PHOTO12.COM/Oronoz.

Crédits textes

15 © Care Santos 2006 DR ; **16** © Planeta / José María Mendiluce 1998 ; **18** © El País / Javier Martín 17/08/08 ; **20** Edmundo Paz Soldán 2001 DR ; **28** © El País / Nerea Pérez 17/08/08 ; **20minutos.es** ; **28** © diariosur.es ; **29** © El País / Lucía Etxebarría 2005 ; **29** © Diario SIGLO XXI / Herme Cerezo ; revista Hola ; **30** © Deviajes/Araceli Segarra ; **36** © Ediciones Temas de Hoy / Carmen Rico Carabias 2001 DR ; **38** © Santiago García-Clairac 2004 ; **40** Gaspar López Torres 2009 DR ; **42** Anagrama / David Trueba 2008 ; **44** © El País / Bernardo Kliksberg 03/01/10 ; **52** © Luis García Montero 2009/ Alfaguara DR; **58** Miren Agur Meabe Periscopio © Grupo Edebé 2005 ; **60** Pablo Neruda 1958 ; **62** Andrés Neuman / Anagrama / David Trueba 2008 ; **66** Gaspar López Torres 2009 DR ; **74** José María Plaza Periscopio © Grupo Edebé 1995 ; **80** Javier Reverte / random House Mondadori ; **82** ©Ángeles Mastretta 2004 DR ; **84** Gaspar López Torres 2009 DR ; **86** © Federico García Lorca ; **88** Mario Benedetti/ Alfaguara DR ; **96** © Santiago Roncagliolo DR ; **102** Antonio Muñoz Molina 1998 DR ; **104** © María Isabel Molina 1996 / santillana Ediciones Generales 2002 DR; **109** Alicia López / Puntoycoma 2009 DR ; **110** © Mario Vargas Llosa 2006 ; **118** © Antonio Canillas de Blas 2009 DR ; **124** © Santiago García-Clairac 2004 ; **127** Bruno García © 2000 EMI MUSIC PUBLISHING FRANCE avec l'aimable autorisation de Delabel Editions ; **128** Anagrama / David Trueba 2008 ; **130** © Almudea Grandes 2005 DR ; **132** © Juan Hernández Luna / Barataria ediciones DR ; **140** © El País / Javier Marías 2009 ; **146** Antonio Sarabia / Ediciones B S.A DR ; **148** César Mallorquín Periscopio © Grupo Edebé 1997 ; **151** © Carlos Fuentes 2000 ; **153** © María Isabel Molina 2006 / santillana Alfaguara DR ; **154** © Carlos Fuentes 1970 ; **156** ©Isabel Allende 2006 ; **164** Javier Reverte / random House Mondadori ; **170** © Santiago Roncagliolo 2009 ; **172** Mathilde Asensi DR ; **174** © Herederos de Antonio Machado, 1940 / Espasa Calpe 1978, 1988, 1997 ; **177** Javier Reverte / random House Mondadori ; **178** © Richard Vasquez 2005 DR ; **186** Marta Rivera de la Cruz / Planeta DR ; **193** © Arturo Pérez-Reverte DR ; **194** Lucía Extebarría / Booket DR ; **196** Julio Llamazares 2008 DR ; **198** © Alianza Editorial / Nicolás Guillén ; **200** © Carlos Ruiz Zafón 2001 DR ; **206** canalsolidario.org ; eldia.es ; Unicef 2009 ; **208** © El País / Manuel Vicent 28/05/06

Crédits sonores

2, 10, 23 © agradecimientos a Sociedad Española de Radiodifusión, S.A. – Cadena Ser SER ; **4, 20, 44, 50** © Radio Nacional de España ; **7, 35, 38, 47, 53** © Radialistas ; **13** © caracol.com / D.R. ; **16, 41** © radioteca.net ; **26, 29** © Fundación Pluralismo y Convivencia ; **32** © Punto Radio.

N° d'éditeur : 10161201 - Dépôt légal : avril 2010
Imprimé en Italie par «La Tipografica Varese S.p.A.» certifié ISO 9001 N° 223783 – ISO 14001 N° 219063